妙峰法師傳記

美國紐約中華佛教會 彙編

風和日麗草含芳育志英
豪當自強禪院普傳梅子
熟學園今放桂吞香

妙峰為傳記題 千禧十年初冬

組稿：王鼎鈞

主稿：王芳枝、李玉鳳、李思宇、明建華、吳麗瓊、張欣雲、虞文輝、褚月梅、陳淑慎、蔣欣怡

審稿：顧美翎、陳美詩、趙榮基

定稿：妙峰法師

目錄

代序──眾生無邊，慈航永度／光泉法師 009
第一章──故鄉．家庭．童年 011
第二章──上林寺出家 022
第三章──清涼寺受戒　海仁法師授經 038
第四章──六榕寺初遇虛雲老和尚 053
第五章──上海靜安佛學院深造 066
第六章──到杭州讀武林佛學院 079
第七章──再到上海　離開大陸 090
第八章──台灣佛學院與慈航法師 101
第九章──白色恐怖籠罩下的日子 116

第十章——彌勒內院的日子……129
第十一章——福嚴時代　再攀高峰……144
第十二章——承先啟後　傳燈育才……160
第十三章——舊金山新地新天……178
第十四章——白手創建法王寺……191
第十五章——金佛山松林寺再開法源……206
第十六章——隔水呼渡有慈航……222
第十七章——詩心每與禪心通……240
第十八章——隨緣度世有金針……255
第十九章——佛學著述斐然大成……275
第二十章——還鄉回饋　振興佛法……291
九九讀書會跋……306

附錄

附錄一——妙峰法師傳記大事年表……310
附錄二——訪問李定博士……317
附錄三——訪問邱紀良教授……324
附錄四——訪問楊慶源、蔡惠琦伉儷……332
附錄五——妙峰法師受邀離美弘法舉要……338
附錄六——慈航精舍講經開示補略……354
附錄七——慈航精舍公益活動舉要……366
附錄八——妙峰法師傳記參考資料一覽……374

特輯

特輯一——上妙下峰長老傳曹洞正宗壽昌法脈大典 380

特輯二——曹洞正宗第四十九代法子 383

特輯三——師恩永懷 385

光泉大和尚談接法因緣／光泉法師 385

出家因緣／明安法師 386

平凡中見不思議——憶恩師妙峰長老／大雲法師 388

我與師父的因緣／明修法師 391

永念師恩／明定法師 392

法眾法師接法／法眾法師 395

師徒之緣／明熙法師 396

感恩嚴師慈父度有情／明毓法師 398

褚月梅

我與妙峰長老的師徒因緣／宏輪法師……400
特輯四——妙峰長老傳法大典攝影集錦……403
特輯五——妙峰長老圓寂追思法會（上）……406
妙峰長老圓寂追思法會（下）……409
特輯六——妙峰長老追思法會攝影集錦……409
銘謝／明怡法師……411
佛門龍象……417

代序

眾生無邊，慈航永度

光泉法師

距師父妙峰長老逝世，轉眼三年。

師父被世人熟知稱道，他是去美國弘法的中國比丘，內修外弘，度無邊眾生。綜觀師父的一生，幼年出家，警敏好學，從虛雲、海仁、遂如各位法師精研佛法，又得到巨贊、慈航、印順各位法師薰陶引導。六〇年代踏上美國國土，在美五十七年，創辦中華佛教會、福田文教基金會，開創紐約法王寺、松林寺，住持慈航精舍，出版《慈航月刊》。佛學著作有《八大人覺經十四講》、《修福與修慧》、《般若心經的思想及其哲學》、《六祖壇經探祕集》，又將隨緣度眾揮灑成篇的散文小品彙編為《慈風文集》，真正實現了一代又一代佛教大德普度眾生的懇切心願。

師父身在海外，仍心繫國內的佛教發展。改革開放之初，師父上書鄧小平先生，請求發還被占用的六榕寺，得到批准，促成落實將寺院還給佛教界的政策，開中國大陸宗教政策的先河。師父曾捐款復修湛江上林寺大殿，又為祖庭湛江楞嚴寺重修觀音殿，主持落成及開光典禮，撰寫楹聯，為家鄉佛教做出貢獻。一九九六年，師父在台灣新竹成立慈航佛學社，在桃園成立慈航精舍，積極在台灣地區發展慈善事業。印尼海嘯及汶川大地震等天災發生，年至耄耋的師父四方奔走籌措善款，為受苦受難的大眾誦經超度，以他人的疾苦為自己的疾苦，全然貫徹殫精竭慮、弘法利生的夙願，處處可見師父慈悲關照兩地眾生，彰顯佛教超越俗世生活的平等與包容。

師父原籍在廣東湛江，然而卻與東南佛國杭州有著不解之緣，特別是在自身教育和佛教人才培養上，杭州是他的故土。民國三十五年（一九四六），師父在巨贊法師的安排下，到杭州武林佛學院深造，後因武林佛學院停辦而轉入上海靜安佛學院繼續求學。自美歸國後，師父回訪杭州，重到靈隱寺及佛學院，留下禪詩：「禪院昔傳梅子熟，學園今放桂花香。腦有詩書言有味，心無法喜道無光。」

二〇一二年十月七日，師父在美國紐約法拉盛慈航精舍向我傳授曹洞心印，交付正法眼藏。又作偈云：「光揚正法慧如泉，德化無邊遍大千；願力宏深悲憫切，佛門家業擔雙肩。」師父的衣缽傳到我們這一代人，被賦予了更多時代使命，即佛教界如何在信息交流更快、文化發展更多元、宗教社會地位更難掌握的當下自處，擔負在我們肩膀上的是師父一輩艱苦積累的過去，亦是我們如何與同輩達成共識，去承擔佛教的未來。

師父離開我們已經三年，再讀師父，是讀他樸素、堅韌、精進修業，為弘法而奉獻的一生。時常想起他坐在書桌邊寫書法的姿勢，如他的字跡，剛勁有力，自強不息，以自身為一盞燈，照亮後來人前行的道路。

弟子光泉謹以此序，紀念恩師，願師父於威音那畔處再為佛弟子開啟智慧，點亮佛教同仁前行的道路。

二月二日

第一章 故鄉・家庭・童年

一九二五年農曆十一月十七日，妙峰法師在廣東省遂溪縣太平鎮仙鳳村誕生，這一天是彌陀佛的聖誕。

有些記載說妙峰法師在一九二七年出生，法師說，這是因為台灣戶籍機關的資料錯誤，當初他由大陸到台灣，託人申報戶口，那人把年代寫錯了。妙峰法師出家後受具足戒有一張證明書叫「戒牒」，這是他的和尚及格證明書，上面記載他是一九二五年出生，當年沒有出生證明，戒牒就是原始文件了。依中國人傳統計算年齡的方式，出生就算一歲，各家年譜都是如此計算的。西洋人出生之年算〇歲，本傳記不擬採用。傳記中提到法師的年齡或年代，都照此推定。

有些記載說法師是湛江市人。法師說，他的老家的確是在遂溪縣，而遂溪縣後來屬於湛江市，現在湛江市管轄遂溪、徐聞兩縣，代管廉江、雷州、吳川三市。所以精確的說法應是遂溪縣，比較完整的說法是湛江市遂溪縣。

一九二五，這年三月，孫中山先生在北京逝世。

孫氏北上，代表南方新興的革命勢力跟北方舊有的傳統勢力談判，謀求國家統一，避免內戰。孫氏逝世，等於此一努力宣告失敗，廣州的國民政府繼續北伐，於是有以後一連串的戰役。

這年二月，上海日商工廠內發現童工屍體，死者生前曾受重傷，資方對待工人一向態度粗暴，工人趁機罷工抗議。五月，日商解雇、開除工人中的積極分子，再度引起罷工，日人開槍，殺死工人代表一人，受傷七人，上海市公共租界工部局並逮捕工人代表，引發學生、工人、群眾萬人示威。英國籍捕頭下令向群眾開槍，打死十三人，打傷四十多人，前後被逮捕者一百多人。工部局宣布戒嚴，封閉租界內的大學。是為「五卅慘案」。

這也是一個訊號，日本政府進一步欺壓中國，殘害中國人民。六年以後（一九三一）乃有「九一八事變」，日軍進占東北三省，再過六年（一九三七）乃有盧溝橋事變，日軍全面進攻中國。

一九二五這年十一月，國民黨一部分領導人在北京西山碧雲寺開會，反對孫中山「聯俄容共」的政策，宣布中國共產黨為非法組織，取銷共產黨員在國民黨內的黨籍，開除共產黨在國民黨內的中央委員，解雇蘇聯顧問鮑羅廷。此一訊息顯示國共合作沒有穩定的基礎，幾經反覆，乃有後來國民黨的「剿共」對共產黨的「二萬五千里長征」，以及國民黨的「戡亂」對共產黨的「全國解放戰爭」。

妙峰法師生在這樣一個兵連禍結的時代，中國人多災多難，法師來一同受苦，並從佛教尋求使世人離苦得樂的法門。

廣東省南面有很長的海岸線，在西南部從陸地向海面延伸，形成一個狹長的半島，稱為雷州半島。半島南端隔著瓊州海峽，跟一個蛋形的海島相望，這島現在叫海南省，雷州半島加海南省，好像在海裡畫了一個驚歎號。這地方是中國大陸本土的最南端，可以說是很偏僻的地方。

法師的故鄉遂溪，在雷州半島北部偏東的地方。地理記載，「雷州半島平原占百分之六十，丘陵地占百分之三十，山區占百分之三左右，最高山峰僅海拔三八二公尺，北高南低，冬無霜雪，夏無酷暑，氣溫宜人，草木常青。」

妙峰法師俗家姓陳，先祖廷材公，北宋年間從福建莆田遷來雷州半島落戶，經過千餘年開枝散葉，至妙峰法師出生時三十多代，已經發展成五萬人的大家族，分別居住在廣東及海南島兩省各地。陳氏宗祠始建於嶺頭，之後調川、陳家、仙鳳三村也各建宗祠，四村輪流冬祭。

妙峰法師的父親陳家和先生，母親周琪瑛女士。大哥叫陳安基，二哥叫陳安尚，還有一個姐姐。法師排行第四，是家中的么兒，他有一個學名叫陳文哲，乳名叫「娘賜」。

這些名字很有意思，「家和」顯然是家和人和萬事和，以和為貴，「安基」、「安尚」也寓有安土重遷、平安是福的意思，這該是他家老太爺的治家格言，最後為么兒命名超出格局，一個「文」字，一個「哲」字，另是一番願望。妙峰法師也使這個願望變成事實。

法師四歲的時候父親就去世了，他對父親的印象是「文雅但是嚴肅」，從來沒有講過粗話。父親似乎沒有讀過很多書，本是商人，生意失敗後靠種田維持生活。由經商改成種田，生活方式有很大的變化，種田的工作比較辛苦，他不記得父親發過怨言。

妙峰記得，故居大門橫匾上有「及第」兩個字，蒼勁有力。當時中國農村經濟破產，中產階級衰落，妙峰法師出生以後，他們陳家已經需要很節省的過日子，要很勤勞的工作。姐姐很早就結婚了，彼此見面不多。大哥安基，二哥安尚，都在小時候給了他很多的幫助、很多的影響，兄弟們感情很好。姪兒還住在湛江，後來他的二哥一家都移民到了美國。

法師有兩個好哥哥，他雖有學名，並未進入學校讀書，大哥教他識字，告訴他許多做人的道理，可以說，大哥填補了父親留下的空位。二哥性情外向活潑，常常帶著他一起玩耍，使他的童年留下許多活潑快樂的回憶。

法師說，大哥學問很好，經常穿著長衫，那時候穿長衫表示文化程度很高，修養也很好。村子裡有人辦喜事，常常請大哥去幫忙，有的要他主持婚禮，有的要他去寫許多喜慶文字，他在村中是受歡迎受尊敬的。

大哥在家裡教妙峰法師識字，他用的識字課本開頭第一課是「人手足刀尺」，第二課是「山水田，狗牛羊」。當時語文教育的方法，先教孩子認單字，由筆劃簡單到筆劃複雜；由具體到抽象，由淺入深，因近及遠。文章是一句一句寫出來的，而每一個句子是一個詞一個詞連接起來的，每一個詞又是一個或幾個單字構成的，所以單字是根本。先認識人手刀尺，後來再認識一個單字「拿」，就可以自然連成「人手拿刀」或「人手拿尺」。

法師在七歲以前讀完了四冊課本，可能認識一千個單字，當時就算是讀書識字的人了，可以看簡單的文件，也可以幫不識字的人看家信寫家信。

大哥也教他寫字，先是用鉛筆，後來用毛筆。一開始的時候，大哥把著他的手教他，也就是他的手裡拿著鉛筆，大哥用手握住他的手，在紙上一筆一劃的寫。那年代在鄉下紙是很珍貴的，所以古人有的在梧桐樹葉上寫字，有人在芭蕉葉上抄經，歐陽修的母親拿一根蘆葦在地上畫字教她的兒子。但是大哥總能找到許多紙來讓弟弟盡情地書寫，先用鉛筆，後用毛筆，可以說伏下了他後來以書法輔弘法的因緣。

寫毛筆字的經驗特別新鮮，因為毛筆有彈性，可粗可細，寫出來的字可大可小。寫的時候，點、勾、撇、捺都講究筆法，除了筆法外還要講究墨法，墨有水分，要懂得怎麼樣控制。開始的時候，寫字的孩子總是弄得紙上一團黑，那時候叫做塗鴉，或叫墨豬。（一團黑像豬一樣。）經過一段用心練習，筆劃就能分出輕重陰陽，這時候寫字就變成一種樂趣。

法師還記得大哥把著他的手在紙上「描紅」，描紅是以前教孩子寫字的一種方法，就是事先把毛筆字印在紙上，印成紅顏色，孩子習字的時候拿筆蘸墨，用黑色的墨汁寫在原來紅色的筆劃上，黑色的部分正好把紅色的部分填滿，也就是寫得跟它一模一樣，不能超過也不能不及，這就逼得你要用心揣摩，怎樣用筆才能寫得跟它一模一樣？妙峰法師非常喜歡這一門功課。

二哥安尚把他這個小弟弟帶進另一個天地，他帶法師到野外去玩，野外雲淡風輕，天地廣闊，年幼的妙峰法師就像出了籠子的鳥，這隻小鳥平常出了籠子也不敢飛得很遠，跟著二哥就可以到平時自己不敢到的地方，尋找很多新奇的刺激。

他跟二哥學會了很多本事，二哥帶他爬樹捉鳥，他們捉到鳥又放掉，自己養不活。二哥帶他去採野生的果子，告訴他怎樣分辨番石榴、菠蘿蜜，還有一種像吊鐘一樣的甜果子。雷州半島地處「亞熱帶」，陽光充足，雨量充沛，植物茂盛，植物的種類也多。二哥對於植物的知識很豐富，他教給弟弟認識各種樹，各種花，各種草，跟著二哥他才知道故鄉是這麼豐富，大自然是這麼豐富，這就使他對故鄉留下更深刻的美麗的印象，也培養了日後欣賞大自然、跟大自然對話的基礎。

法師說，有一次爬樹的時候，他從樹上摔下來，左手腕擦破了，流了很多血，到現在還有一片淡淡的疤痕。

村子裡有很多年齡相仿的孩子，法師平常與這些同輩的孩子沒有什麼往來，跟著二哥才與他們有了互動。大家常在野外相遇，那地方離村子很遠，好像已經到了外鄉，大家在一起覺得很親密，後來也常常在村子裡一同遊戲，一同捉迷藏，有很多童年的歡樂，法師開始對人際關係有了經驗。

雷州半島有法國租界，那時候，外國政府在中國土地上租一塊地方，歸他們管轄使用，中國法律不能行使，叫做租界。這些國家都是強國，像日本、俄國、德國、法國等等，中國人稱它們為「列強」。那時候中國還是清朝，有皇帝，國勢非常衰弱，不能抵擋外國的侵略，屢次打敗仗，然後跟敵人訂和約，犧牲很多的主權，租界就是條約裡的一部分。本來兩國訂條約應該是平等的，也就是說，我給你什麼，你也要給我相等的對待，但是租界、只有我們把土地租給他們，我們不能到他們國家去租用土地，所以叫做不平等條約。那個時候不平等條約非常多，對中國的獨立尊嚴是很大的傷害，中國人非常痛苦，那時中國上下奮鬥的一個目標就是廢除不平等條約，後來這個目標在對日抗戰勝利時完全達成。

雷州半島跟廣東省連接的地方形成一個海灣，稱為「廣州灣」，有港口可以停商船泊軍艦，輪船軍艦需要港口，就好比今天我們的汽車需要加油站，所以這些強國當時就在中國到處找港口。

明朝鄭若曾著《籌海圖編》記載，康熙四十年（一七〇一），法國船隻因躲避颱風首次進入廣州灣，對此良港印象深刻。一八九七年，一艘法國軍艦海上遇風，駛進廣州灣躲避，發現這裡冬天不結冰，水域很寬，水也很深，是一個優良的港口。軍艦回到法國，艦長向他們的政府提出報告。

法國發現了廣州灣，就向中國清朝的皇帝要求租借，為了使用港灣港口，又必須在陸地上控制一大筆土地來保障海灣港口的安全，再說建設港口海灣也需要人力資源，所以法國在租借廣州灣的時候，要求滿清政府劃給它一大片土地由它來管理，它可以在這片土地上辦學校，蓋教堂，做生意，也可駐軍隊。這時清廷積弱已久，一任列強予取予求，就答應簽訂租借條約，依國際公法規定，租借期限不得超過一百年，所以列強在中國的租界都是以九十九年為期。

訂約以後，兩國要共同劃界，法國軍隊片面搶先在廣州灣登陸，擅自劃界，超出條約協議，擴大租借的範圍。雷州半島上的居民本來不願意法國來設租界，這時更是情緒激昂，引起長達一年的武裝反抗，雙方都有很大的傷亡。法軍在戰鬥中使用了砲兵，僅在攻打麻章墟一役，就發射了兩百六十枚砲彈，但是仍舊不能用軍事手段達到目的。最後法國政府只好再向清廷施壓，清廷害怕再引起國與國的戰爭，下旨把遂溪縣縣長李書平革職，把遂溪縣的一部分土地也劃給了法租界。法國設立「公署」管理租界內的土地和人民。

法師記得，每年到了一定的季節，他的父親要賤賣糧食，拿著中國錢想辦法換成法國錢，向法國租界當局繳費，法國可以在它的租界中向老百姓收取這樣那樣的費用，老百姓必須用法郎交納。這件事引起法師很大的反感，為什麼要這樣做？法國人在租界內外有許多開支要付中國貨幣，例如工人的工資，他強迫中國人把中國貨幣換成法國貨幣，他再把法國貨幣換成中國貨幣來使用，什麼道理？

妙峰法師還記得，他曾經看見法國巡捕押解一群中國人，這些中國人都戴著腳鐐手銬，手腕足踝都摩擦出血來，身上很髒，衣服也都破了。法國在租界中有權拘捕審判中國人，當時叫做「領事裁判權」，這件事對中國主權傷害最大。在中國人看來，這些戴腳鐐手銬的人未必有罪，即使有罪也不能得到公平的審判，中國政府不能過問。租界嘛，中國是主人，法國是客人，客人怎麼把主人當作亡國奴？「這又是為什麼？法國人為什麼要這樣做？」

法國人在租界裡修路蓋房子，港口也有很多建設，都要徵用中國勞工。法國人對待工人的態度很粗暴，雖然有工資，但工資很低，當時歐洲資本家有一種理論，工資的標準是「維持」工人的生活而非「改善」工人的生活，法國人認為中國人生活水準本來就低，他們付工資讓中國工人別餓死了，中國工人的待遇不能跟法國人一樣。工作的環境、工作的場所設備也不好，即使工人受了傷，法國租界當局也淡然置之。有時候，法師跟母親出門，看見法國管理人員押著一隊戴手腳鐵鍊的人掃街，覺得中國人真苦。租界內的街道非常乾淨，可是在中國人眼裡，灑滿了中國人的血淚，那種乾淨就是骯髒。

這些事情，妙峰法師也常常聽到周圍的人議論，他也再想一次：「法國人為什麼要這樣做？」當然那時候他不可能得到答案，他的朋友，年紀比他大一點的同伴，大都表示很憤怒，立志有一天要把外國人趕出去！外國人也在租界裡修公路，蓋醫院，辦學校，使落後的地方有現代建設，但是中國人不稀罕。這是當年全國流行的思想，年幼的妙峰法師也這樣想過。

順便說明：外國人也在租界裡蓋教堂，傳基督救世的福音，根據條約，也可以到租界以外各地去傳道，條約中所以有這樣的規定，因為清廷曾有「教禁」，各國的政府為教會爭取傳教的自由。因為這個條約是不平等條約，許多中國人對基督教有了「看法」，認為耶穌是「騎在砲彈上來的」，造成基督教在中國發展的瓶頸，間接助長佛教的發展。

法師的母親是虔誠的佛教徒，後來皈依三寶，法號叫「法義」，母親的信仰給她的愛子最大的影響。

法師回憶，母親常常帶他拜佛，他還不會走路的時候，母親常常背著他去拜觀音，附近有一座觀音廟，妙峰法師還記得那是在一處茂密的樹林旁邊，廟很小，但是蓋得很精緻，就像寫小楷一樣，一筆不苟，母親也鄭重其事，「如見大賓，如承大祭」。後來妙峰法師到了台灣，知道台灣也有很多小廟，廟建在鄉下或山地，只能容納兩三人進去叩拜，其他人得在廟外排隊等候，所有的信徒都非常恭敬虔誠，一點也沒有因為廟小而打折扣，妙峰法師覺得十分親切。

看來妙峰法師生長在佛教昌盛的地方，吳建華教授在他的一篇論文裡面說，佛教「至遲」在三國時期就傳入雷州半島，而且發展很快。廣州和雷州半島上的徐聞縣，都是唐代海上的門戶，商人從徐聞進出，禪宗初祖達摩是在廣州登陸，廣州市有條街叫「西來初地」，就是紀念這一段歷史。六祖慧能從廣州出發建立南宗。湛江的天寧寺已有一千二百多年歷史，城裡有一座清涼寺也是名剎，後來妙峰法師在那裡受具足戒。就像大江流經的區域有很多支流，大寺大院所在的地區也會有許多比較小的廟宇，每一座廟宇都會凝聚很多信徒。佛教發達的地方是高僧大德的搖籃，所以遂溪為中國佛教史增添了一個名字。

妙峰法師離家以前，他的家鄉太平鎮上起了一座新廟叫能濟寺，這座廟規模比較大，有了這樣一座新廟，太平鎮上的信眾都得到很大的鼓勵，媽媽常常帶著他去拜佛，牽著他的手就可以走到。

妙峰法師說，當時離上林寺大約二、三里路，有一座女眾寺廟，叫「靜觀林」。那裡接近市區，因此信徒也多，尤其是比丘尼道場，更加接近信女。經懺常常在這裡舉辦，寺主法顯法師樂壞了，也忙壞了。遇上大法會，人手不夠，尤其那號令全場的鼓手，三兩個鐘頭不停揮舞一雙棒子，並非一般女眾所能勝任。木魚彷彿才是女生的最愛，敲起來綿綿密密，輕輕重重，似乎向佛祖訴說「煩惱無盡誓願斷，法門無盡誓願學」。

妙峰法師出家以前，常在法會中看他們打鼓，暗中揣摩，法顯法師發現他在這方面有天分。後來妙峰在上林寺出家，法名雲珠，「法相」文雅清秀，引起法顯注意，等到靜觀林做法事人手不夠，就向上林寺討救兵。他認為雲珠只要換上尼裝，加入法會的行列擔任鼓手，信眾分不出來，妙峰法師說，宗和上人志在培養僧才，對經懺沒有興趣，但是又不能推辭。

雷州半島屬於亞熱帶，冬不見雪，春天也是短暫的。唯有漫長的夏。因為地處海岸，涼風從岸邊徐徐吹來。雖然是夏季，沿路可見開放的鮮花。雲珠跟在法顯尼師的長袍後，看盡一片紅林。妙峰法師說，在那裡，細看有將近二十種不同的紅林樹種，一種不同的紅樹混在其他的紅樹群中，實在無法分別出來。

法顯法師在路上告訴幼年的妙峰：「你年紀小，即使寺內女眾也無法把你分辨出來，儘管放心大膽。」妙峰法師說他並沒有膽怯，他有自信。

鼓手就位，法顯法師還有些擔心，年小的雲珠能夠應付這個大場面麼？可是當法顯法師聽到雲珠的鼓聲，習慣半閉的眼睛大大張開。鼓聲震動全場，震動供台中間的兩排紅燭的火光，火光似乎隨著鼓聲跳閃，帶引磬聲，提起梵唱。十一歲的雲珠居然「鼓藝」這樣純熟！

談起「鼓藝」，法師說第一棒要用力打在鼓的中心點，當鼓棒的末端碰撞鼓皮，就立刻很自然地彈起，乾淨俐落，這樣鼓聲就會特別清脆響亮。打下去雙棒忽前忽後，時左時右，交叉，並打，鼓中，鼓邊，鼓的外沿，不同的位置，都發出不一樣的聲響。鼓沿的脆木響聲與鼓中的皮革聲交叉迭起，這是打花鼓。

妙峰法師隨手拿起桌上的兩支筆，當場示範。他說，左手先下棒子，右手跟上。右手為主振打重，左手為輔較輕。配合動作，他口中念訣：

一、二、三，三、二、一。

一、二、三、四、五、六、七。

七、六、五、四、三、二、一！

打鼓打到興酣淋漓，時而如傾盆大雨、時而像晴天霹靂；急急似百珠跳躍，緩緩似隔座吟詠。鼓棒忽上忽下，時快時慢，重時像大槌從半空劈下，輕時像微風拂過江面，水花漸漸散開。「法師傳法，人所共仰，可曾也以鼓藝傳人？」他說也曾經教了好多個徒弟，至今還沒有一人打出這樣的成績來，他也曾看過聽過許多鼓手表演，似乎也沒有遇見更高的水平。法師認為江山代有才人出，天地間必然有高人！

媽媽帶領她的么兒結了很多佛緣，妙峰當時年紀很小，也能感受到母親在念佛號的時候得到很大的安定力量，母親在進寺廟叩拜的時候臉上有一種光輝，好像剎那之間成了一個新人。那年代日子過得不是很稱心如意，有很多困苦煩惱是年幼的妙峰不知道的，後來長大成人可以體會出來。妙峰法師感激親恩，感激佛恩，兩種感激合而為一，所以他終身不改，發下宏誓大願，要弘法立善。時代雖然不同，但是人生永遠有同樣的煩惱，同樣需要佛法來幫助、來加持、來解困，渡到彼岸。雖然他度的是另一代人，眾生本為一體。

遂溪靠海，對遂溪人來說，大海跟土地一樣重要，遂溪有很多居民是在海上打魚的。法師常常跟著二哥一大早去看漁船回來，漁民一夜辛苦，船上有很多的魚，上面的這層魚還在跳，漁民有了收穫也都很高興，做起事來動作很有力量，表情很有自信。但是那個時候法師就覺得這樣對待魚蝦是一件不妥當的事，他平常對吃魚蝦沒有多大興趣，雷州半島海產豐富，海灣裡有五百二十種魚，他對魚類的知識非常少，完全不能跟他對植物的了解相比。倒是母親到寺廟拜佛帶了素齋回來，三兄弟都愛吃。

海上的風景變化很多，大自然對人有啟示，他樂意接近。雷州半島有「廣東最長的海灘」，但是必須由大人帶著，他才可以去遊玩，一個小孩子靠近那麼多的水是危險的。有一次媽媽帶他到海邊看海水，他赤足入水，被一隻章魚抓住，媽媽趕快來救他，他說：我那時候真的怕死了！

法師幼年家鄉可曾有人出外謀生創業、描述外面的世界？可曾聽到青年人的豪言壯語說「男兒志在四方」？法師自己可曾想像飄然遠行、四海為家？法師說沒有，對日抗戰發生以前，家鄉是那麼安靜，母親帶他到海邊，他以為這就是地極了，二哥帶他到野外，他以為這就是他需要的最大空間了。他是出家以後才知道大千世界有多麼大，才看見出家人來了，從很遠很遠的地方來；走了，到很遠很遠的地方去，才知道人可以不僅僅屬於一鄉村，甚至不屬於一族一國。

第二章 上林寺出家

妙峰法師是哪一年出家的呢？各家的說法分歧，有五歲出家、七歲出家和十一歲出家三種記載。法師說：「我七歲入寺，十一歲剃度。」是了，當年農村社會的共識，入寺就算出家，故曰七歲出家。佛門制度，剃度才是正式出家，故曰十一歲出家。法師在台灣的戶籍紀錄既然比實際年齡少了兩歲，有人照出生年月推算，又算出五歲出家。

信史可求，妙峰法師七歲出家，到我們寫這部傳記的時候（二〇一〇），依中國人傳統的計算方式，法師八十六歲，修道弘法七十九年，精神充足，思路清晰，還有很多利益眾生的事可以完成。

法師在湛江市遂溪縣的上林寺出家。法師回憶，上林寺位於湛江市東南，隸屬霞山區南山村，寺廟中有一幅對聯：「上方元鶴千年壽，林外蒼松萬古春」。站在寺廟大門前，一望無際的稻田，夏天稻穀成熟，隨風飛舞的黃金海浪，十分壯觀。向前遠眺是湛江海峽，只見巨艦帆船，穿梭海中；一派海光浮影，詩情畫意，令人忘神其間。當時會看風水的人曾說：上林寺的後代僧人一定多面向更遠更廣闊的世界發展，而且一定遊化海外，似乎說對了！

文史資料說，上林寺於康熙乙亥年（一六九五）由南山村吳涵山居士創建，光緒三十二年參如大師重修，瓦面翻新，得到鄉紳吳詳觀居士的支持，布施良田。上林寺把這些良田分批給附近的信徒耕種，從中獲得租金，供給寺廟的開銷。

上林寺原為三進四合院，四合院是四面或三面有屋，中間圍成院子，一個院子稱為一「進」，所謂「三進」是三個院子，也就是三「組」房子相連，中間用牆隔開。上林寺頭二進供奉伽藍，後進大殿供奉三寶佛以及觀音菩薩、地藏菩薩、準提菩薩。民國十六年（一九二七）宗和上人繼承師位，重修大殿，擴建客堂、祖堂、僧舍，廣植花木，綠化環境。當年常住僧增至二十六人。

上林寺也在中國近代史上留下名聲，那是由於遂溪民眾有一次反抗法國的活動在上林寺門前誓師出發。

那是一八九九年，清光緒二十五年。那時中國境內有外國租界，遂溪一部分地區劃給法國租界。文史資料說，法國人入據以後，擅自劃界擴充地盤，清廷愚懦，不敢阻止，當地人民愛國護鄉的情緒高昂，遂溪知縣李平書得到總督譚仲麟暗中支援，率地方團練抵抗法軍，歷時幾個月，軍民犧牲很大，終於阻止了法國人的橫行。「團練」是一種地方武力，類似後來的民兵。

法師的家距離上林寺三十六里，交通並不方便。一九三一年農曆十一月十七日，這天是彌陀佛的聖誕，上林寺住持宗和法師發起「彌陀聖誕消災法會」，消息傳來，四方的善男信女相約赴會，法師的母親內心更為激動，因為妙峰法師也在農曆十一月十七日出生！

那時鄉人稱觀音菩薩為觀音娘娘，母親祈求觀音賜福，乃給幼小的妙峰取名「娘賜」。從這兩個字也可以看出母親對幼子的特別疼愛。她決心帶著法師前往上林寺參加法會，虔心禮佛，這一天也是幼子的生日，法會對孩子有特別的意義。

「娘賜」年紀幼小，步行三十六里路，對這個孩子來說實在太遠。他一會兒拉著母親的手，一會兒撒嬌地要母親背他，一步高一步低，乘車渡津，翻山越嶺。路上，母親還不斷地為娘賜講許多故事，天資聰慧的娘賜雖然初出遠門，路途遙遠，但依然興致勃勃。母親的愛，母親堅韌毅力的感化，至今依然鼓舞著法師。

他們到達的時候寺內已告人滿，只有她一人帶著小孩。所有的善男信女都投以特殊的目光。在舊社會，一些特別貧窮的家庭，眼看無法把所有生下來的孩子撫養成人，走投無路之中，只好把孩子忍痛送往寺廟。寺廟的出家人也多半以慈悲為懷，樂意接收，而且還破例給以特殊關懷和照顧。一些孩子長大後，重回世俗，成家立業去了。有一些孩子從小在寺廟中耳聞目染，發掘出自我的本性，善根增長，佛緣成熟，最後選擇了出家。可是對妙峰法師來說，情況並非如此。他生長在當年的小康之家，母親視這個最小的孩子如寶貝心肝，疼愛有加。這次帶他參與法會，一心為孩子求平安，就是母愛的展現。哪裡捨得送他進入佛門？

那年廣東、湖南、湖北、安徽、河南都發生嚴重水災。最讓國人惶恐的是，一九三一年九月十八日，日本關東軍製造「柳條湖事件」，炸毀日本管轄的南滿鐵路，「栽贓」給中國的東北軍，藉口發動戰爭。中國軍隊只有局部的抵抗，撤出了東北，全國輿論大譁，至今猶有無窮的譴責和爭辯。日本軍隊占領東北之後，一連串的侵華行動延伸到華北，牽動著每一個國人的神經。這烽火年代，本來已經沉浸在苦難中的人們，人心更加苦悶，因此上林寺這片寧靜的淨土，更是人們嚮往的地方。

法師回憶，他那時童心未泯，只記得擁擠的人群，高高的門檻，二十一位出家大師穿黃袍紅袈裟，十分莊嚴，樂隊吹奏多種樂器，配合梵唄誦經。他在這裡看到從未有過的景象，殿宇高大，色彩繽紛，紅色的屋脊向東西兩邊伸展，又在半空捲起它的尖角，簷下縱橫交錯的棟梁，雕畫精巧繁複，龐大的柱子紅漆明亮，到處張燈結綵。善男信女裡外奔忙，供桌排排，供菜盤盤，一直伸向大堂深處；桌面的幢幡彩帶隨風搖曳，一雙雙大紅燭的頂端，嫻靜地跳躍著細細的燭光；供台正中，青銅圓形三腳大香爐上三枝壯碩大香，煙火裊裊。法師說這一切從未見過，可是又似曾相識，陌生中有一番親切。

這種盛大的法會對信眾是很大的造就，嚴格的說，一個人在參加法會之前和參加之後，他已不是和原來完全相同的一個人。法會秩序井然，上林寺法師手中的大槌落下，振聾發聵的鐘鼓聲如同來自天上，信眾一體同心，不待號令，不經操練，隨著磬聲起伏跪拜，如湛江的海浪自成隊形。木魚聲聲，好像追字逐句，解說奧義。主法台上和尚領唱，信眾緊隨回應，你真覺得聲音通天徹地，再傳向遠方，遠得不可思議，而且永不消失。

法會連續七天，幼小的「娘賜」全程參與，不知道疲倦，母親一直背著他，讓他能看見主法台，也不知道疲倦。可是後來娘賜從母親的背上滑下來了，他自個兒穿過密密的人群，走到最前面，站在主法台前，注視主法和尚頭頂金光閃閃的華冠，他呆在那兒不動，眼淚從兩腮撲簌簌淌下。

妙峰法師用「無為而無不為」形容他當時的動作，自己也不知道做了什麼。母親倒沒有干涉他，因為他舉止斯文，沒有擾亂了誰。她瞄一眼前面的孩子，放下心繼續拜懺。繞佛時候，除了主法和尚，所有其他法師離座走下來，帶領信徒分成左右兩邊，在主台莊嚴的阿彌陀佛像前，沿著一排排的供台繞行，東西兩隊忽而往外分開，忽而向中間匯合。母親發現孩子跟在隊伍後面，中規中矩雙手合掌當胸，嘴唇居然也上下張合，心中暗暗歡喜。

法會中間休息的時候，母親抱起娘賜，激動地說：「兒子啊，從今天起，不叫你娘賜了，就叫『佛賜』吧！」

七天轉眼過去，母親一邊打點行李一邊對佛賜高興地說：「我們回家嘍，你一定會比過去聰明啦。是不是？」誰知此時的佛賜流著眼淚說：「姨，（鄉人多是如此稱呼自己的母親，）我們別走啦！」母親驚訝之餘故意說：「那我走啦，你一個人留下來好啦。」當母親提著行李包作狀要走，以為七歲的佛賜一定會跟上來，可是佛賜竟然佇立不動。母親喊他拉他，他緊緊抓著門框不放。

這時圍上來了一些好奇的人群。主法和尚聽到消息立即到場，其實和尚早已在注意這母子倆了。

妙峰法師回憶起來，聲音裡依然甜絲絲地，他說老和尚竟然來做和事佬，勸母親讓孩子留在廟裡。有了和尚的勸解，佛賜高興極了。蹦蹦跳跳，立刻消失在人群中。母親忍著淚水說：「兒子該讀書了，需要回去上學呀！」老和尚和顏悅色告訴佛賜的母親，學校離寺廟不遠，上學也很方便，寺廟環境大，還有幾個年齡比他大一些的小孩作伴，應該會習慣的。依老師父的說法，寺廟除了是大人修行的清淨之地，還可以成為孩子學習的地方，這麼多年來，只要有人願意把孩子送來，老師父都收留，這對孩子的父母是一種慈悲的行為，也是為佛門預留佛法的種子。老師父何樂不為呢？

聽到老和尚計畫送佛賜上學，母親終於放下了心中一塊石頭，既然這裡有這麼多大哥哥，白天讀書學習做事一起有老師教導，佛賜一定會學好成長的。想著想著，這裡不但是一座好學校，還是讓人放心的托兒所，佛祖一定保佑佛賜，讓他在這裡成長，將來會有很好的成就。可是佛賜畢竟才七歲，三餐吃飯，夜晚睡覺，寺廟誰能夠照顧他呢？「我自己可以做到！」佛賜從人群中鑽出頭來，心想只要母親答應他留下，吃飯睡覺有什麼困難？和尚摸了摸佛賜的「劉海頭」，輕鬆地說：就這樣留下吧！母親只好抱著嘗試的心理，雖然不捨，終於允諾。

這老和尚不是別人，他是四年後佛賜的依止和尚——宗和師父。他是這裡的現任住持和尚。一九二七年參如和尚圓寂，宗和和尚繼承師位。他重建大殿，擴建寺廟，也注重於環境的綠化，更重要的是，和尚努力培養僧才，不斷創造條件，把握機會，為了復興佛法的流傳。

宗和法師的弟子以「雲」字排輩，雲梯、雲英、雲車、雲龍、雲溪、雲峯、雲林、雲安等等。乳名佛賜的妙峰法師是寺中最年輕的成員，娃娃臉，劉海頭，乖巧可愛，老師父視他如掌上明珠，因此取名「雲珠」，雲珠還沒有到正式剃度的年齡，佛門中稱為小沙彌，七歲的沙彌叫做「驅烏沙彌」。寺院有很多樹，樹上有很多烏鴉，常常成群落下來找東西吃，（「食隨鳴磬巢烏下」，王維的句子。）尤其到了秋收的時候，無數的烏鴉都到曬穀場上啄食，一定要有人不停地驅趕。這個差使就由年紀最小的沙彌來幹。

不久，上林寺又接來兩個與雲珠年齡相仿的小沙彌，雲珠有伴，笑口常開，他們童心未泯，常玩捉迷藏的遊戲，有一次，雲珠一把「捉」住了師父。老師父並未叫他們做「驅烏」之類的雜役，反而送他們去上學，先是要他們去讀私塾，每人的學費六個大洋一年，打下語文基礎，然後再把他們送進公立的小學受正規教育，直到小學畢業。今天看來，上林寺住持宗和法師一定想到傳承佛法必須繼起有人，而培養後進先要從教育鋪路。那時候許多法師沒有這樣的遠見。

雖然讀書比驅烏重要，還有一件事比上學讀書更重要，那就是佛門的「五堂功課」，一堂不能免。妙峰法師說，他每天清晨四點半起床，拜佛功課完畢，出門上學，放學回寺五時半晚課。吃過晚飯，夜晚八點要誦經念佛，他都跟著大師兄們同行同止，從不落後。他還得用一段時間完成學校帶回來的作業。

有時候，小小的雲珠實在累了，跪在蒲團上拜佛的時候伏在地上睡著了。每天晚課，照例「繞佛」念佛，雲珠年紀最小，排在隊末，最後是宗和老和尚「督陣」。繞佛時要繞過殿堂中間的大柱子，兩圈過後，小雲珠只覺眼皮一沉，頭往前傾，向木柱撞去，老師父及時搶前一步，從後面雙手抱住了雲珠。從那時起，老師父心疼，免去雲珠的晚課，可是雲珠並沒有因此偷懶，只要他能夠，晚上就堅持上殿，師兄們都給他翹起大拇指。至今，妙老回想起這些往事，臉上依然浮出童真的光輝。

那時，上林寺出家人為二十一人，還有進進出出為數不少的在家男女信徒，讓上林寺在遂溪地區頗負盛名。妙峰法師說，宗和師父雖然年紀一大把，但他的思想開明，他平時很少說話，也很少在寺廟中升堂開座。他以自己的身教帶動弟子，贏得了在家出家的信徒恭敬。他生性嚴謹，很少看到他臉上露出笑容，但他待人接物、培育弟子自成一格。他注重弟子對佛法上的實質修行，並不像一般寺廟那樣只注重「經懺」儀式的傳授。這種風格後來對妙峰法師影響深遠。

「經懺」活動多半是為了在家信徒而辦。依佛教的道理，凡夫眾生在紅塵的海浪中不停地翻滾，舉心動念，難免造業。《地藏經》中就有這樣提醒人們的經句：「閻浮眾生，舉心動念，無非是業，無非是罪。」惡業非常可怕，一旦造下，永遠不會消失，它一定感召惡果。惡果是「生命中不可承受之重」，人們遇到痛苦煩惱，就想起自己作的業，欠的債，遭的報應，為了消業脫苦，延請法師幫忙做「拜懺」，通過豐盛的供品，嚴肅的儀式，虔誠的跪拜，追求身心清淨，也讓過去的「冤親債主」從中得到利益，達到和解，陰陽兩利，皆大歡喜。拜懺是許多寺廟重要的收入，但上林寺不太重視。

上林寺後面開闢了一片大菜園，耕地種菜都由三師兄雲車承擔。春天一到，翻土，下種，施肥，澆水，菜園裡四季長出不同的蔬菜。年小的雲珠，放學回來，總不忘跑到菜園，提水送肥，不亦樂乎。在春花盛開的時候，紅的，白的，紫的，黃的，在菜圃周圍，各色花朵盛開，微風依依，送來陣陣芬芳，夕陽在山的那頭，射出道道光芒，附近山下的農舍頂上，炊煙裊裊，好一派美麗的田園風光！此時的雲珠，陶醉於寧靜的大自然之中，忽然，悠然的鐘聲從寺中鐘樓響起，打破了寧靜，打響了雲珠幼小的心靈。

他想起了母親！這些日子來，母親跋山涉水，不知來回多少次！她為雲珠帶來了可口的甜點，給雲珠縫了新的鞋子。母親還為他的師兄弟送來了紅亮香甜的荔枝龍眼。多少重聚的歡喜，多少的離別淚水，多少臨別的吩咐，母親總是那樣依依不捨。這一切，從雲珠留下的第一天開始，在他心頭不斷浮現。可是，他依然迷戀這裡的一切，師兄弟共處的快樂時光，三師兄的調教，每個晚上禮拜觀音的晚課，給他一個新世界。雲珠每次見到母親，總是絮絮訴說他學到新的東西，讓母親分享。

上林寺經常救濟附近鰥寡孤獨、貧病無依之人。妙峰少年時的學友吳貴龍、吳雲龍，在一九八八年的來信中，還回憶當年到上林寺接受幫助的情形。這些還都是平常事，最讓妙峰印象深刻的是，宗和上人熟悉醫理，每年花白花花的大洋購買大量藥品，長年施藥村人。因此，寺前大門口，妙峰經常看到排隊取藥的一幕。今天看來，「吃成藥」並非上策，可是七十年前中國的鄉村沒有正式合格的醫生，一個患了瘧疾的病人只求得到兩顆奎寧丸。當時道路崎嶇，病人必須乘轎前來。這對窮苦的農人來說，無疑增加了負擔。因此，上林寺許多時候還派了小沙彌送藥，久而久之，活人無數！上林寺不但是人們精神的寄託，也成為村民們名副其實的醫務所。

妙峰法師說，他今日能夠理解，上林寺施齋施藥，已是「人生佛教」的初步實踐。那時「人生佛教」還是一個新觀念，當時國難當頭，佛教的發展也遭遇到「瓶頸」，在一些著名的大德倡導下，興起佛教的大改革，為了有效地、具體地解救人生的苦難，以太虛大師為首的大修行家登高呼籲，佛教要面對現世的人生問題，震撼積弊已久的佛門制度，一時佛教界紛紛響應。但將抽象的理念化入六度萬行，當時沒有具體規劃。上林寺宗和和尚可以說勇於實驗。

妙峰法師講了一個故事，說明當家的師父多麼疼他。那時上林寺在經濟上有良好的條件，擁有了大量的田地，在寺廟的房子群中開闢了一個大穀倉，每到秋收季節，倉裡裝滿了新收的穀子。那時環境衛生不良，家家老鼠多，老鼠向寺院「移民」，寺中有了鼠患，許多老鼠在佛像上經卷上跑來跑去，那是褻瀆，也難免汙染，至於吃掉存糧，咬壞袈裟，更是不在話下。小沙彌只能「驅鴉」，不能驅鼠，為了防鼠，寺廟只好養貓，養貓是那個時代寺院的特色。養貓就得買魚，菜場裡有一種大約半寸長的小魚專供貓食，稱為「貓魚」，出家人買貓魚，賣菜的司空見慣。

入寺出家，首先要經過的考驗是每日素食。年幼的雲珠，出家之前是家裡的寶貝，母親總要餵他葷菜，遂溪魚米之鄉，餐桌上總少不了海鮮之類，如今到了寺廟，碗裡沒有了魚肉，雲珠怎麼樣度過呢？大家很擔心，村中的長者普遍認為年小茹素，營養不良，影響發育，有害健康。他們議論紛紛，認為師父至少應該讓小沙彌吃點貓魚，才算是慈悲。誰知雲珠生來就與素食有緣，從小厭食葷菜，尤其海鮮，雲珠更是避之唯恐不及。妙峰記得，當年母親從寺廟帶回來剩齋，總覺得芳香撲鼻，每次都與哥哥爭食。

擔心這個小徒弟營養不良，影響發育，宗和和尚也接受鄉中父老的意見，啟動「方便」法門，特准他吃一點魚。開頭幾天，師父師兄們半哄半騙，雲珠勉強吃了，可是飯量反而一天比一天減少，徒然惹那比雲珠只大兩歲的一位師兄訕笑。可以說「訕笑」給雲珠提供了解脫的機會，雲珠趁機主動向師父要求不吃海鮮，師父端詳雲珠片刻，微笑點頭，摸了摸雲珠的頭，說：「孩子，你是天生的與佛有緣啊！」就這樣，雲珠數十年如一日，茹素至今。如今已尊為長老的妙峰法師說，那些含有魚腥味的海產，他聞到氣味就有發嘔的感覺，信徒好心送來現代化加工的「素鰻魚」，他都拒之千里！

寺廟裡，生活訓練嚴格，所謂三千威儀，八萬細行，甚至要求「行如風，坐如鐘，立如松，臥如弓」。起初，這些「操練」也是很累人的。當然也還有灑掃應對，對他都是新挑戰、新經驗。法師說，這些訓練養成一個人終身受益的生活習慣。

我們問當年這位「驅烏沙彌」，他在上林寺學佛的第一課、他念的第一部經是什麼呢？妙峰法師回答是楞嚴咒，楞嚴咒是《楞嚴經》的核心，《楞嚴經》是非常重要的一部經典。漢譯的楞嚴咒兩千九百多字，既稱為「咒」沒有文字上的意義，只須專心誦念，對一無所知的小沙彌很適合。

誦念楞嚴咒有幾種方式，速度不同，一般需要二十五分鐘到三十分鐘，既然有音無義，很容易顛倒舛錯。雲珠（也就是妙峰法師）天資聰慧，又一心不亂，居然進步很快，進度超越一般學佛的人。後來誦念「大悲咒」和「十小咒」，雲珠隨眾諷誦，一兩個小時以後就能夠一字不漏地背下來，在上林寺贏得相當高的知名度，備受老師父的喜愛。

清涼寺的高明法師是上林寺宗和法師的好友，他也喜歡這個小沙彌，常來上林寺小住，有時喚雲珠到他的禪房住宿，到了夜晚，高明法師說故事給他聽。

妙峰法師複述其中一個故事：有一個師父道行高，知道他廟裡的小沙彌只有一個禮拜的陽壽，特地放他七天假，讓他回家跟父母兄弟度過最後時間。小沙彌很高興，蹦蹦跳跳走了，老師父望著他的背影暗中掉眼淚。可是七天以後小沙彌又蹦蹦跳跳回來了。師父遠遠望見小沙彌，以為是他的鬼魂，不是只能活七天嗎？老師父覺得奇怪，一看小沙彌氣色變好了，相貌也不同了，究竟為什麼呢？老師父猜想一定發生了不尋常的事情，仔細盤問一番。小沙彌恐慌起來，以為自己犯了戒條，結結巴巴地回答：回家七天一直與父母兄弟姐妹在一起，沒有做錯事。老師父知道小沙彌誤會了他的意思，於是提醒他七天中，有沒有做「對」了什麼？小沙彌這才想起來：回家的路上遇見大風雨，風吹倒了樹上的螞蟻窩，螞蟻被水沖得滿地都是，浮在水裡將要淹死，小沙彌想起師父曾經教導出家人要有慈悲心，要救苦，他找來一些樹枝讓螞蟻爬上去，再送到高地上「放生」，這樣小沙彌很晚才到家。他母親看見兒子回家當然很高興，一家人度過愉快的七天。此時老師父明白了，連聲讚歎說：「好！很好！」小沙彌救了那麼多生命，得到福報，消了業障，改變了命運。

妙峰法師喜歡這個救螞蟻的故事，至今不忘。

妙峰法師說，寺中師兄雲峰後來成就最大，望重一方，不但繼承宗和師父掌管上林寺，後來還調往著名的廣州六榕寺當住持，中華人民共和國成立後，雲峰法師當選政協機構的主席團共同主席。妙峰法師回憶，雲峰法師大他四歲，一九二一年出生，正是他第一次進入上林寺的那一年落髮出家。雲峰法師白天在私塾受學，晚間學習經典。一九三五年，十四歲的雲峰，被送到香港大嶼山寶蓮寺的「嶼山佛學院」讀書，在校三年，成績優異。一九四〇年畢業，他留寺受具足大戒，得戒和尚是筏可長老。不久，雲峰回上林寺與師兄弟一起隨侍老師父宗和和尚身邊。雲峰出廟深造，視野擴大，但在師弟面前和藹平易，在老師父背後，他們之間並沒有佛門「師兄弟」嚴格分際，經常一塊玩耍，忘其所以，實際上，雲峰雲珠是一對好朋友，這師兄弟的特殊情誼一直延續到半個世紀後。

這期間，雲珠每遇到困惑，就向雲峰問長問短，受益良多。但是若論對妙峰法師影響最大，要推師兄雲車。雲車法師當時是上林寺的當家，寺裡大大小小雜務一肩挑，沉默寡言，任勞任怨，做事認真，從未懈怠。

上林寺在雲車法師管理之下，井井有條，也乾乾淨淨，寺中的日常需要從未短缺，若逢法會之類的大事，更是處處籌措得宜。妙峰法師記得，雲車師兄經常自己一個人徒步往返二、三十里到市場採購，他背著，挑著，扛著，一包包，一擔擔，提供全寺常住日常吃的，用的，各項生活必需品。寺廟後面偌大的菜園和花園，種了各色各樣的蔬菜和各色各樣的鮮花，都是他帶頭耕種，除草，施肥，澆水，供應全寺的副食，加上供佛所用的鮮花。雲車師兄雖然辛苦，但他面無倦容，口無怨言，若無其事。

說到雲車法師圓寂，妙峰法師神色莊嚴，似悲喜交集。有一天，雲車法師如往常一樣，吃好早餐，安排好當天寺廟的大大小小事務，氣定神閒，與每一位師兄弟合掌，似乎要出遠門旅行一般。當天下午，雲車大師兄坐禪中往生了！消息傳來，妙峰法師感到莫大的震撼！他覺得雲車師兄是真正的佛法修持者，是先行者，是示範者，佛法值得他終生追求，無窮無盡。

與所有出家眾一樣，當年佛賜也必須經過正式「剃度」的儀式。落髮剃度是佛門對要求出家者的一種認可，儀式之後，才是正式的出家人，從此必須堅守沙彌十戒，就是、不殺生，不偷盜，不非梵行（不淫），不妄語，不飲酒，不著花鬘，不香油塗身，不觀賞歌舞娼妓，不坐臥高廣大床，不非時食，不持金銀寶物。

落髮為僧，並非人們想像中那樣無牽無掛，逍遙自在，落髮是一種嚴肅的誓約，是一生刻骨銘心的記憶。這對年紀大的人來說，需要「三思六想」，慎重考慮。出家，不是一個人說走就走那樣瀟灑，它牽涉到一個人的家庭，上至父母，下至子女，當然還有最愛——丈夫或妻子。這些關係，在老師父的剃刀落下之前，一定如銀幕般不斷地一一浮現，落髮代表放下這一切，放下這一切帶來的煩惱和束縛。那一剎那，堅定的意志不在話下，更需要勇氣，還需要人生更加遠大的目標，了生脫死的目標，慈悲度人的願力和智慧！近代高僧弘一大師落髮的那一刻，聽到山門外親人的呼喚哀號，他的心都碎了，可是他仍然如如不動，跪在師父的面前等待剃刀落下。即使在旁觀禮的人勸告他最後接見一次親人，以了世緣，可是弘一大師緊閉雙唇，眼淚嘩嘩墜下，終於突破了最後一關。

剃度那年，雲珠十歲，以後他必須通過基本的啟蒙教學，到了一定的年齡，佛門定為二十歲，進一步接受「具足戒」，再正式成為比丘。在佛教歷史上，上溯到佛陀時代，佛陀的親生兒子羅睺羅，由於年齡很小出家，因此不能「具足」，只能由師兄們帶領，一面學習佛教基本禮儀，一面做一些簡單的日常事務。

因為佛賜僅僅十歲，老師父把剃度儀式簡化了。而且為了讓佛賜在學校不被其他孩子歧視，老師父在佛賜的頭上依然留下了「劉海」。這種象徵式的變通，給了後來的妙峰長老許多啟發。

在小學裡，雲珠的功課成績後來居上，同學們最初對他陌生，慢慢轉為友善親近。法師說，他在此時有一大因緣，開始接觸正式的書法。

他的朋友中有一位沈小山，後來皈依佛門改名沈定庵，沈小山的爸爸叫沈華山，是當地有名的書畫家。耳濡目染，小山從小愛好書畫，他的老師就是他的父母。這沈大哥天資奇特，小小年紀就能給銀行寫招牌。經常帶雲珠回家看父親的字畫，這對好學的小雲珠來說，眼界大開，寺廟之外，第一次他看到了紅塵的藝術。

有一天，雲珠在小山家裡看到畫家沈華山新近完成的一幅佛像，雲珠在畫前流連忘返，非常歡喜。沈小山知道雲珠經常拜觀音菩薩，暗暗決定給雲珠一個驚喜。一星期後，他從書包掏出自己的傑作：坐在一片蓮花上的觀音！雲珠當下跳了起來！立刻向佛像合掌，竟然忘記了自己身在學校的門口。

妙峰法師回憶說，從那時候開始，他喜歡畫畫，更喜歡書法，跟著也喜歡閱讀。在「上林寺時代」，他法名「雲珠」的那些年，正是他吸收大量知識的時候，他讀了很多文學作品，而且涉獵廣泛，他的文藝天分從此釋放出來，在他離開上林寺之前，他已讀過茅盾、巴金、老舍、沈從文的小說，也讀了古典名著西遊記和水滸傳。

我們問法師：文學閒情小道，一向是佛門的禁書，您何以有閱讀自由？他說師父從未干涉。這又是一個例子，可以看出宗和法師的教育思想。

小說中的男女情節，有沒有妨礙法師的清修？法師微笑，他說這個問題以前也有記者問過他，其實一點也不神祕，出家人如何保持聖潔，佛門從理論到方法有完善的設計，修行的人都可以脫離情欲的羈絆。情欲是一種低級願望，出家修行發的是宏誓大願，「得其大者，則其小者不能奪也。」人的各種私欲都消解了、轉化了，好像螢火比之於陽光。

法師說：「我讀文學作品，注意它的寫作技巧。我想用文章弘法」技巧是客觀的、理智的，注意技巧就超脫了感情。至於小說的內容，他說從文學作品中可以了解貪瞋癡之可怕，如水滸傳，他也了解「降伏其心」並非一蹴可幾，但依法修行終能有成，如西遊記。不過他讀文學作品數量不多，讀多了，也就沒什麼吸引力了，它畢竟不及佛典博大精深。

後來妙峰法師成為文學僧，書法僧，以藝明道，在當今大師中別立奇峰。

現在的妙峰法師著作豐富，尤其是禪詩及書法，在他的會客室，他創立的圖書館，可以看到他的墨寶和等身著述。因緣起於微末而成於大千，宗和法師功不唐捐。

一九三七年，妙峰法師十二歲，更大的國難開始了。這年七月，日本軍隊藉故挑起「盧溝橋事變」，自北而南，自東而西，號稱三個月內滅亡中國。百年以來，列強不斷占領中國土地，那是「蠶食」，現在日本要「鯨吞」，它一路擊敗中國軍隊的節節抵抗，十月占領廣州，事先多次派空軍轟炸，占領後延伸戰線，轟炸了法師的故鄉遂溪，各地難民湧到雷州半島，上林寺已非方外之地。

日軍的暴行令全世界駭異，更使中國人切齒。空軍轟炸民居和學校，陸軍每占領一地，區域以內已毫無抵抗的跡象，日軍照例殺人放火，而且侮辱婦女，即使出家人也難倖免，這已成為全面性的行為，「南京大屠殺」是一個著名的樣本。日軍當年所造的惡業，形成中國人牢固的心結，即便是學佛的在家人，至今難以消解。

「日本為何要這樣做？」他自問不能自答，一如他看見法國在租借地上拘捕毆打中國人的時候，也這樣問過。他說，他那時像許多中國青年，用民族主義看待國難，在很大的程度上，他是一個愛國青年。後來他深入佛藏，建構他的宇宙觀和人生觀，種種行為顯示，國家民族的觀念仍然留在他的人格裡。

一九四一年三月日軍在雷州半島登陸，橫行各地，空軍配合，先在重要據點投彈轟炸，學校停課，人心慌亂，各家閉門密商應變。雲珠從學校回來，剛剛跨進廟門，突然被宗和法師叫住，要他去找雲車法師一起來見師父。雲珠在寺廟後面的菜圃地上找到雲車大師兄，然後蹦蹦跳跳一起來到師父的寮房。老師父掩上門，從門後取出早已準備好的鏟子，對著一大一小兩個徒弟，面色凝重，指著他床前的地板說：「你們把地板掀開，然後挖開泥土。」雲珠覺得事態重要，歡欣浮動的心沉靜下來，師兄弟同心協力，小心翼翼，依著老師父的吩咐動手。大約挖到三尺深處，地下露出五個瓦甕。打開蓋子，裡面裝滿了大洋。師兄弟大惑不解，兩雙眼睛注視著老師父。老師父歎口氣，說道：「我老啦，無常隨時都會到來，何況日本軍隊隨時會打來！這些是全寺的僅有儲蓄，我要你們兩個知道有這筆錢，一旦非常的局面出現，也許要靠你們來支撐。」說罷，老師父吩咐掩埋了，又若無其事，並沒有特別吩咐雲珠要保守祕密。

妙峰法師一邊回想一邊說，雲車師兄是上林寺實際的管理人，老師父深謀遠慮，應變自然由他承擔，可是小小的雲珠怎麼也參與其事？老師父儼然把雲車師兄當作繼承人，又把雲珠當作雲車法師的繼承人。老師父「最壞的打算」並未用得上，可是妙峰一生難忘，今天口述其事，猶有無限的感動。

有一個人跟妙峰法師相識多年，認為妙峰「厚重而有悟性」，厚重和悟性得其一容易，二者兼備就是「全才」，後來虛雲老和尚也要他管錢，大概也是看出他在這方面的特質。

妙峰法師說：那時候，他已經是寺廟的事務人員了。每次老師父要送佛前供過的水果到信徒的家裡，多半差他負責，完成任務回來的時候，口袋裡塞滿了信徒的紅包，他都全部交給老師父，一文也沒有私留。

一九四一年十二月，日軍偷襲美國在夏威夷的珍珠港基地，大獲全勝，史稱珍珠港事變。日本與西方國家撕破了臉，沒收英美在上海等地的租界，拘捕英美傳教士及僑民，出兵占領香港，香港難民紛紛來湛江避難，裡邊包括多位出家人。一九四三年日軍出兵進入雷州半島，遂溪等地失陷，日本與法國共管租界，以《廣州灣共同防衛協定》為名，事實上取代了法國人的地位，引來美國空軍對遂溪的轟炸。遂溪多災多難，輪流成為作戰雙方的敵人。

這一連串外境的變化，都影響了正在成長中的妙峰法師。據法師回憶，當時他雖然沒有見過日本兵，但經常聽到日本兵有關的「故事」，也多次看到日本的戰機在空中盤旋，即使在深夜，也曾被轟隆轟隆的馬達聲驚醒。他還記得，附近一些平民房屋，完全沒有軍事價值，也無緣無故地被轟炸了，日軍喜歡用燃燒彈，目標不但倒坍還立即起火燃燒，居民在熊熊大火前悲痛欲絕的慘景，他記憶猶新。

有一天，日本空軍又竄出天空四處轟炸，他最親近的好友沈小山一家人躲在家裡樓房的最底下一層，而小山一個人驚嚇得跑錯了方向，躲到最高的三樓去。只見轟然一聲，小山閉上眼睛，不知過了多久，張開一看，眼前自己的房子被砲火夷成平地，小山居然半躺在一棵樹下，沒有受傷，他的父母和弟弟妹妹全部葬身在火海中了。雲珠聽到消息，與寺中的雲峰師兄奔向火場，看到火場邊發呆的小山，眼淚如決了堤般抱著小山失聲大哭！生命如此脆弱！佛經上的「無常」活現在雲珠的眼前，小山的淚水與自己的眼淚匯合一處，他不斷地安慰好友，心中也不斷地稱念「南無觀世音菩薩」。

沈小山的家夷為廢墟，全家遇害，小山一人絕處倖生，成為新聞人物，記者趕來採訪，追問他歷險的經過，他說好像有人抱著他放在樹下，記者問他是否曾經做過什麼好事？他說年少無知，不懂什麼是好事，只是平時喜畫觀音像，可能是得此善報。

就這樣，妙峰法師在艱澀的歲月中成長。

第三章 清涼寺受戒 海仁法師授經

一九四〇年，妙峰法師十六歲，這時候他的法號還是雲珠。經過九年寺院修行，加上私塾和小學的教育，以及師兄、師父的薰陶，逐漸長大。

出家人修行到某一階段，要正式受「三壇大戒」。傳戒的儀式需要有名氣的大寺院主辦，主辦者必須具備足夠「硬體」設施，還要動員大量服務人員，場地布局，堂口設置，諸般講究，尤其是要廣邀佛門中德高望重的老和尚擔任「三師七證」，一般的佛寺無法勝任，因此，在中國佛教寺廟裡，歷來只有少數地方舉行傳戒活動，而且並非經常舉辦。

這年湛江市清涼寺有此盛舉，附近寺院都把有資格受戒的人送來，這些受戒的人叫「戒子」，傳戒分初、二、三，三個步驟，依次是沙彌戒、比丘戒、菩薩戒，傳戒在壇上舉行，稱為「三壇大戒」，儀式隆重莊嚴。對上林寺來說，清涼寺近在咫尺，機會難得，上林寺住持宗和法師對愛徒雲珠期待殷切，希望雲珠早日成為合格的比丘，從此有進無退，雖然雲珠只有十六歲，而規定受戒的年齡是二十歲，佛門中也有變通的前例。於是，他安排雲珠前往報名。

清涼寺在今湛江市赤坎南方路上，一九二九年創建。當時面積約三千平方米，大雄寶殿、天王殿、藏經樓、禪堂、客堂、齋堂、僧寮等為主要建築，果園、花園，以及熱帶樹林環繞。一棵百年菩提樹在寺前，讓庭院更加幽雅，因此又名「清涼禪院」。前清遂溪縣拔貢戴慶元寫了一副對聯：「清淨水無波，遙想匝地香花悉周法界；涼炎風不動，任他熏天氣焰不到空門」。清涼寺是雷州半島地區能夠開壇傳戒發牒的寺院之一，到一九四九年，先後有七次在這裡傳戒，受戒弟子遍及國內外，其中多人後來成為佛教界的菁英，一波一波弘法利生的佼佼者，源源不斷注入世界一股「清涼」。

佛門受戒，是出家人一生最為關鍵的大事，只有受過戒才能被稱為比丘或比丘尼，從此才被公認為合格的出家人。戒，是佛教的靈魂，它規範著出家人的一生，如影隨形；戒，是出家人日常行為的準則，破了戒，就如同失去了生命；戒，是生活的最高指導。戒，在另一角度來說，它是出家人的保護神，持了戒，不管出世入世，他都來去自由，煩惱、不安、恐懼都會漸漸消失。漢傳佛教的受戒儀式尤其隆重。

「戒是無上菩提本，應當具足持淨戒」，甚至「沒有戒就沒有佛法」。釋迦牟尼佛涅槃前，弟子阿難急忙求問，一旦佛不在世間領導我們，將來要跟誰學習呢？佛陀慎重答道：「以戒為師。」戒是佛法的表徵，佛教綿延兩千五百多年，入世度人而不與世俗俱化，正因為有「戒」。戒，必須依靠「人」來傳授，一代一代綿綿相繼，萬里一脈。

佛教徒有出家和在家之分。以性別來說，就是四眾弟子：在家男眾女眾和出家男眾女眾。在家男女分別稱為優婆塞、優婆夷，俗稱男女居士，他們是皈依三寶親近奉事道場的在家男女信徒。出家弟子共有五種名稱，未成年出家者男性稱為沙彌、女性稱為沙彌尼，成年出家者男性稱為比丘，俗稱和尚，女性稱為比丘尼，俗稱尼姑。但女性入寺必須通過兩年觀察才可以正式出家，觀察期間有一個特別的名稱叫式叉摩尼，地位介於沙彌／沙彌尼與比丘／比丘尼之間。

七眾弟子基本上是以戒來區分。身分不同，持戒的要求也有區別。大致上有五戒、十戒、具足戒和菩薩戒。受戒之前必須接受「皈依三寶」儀式，才能稱為佛弟子。三寶即「佛、法、僧」，但最重要的是皈依「自性三寶」。佛教認為人人皆有佛性，都有成佛的條件，人們只是不斷流浪在名利場上，「貪、瞋、癡」中迷失自我，才輪迴生死，不得解脫自在。成佛之道中說：「皈依處處求，三寶最吉祥」，《俱舍論》卷十四也說：「皈依三寶能究竟解脫眾苦。」皈依是確定人生的大方向，是入門的第一步。

「五戒」是基礎，是所有戒的開始。它們是：不殺生命、不偷盜、不過不正常的性生活、不說謊話、乃至不醉酒。依佛家的道理，不但在家的信徒要守五戒，只要你生而為人，就要行持五戒。或許有人會說，酒有酒的文化，為什麼佛教把它排在禁止之列？甚至一些宗教不但不禁酒，反而提倡，理由是酒能通神，引人到「神聖」的領域。可是佛教強調個人思維、智慧，即「般若」，「從聞思修入三摩地」，個人每一步驟的修行，都是以「智慧」為前提。佛門禁酒，是因為酒能亂神，許多時候嚴重妨礙修行。佛經上有這樣記載：有一個修行人喝了酒，醉醺醺的，發現桌上沒了菜，於是偷了隔壁人家的公雞，殺了下酒。後來女主人尋雞，查問他時，他撒了謊。又於朦朧中，覺得女人姿色不錯，於是順便把她姦汙了。一連串「殺、盜、淫、妄」之戒律，都因酒而破功。酒，讓人失去理性和智慧，因此酒在必戒之列。即使菩薩大道盛行的今天，「六度波羅蜜」中的修行信條，依然以「智慧」為最高目標。這世界紛亂繁雜，每一個人都有自己的特殊因緣環境，因此《楞嚴經》指出：「煩惱有厚薄之分，智慧有深淺之別。」只要依戒修行，依循漸進，都會達到最高的目標。

沙彌（尼）有十戒，在五戒的基礎上加不塗飾香鬘、不視聽歌舞、不坐高廣大床、不非時食、不蓄金銀財寶。比丘有兩百五十戒，比丘尼要守三百四十八戒。也就是所謂的「具足戒」。出家人不會被龐大的具足戒數字嚇倒，佛門的理論是「多從一生」，「一即是多，多即是一」。戒條也是如此，只要堅守五戒，清淨入微，再多的戒已經迎刃而解了。五戒實際上切合中國儒家的道德範疇，可以說是「仁、義、禮、智、信」的更高更具體的人生規範。至於「菩薩戒」比較特殊，它是漢傳佛教的光榮。

菩薩的主旨是自利利他，無論出家在家都可以受持。理由是自助助人，只要有心得力，難道非出家人莫屬嗎？因此，菩薩戒更為殊勝，它合乎中國文化的精神。

三壇大戒儀式莊嚴，它集合沙彌（尼）、比丘（尼），以及菩薩戒一次完成。整個傳戒過程，必須三十到四十天才能圓滿。受戒前必須通過許多考試才有資格領納「戒體」（受戒者接受戒律條文之後，產生防非止惡的能力）。戒子從早上四時開始到晚上十時，中間課程包含了早課、作務、聽解戒的內容、演禮、拜懺和晚課。課程密集。

「具足戒」要通過三項儀式，十位高僧分工合作，稱為「三師七證」。坐在中間的是得戒和尚（傳戒者），左右是羯摩師（程序主持人）和教授師（修學程度考核人）。另外七位佛門大德，證明當時受戒圓滿。三師七證的後面，設有高座十方諸佛坐像，菩薩戒師，中間是本師釋迦牟尼佛。

妙峰法師回憶，當時有一百多戒子參加受戒，來自湛江地區的不同寺廟。著名的老和尚燊經法師擔任得戒和尚，誠如和尚等人擔任羯摩師、教授師。按照佛門的規定，必須二十歲才可以接受具足戒。十六歲的雲珠，距離正式受戒相差四年，如何接受這神聖的儀式呢？他報到的時候，得戒和尚看他還差四歲，把他叫到一旁，端詳片刻，從袈裟裡掏出課本，指著裡面簡單的咒語，要雲珠念一遍，誰知雲珠推開書本，當場背誦如流，竟然一字不漏，老師父驚訝，於是摩了幾下雲珠的頭頂，和藹地說：「孩子，這樣好了，我送給你四歲，讓你這次接受具足戒。」雲珠聽了，本來戰戰兢兢的他，臉上立刻浮出了燦爛的微笑。

受戒入壇前接受三師的問話，實際上就是一種嚴格的口試。戒子在眾目睽睽中，一一經過三師座前。問話的內容就是有關的戒條，戒子以為很難，不免擔心。但是，通過難關以後得圓滿戒，那又是極大的喜樂。

戒子的言談舉止如果違制失格，不但會當眾受訓斥，而且還要挨那無情的「楊柳鞭供養」。尤其是問話時候，三位戒師威嚴無比，為了考驗戒子的決心和意志，似刁難，卻愛護，那些年幼的戒子最是難熬。相傳有一位十三歲小孩回答戒師說：「師父教我來受戒」，話音剛落，就挨了一「鞭」，理由是：如果師父不叫，你就不來了嗎？孩子學乖了，下一位在戒師前回答說：「我自己要來的！」以為可以順利過關，誰知打得更重！原因是：「大膽！自作主張！沒有通過師父的允許！」下一個戒子綜合前人的經驗，回答：「師父叫我來，我自己也要來！」這回一定萬無一失了吧？可是這次卻挨了重重的兩「鞭」！「你這滑頭滑腦的傢伙！」第四個戒子，他就乾脆不答話，向前挺身說：「您打吧！」

妙峰法師可算是幸運多了，他輕易地背下大悲咒、十小咒、五十三咒，乃至冗長難記的楞嚴咒，一字不漏，嫻熟快速，贏得了許多戒師的讚歎。戒會圓滿時，年小的妙峰得到許多獎賞，最讓他喜歡的是那些字帖格子本、帶橡皮擦頭的五色筆，還有毛筆、墨水、彩色畫紙，這些，更加強了雲珠努力用功，力爭上游的學習動力。

妙峰法師說，受戒儀式中要在頭頂上燃香供佛，最為驚心。用一把燒得火紅的香，炙烤受戒人的頂部，或三炷，或九炷，或十二炷。（在家菩薩戒為三炷。）燒破頭皮，敷上香灰，讓傷口自然癒合，留下永久的疤痕，這叫「戒疤」，當作身分和成就的印記。這種近似虐待的儀式，千百年來佛門奉為最高的守則。佛教的所謂勇猛精進，實際上就從「燃疤」開始，它讓受戒人的心靈留下終身的深刻印記，既然出家，就要「盡形壽」，就是直至這一期生命的結束，菩薩戒還要「生生世世」跟隨佛菩薩修行，實踐自助助人的大無畏精神。

另一方面，燃香也是受戒者發了向佛的決心。依過去的解釋，只有下了「不退轉之心」，對燃香才會甘之如飴，一生中，無論遭遇多麼艱苦的修行路程，還是碰到誘人的迷惑，只要記起自己頭上的疤痕，就會時刻提醒自己，「非佛不作，非佛不信。」

十五歲的妙峰，他那時的外法號還叫雲珠，未必清楚明白燃香的意義，但有一顆向佛的心是明確的。正如當初七歲的時候，第一次隨著母親進入上林寺，就堅持不回家一樣。為什麼孩子會有如此決心？佛門的回答是「宿世善根」，也就是說，雲珠或許在過去的生命中，已經跟佛門結下了不可逆轉的因緣。然而燃香的時候，孩子仍然有痛楚的感覺。

妙峰法師聽到有人喊他的名字。他向前邁出堅定的步伐，看到了特地趕來照顧他的姑婆，妙峰法師回憶，當一炷香炭靠近他的頭頂時，他閉上雙眼，觀想專心念佛，咬緊牙關，此時鐘鼓齊鳴，在大殿裡穿梁撞壁，甚至整個殿頂都在搖撼，奪走聽覺，淹沒觸覺，滿殿香氣彌漫，只有虔誠的念佛聲織成佛國淨土，使心境空靈，如騰雲駕霧遨遊九天，因此他燃了十二炷香，一點也不覺疼痛。當紅色火點碰在頭皮的那一剎那，立刻冒起白煙，雲珠的姑婆在一旁觀禮，「哇！」的一聲淚如雨下，但雲珠沒有聽到，也沒有睜開眼看，十二顆戒疤，在十六歲的雲珠頭上一氣完成！

妙峰法師說：「香火點在頭皮上的時候，我心裡一直不停地念誦佛號，鐘聲鼓聲一齊回應，居然沒有疼痛的感覺。但是過了兩個鐘頭開始疼痛，而且非常痛！」今天反思，他覺得這是一種不合理的制度，何必在好好的頭頂上用火來燒出許多疤來？萬一燒壞神經怎麼辦？那時他沒有發言權，多少事蓄積胸中，後來發展了他對世俗據理力爭的作風。今日佛門有多位領袖人物主張廢除「燃香」，與妙峰法師所見略同。

雲珠受戒燃香的時候，母親沒有來到現場，在家裡「同步」燒香拜佛，祈求佛賜得到佛陀加持，姑婆實際上是媽媽的代身。

「後來您的香疤如何癒合呢？」妙峰法師說：「姑婆準備好了毛巾，先用水濕透輕輕敷在頭頂，等疼痛感覺漸漸減輕，換上另一條毛巾。」妙峰法師頭頂上十二顆整整齊齊的戒疤，沒有因發炎而變形，姑婆「護理」功不可沒。

傳戒圓滿，每一位戒子領到一份「戒牒」。戒牒是受戒後的證書，也是佛門的護照，裡面註明了受戒的時間、地點、三師法名。受戒時間先後是地位尊卑的因素之一，《敕修百丈清規．節臘》：「僧不序齒而序臘，以別俗也……凡禪誦行坐，以受戒先後為次。」佛門未必依照個人的年齡和在家的地位而定輩分，佛世時代，地位低下而年齡最輕的優波離受戒在先，那些世俗地位尊貴又年紀也比他大的公子哥兒們出家在後，相見之時，都先給優波離行禮，尊為師兄。

一九四一年十二月七日，珍珠港事件爆發，太平洋上硝煙彌漫。接著十二月二十五日，日軍攻擊香港，英軍被迫投降，大批愛國人士不願活在侵略者的鐵蹄之下生活，大批難民四散奔逃，即使紅塵之外修行者也不例外。雷州半島屬於法國租界，一向平靜，湧來難民不少，裡面有著名的佛門大德海仁法師。法師輾轉來到湛江，先掛單上林寺，後來一段時間駐錫真如精舍。

上林寺上下對海仁法師慕名已久，從未想到這位大師有一天和他們朝夕相處，如今戰禍煎熬促成這段因緣，也是大不幸中的一件幸事。今天的妙峰、當年的雲珠更有機會和海老特別親近，海老應聘在清涼寺講《金剛經》時，妙峰曾一度受命做這位大師的侍者，海仁法師駐錫在真如精舍的時候，年輕的妙峰更是亦步亦趨，不離左右，海老身教言教，妙峰的領會比別人更多。談到海仁法師，妙峰兩眼立刻炯炯有神。

海仁法師廣東省中山縣人，他到雷州半島避難這年五十五歲，聲名正隆。他二十歲到廣東博羅縣的羅浮山華首台寺，依述蓮老和尚落髮出家，法名法慈。他也是自幼失學，後天教育得自佛寺，上上根器，三十年成為全國知名的高僧，青年僧人在他座下聽經成為漸修的重要資歷。

海仁法師在廣東僧侶中是最早到江南大叢林參訪的一位，由於他的宣揚，筏可、融秋、靈禪、茂蕊等諸位法師的行蹤才到達江浙。海仁法師前後六年江南參訪期間，親近過福建南普陀寺的參喜法師、太白山天童寺的慧明法師，還有其他寺廟的佛乘、諦閒、證圓許多大有成就的老法師。海仁法師是當時《楞嚴》、《法華》等幾部大經的權威，尤其對《楞嚴經》更有獨到的體會，他演說《楞嚴經》，「表裡精粗無不到，全體大用無不明」，一時無出其右，人們尊為「楞嚴王」。

海仁法師在上林寺組織讀書會，親自導讀，多半以《楞嚴經》為課本，循循善誘，諄諄教導，帶領學子進入佛法的深層，上林寺內的許多僧人都說得益匪淺。妙峰法師說，當時海老解釋楞嚴經中一句：『因地不真，果招紆曲。』一個人待人處事，如果不是出於純真無邪的心態，結果一定不會順遂如意，有時甚至招來禍害。在大乘佛教，這種「真」就是菩提心，以利益廣大眾生為出發點，它是菩薩因行和如來證果的動力。心地純潔的妙峰聽了這句話如同雷轟電擊一般，從此一秉初心，無限本色，深信投機取巧不會有好的果報。後來的弘法生涯中，總以純真的心態對人，即使遭到欺騙，也從不放在心上。

《楞嚴經》全名《大佛頂首楞嚴經》，以佛陀弟子阿難為中心人物，阿難是佛陀的堂弟，出家後做佛陀的侍者，他修行上的增減垢淨，可以說是觀瞻所繫，可是他受到了不能抵抗的誘惑。他皮膚白皙，有二十種相好莊嚴，出門托缽往往被少女團團圍住，一些女孩藉機對他傳送愛慕的訊號。終於一天阿難招架不住，被漂亮的摩登伽女設法「攝入淫席。淫躬撫摩，將毀戒體」。阿難失去了定力。千鈞一髮之際，佛陀派文殊師利菩薩前往以咒語保護阿難，阻止了一場災難。

如果說阿難是楞嚴經的中心人物，那麼文殊師利菩薩用以保護阿難的「楞嚴咒」就是這部經的中心內容。當妙峰法師還是小沙彌雲珠的時候，他就是背誦楞嚴咒「一鳴驚人」的。現在聽海仁法師講解全經的文字和奧義，領受「義趣深遠，博大精深，內容包含極廣，禪、淨、律、密、教，無不周備」，甚至有「楞嚴興，正法興；楞嚴滅，正法滅」的說法，妙峰法師一經深入，「由少少中知道多多」，再一次有茅塞頓開的歡喜，這是他的「新啟蒙」。至於楞嚴經「文字優美，用字精簡，結構嚴謹，思想細密」，也給他文學上的啟發。

妙峰法師說，海老在雷州半島將近四年，往返各寺廟遍灑法雨，如春來大地，耕耘者播種者均得其時。佛門有「傳燈」的比喻，一盞燈點亮另一盞燈，連綿不斷，變成無盡燈，千秋萬戶光明。海仁法師好比遠來的「第一把火種」，得火者散之四方，各自成為當地的「第一」。妙峰法師假設，如果海老不來雷州，雲峰師兄恐怕難有那麼大的成就。海仁法師慧眼識人，在他門下許多青年法師都成為「法器」。妙峰法師自己基礎大備，層樓在望，乃有以後的勇猛精進，大器早成。

當時海仁法師住在上林寺，臥房窗外有三棵大榕樹，它們在廣場上鼎足而立，各自伸出密密麻麻的枝葉，組成一片如蓋的樹蔭，夏天殺氣騰騰的熱風吹到樹影下，立刻轉為一陣清涼。農人樹下依蔭消暑，有時還帶來草蓆木板權作睡床，在辛苦的田間勞作半天之後，喝杯涼水，再小睡片刻。這裡平時是勞苦工作者的歇息站，戰火逼近時還成了難民暫時的收容所，許多由香港、廣州來的難民躲在三棵榕樹下，一家一家圍在一起，四處乞討回來，在這裡歇腳，互訴日本軍人犯下的罪惡。

妙峰法師說，海仁法師推窗見到這些難民，就走到樹下探望他們，先找年紀較大的人交談，帶他們一起念佛，一邊圍繞那三棵大榕樹走，一邊念誦「南無觀世音菩薩」聖號。看著出家人如此殷切和誠懇，難民們都不約而同跟在海老率領的「隊伍」後面，一時佛號嘹亮連綿，化解了流離失所的悲痛。大約一個小時過後，海仁法師吩咐大家從他的禪房裡搬出白米，他用「克寧奶粉」的空罐作量杯，分發給他們每人一罐米。難民們手捧稻米，歡喜感激，有人立刻用隨身攜帶的炊具生起火來，這個小小的「人間」氣氛為之一變。海仁法師等他們吃飽了，招呼他們靠近，慢慢開示佛法道理，財布施之後繼之以法布施。妙峰法師記得海老的「精神訓話」是積極的，是振作的，處處含有鼓勵和希望。樹下的難民愈聚愈多，海仁法師每天施米弘法，循循善誘。妙峰法師從中得到「人生佛教」的許多道理。

妙峰法師說，海仁法師在雷州半島的時候，正值中國對日抗戰，中國政界有主戰主和兩派，中國佛門也有出世和入世的分歧。妙峰法師並未忘記日軍侵入帶來的恐怖，那恐怖遠遠超過戰爭的需要，非但中國人不能原諒，戰後日本人也引以為恥。當時國難就是法難，佛門弟子不論出家在家都同臨大劫。中國佛教界對這場戰爭究竟該抱何種態度？

佛教界的領袖們意見並不一致。有人說修行人的本分是「自修」，自明清以來，出家離世修行，寺廟多半建立在深山老林之中，僧人離群索居，隔斷塵緣，世俗的生死禍福，紅塵的悲歡離合，各有因果，出家人不能也不該插手。他們還認為，參與抗戰、同仇敵愾是瞋恚心，槍一響就要流血，你死我活那是殺業，殺生是所有「戒條」之首，犯戒萬萬不可！這一派人士說，日本人對中國的燒殺是一種報應，來自中國人久遠的「共業」，今生所受即前世所作，「欲知世上刀兵劫，且聽屠門夜半聲」，中國人只能「自作自受，共作共受，先作後受」。如果我們實行逆來順受可以「消業」，倘若以戰止戰，就是繼續造業。

另一些佛門領袖斷然說，祖國是修行者的根基所在，「傾巢之下無完卵」，沒有祖國的庇蔭，沒有安全的國家環境，修行人無地立足，佛門何託？佛陀為了避免自己的祖國被琉璃王顛覆和滅族，盡一切可能解救祖國的災難，即使佛陀知道「定業」不可轉，依然置個人安危於不顧，三番五次隻身阻擋要塞，志在使侵略者止步。佛祖曾說「親族之陰勝餘蔭」，可見佛也主張抗敵衛國。

有一些人又說，中國號稱是佛法的「大乘」之國，大乘的行者一定實行「六度波羅蜜」，六度是菩薩行者的根本基礎，以「布施」為入門，智慧為最後、也是最高目標。布施分三種：財布施、法布施、無畏布施。今天全國人（甚至全世界的人）陷入「法西斯」造成的恐怖之中，倘若佛門置身世外，一無作為，待千萬仁人志士犧牲流血之後坐享其成，將來佛教界人士如何得到中國人的尊敬？一個不受尊敬的人如何得到眾生的信任和皈依？

他們說，如果僧人挺身而出，積極參與抗戰，意義何等突出！何等令人刮目相看！一個佛前「為鼠常留飯，憐蛾不點燈」的行者，居然走上前線，努力止息更大、更殘忍的傷害，誰不感動？誰不欽佩？在佛陀的「本生談」中如此記載，佛陀在深山老林下打坐，發現一群商隊被幾個賊人追殺，千鈞一髮之際，佛陀奮不顧身，毅然發揮他的神通道力，殺死那些賊人，保全了一百多位商人的生命。當然，依佛教的理論，佛陀造下了殺業，依然要接受業報，但佛經這樣解釋：殺一救百，即使個人擔當罪業，也是值得，何況當時的殺業在緊急狀態下發生，而且出於正義，佛陀承受業報，甘之如飴，它並未妨礙修行，反而是不可多得的「增上緣」，最終成佛。

太虛大師當年被譽為「中國佛教界的最高領袖，稀有難逢的人物」，他就是主張以行動介入抗戰的。他提出「人生佛教」的理念，指出明清以來的「深山佛教」是不正常的狀況，信了佛教就要盲目接受和迎合不合理的現實狀態，一味「拜懺」，只求來生個人「解脫」，或者到了人死後才以「超度」的形式來做佛事，因此被人譏笑為死人的佛教。太虛大師審時度勢，不顧傳統佛教的巨大阻力，主張佛教首先應該注重現世修行，立足於現世人生，只有這樣佛教才有生機，才可以延續佛的慧命，中國可以生存發展，出家人可以成為之度人舟。中國對日抗戰演變為第二次世界大戰，正是一個非常嚴重的人生問題，也是對佛教最重大的挑戰，他既然張起「人生佛教」的旗鼓，必須正面回應。他對抗戰的態度和他「人生佛教」的理念一致。

那時有一位慧遠法師是佛門元老，他曾與李證剛發起佛教會，主張政教分離，九一八事變發生，日本軍閥侵略東北。次年又強占上海閘北，他改變主張，奔走呼號，號召國人共赴國難，他使用了儒家「捨身取義、見危授命」的格言。

這些思潮衝激年輕的妙峰法師，他說太虛大師為了抗戰救國，他要弟子樂觀法師等組織救護隊到前線救護傷兵，太虛大師本人也組織訪問團到東南亞佛教國，宣傳抗戰救國的國策，爭取印度等友邦的同情與支持，所到之處，受到友邦政府首長及佛教界和廣大人民的熱烈歡迎，長達五個月之久。大師也被邀到大學各社團宣揚正法，佛法的真理把敵人的謠言粉碎了，大師訪問東南歸來，受到國府首長熱烈歡迎，讚歎非常成功。

後來妙峰到台灣追隨的慈航法師，當時也是訪問團的團員之一。

妙峰法師說，蔣介石先生在故鄉浙江奉化也有一座家廟，那是著名的古道場雪竇寺，聘太虛大師為住持，世人視之為國師。蔣先生的母親王太夫人常到該寺拜佛修行，並在寺中做義工，幫出家師父縫衣補衲，打掃寺院。國難當頭，蔣氏邀請太虛法師前往駐錫，兩人談論世局和國事甚久，他們說些什麼，外人不得而知，但可以推測，他總不會告訴蔣氏：「你的箭只能射在敵人的盾牌上，不可以射在敵人的身體上。」至於海仁法師說些什麼，妙峰法師倒親耳聽見了。

海仁法師的態度很清楚，為了人類和平，必須讓日本人反省自身對中國人民所造的惡業，看到將來一定得到應有的報應，我們群起反抗，對侵略者來說是一種提醒，希望他們清醒過來，減輕未來他們本身可怕的果報。這並不是限於一國一族的情感，而是超越國界的大慈大悲。當妙峰法師問海老：「如果日本人舉槍瞄準你，你會如何反應？」海老斷然回答：「我會向他開槍！」在海老的心中，日本軍人的罪過已經超過當年佛陀在深山所遇見的強盜，他採取跟佛陀相同的方式來處理。

除此以外，海仁法師有無限慈悲，他時常帶著妙峰步行數十里到市場買白米，在外面見到成群的難民，隨機領他們念佛，然後送他們每人一罐白米，常年不斷。後來戰事勝利，日人投降，和平了，沒有難民了，老法師改買砂糖，要妙峰法師幫他捧著砂糖撒在籬邊周圍，一面念佛，一面餵養那些匆匆忙忙、日夜為冬糧奔波的螞蟻群。「為什麼要這麼做呢？」海老隨機教導，螞蟻前身一定造下不好的「業」，此生才墜入畜生道，不但辛苦一生，更沒有智慧。但是，牠們一旦受報完畢，也會有超生人道的一天，到了人道，才有修行的機會，如果那時他們也肯如法修行，將來也會修成正果，脫離六道輪迴得大解脫。妙峰法師稱海仁法師為大修行者，能夠提起和放下，伸展和收縮，樣樣自如自在。

妙峰法師自認為很幸運，蒙海老垂青，在海老駐雷州半島真如精舍的時候做他的學生，隨侍在側，領受他的教導。他說海老的身教猶如一盞明燈，可以用「恭敬」二字概括，無論獨居或共處，一絲不苟。

那時戰訊頻傳，海仁法師每天早晚在大殿的佛像前五體投地拜佛，從未間斷，也從未縮短禮拜的時間或減少儀式中的動作，每一次都像第一次全神貫注，鄭重其事，即使在他身體很不舒適的時候。海仁法師表示他要為苦難中的同胞們祈求，期望抗戰早日勝利。

日本軍隊打進湛江的時候，電源切斷，家家戶戶只夜間用油燈照明，午夜十二點，在微弱的燈影裡，妙峰看見海仁法師起床拜佛，湛江地區氣候悶熱，海老換了三套海青，全部都濕透了。妙峰看見海老的膝蓋和手肘都磨得結成繭掉了表皮，想見海老數十年如一日的戒德定功。

佛法說，人生有八萬四千煩惱，修行才有八萬四千法門對治。所有法門中最讓人怵目驚心的是「燃身供佛」。依據《法華經》「藥王菩薩本事品」中的「供養」法門，供養通常有十種，諸如香、花、燈、塗、果、茶、食、寶、珠、衣。「燃身供佛」拋開所有這些世俗的物品，用火燃燒自己的身體某些部位，忍受無限的疼痛。燃身修行的人說，欲望和煩惱難以杜絕，貪瞋癡惡習無法斷盡，唯有把心一橫，舉起一把火，觸向自己的肉體，讓皮膚發出恐怖的「嘰嘰」聲，冒出白煙，才是最有效的鞭策。

當時海仁法師的身體強壯，但他長年苦修並不照顧肉身，衣食簡陋固無論矣，常常暗自以棉花蘸油放在自己的皮膚上燃燒，肌肉潰爛，手臂大腿和前胸留下多處的新創舊痕。皮膚潰爛，一度使海老無法繼續大禮拜，但他仍然一手擎燈，一手捧著經典，照常恭讀《法華經》，在室內邊走邊讀，直到天亮，還要再為學生站著上課，妙峰覺得於心不忍，常常要求老人休息。有位信徒問道：「這樣拜佛，您不覺得辛苦嗎？」老人家慎重地反問：「地獄苦不苦？」

海仁法師苦行留下一些故事。後來妙峰法師經過香港，接觸一些同參道友，他們透露，海老曾經化名到高旻寺的廚房當火頭，每日煮菜做飯供養寺廟裡的出家人。高旻寺是中國最大的禪宗道場，住眾上千人，他在那裡當了兩年炊僧，直到一天高旻寺的住持和尚看出形跡，海仁法師不待查問，悄悄地離開了，以致讓高旻寺上下心裡始終懸著一樁疑案。妙峰法師想到能夠有緣躋身這位德行崇高、解行並進的大德門下，太幸運了！

中日戰爭打了八年多，打到一九四五年八月，發生了意想不到的事情。八月六日，美軍以第一顆原子彈轟炸日本的廣島市，七萬多人當場死亡，房屋全部倒坍。八月九日，美軍以第二顆原子彈轟炸日本的長崎市，損害大致相同。（後來廣島長崎兩市不斷有人陸續死亡，總數超過二十五萬人。）

海仁法師表情凝重，日本種下的惡因這麼快就由日本人擔當共業！佛門人士眼見眾生沉溺苦海，起了悲憫之心。日本該懺悔了！

懺悔吧！改過自新吧！回頭是岸……

八月十日，日本公開求降，好極了！不過妙峰法師說，雖然煎熬了這麼久，天天盼望最後的勝利，日本突然投降還是出乎大家意料之外。

那時候，日本軍隊占領了半個中國，廣東省、廣西省的城市和交通線都在日軍控制之中，妙峰法師是從什麼管道得到日本投降的消息？他說當地有一些讀書人，大概以學校教師為主，大家湊錢買了一架收音機，半夜收聽重慶廣播，若是聽到重大新聞，立即趕工「油印」出來，送到市上若干「定點」去散發。「油印」是當時手工複製文件的一種技術，在蠟紙上寫字，用滾筒蘸著油墨一張一張印出來。上林寺的僧眾何時看到這張油印的快訊？估計是在一九四五年八月十一日，也就是日本公開求降的第二天。這天上午，出寺採買的同修帶回這一聲霹靂，並且告訴大家，所有的商店猛放鞭炮，人和人見了面互道恭喜，簡直比大年初一還熱鬧。

這時候妙峰法師正在做什麼呢？他說大家本來有預定的功課，現在人人忘其所以，風動幡動心動，「這一刻，大家都是凡夫。」

不久，蔣介石先生發表文告，要求軍民同胞以德報怨，以「愛仇敵」的心對待日本，上林寺僧眾也從油印的快訊看到節略。這份文告在社會上引起很大的爭議，想想看，日本軍人在中國做了些什麼事！血淚未乾，瘡痍未平，「不念舊惡」從何說起！妙峰法師說，海仁法師能夠接受這個主張，在佛門人士看來，日本政府懺悔了，投降是懺悔的結果，日本政府治下的軍民遵命投降，他們也懺悔了，那是懺悔的開始，佛家對懺悔的人一定要接引，那時候世上如果還有一種人能夠原諒這些日本軍人，也許只有佛教徒，佛門弟子畢竟和一般人不同，「這一刻，蔣介石先生也是佛教徒。」

不久，海仁法師回香港去了。妙峰法師想到，戰爭結束了，國家和平建設，佛門有了弘法利生的廣大空間，當務之急是進一步造就自己，他的師兄雲峰法師曾到香港進佛學院深造，他很羨慕。

不久，他也有了類似的機緣。

第四章
六榕寺初遇虛雲老和尚

一九四六年抗戰勝利後第一年，妙峰法師二十二歲。

中國的八年抗戰，有人稱之為第二次中日戰爭。第一次中日戰爭是在一八九四年，叫做甲午戰爭，那時候中國還有皇帝，清朝光緒皇帝執政，那一仗中國人打敗了，割地賠款，受了很多恥辱，世界上那些強盛的國家，看穿了大清帝國徒有其表，紛紛到中國尋找殖民地，清朝又打了許多敗仗，訂了許多不平等條約，喪失很多主權，中國人蒙受奇恥大辱。

第二次中日戰爭，八年抗戰，中國人打勝了，不但把日本的勢力完全趕出中國，那些強國訂的不平等條約也都取消了。當時美國、英國、蘇聯，還有中國並稱四強，中國人慶祝抗戰勝利真是舉國若狂；許多人重新規劃他們的生涯，他們所規劃的、追求的，無非是功名利祿，或者是平安快樂。

但是妙峰法師說：他仰慕的人物，並不是二次大戰領導作戰的那些領袖、英雄。他仰慕虛雲老和尚，他聽說虛雲老和尚要到廣東韶關的南華寺辦一所佛學院，巨贊法師、道安法師都是他的助手，這些人物，對妙峰法師的吸引力，遠遠超過世俗上一切功成名就之人。妙峰法師就決定到廣州設法進佛學院深造。虛雲老和尚是何等樣人？

他那年一百零七歲，身體健壯，單看年齡已使人產生許多聯想。他從小立志出家，青年入寺，據說因沸水濺手、茶杯落地而開悟。論修行，他在禪宗「以一身而繫五宗之法脈」，「凡淨、苦、孝、忍、定、捨、悲、異、方便、無畏、不放逸諸行，無不奉持。」論事功，他募款創建或重修八十多座廟宇，而自己未在這些廟宇中擔任住持，行遍天下，隨緣度人。論德行，他所到之處，萬人供養（捐款），這些錢，他全部用於佛教的事業。高僧倓虛和尚稱讚他「建樹，道德，年齒，悟證之偉大高深，為近年來所罕見」。

這樣的人物當然名滿天下，傾動朝野。這年是八年抗戰最後勝利第二年，政府通令全國寺院誦經追薦亡者。廣東省主席羅卓英邀請虛雲老和尚主持水陸法會，對抗戰死難的忠魂「崇德報功」，使流離道路、家破人亡的孤魂「各得其所」，使「死者得安。生民獲益」。老和尚於九月十七日在廣州淨慧寺設壇主法，淨慧寺就是六榕寺的原名。

老和尚此行還有一個構想，他希望能在廣東韶關南華辦一座佛學院培育僧才，妙峰法師聞風而來。這件事情可以看出妙峰法師人格的特質，那時他在湛江上林寺已經是住持宗和法師的重要助手，很受當地僧眾、信眾的尊敬。但是他不以這一點成就為滿足，幾乎不需要經過什麼考慮，就決定一心向前追求。他這一去天涯海角，到過更遠的地方，每一次都是因為有更好的進修機會，更能滿足他勇猛精進的精神。上林寺裡面還有兩位師兄受妙峰法師的影響，決定跟他一起求學。另外，別的寺廟也有三位法師跟他目的一樣，願意跟他結伴同行。出發的時候，才知道並不是僅僅這六位出家人要到廣州去，湛江市還有好幾個青年要到廣州去上大學，他們好像是組成了一個小小的團體，這個團體的帶頭大哥名字叫吳斌，他是到廣州上大學的，他父親吳武盈是一位佛教徒，在湛江市政府裡面做官，好像是一位局長，算是太平市名人。

湛江、廣州都在廣東省的南部，由湛江到廣州如果走海路坐船，路程最短。可是妙峰法師說：那時候他們沒有在海上坐船出門的習慣，好像也沒聽說有海上客運的輪船。如果是走陸地，可以考慮廣東南部的海岸線，也算是一條直線。可是法師說：這條路也不能走，因為一路上治安不好，有土匪，也有亂兵，沒辦法保證可以平安到達目的地。他們究竟走的是哪條路呢？

妙峰法師說：他也記不清了。他第一次出遠門，完全弄不清東南西北，一切都是跟著團體行動。說起來很奇怪，他們是先到武漢後到廣州的。武漢是在北邊，廣州是在他們東邊，他要捨近求遠，經過廣西省、湖南省才到武漢。為什麼要去武漢呢？如果說是為了由漢口到廣州有一條粵漢鐵路，他們並沒有坐火車。而且法師還記得；他們在長江裡坐船，船還經過南京，他們並沒有下船，當時，船上有人指指點點告訴他們，這就是南京城。如果說這是一支旅行團，也根本沒有遊山玩水，一直匆匆忙忙趕路，所謂「雞聲茅店月，人跡板橋霜」，滿辛苦的。

法師說：他們是坐長途汽車離開湛江的。那時候，他們坐的客車是用一輛運輸的大卡車改裝的，這輛車的年齡很老了，走起路來渾身發抖，不斷地咳嗽。它燃燒木炭來發動引擎，這種裝置是抗戰時期的特殊發明，戰時汽油非常缺乏，所謂一滴汽油一滴血，為了節省汽油，許多汽車改裝成木炭車，炭煙常常隨風飄進窗子，車裡乘客太多，又不能把窗子關上，煤煙惡濁，讓人幾乎不能呼吸。用木炭發動的車子馬力當然不足，再加上車齡老舊，性能很差，常常拋錨，尤其在上坡的時候愈走愈慢，最後，大吼幾聲，就好像是癱瘓了，這時候司機叫乘客下車來，大家從後面一起用力推著汽車走，幫助它發動，這也是抗戰時期留下來的景象。

那時候小孩子寫毛筆字，照例要寫一首詩，「一去二三里，煙村四五家，亭台六七座，八九十枝花」。抗戰時期那些民間常常坐長途汽車的人，他們就把這首詩改了幾個字，改成一首順口溜，「一去二三里，拋錨四五回」，最後一句是「八九十人推」。妙峰法師他們所經歷的就是這種情形。法師說：那時候用這種汽車載客，並沒有規定只能坐多少人，只要有人買票就盡量往裡塞，結果車子裡擠滿了人，走道上也堆滿行李。路況不好，坑坑洞洞，崎嶇不平，車子顛簸得很厲害，可是這些乘客還是非常興奮。大概他們很少有機會到外面走動，所以覺得許多事情都很新鮮，很興奮，講話大聲喧譁，一路說說笑笑，當然到後來他們還是累了，一個個東倒西歪睡著了。這六位年輕法師都有座位，他們坐車全當打坐，外面的境界不能干擾他們，他們不會像一般人那樣疲倦。

然後他們坐船，在長江裡行船是一件很危險的事，老式的木船未必經過很好的保養，做生意的人希望賺錢，船下面載貨，船甲板上載客，超重超載是生意興隆的好現象，這個行業創造了一句成語，叫做「破船多載」，拿來形容一個人或一個團體要負擔他負不起來的責任。又有一句俗語「行船走馬三分命」，如果天氣很好倒也罷了，萬一遇上風浪，天有不測風雲，下面就是「人有旦夕禍福」了。

六位年輕法師魚貫上船，放下自己的行李，然後坐在行李上，滿眼都是人，滿耳都是喧譁的吵鬧聲音，雖然條件是這樣的惡劣，但是每一個乘客都很高興，因為他們畢竟上船來了，還有很多人買不到票呢。

有一位老婦人背著一個五、六歲小男孩，手上提一個包袱，擠到妙峰法師的面前，法師立即站起來把座位讓給老婦人，她像是遇到救星連聲感謝，立刻把背上的「重擔」放下，小男孩高興地坐在法師的行李上，還把他小小的身子縮得更小，要老婦人跟他一起坐。妙峰法師看到母子相依的情形，不禁想起自己的母親，想起第一次到上林寺，母親也是這樣一路揹著他。記得剛從家裡出發時，母親走得很快，後來就慢了下來，母親一定很累了，他比眼前的小男孩大，沒有這個小男孩懂事，還怪母親走得太慢了，吵著要她走快一點。

法師說：這一次長途跋涉，對他也是一番造就，他以前在本鄉本土跟家人熟人相處，到了出家以後，跟生人、跟信眾、跟僧眾相處，大家有共同背景，共同語言，是非觀念都差不多，很像是佛家講的「意和口和」，到了外面，舟車碼頭四面八方的人，他這才看到眾生相。人真是良莠不齊，有賢愚智不肖，加上經濟環境不同，教育環境不同，利害關係不同，離鄉目標不同，這就給社會造成很多很多的問題，也給自己造成很多困擾和煩惱。

在路上他碰到幾個知識青年，都已經在社會上找到很好的工作，這種就業青年在當時是自命不凡的，自以為高人一等。其中有一個人看見這六個小和尚，就用很隨便的態度說：嗨！和尚，怎麼失戀了嗎？怎麼走這條絕路？什麼不好做，做和尚？女人多的是，不愜意的換個好了，何必灰心？四大皆空！法師們問：你們了解佛理？他們說：「當然！」法師就很客氣地問：在哪兒貴幹啊？那人很驕傲的說出自己的職業。法師又問他：你說四大皆空，是哪四大呀？那人說：當然是酒、色、財、氣嘛！法師告訴他：你說得不對，佛學辭典中找不到這種四大，佛說的四大是「地、水、火、風」，這是造成宇宙人身的四大要素。這種結構並不是永遠不變的，一經變動，原來的狀態就不存在啦。只是暫時的假和合，隨時都會幻滅，所以說「四大皆空」！

法師意猶未盡，今天向我們執筆人再詳細解釋一番：我們的「色身」有固體物質支撐，我們才能頂天立地，這叫「地大」。我們的色身上有血液，有水分，由循環系統排泄系統，維持我們肢體均衡發展，這叫「水大」。我們的體溫叫「火大」；我們的氣息叫「風大」，佛在《遺教經》中說人命在「呼吸間」。

佛經說，四大如四條毒蛇，如果他們不安分守己，任何一大發生變化，都會帶來災難。所謂四大皆空，即因他們隨時幻滅，不必過於執著。法師在旅途中想到，社會上有很多人對佛教的了解是不正確的，佛門弟子，尤其是出家人，要竭盡所能講授正確的佛教知識，讓社會大眾對佛教有正確的了解，然後才談得上怎麼樣引他入門、度他。例如「色即是空」，很多人以為「色」是指女色，妙峰法師解釋，佛門裡頭所講的色，指人的眼睛（眼根）所見占有空間的物理現象，稱為「色法」或「色塵」；另外耳根所對的叫聲塵，乃至身根所對的叫觸塵。你從這些知覺得到的東西，都不真實，都不長久，所以說色即是空。

也有人認為，和尚把頭髮剃光了，就是「六根清淨」。其實六根並不包括頭髮在內，六根是眼、耳、鼻、舌、身、意。人依靠這六種神經官能認識外面的世界，所以叫做六根。我們的六根受外面塵世的汙染、控制，經常造業，如果透過修行，我們的六根不再受外面塵世所左右，那就叫清淨，那就不再造業。六根清淨是修行的大成就，哪裡像剃掉頭髮那樣簡單？

他們經過舟車之勞，終於來到廣州了，第一次來到大都會，心裡充滿了好奇，提著行李上了人力車，要到六榕寺。坐人力車也是從來沒有過的經驗。他們在大街上看見懸掛著許多紅布條標語，上面寫著「歡迎虛雲大法師蒞臨羊城弘法」，羊城就是廣州。車伕很興奮地告訴他們：一位一百多歲的老和尚要到廣州來主持水陸法會，這個機會難得，到時候他們全家也都要皈依啦。

妙峰法師更是欣喜萬分，馬上就要見到虛雲老和尚，萬方景仰的一代禪門宗師，歡躍不已。

六榕寺名氣大，廣州市就有一條街叫六榕路。到了六榕寺門口，幾位法師搬下行李，掏出錢來，車伕說，他馬上就要皈依啦，都是自己人，車錢不用了。說完急忙拉著車子離開，妙峰法師只有合掌目送。妙峰到六榕寺「掛單」，也算是他早年生命中的一件大事。和尚出遠門，見廟投止，稱為掛單，這個名稱的來歷，據說是古時候僧人的名單列在寺中的牆上，每人的名字下面有個鉤子，和尚進了廟門，把自己的衣缽掛在各人的名字下面，遊方僧人寄住在廟裡，也把名字貼上去，把衣缽掛起來。到了妙峰的年代，「掛單」當然只剩下引申義，也就是暫時住下的意思。

妙峰法師辦過掛單的手續，見到住持寬鑑和尚。妙峰形容他「身材高高的，體型胖胖的，說話很和氣」。寬鑑是虛雲大師的弟子，為了歡迎大師到廣州主持水陸法會，他正督率全寺動員清洗打掃、修剪花木，當時正值夏天，僧眾揮汗勞動，勤快扎實，妙峰法師由衷敬服。同時他也感受到虛雲老和尚來到廣州的確隆重，牽動了各行各界的神經。

六榕寺是一座大廟，市政府為公共建設已將它的面積割裂減縮，現在占地仍有七千三百多平方米，如果這個數字可靠，一千米是一公里，你可以想像廟有多大！寺中建築有彌勒殿、天王殿、大雄寶殿、觀音殿、六祖堂、千佛塔、藏經閣、友誼佛殿（泰佛殿）、說法堂、補榕亭、功德堂，還有歷代祖師的墓園，還有像個小森林那麼多的樹！那恢宏的氣象、厚重的歷史感，以及那根深柢固不可撼動的暗示，對修行的人就是一種教育。

談到作息規律，妙峰法師說早上四時起床，有人打板為號，眾僧齊集大殿念楞嚴咒，這是早課，妙峰看見全寺僧眾有一百多人。六時齋堂打板通知用早齋，大家按輩分排隊，以資歷深淺為序，有人負責擺好飯菜，每人一碗水，一碗飯，兩碗中間一個小碟，內有三樣素菜。大家分坐兩旁，維那法師坐最前面帶領念供養咒，飯後再念「結齋咒」，動作劃一，秩序井然，如同訓練之師，這也是妙峰從未見過的場面。六榕寺也是一座古廟，南朝宋代（四二〇—四七九）創建，寺內古物很多，西漢玉圭、唐玄奘靈骨、西遼藥師銅佛、清澹歸和尚手卷，並稱六榕四寶。大雄寶殿內的青銅古佛是康熙年間的藝術品，高六米，重十噸。六祖堂內以慧能大師真身為原型的六祖銅像是宋代古物，高一．八米，重一千多斤，形貌逼真，從入定的神態到袈裟的皺褶，都可看出工藝之高超。

廟裡還有一座碑，唐代大文豪王勃撰寫的碑文，王勃與楊炯、盧照鄰、駱賓王並稱初唐四傑，他在西元六七五年赴交趾，經過廣州，到六榕寺一遊。當時六榕寺修理一新，據說寺僧請他為寫碑文紀事，他慨然應允。像他的名作〈滕王閣序〉那樣，碑文駢四驪六，典雅華麗，全文三千三百多字，不含標點，比〈滕王閣序〉超出四倍，幾乎句句都有佛典。這位天才如此親近佛學，大大提高了六榕寺的文化聲名。王勃撰寫碑文之後，第二年就去世了，他坐船遇見風浪，不幸失事，英年二十七歲，彗星一現，更使人覺得這篇碑文得來不易。

蘇軾兩次經過廣州，第一次，宋哲宗紹聖元年（一〇九四），蘇軾受政敵陷害，貶惠州再貶雷州，經過廣州，他當時是罪臣。徽宗元符三年（一一〇〇）赦還，再經過廣州，這次行程比較從容，他遊六榕寺，寫下「六榕」兩個大字。

再過一年，蘇軾也死了！

這樣的古廟象徵佛法萬年一脈，百劫不磨，妙峰法師體會至深。

妙峰法師也曾去找那名垂青史的六棵古榕，這才知道古代的六棵榕樹早已經沒有了。蘇東坡當年寫的「六榕」兩個大字，廟裡的住持把它刻成石碑，保存下來，後來又做成一個匾，掛在山門上，六榕寺本來叫淨慧寺，趁這個機會就改名了。山門兩旁掛著一副對聯，上聯是：「一塔有碑留博士」，下聯是：「六榕無樹記東坡」。說的就是王勃和蘇軾這兩件事情。寺廟這麼重視文化遺產倒是很少見，所以，有人說六榕寺是文化古剎。

妙峰法師很喜歡蘇東坡寫的這兩個字，中國書法顏、柳、歐、趙、蘇、黃、米、蔡，都是大家，蘇體字用偏鋒寫，執筆用「側臥筆」，筆桿傾斜，運筆自由，不像顏真卿、歐陽詢那樣一定要用中鋒，拘謹莊嚴，像「大臣正色立朝」或「大將滿身甲冑」。蘇體字形態豐滿，神情瀟灑，名士和台閣兩種形象微妙融合。民國初年以來，士人崇尚自由，學蘇體字成為一時風氣。妙峰法師後來的書法，其中明顯有蘇體字的影響。

照黃庭堅的說法，蘇軾晚期的書法風格「沉著」，「六榕」正是蘇軾晚年所寫，寫的又是楷書，字又特別大，「沉著」的特別明顯。石刻損失了筆法中的輕重和墨法中的濃淡，面對石刻想像原跡，令人流連忘返。

六榕寺的古榕雖然沒有了，後人補種的「今榕」卻很多，樹齡最高的也有一百二十歲了。榕樹的樹姿很特別，上面「樹冠」很大，枝葉繁茂，像一把大傘，下面樹根從樹幹上長出來插入地下，叫做氣根，氣根的線條彎曲而流利，顏色清潔，柔中帶韌，向四面伸展，好像也是一個樹冠，整個造型很美。

榕樹是南方的樹，這種美或可稱為「南方之美」，但是它整體形象四季長青，傲然挺立，也融合了「北方之美」。北方沒有榕樹，北方人到了南方，一見之下，讚歎造物奇妙。南方人愛榕，現在榕樹是福州市的市樹，也是福建省的省樹。

榕樹也很長壽，南方的寺廟常種榕樹，我們讀遊記，常常看見榕樹是寺院的一景。福州有一座古剎，也是從宋朝起就種榕樹，夏威夷有一座印度廟，廟中有一株巨大的榕樹，遮天蔽日，如同天然殿堂，一尊神像就供奉在樹下面。電影《劉三姐》裡面，金寶河畔有一棵榕樹，十七公尺高，樹冠覆蓋一百多公尺。妙峰法師記得上林寺也有許多榕樹，二戰期間，湛江出現難民，許多人扶老攜幼在上林寺外的榕樹下棲息，海仁法師出來分米給他們，在樹下講經給他們聽。

六榕寺有歷史文化作背景，特別愛種榕樹，因此建造了一座「補榕亭」。從前中國沒有「環保」之說，但是中國人有一個傳統，不殺古樹，因為「古樹成精，殺之有禍」。環保標語以民間信仰的形式流傳，深入人心。中國也曾在某一年代殺樹成為一時風氣，尤其愛殺大樹古樹，好在時間不久，六榕寺許多大樹存活下來，現在都成了觀光景點、文化資產。

雖然文物琳瑯，風景優美，年輕的妙峰法師念念不忘的是：虛雲老和尚什麼時候來。終於有一天，寬鑑法師通知大家老師父今天來，他要在早餐之後帶領大家出門去迎接，可是早餐還沒吃完，老和尚說到就到，這是老和尚一貫的作風，他存心不要勞師動眾。

這次水陸法會規模盛大，是中國佛教史上的盛事。老和尚除了主持法會，還要主持信徒皈依儀式，非常忙碌，要見他的人很多，日程排得很緊。

老和尚並不住在六榕寺，他說來就來，來得勤、去得也快，妙峰法師形容為蜻蜓點水。他每次來六榕寺，屋子裡總有許多人等著見他，他在會客和處理公務的縫隙中主動接見了妙峰法師一起六個年輕人。當時老和尚的房間裡，坐了好幾位政府高官和地方上的富商，他暫時把這些貴賓擺在旁邊，對這六個年輕人談話，聽說他們是來進佛學院深造，就嘉許他們，勉勵他們。

虛雲老和尚特地把妙峰法師叫到面前，交給他三樣東西：一個大皮箱、皮箱上的鑰匙，還有老和尚的私人圖章。他和法師第一次見面，就把這麼重要的東西交給他保管，妙峰法師說：他真的是心跳了很久。

虛雲老和尚的名氣大，他到廣州以後，慕名前來皈依的信眾非常多，要求在他的門下做他的弟子。「皈依」是佛門「入教」的儀式，據說原文的意思是「我走向佛陀到達了庇護所」。就中文字面看，「皈」是回頭，是排隊，是大家同為一類；「依」是信靠，是寄託，是有了標準和指南，這兩個字表示了佛教對人生的救贖，佛教認為現世生活的方向錯誤，方法也錯誤，最後的結果非常悲慘，信奉佛法可以導向正確，轉禍為福。

信徒要「皈依佛，皈依法，皈依僧」，稱為皈依三寶。實際的程序是先皈依僧，拜一位法師做師父；然後皈依法，師父傳法，弟子修行，佛法是佛留下的遺教，是佛的抽象化；佛法由僧繼承、實踐、發揚、傳授，法師是成佛之道的先行者，是榜樣，模範，廣義的今世佛，皈依僧正是為了皈依佛。縱看歷史，有佛而後有法，有法而後有僧，橫看信眾，有僧始有法，有法則有佛，所以說三寶一體。

也有人如此解釋：僧並非單指今世的法師，還包括一切菩薩羅漢等等。皈依也不僅是入門的儀式，而是佛門修行的全程，由拜師記名一直到成佛作祖。所謂皈依三寶乃是「自性三寶」，回到自己的本來就有的佛性。這麼說，「皈依」是進行式而非完成式，學佛的人一生都在皈依之中，它把「皈依」一詞的定義無限擴大了。這是學術論文中的皈依而非一般人認知的皈依。

宗教寓內容於形式，信教循形式求內容，所以「皈依」要舉行儀式。這個儀式本來很簡單，但社會文化的發展由簡單走向繁複，以繁複表示豐富與隆重，皈依的儀式也可以很複雜，像敷座、請師、唱讚、禮佛、開示、請聖、懺悔、受皈、發願、勸誡、迴向等一連串的活動都可以納入複雜的程序，有時可以鞏固人的信念。虛雲老和尚定下皈依的程序大概是這樣：申請皈依的人先要提出各人資料，由妙峰法師做初步審核。妙峰法師代表老和尚替每一個人取一個法號，皈依之後使用。虛雲老和尚的弟子是「寬」字輩。取名的辦法是在皈依者俗家的名字裡取一個字，放在寬字下面，舉例來說，潘公展是老和尚的弟子，法名就叫做寬展。然後妙峰通知申請皈依的人到六榕寺來，舉行皈依的儀式。

皈依儀式的準備工作相當繁瑣，所有申請書、證明書、皈依宣讀的誓詞，都是妙峰法師事先用毛筆寫在宣紙上，證明書還要蓋上虛雲老和尚的圖章。這些準備工作要在皈依儀式之前準備好，老和尚規定，儀式在皈依者滿四百人時舉行一次。

儀式中，虛雲老和尚升座，每個皈依者按照妙峰法師事先準備好的文件宣讀，其中有一份誓詞寫的是「眾生無邊誓願度，煩惱無盡誓願斷，法門無量誓願學，佛道無上誓願成」。虛雲老和尚接受大家的皈依，當場開示告訴大家怎麼樣做一個佛門弟子，最後發給每人一張證明書。儀式簡單，虛雲老和尚的講話也簡短，但老和尚自有他的威儀，同樣的話從他口中說出好像有特別的意義，皈依者都引為畢生難忘的經驗。

虛雲老和尚這次在六榕寺主持四次皈依儀式，妙峰法師常常晝夜趕工，忙得不可開交，連老和尚在廣州講經都不能抽出時間聽講。皈依信徒多，弟子們供養老和尚奉獻的紅包裝滿了大皮箱，一直由妙峰法師保管，老和尚從來沒有過問一句。後來，佛學院沒辦成，香港的東華三院邀請虛雲老和尚去打水陸和講經，老和尚又趕往香港。離開時，他心無罣礙，也沒有對妙峰法師交代什麼。

妙峰法師在虛雲老和尚身邊做些雜務，也等於跟著這位大師做了一段時間修行，「言教」不多，「身教」無窮，老和尚的教化千里之外聞風可及，何況近在一城之內。具體言之，老和尚無論在什麼樣的外境之中，總是「眼觀鼻，鼻觀心」，坐成一尊銅鑄的佛像，不可移，不可拔，不可動搖，真是「泰山崩於前而色不變，麋鹿興於左而目不瞬」。妙峰法師從未看見老和尚眼睛忽然睜大，或是眼球轉動

「掃視」，或是用眼角的「餘光」看人，老和尚舉手投足，也從沒有加快加重，或是做出多餘的手勢。觀音菩薩「慈眼視眾生」，觀音菩薩的眼永遠是三分開，七分閉，猶如垂簾，虛雲大師的雙眼也是如此，「老僧常在定，無有不定時」。妙峰法師描述，每次虛雲老和尚在眾人之中出現，眾人就像「塵埃落定」一樣沉靜下來，這是老和尚的「定功」。廣州在交通文化和佛教的傳播各方面都是「樞紐」，這裡是辦佛學院很理想的地方，可是虛雲老和尚的構想落了空，妙峰只知道結果不知道原因，也沒有去打聽為什麼，幾個負笈遠來的人都很意外，虛雲老和尚也有辦不成的事！失望是難免的，可是「西下夕陽東上月」，馬上又有另一個機會。在那個無常多變的世代，妙峰法師算是個有福之人，他遇到山窮水盡的挫折很多，總是「山窮水盡疑無路，柳暗花明又一村」。

虛雲老和尚走後，妙峰等六個青年學僧一度感到茫然。六榕寺是名剎，廣州是南中國的大都市，能在這裡做和尚也不錯，常言道「大廟的和尚，小廟的方丈」，兩者同樣受人尊敬。妙峰法師雖然出身邊地小縣，倒有希聖希賢的大志，對高深的佛法，淵博的佛學，偉大的榜樣，一直心嚮往之，不能自已。此一特質使他一直與第一流選邊排隊，他以半生閱歷見證了中國現代佛教的歷史。巨贊法師還沒走，為他們規劃下一步。巨贊法師生於一九〇八年，比妙峰年長十七歲，依中國習俗，年齡大十四歲算是大出一個牧童，大十八歲算是大出一個牛郎，大二十歲算是長了一輩，巨贊可說是妙峰的前輩。這位前輩是個「行動型」的人，出家前就參加了中國共產黨的地下活動，鼓吹抗日救國，執政的國民黨清共，他出家是為了避禍。出家後不甘修行自了，積極參與佛教的改革和佛門人才的培養。

妙峰法師說，巨贊法師是峨眉臨濟宗的傳人，有大學畢業的學歷，也曾進入南京的「支那內學院」深造。寫得一手好文章，修行之餘手不釋卷，學識淵博。他身體健壯，精力飽滿，只穿「一衲」，冬天不怕冷，夏天不怕熱，則是他另一過人之處。說到教育工作，一九三三年巨贊法師就在重慶縉雲山漢藏教理院擔任「助教」（二十五歲）。一九三六年在廈門南普陀寺的閩南佛學院任教，一九三八年在湖南溈山佛學社任教，一九四四年到因抗戰而內遷的「無錫國學專修學校」任教。抗戰勝利後，一度擔任杭州武林佛學院院長（四十歲）。他對青年僧人有天生的責任感，而且沒有宗派之分。

虛雲老和尚邀巨贊法師到廣東韶關南華寺幫助他辦佛學院，工作一直沒有展開，他比虛雲空閒多，妙峰法師常常與他接近，他也對妙峰很友善、很關心為妙峰打開另一條深造之門。

第五章
上海靜安佛學院深造

妙峰法師在廣州六榕寺住了幾個月，虛雲老和尚的佛學院沒辦成，巨贊法師卻造就了妙峰。

巨贊法師和道安法師本為協助老和尚興辦佛學院而來廣東，所謀因緣未足，這兩位德學兼優的法師也先後來到六榕寺。抗戰時期，他們兩位曾在廣西創辦《獅子吼》月刊，雖然是一本佛教的刊物，對社會也產生了影響，是當時著名的期刊之一，妙峰法師住在上林寺這樣偏僻的地方，也是它的長期讀者。巨贊法師在《獅子吼》上發表過很多文章，戰時稿源不穩定，遇到缺稿的時候他就自己寫，妙峰對這位前輩很佩服，現在有這個機緣，他就以讀者身分去拜訪編者，跟巨贊法師談從《獅子吼》上讀過哪些文章，有些什麼心得。巨贊法師很驚喜，他沒想到在遂溪那樣的地方，他的雜誌還能發生這樣的影響力，也沒想到一個年輕的僧人這麼用功，這麼上進，兩個人談得很投緣。

當時，巨贊法師告訴妙峰一個壞消息，南華寺的戒律佛學院辦不成了，他跟道安法師都打算去香港。這消息來得太突然，也太意外了。求學的希望泡滅了，令他感到震驚、徬徨，他向巨贊法師請教，巨贊願意介紹妙峰進入上海靜安佛學院就讀，可以親近佛教巨人太虛大師，因為大師是靜安佛學院的院長。這真是失之東隅，收之桑榆。何等驚喜！

太虛法師無論在佛學的成就方面、或者在弘法的事功方面，當時都很偉大，續明法師認為「佛學思想的淵博，志行的壯偉，勇健的毅力，事業的建樹與成就，近代佛教一人而已」。日本帝大教授木村泰賢認為大師的佛教運動「計畫周詳，規模宏遠，屹立長江上游，有宰制一切之權威，操縱一切之資格」。

大師俗姓呂，西元一八九〇年出生於浙江海寧，十六歲拜蘇州小九華寺士達上人為師，落髮出家。他慧根深厚而又精進不懈，加以文采出眾，精力過人，二十四歲已名滿天下，佛學之外，他也是改革家和教育家。

在教育方面，他先後創辦北平教理學院、武昌佛學院、廈門閩南佛學院、重慶漢藏教理院、西安巴厘三藏院。他還在許多地方教學，最後擔任上海佛學院和靜安佛學院的院長。他曾派遣學僧分赴西藏、印度、錫蘭等地留學，從事巴厘文、梵文、藏文之研究。造就培養之人才甚多，後來的佛門人物幾乎都出自他的門下，例如法舫、法尊、芝峰、印順、大醒、大勇等人。

說到革命，大師對民國初年的政治改革有濃厚的興趣，後來以此精神理念推動中國佛教的改革運動，以「人生佛教」為綱，提出教制革命、教理革命、教產革命三大主張，除了創辦或主持佛學院，以人才為改革之本，還發行海潮音、佛化報、佛化新青年、覺群週刊等雜誌以弘揚佛法。一九二九年著手組織「世界佛學院」，致力建立人生佛教，促使佛教世界化。他的主要著作有整理僧伽制度論，釋新僧、新的唯識觀、震旦佛教衰落原因論、法相唯識學、真現實論等等。他的言論後來輯成七百餘萬字的《太虛全書》。

長久以來，中國佛教走向出世，太虛法師稱之為「明清佛教」。寺廟建在深山裡，與社會隔絕，出家人「灰身滅智」，斬斷一切人事關係，偶然見到父母也合十叫一聲「施主」。出家人托缽勸募，受十方供養，視一切職業為紅塵煩惱，視一切努力為貪瞋癡，而以逃避責任為解脫。出家人耳提面命不外死後來生輪迴超度，以求解脫，對拜懺有特別興趣，世人譏為「死人的宗教」。

所謂人生佛教就是要糾正這種偏失，大師認為，在家信眾和出家僧眾是相輔相成的，佛教的振興必須落實到正信的俗世士女，才是圓滿。他曾說：「末法期佛教之主潮，必在密切人間生活，而導善信男女向上增上、即人成佛之人生佛教。」他提出了「即人成佛」、「人成即佛成」等口號，以鼓勵僧眾和信眾從現實人生出發，由自身當下做起。這也就是說，成佛就在人的現實生活中，就在人的日常道德行為中。佛法來自世間，回到世間，視世間為道場，以百業為修行，從佛法建立生活哲學，設計解決問題的方法。「佛不度無緣之人」！「明清佛教」與現代社會絕緣，你若遺棄社會，社會也遺棄你，佛教的發展已遭遇瓶頸，必須「革命」開闢坦途。在他有生之年，「人生佛教」遭到傳統教制的抵制，但是他到底給中國佛教帶來蓬勃的生機，接著發展為「人間佛教」，今日已成主流。

太虛大師的「法脈」，印順導師帶到台灣，繁衍為「印順法系」，妙峰法師在太虛大師門下受教一年多，在慈航法師門下受教三年多，在印順導師門下受教九年多，他的佛學思想與太虛、印順一脈相承。

巨贊法師鼓吹和推行「佛教革命」，時時與太虛大師相應，當年巨贊出家，太虛法師介紹他去皈依杭州靈隱寺的住持卻非大師，兩人有這樣的因緣，可以作妙峰的介紹人。妙峰一聽有這樣的好機會當然不肯放過，馬上就答應了，巨贊法師跟道安法師說走就要走，妙峰法師就馬上跟著，他連回家一趟跟媽媽辭行都來不及，只能寫信去報告。

巨贊法師是教育家，他不僅願意成全妙峰，也願意帶著跟妙峰一同來廣州的五位青年僧人，這五個人是智顯、憨石、聖一、澄齋、明興。其中三個人是跟妙峰一起從上林寺來的，明興就是上林寺雲車法師的弟子，跟妙峰法師在清涼寺一同受戒，論起輩分來算是比妙峰小一輩。另外聖一法師是六榕寺的知客，還有一位是從別的寺廟來的，大家都有一樣的心願。一九四五年七月，這一行追隨巨贊法師離開廣州到了香港。

法師說，那個時候從廣州到香港很方便，他們由香港轉到上海也很方便，香港雖然是英國的殖民地，根據當年中英兩國簽訂的「江寧條約」，兩國人民可以自由進出香港，不需要辦出國回國的手續。他們是由廣州坐火車經深圳過羅湖橋去香港，羅湖橋中間有一條線，線的這一邊是中國地盤，線的那一邊就是英國地盤，一步踏過去就出了國境。他們也沒有經過任何檢查盤問，就順利地過了橋。五〇年代情勢改變，羅湖橋非常出名，報紙稱這個地方是陰陽界、生死門，這是妙峰法師他們當年萬萬想不到的。

妙峰法師到了香港，住在優曇法師的「識廬精舍」。優曇法師是香港佛教界的領袖人物之一，早年追隨慈航法師出家，論輩分是慈航的徒孫，他受具足戒的時候，虛雲擔任得戒和尚。現在他的護法是上林寺雲梯師兄的弟子，論輩分妙峰是他的師叔，所以由他來安排接待，妙峰因此認識了優曇法師。

安頓好了以後，他到東蓮覺苑去見虛雲老和尚，東蓮覺苑是何東爵士的家廟，也就是由他創建，夫人蓮覺居士來弘揚佛法廣種福田的道場。何東爵士是香港聞人，他們一家都是很虔誠的佛教徒，他家很有錢，做了很多善事，是一位大慈善家，英國女皇特別封給他一個爵士名銜。他的兒子何世禮將軍，後來在國民政府的軍隊裡面做到中將，一度擔任聯合勤務總司令部的總司令和國民政府駐聯合國代表。

虛雲老和尚這次到香港，正是何東爵士出面邀請，主持東華三院為超度抗戰死難同胞舉行的法會，東華三院是何東爵士創辦支持的慈善機構。虛雲一看見妙峰，就問他你來幹什麼！這一問使得妙峰覺得自己做錯了。他向虛雲老和尚報告，他是要經過香港到上海進佛學院，老和尚在六榕寺叫他保管的東西，一只皮箱、一顆圖章、一把鑰匙，皮箱裡的信徒皈依的證書和信徒奉獻的紅包，他把這些東西都交給六榕寺的住持寬鑑法師保管並請他交給老和尚。他拿出寬鑑法師寫的一張收據，出乎意料之外，老和尚非常不高興，對妙峰有責備的意思。當時年輕的妙峰真是丈二金剛摸不著頭腦，他離開六榕寺的時候時間非常倉促，勢不可能請示老和尚如何處理他保管的東西，他認為這麼多錢如果帶在身上，萬一發生意外，怎樣對老和尚交代？再說寬鑑是六榕寺的住持，一廟之主，又是老和尚的弟子，這些財物由他代管，完全合乎寺廟的慣例。當時老和尚有不悅之色，不免令妙峰感到抱歉萬分了！

當時大概虛雲老和尚也沒有料到，年輕的妙峰志在四方，居然離開六榕寺跑到遙遠的上海求學去。畢竟老和尚是一代宗師，對於小晚輩的一些小過失事過無痕。妙峰到上海之後幾次寫信向老和尚請安，每次均得到親筆回信，妙峰的內疚才告釋然！

妙峰法師在香港等船，他在「識廬」暫住。其他幾位同伴則被安排住在香港佛教聯合會。「後來優曇法師怕我們寂寞，特地安排我們到青山寺去旅行，此處風景優美，風光如畫，且是香港歷史最古的寺院，住持證無法師接待我們住了七天。」

青山寺是唐代創建的一座古廟，面積很大，在香港這樣一個小島上，人口密度很高，居然還有這麼大的寺院，真是難得。這座寺院古色古香，正殿供的是釋迦佛，左面是藥師佛，右面供的是阿彌陀佛。青山寺背山面海，風光如畫。妙峰和同伴六人，這一次出遠門，到了一個完全陌生的地方，雖說出家人是方外之人，但是出家人的人脈這麼廣泛，到處都有人照顧接待，這一瓶一缽的確可以走遍天下。出家人沒有家，但是以天下為家，這話一點也沒有說錯。法師說：「這當然是三寶的恩威加被，佛光普照。」

妙峰法師對香港的印象不錯，雖說香港割讓給英國，成了英國的殖民地，但是英國政府善待中國人，不像當年雷州半島上的法國租界。為了等船，他們在香港住了將近一個多月，沒有聽到英國人欺負中國人的事故，中國居民對英國的統治好像頗有好感，香港既然一時不能收回，也只有希望英國政府賢明。

妙峰法師並沒有到香港各處去觀光，他每天清早只到跑馬地附近散步、運動，呼吸新鮮空氣，然後再回到識廬早餐。他舉目未見香港的滾滾紅塵，對香港的記憶很好。

終有一天等到了船，他們一行包括巨贊法師在內，七人的船票都是太虛大師弟子何心尊居士供養的。何居士是虔誠的佛弟子，也是香港聞人陳維周的夫人。妙峰十分感激，六十餘年之後記憶猶新。

他們一路平順，到了上海，妙峰記得那天正是中秋節。他們由巨贊法師領導，先到玉佛寺掛單，由該寺的監院福善法師接待，福善法師約三十歲左右，英俊魁梧，才華出眾，為太虛大師的得意弟子，也是巨贊法師的好友，此次舊友重逢，倍感歡喜！福善法師竟備辦了一桌豐富的美齋為巨贊法師接風洗塵，妙峰等六位青年學僧也沾光同享。這時候才知道上海有兩所佛學院，一所在玉佛寺叫上海佛學院，一所在靜安寺叫靜安佛學院，兩所佛學院都是太虛大師領導。巨贊法師和福善法師為了插班便利，把他們這六位學僧分成兩組，每所佛學院送進去三個人，翌日上午，妙峰、智顯、憨石三人赴靜安佛學院報到入學。

玉佛寺在安遠路，占地約八千平方米，寺內供奉玉石雕成的釋迦坐像，玉佛寺因此得名。玉佛像高一點九五米，精美絕倫。殿堂採宋代宮廷式建築，第一進為天王殿，第二進為大雄寶殿，第三進為般若丈室，還有臥佛殿供奉著一大一小兩尊臥佛，小的一尊是清代慧根法師從緬甸請來的，另一尊大的是一九九〇年真禪法師由新加坡請來的。寺內另有文物室，藏有歷代珍貴文物。

「靜安寺」傳說是建於三國孫權赤烏年間，最初名「重玄寺」。宋祥符元年（一〇〇八）更名「靜安寺」。南宋嘉定九年（一二一六）靜安寺從淞江畔遷入市內（今為南京西路）。

清同治元年（一八六二），租界建跑馬道至靜安寺，形成靜安寺路。之後百餘年間，因地利之便，以「靜安寺」為中心構成交通網絡，為滬西城市化過程的起點。五四運動以後，許多文學作品以上海為背景，靜安寺路更出名了，靜安寺的知名度因此也就大大地提高了。

妙峰法師說，他喜歡玉佛寺甚於靜安寺，因為「玉佛寺樸實大方且雄偉壯觀，太虛大師便是駐錫該寺，這使人想像大師的風範儀表」。

太虛大師當時是佛教界的最高領袖，誰不恭敬他仰慕他，妙峰法師當然也急於拜見他。太虛法師雖然是他們的「院長」，學生要見他一面也不容易，因為他老人家很忙，幸而每個禮拜六有一堂課是院長精神講話，全體學員必修，大師除非出遠門，從不缺課。

妙峰回憶：大師身材不高，有一點胖，坐在講台太師椅上，像一尊彌勒佛般慈祥。講話聲音初時很低，可是愈講愈高，浙江口音，一開始不容易聽懂，後來習慣了，也就沒有什麼障礙。我們問妙峰法師：看到太虛大師的鬍子沒有？太虛法師有些照片上是留鬍子的，出家人可以留鬍子嗎？妙峰法師說，出家人要「剃除鬚髮」，通常都是不留鬍子的，但是有些大師級的人物留鬍子，表示他工作太忙，他把所有的時間都用在弘法利生，一刻也不得空閒，他沒有時間刮鬍子。這就和不留頭髮有異曲同工之妙，從前男人都有很長的頭髮，需要照顧，需要梳洗，出家以後沒有時間用在這方面，就剃掉它。現在大師留鬍子，也是因為沒有時間。「只要看破放下，不貪世榮，《金剛經》教人作無相觀。」

不過妙峰法師回憶，他在上海聽大師講話上課開示的時候，大師是沒有鬍子的，其他的時間，大師比較年輕的時候，可能留過鬍子。他找出一本畫冊來，上面有太虛法師的畫像，果然留著兩撇八字鬍子，很黑很濃。虛雲老和尚也是留鬍子和頭髮的。在電影裡面，玉琳國師後來也有鬍子，據說製片的時候是經過考證的。

靜安佛學院的教室是新蓋的房子，裡面黑板、課桌、座椅都是新的，燈光也很充足。並不是每一堂課都有課本，如院長精神訓話就沒有課本，因此，記筆記很重要，但是紙筆都要自己買。他們住的宿舍是很長很長的東西兩排房子，聽說以前是祖先堂，裡面有用木板做成的通鋪，由房子的這一頭直到那一頭，大家排排睡在長長的床上，每個人六十公分，可以說是肩膀靠著肩膀，這在上海叫做擠沙丁魚，就像沙丁魚的罐頭那麼密集。

伙食很好，靜安寺的素食很出名，無形中拉高了他們廚房的水準。成問題的是衣服，每個學生穿自己帶去的衣服，出家人所謂三衣一缽，三件衣服一件是拜佛的時候穿的，一件是工作的時候穿的，一件是日常生活的時候穿的。他們來做學生，所謂三衣，其實平時只有一些單衣可穿，這些衣服很薄。妙峰法師從廣東湛江來，那裡是亞熱帶的氣候，上海的氣候比廣東冷，冬天下雪，宿舍裡當然是沒有暖氣的，這就給南方來的六位學子造成很大困難。

據聖嚴法師寫的《佛教制度與生活》，三衣只是一個普通的說法，僧衣可以依氣候、年齡、性別「隨緣增添」，最多可以有「十三衣」，衣服也可以有雙層、三層，乃至多層。佛學院當然照顧不到這些，寒冷難耐，他們一同來入學的六人中有四位退學走了，只剩下妙峰和聖一。

妙峰聽說廣東同鄉會施衣，他去領了一件，他形容這件棉襖布料很像是蚊帳，裡面的棉絮不但很薄，而且是用又舊又髒的棉絮虛應故事，只要用手一壓，這件棉襖就噴出一縷縷骯髒的黑煙來。這件棉襖穿不到幾天，裡面的棉絮就都向下沉，整件棉襖就像一個口袋裡面裝了一堆又破又髒的棉絮垃圾。這樣的衣服根本不能禦寒，這樣的施衣簡直是對窮人的侮辱，行善的人怎麼會這樣做呢！有一個合理的揣測，可能是善心人出錢，經手人貪汙自肥了。這個經驗，給從小出家心靈純潔的妙峰上了一堂課，知道社會的黑暗，人心的險惡！並想起國難方殷，哀鴻遍地，許多地方都有人發起設立救濟院，發善願，捐善款，救濟難民和貧民，當時竟有流行的順口溜：「救濟院，救濟院長！」這簡直是趁火打劫了！

經一事，長一智，後來妙峰法師自己主持救災工作，倘若捐錢，他一定把善款託給歷史悠久聲譽卓著的機構，倘若捐實物，他一定親自察看驗收，他也多次前往距離很近的災區親自發放。

佛學院的學生記筆記做功課要自備紙筆，他們也沒有錢，佛學院本身經費有限，也不能免費供應。佛學院當局靠經懺佛事的收入來維持，八年抗戰，日軍的手段殘酷，估計中國軍民有兩千萬人到三千萬人死亡，現在戰爭結束，許多家庭都有親人在戰爭中慘死的痛苦記憶，多數信奉佛教的家庭為了超薦先靈，為了表示孝心，也為了知恩報德，都到寺院裡請法師舉行超薦佛事，以求心安。佛學院就開辦了這種服務，他們有這麼多的學員，拜懺的時候可以出動充沛的人力，擺出隆重的場面，拜懺的收入也可作為佛學院的經費，拿出一小部分發給學員零用錢。這零用錢要參與佛事者才有，不是所有拜懺者都有。例如妙峰三位粵籍同學就從來無此「福分」！「開牌」者要優先照顧鄉親同學。

何謂「開牌」？佛學院做了一塊塊的黑色的小木牌，用白粉在上面寫字，每牌約六名一組學員，主事者先把出勤者的名字寫在木牌上，叫做「開牌」，每天早晨學員都爭著去看牌，看看上面有沒有自己的名字，如果有，今天就可能有收入，負責開牌的法師也就成了大家注目的焦點人物。妙峰從來沒有去看牌，「因緣福報各春秋」，他知道自己沒有這個福緣。他志在求學，對這些小惠並不在意！妙峰法師回憶，當時需要做佛事的家庭很多，佛學院在這方面的服務很忙，每天都要出動很多隊學員去應付佛事，法師稱這種情形為半工半讀。

靜安佛學院學僧前後就讀者近百人，全盛時期學僧自己創辦了《學僧天地》雜誌，除發表本院學僧研究文章外，為《學僧天地》撰稿的作者中有許多著名人士，像南洋慈航法師，佛教學者大醒、法尊、靄亭、南亭、雪嵩、演培各位法師，北京大學東方語言學系主任季羨林，著名教育家、作家葉聖陶。但是僅出六期，因經費困難停刊，妙峰法師在圖書館裡讀到藏本。

寺內有一座圖書館，藏有王少湖居士捐贈的法相典籍二百餘冊，丁福保居士捐贈自己所藏的內外典籍數千冊，妙峰在裡面勤奮鑽研，廢寢忘餐。這個圖書館是玉佛寺住持震華法師創立的，震華法師是太虛大師的弟子，非常優秀，幫太虛大師辦過雜誌，做過竹林佛學院院長。

妙峰法師對當年佛學院的那些人都有深深淺淺的記憶。白聖法師做副院長，院長實際上沒有時間處理日常的院務，因而管理工作都落在副院長的身上。但是白聖法師每天並不忙碌，他下面人才濟濟，各人負各人的責任。育枚法師是教務主任，安排所有的課程，也監督學生的成績，圓明老師文章寫得好，妙峰法師對文章寫得好的人記憶特別深刻，因為他喜歡寫文章，後來也成了作家。可是妙峰法師說，圓明法師後來到日本去留學深造，在日本還俗結婚了，以後就再也沒有聽到他的消息。

授課的老師有光本法師、道源法師、度環法師，他們講經或論道，這是佛學院裡的主課。光本法師曾任金陵大學教授，他講比較宗教學、佛教概論、圓覺經。度環法師講因明學，講唯識二十頌。道源法師講賢首教儀，林子青居士講佛教史。林居士的詩文，時人比為「蘇曼殊第二」，他還有佛學論述多種，後來由聖嚴法師的法鼓文化出版社結集出版。

妙峰法師特別提到兩位國文老師，一位是關德棟先生，一位是陳怡先先生。他們用的教材是北新活頁文選，北新是書局的名字，這個書局除了賣書之外，當時還有一項新鮮的產品，他們也把書中的文章單獨一篇一篇印出來，你喜歡哪一篇就單買那一篇，這叫活頁文選，不裝訂，買得多了，可以自行裝訂成一本書，這本書裡頭都是自己喜歡的文章。此外關先生還幫太虛大師辦過覺群雜誌，中國「改革開放」以後，「覺群」由玉佛寺復刊，繼續「高揚人生佛教的大旗」。

太虛大師在上海經常舉辦大型講座，其中有一位陳靜濤居士，是大師的忠實弟子，時任國民黨駐香港代表，遠從香港到上海來參加，對太虛大師恭敬有加，他是發起講座的大護法。來院演講的名人先後有太虛大師、北平中國佛學院院長周叔迦，還有法舫法師、能海上師、雪嵩法師，以及暨南大學牟潤孫教授、金陵大學文學院院長倪青原教授等。當時的聽眾多半是社會名流、知識分子，如豐子愷、戴季陶居士等。

這一年（一九四七），國家大事是美國馬歇爾元帥調停國共衝突宣告失敗，雙方軍事衝突擴大。台灣發生二二八事變，國府派兵鎮壓。靜安佛學院的大事，或者說中國佛教界的大事，是太虛法師突然因腦溢血圓寂，世壽五十七歲。

妙峰法師說，大師英年早逝，固然由於他從不顧惜身體，若論近因，實在與一月之內喪失兩位愛將有關。這兩位大將一是震華法師，玉佛寺住持，以三十九歲之年，著有關佛教歷史的專書十四種，還有許多單篇論述，時人尊稱「史僧」。他能詩善畫，又有行政才幹，上海佛學院就是他創辦的。另一位是福善法師，閩南佛學院高材生，口才好，相貌堂堂，也最年輕，二十三歲即在漢藏理學院授課。兩人一直追隨大師宣揚人生佛教和佛教改革。震華法師徵得太虛大師同意，選福善法師做他的「法嗣」，太虛法師對他們除了師徒之情，還有祖孫之情，這在佛門叫「法眷」。

很不幸，這年二月二十日，福善死於天花，他小時候沒種牛痘，病發後又犯了治療和護理的錯誤。三月十二日，震華亦天不假年！妙峰法師說，兩人葬禮都是太虛大師主持，遺體火葬時由大師親手「舉火」，大師愛才，痛心可以想像。他在震華法師的葬禮上講話，「後來聲音愈來愈高」，突然陷於昏迷，三月十七日不治。玉佛寺一月之內連失三傑，那是佛教界何等重大的損失。

印順法師所編《太虛大師年譜》記載，大師這年一月遊浙江溪口雪竇寺，大師曾任該寺住持，重遊賦詩誌感：「妙高欣已舊觀復，飛雪依然寒色侵。寺破亭空古碑在，十年陳夢劫灰尋」。接著去天童、育王訪舊，在阿育王寺過年。二月二日（「丁酉元旦」），大師於延慶寺開講「菩薩學處」三天，為大師最後說法。新春試筆，作〈中國應努力世界文化〉一文。在寧波期間，作詩「奉獎老」，為大師最後詩篇：『吃虧自己便宜人，矍鑠精神七四身。勤樸一生禪誦力，脫然蕭灑出凡塵』！大師有論時事小品數則，如「呼籲美蘇英倡導和平」，「國內和平的前途瞻望與中間調解」，「救西洋之亂即救世界之亂」。

這一切記載，說明大師身體健康，精神充沛。二月十七日，大師得福善病訊，冒雪回上海，三天後福善去世。二十二天後震華去世。再過五天，大師去世。十九日為大師行封龕禮，老友善因法師親來主持。參加典禮者除寺院及佛教團體外，到當地黨政機關代表，及馬占山、湯鑄新、黃金榮等名流，凡三千餘人。中宣部攝影場及中外日報記者，競為攝影報導。各地政要、海內外佛教緇素，電唁哀輓，備極哀榮。四月八日舉行大師荼毗典禮。自玉佛寺趨海潮寺（寺主心緣），參加恭送荼毗行列者，隊伍長達里餘。

葬禮由善因法師主持說法舉火。十日晨，法尊法師等人於海潮寺拾取靈骨，得舍利三百餘顆，紫色、白色、水晶色均有。而心臟不壞。

太虛法師的葬禮，妙峰法師全程參與，守靈、念佛，佛學院的學生分組輪值。送葬之日，佛學院師生由副院長白聖法師帶領，自成一隊，白旗開道，與政界、商界、學界、新聞界的團體聯成蜿蜒長龍。大師遺體坐在一個特製的「龕」裡，大弟子左右攙扶，前往海潮寺火葬場，沿途數萬人夾道瞻仰。

妙峰法師還記得，大師的遺體用檀香焚化，只見工人抬著一捆一捆的檀香進火葬場，接著香氣四溢，彌漫好幾條街之外。

大師辭世，佛學院頓失重心，每星期一次的精神講話已成絕響，妙峰法師這些學僧都覺得面前只有大片空白。

不久，妙峰法師病了，他的兩條腿腫起來，比正常的腿要粗一倍，這在當時叫水土不服。醫生警告他要趕快離開上海回廣東，否則有生命危險。

妙峰法師只好中途輟學，他的同學澄齋法師在廣東新會有一座寺院，新會是梁啟超的故鄉。他到澄齋法師那裡養病

法師說，他們在上海的時候，有少數的同學對這個大都市充滿了好奇，偷偷地跑出去看熱鬧，當時上海有個娛樂場所叫大世界，其中有些部門不用買票就可以進去，那些同學到過大世界。妙峰自己從來沒有跑出去，但他知道上海很繁華，人口很多，當時號稱有五百萬人，弘法就要找人多的地方。當時上海有個新聞記者寫了一篇報導，他說在上海最繁華的地方「大馬路」的十字路口，一分鐘就有

四百人到五百人經過，記者說他是站在十字街口看著錶計算過的。你如果製作一張標語，上面寫著南無阿彌陀佛，你在那個路口站一分鐘，就有四百到五百人看見，就在心裡念誦。如果在偏遠的地方，讓五百人聽見佛號，那要花多少時間？那要費多少力氣？

法師生在比較偏遠的縣分，他到過廣州，廣州已經是大都市；他現在來到上海，上海是更大的都市。他想到在大都市弘法特別有效果

巨贊法師從廣州帶到上海的六個學員，只有聖一法師和妙峰法師有很好的成就。聖一法師後來苦修，曾以刀割舌取血寫經，也曾燃指見骨作為供養，長年周遊各地講經，名聲遠播。

妙峰法師再一次稱道巨贊法師的義行。巨贊法師改革佛教提出多項主張，其中之一是僧眾參與俗世的經濟生產，妙峰很有異議，但是他對巨贊培植後進的熱情一直是感念不已。

第六章

到杭州讀武林佛學院

一九四七年冬天，妙峰法師在廣東新會養病，幾乎與外面的社會隔絕。這段時間國軍共軍內戰激烈，他們在山東省膠東地區作戰，在蘇北地區作戰，在河北作戰，在東北作戰，國軍都打了敗仗，失去很多重要的城市。對廣東來說，砲聲還很遠很遠，長江好像是另一座萬里長城，隔阻一切變化和不安。

法師說，他的病沒有經過什麼正式的治療，也許修行就是一種治療，也許休養就是一種治療。一九四八年春天，法師的腿腫消失，步履如常，他一心繼續他的學業。這時他對靜安佛學院有了新看法，一則太虛法師圓寂了，他覺得頓失重心；二則佛學院的管理部門對經懺活動太熱心，常常徵用學僧出動支撐場面，妨礙修習，因此他想轉學。

到哪裡去呢？杭州有所武林佛學院，當時院長會覺老法師是他們心目中十分仰慕的長老。會覺法師是太虛大師的弟子，根據《中國佛教近代史》（下）第二十六章第五節記載，會覺法師在太虛大師弟子中的地位，猶如釋尊座前之大迦葉，居群弟子之首。太虛大師圓寂上海時，大眾推會覺法師代表執弟子禮。

論佛學成就，會覺被尊為是一位「論師」。「經律論」合稱三藏，是佛教經典的總稱，經藏是指佛陀親口所說的教法，後來結集而成的典籍；律藏是佛說的教制，內容都和戒律有關，是僧團組織的綱要，是所有佛弟子應遵守的法律；論藏是佛弟子或後世論師闡釋經義的作品。法師們深入經藏，各有所專，那有高度成就的人分別稱為經師、律師或論師，少數三者兼通集其大成者則稱為「三藏法師」。會覺法師經常以「枯木」為筆名在《海潮音》及佛教各雜誌發表論述，妙峰久已是他的讀者。

轉學之議得到幻生、唯慈、自立三位同學的響應，他們本是結伴到上海，而今又結伴赴杭州，上海到杭州有一條鐵路，那時叫「滬杭甬」鐵路（甬是寧波），交通很方便。他們轉學成功，這年妙峰二十四歲。

妙峰在上林寺剃度的時候法號雲珠，武林入學，他改名妙峰。據法師自己說，雲珠像女孩子的名字，常常引來同伴的嘲笑，所以要改。佛門人士談論，認為這表示小雲珠長大了，獨立了，有更進一步的追求，「雲珠」兩個字只能表示上林寺師父對這個小沙彌的鍾愛，含義仍在人境，「妙峰」揭示佛教的深度和高度，進入法境。傳說，天台宗智者大法師講《妙法蓮華經》的時候，單是一個「妙」字就講了四十九天，可見妙義無窮！其實一個「峰」字也可以講四十九天。曾任湖南省主席的趙恆惕居士作了一副對聯，嵌入妙峰的法號，用八分體寫了送給妙峰，上聯是「妙法玄文誰可說」，下聯是「峰巒絕頂久曾棲」，妙峰法師非常喜歡這副對聯。

佛學院的名字為什麼叫武林？這兩個詞怎麼會結合在一起？妙峰法師說，杭州北面有一座武林山，杭州古稱武林，杭州有武林寺，杭州市的北門叫武林門，市內有武林路，商店學校公司行號以「武林」為名者甚多。這就衍生出來一個有趣的話題，杭州東臨錢塘，杭州在古代也叫錢塘，杭州人為什麼冷落了錢塘呢？為什麼不叫「錢塘佛學院」呢？也許「錢塘」容易和美女美食美景掛鉤，引發的聯想太柔靡，「武林」雄壯，只能有武林佛學院，不能有個錢塘佛學院。

武林佛學院的院址，有人說是位於武林寺內，顯然是從「武林」一詞推論而來。聖嚴法師在他的遊記裡面說，他到杭州尋覓武林佛學院的舊址，導遊把他送到鳳林禪寺。當年白居易在鳳林寺會見鳥巢禪師，問佛法大意，禪師答以「諸惡莫作，眾善奉行」。白居易聽了有些失望，表示這淺近的道理三歲孩子也說得出來，禪師告訴他：「三歲孩兒道得，八十老翁行不得。」這場對話非常出名，鳳林寺是觀光的景點，導遊只是把聖嚴法師順便送到那裡敷衍了事，聖嚴法師顯然不相信。

據妙峰法師回憶，武林佛學院設在靈峰寺內，靈峰寺位於岳飛廟和玉泉寺的後山，也是一座古寺，後來年久失修，殘破不堪，唯有梅花開得很好，「靈峰觀梅」是杭州十二景之一。

據妙峰法師描述，他們走進宿舍，樓板吱吱作響，地勢較高，強風從破窗破門侵入，嗚嗚有聲，每逢雨天，風挾雨入，大家蹋促一隅，緊緊抱住筆記本。蚊子成陣成團，多到「好像要把人抬走」，佛戒殺生，只能揮手驅逐，手裡又缺少一把蒲扇。晚上自修的時候，幾個人圍著一盞油燈讀書、做功課，非常專注，蚊子來叮，只有任牠為所欲為。油燈冒出黑煙，第二天早晨洗臉，鼻孔裡許多黑屑。夜晚上床，只要打個盹兒，個個都被叮得「體無完膚」。冬夜尤其寒冷難耐，帶去的棉被不能保溫，時睡時醒，只盼窗戶出現曙色，有人形容為「度夜如年」。

談到伙食，他們剛入學的時候，每餐「主菜」都是一種臭味極濃的菜梗，那種臭味是當地人的廚藝炮製出來，據說「好吃透了」，但是身為廣東人的妙峰就感到難以下嚥，只剩下十幾顆鹹黃豆可以佐餐。好在出家人吃素，陽光之下，大地之上，由你種菜，等到冬瓜、番茄有了收成，盤中碗中這才添了幾分顏色。有時靈隱寺打水陸，供千僧齋，他們就去趕齋，好好吃一餐。

武林佛學院是由杭州各大寺院集資興辦，禮請太虛法師出面創辦，院中講師也大半出於太虛安排，堪稱鄭重其事，唯有對學員的學習環境和基本生活漫不經心，上下對照，似乎不大相稱。

綜觀妙峰法師負笈求法，「苦」字當頭，不論靜安佛學院、武林佛學院以及後來的台灣佛學院、彌勒內院、福嚴精舍，都是「苦其心志，勞其筋骨，餓其體膚」，稱為苦學，當之無愧。妙峰法師說：「食不果腹，臥不安席，也是修行」，可以靜心澄慮，深入經藏。當時的師資，可謂都是千年佛學蘊育的靈秀，他們提供精神上的山珍海味，其中自有至樂。妙峰法師輾轉各地，見機而行，擁有當時最豐富的學歷，幾乎親近了每一位大師。他說：「一個求知若渴的年輕人，只要學風好，師資好，清苦難不倒他，再苦也可以甘之如飴。我們追求法義，不知有苦，只知埋頭苦學，勇猛精進。」

叢林的生活，每天清晨四點打板起床，迅速漱洗後先做一小時的早課，以持楞嚴咒、十小咒等為主，六點早齋用畢後，開始一天的作務，出坡種菜，自給自足。八點上課，佛學院每天安排了四堂講課，其餘時間自修。武林佛學院秉承太虛大師人生佛教的理念，著眼於培育全方位出世而不離世的弘法僧才。佛教不能只存在於深山內院中，必須走入社會，法師也必須具備世間的知識，接受通才教育，以便於引導信眾將佛法應用於生活中。

武林佛學院的教學質量俱高，短短的十幾個月，法師感覺很充實，尤其是得以親近院長會覺法師，感受豐滿。妙峰法師說院長非常慈悲，經常鼓勵他們多讀書，親自教授中國佛教史，使每一學員置身歷史巨流之中，產生方向感和使命感。法師說：「院長每次看到我，一直鼓勵我要好好學英文，認為我將來一定會到美國弘法。」英文課程由浙江大學的蔡教授擔任，教得很好。當時妙峰法師自認他和美國沒有任何因緣，從來沒有赴美弘法的念頭，對院長的鼓勵並不在意。哪裡想到，後來妙峰真的成為當代中國來美弘法的第一位法師，因緣和合不可思議。「回想起來，莫非院長真有神通，可以預知未來？」

會覺法師在教授中國佛教史的時候，特別喜歡講述高僧大德的修養、道德、成就等。妙峰法師覺得這些都是強心劑，加強學僧的信心信念，不忘初心。「唐代玄奘大師的經歷給了我最大的震撼，玄奘大師為了追求真正的佛法教義，深入經藏，勤學梵文，隻身西行，橫越沙漠，克服困難來到印度。

這種為法忘軀的精神，鼓舞我日後在美國弘法，效法先賢，不畏艱難，勇往直前。」在唐朝時，出家是需要通過考試的，年輕的玄奘大師因為年紀太輕未達考試資格，徘徊在試場外面，考官見狀問年輕人有何事？玄奘答：想出家修行，只可惜年紀太輕。考官看他氣宇非凡，就問他有何抱負？玄奘答：「遠紹如來，光揚遺教。」好大的抱負！考官於是破例讓他通過。妙峰法師很喜歡這些先賢軼事，古人的言行在在處處激勵年輕法師們弘法利生的本懷。

教務主任妙欽法師講俱舍論，俱舍論又叫聰明論，妙欽法師是當時《俱舍論》權威。仁俊法師為國文老師，採用活頁文選，涵蓋古往及當代文學，大受歡迎。那時巨贊法師擔任副院長，他是妙峰的伯樂，由廣州、香港、上海一路提攜。後來會覺法師因健康關係離開武林，由巨贊擔任院長，不過那時妙峰已重返上海去了。

武林佛學院環境幽靜，對妙峰法師也是一種精神上的優待，他和同學們經常一起於竹林樹蔭之下做功課，瀏覽文學書籍。妙峰法師說，有一回學院內的木本牡丹花開得很茂盛，院長即席作了一首詩，當時妙峰法師還不會作詩，聽了非常羨慕，覺得很了不起，由此種下法師日後學習作詩的因緣。妙峰法師後來以詩詞書法廣結善緣，作品豐富。

開明書店在杭州有一家分店，出售茅盾、巴金、沈從文、夏丏尊、葉聖陶、魯迅、謝冰心等當代作家的文學作品，還有以十年、二十年為由的各種紀念集，妙峰法師都買來閱讀，當時他的師父上林寺的宗和和尚、香港的海仁法師，還有他的家人，都會寄一點錢給他，他還可以買些書來看。當時看了很多書，勺水漸積成滄海，日後文學弘法水到渠成。

這些課外閱讀到的文學作品，往往含有濃厚的佛家思想，法師讀來覺得很親切。沈從文所寫〈月下小景〉，它的內容大多取材於佛教小故事，法師至今印象深刻，其中有一則的大意是這樣的：

有一旅人行經山地，荒山曠野，常有毒蛇、猛獸、強盜出沒，隨時會發生意外。果然衝出一頭野象，身大鼻長，牙如利劍，甚是可怕。旅人沒有地方躲，只有盡全力的跑，野象緊追在後。逃到一座無人的村莊，天無絕人之路，看到一口枯井，旅人趕緊跳下去，抓住垂下的枯藤，身體懸在半空，心情放鬆了許多。但往上一看，卻發現有黑白兩隻老鼠正在啃咬枯藤，雖然藤很粗，但已經被咬壞了一半，遲早會被牠們咬斷。往下一看，井底有四條毒蛇口吐紅信，張大嘴巴，有如火焰，旅人身處此境，簡直魂飛魄散！可是當他舉頭張望時，適時有五滴蜂蜜流入他的口中，甜蜜加上滋潤，他的疲勞、飢渴、絕望，剎那間都解除了！他悠然神往於另一境界之中。

這則譬喻，讓年輕的妙峰法師體悟很深。生命之藤乾枯脆弱，黑白老鼠代表白天與夜晚，生命就在這日夜流轉中逝去，存在於旦夕之間，黑白無常隨時在啃食我們的生命之藤，甚為恐怖。四大毒蛇就是組成身體的地水火風四大元素，它們不安定，有變數，隨時會出狀況，一個不順，生命不保。但是我們常常因為有了一時的歡樂誘惑，就忘了四周的險境。法師說，經典上提到人生八苦，生、老、病、死、五蘊熾盛、怨憎會、愛別離、求不得。但芸芸眾生不顧人生苦難，只知追求物欲歡樂。殊不知歡樂是短暫的，毒蛇猛獸虎視眈眈，唯有了知世間實相，不被繫縛，才能離苦得樂。更要時時提醒自己，把握當下，充分使用每一時刻，淨化身心。

靈峰寺內只有一位老和尚常住，他的職務是香燈師，妙峰法師忘了他的法號，永遠記得他留下的典型。這位老和尚每天負責打板，處理佛前的香燈，引領僧眾的生活，他除了日常作務，都在虔誠禮佛，每日早晚都會吟唱叩鐘偈。妙峰法師非常歡喜他吟唱的調子，常跑過去靜聽，只聽老和尚唱道：「洪鐘初叩寶偈高吟，上達天堂下通地府」，然後敲了一下鐘。又唱：「聞鐘聲，煩惱清，離地獄，出火坑，願成佛，度眾生。」這些偈語，都讓法師感到安詳自在，消業障，增智慧。老和尚真樸可愛，他的一舉一動對妙峰法師很有啟發作用。妙峰衷心尊敬感動，覺得和老和尚很有緣，也深深感悟到修行就在日常生活、行住坐臥之中。

靈峰寺雖然老舊，但很有靈氣，寺內種滿梅花，「靈峰看梅」是少不了的一景。一九四七年正月，印順導師到上海玉佛寺禮見太虛大師，順道杭州看看新近成立的武林佛學院，印順導師離開上海的時候問太虛大師有什麼事情交辦，大師說：「回來時，折幾枝梅花來吧！」杭州的鮮花帶回上海也凋謝了，大師這句話只能作禪語看。印順導師到了杭州，曾在武林佛學院為學僧開示，沒有幾天就得到太虛大師病重繼而圓寂的消息。導師與杭州的眾多同修趕回上海，行前折了幾枝靈峰寺的梅花，奉梅花為對太虛大師最後的供養。

佛學院附近有一座靈隱山，山上有一座飛來峰，峰上的樹木花草異於一般山峰，相傳飛來峰是從印度飛來的。妙峰法師說這有一個值得思考的典故，大家都知道濟公和尚吧！他的神通妙用了不得，當年建造淨慈寺時，他由神木井內取出木材，建材綿綿不絕，當建寺完工時，井內剛好只剩下一木。傳說濟公和尚是靈隱寺的法師，有一天來到村中，剛好有一群辦喜事的人簇護著新娘花轎經過，和尚闖進去背起新娘就跑，驚動整個村落，全村的壯男都出來追趕和尚，老弱婦孺也跟在後面看熱鬧，一直跑到幾里路之外，和尚才丟下新娘，他回身指給大家看，只見天上飛來一座山峰壓住了整個村落，村人因此躲過一劫。妙峰法師稱讚濟公真有智慧，如果一個一個的去勸村民撤離，怎會有這般立竿見影的效果？

飛來峰也叫靈鷲山，「鷲」是一種猛禽，和老鷹有親戚關係，由山名可以想見山勢。山中有冷泉亭，泉水「飛珠濺玉，如天女散花」，水的溫度極低，故名冷泉。這一峰一泉產生很多掌故，明代大書法家董其昌留下一副對聯：「泉自幾時冷起？峰從何處飛來？」有人回應：「泉自冷時冷起，峰自飛處飛來。」酬答有如參禪。清代名將左宗棠有聯：「在山本清，泉自源頭冷起；入世皆幻，峰從天外飛來。」更像說法。佛教深入中國歷史文化，千山萬水，處處佛緣，對佛學院的莘莘「佛子」來說，這也不啻是本師釋尊的耳提面命了。

每逢佛教慶典，如觀世音菩薩的誕生、成道、出家紀念日等等，善男信女總是摩肩接踵，擁擠有如市集，節慶之前，市政府就得討論如何維持秩序，嚴陣以待。不只是觀音菩薩聖誕如此，四月八日的佛誕節更是如此，一隊一隊的朝山進香團，背著繡有「朝山進香」的袋子，領頭帶隊者帶領大家一路念佛朝山，沿途香煙繚繞。隊伍太多了，行人寸步難行，要過個馬路也不容易。

有一回，剛好是放香日（休假），妙峰法師和同學到三天竺趕廟會。三天竺是觀音菩薩的道場，內有三生石。「三生石」聽起來好像緣訂三生，充滿男女感情，其實它有一個令人感動的典故，說不盡的道情法愛。

唐代有位居士李源，原是一位隱士，他的父親李愷是位位階很高的將領，當時安祿山作亂，李愷被安祿山謀殺了，李源因此更不想做官，返回故里，將祖厝捨出改建寺廟，名叫惠林寺。惠林寺的住持是圓觀法師，又名為圓澤法師，是位得道高僧。李源與法師雖一俗一僧，但頗為相契。李源即住在惠林寺內，經常與法師談禪論道，所以德行也很高。一日，他們想結伴到四川峨嵋山參訪，李源想走水路，法師意欲循陸路而去。陸路必須經過長安，李源不想跟長安那些做官的朋友酬酢，是以極力反對陸路，圓觀法師雖有其走陸路的原因，但也就順著李源的要求。兩人坐在船上，有一天看到岸邊有一懷孕婦人，圓觀法師歎息業力不可免，了知這婦人就是他未來的母親，已經等他三年了。於是就對李源說：「你看到河邊打水的李姓婦人，已懷孕三年，在等我，我原想避她，是以不想走水路。但因緣已成熟，我等一下就走，你三天後到婦人家來看我。」李源感到十分懊惱，便問法師：「如何相認？」法師道：「以笑為記。」並約李源十二年後中秋夜到杭州三天竺三生石上見面。說畢，法師即入定往生。李源處理好法師的後事，到婦人家去看那初生的嬰兒，孩子見到他果然笑了。匆匆過了十二年，李源依約到山上去在三生石等候，只見一個牧童騎在牛背上，敲著牛角高聲吟唱：「三生石上舊精魂，賞月吟風莫要論，慚愧情人遠相訪，此身雖異性常存。」李源聽了，知道必是法師無疑，兩人坐在石上敘舊談論，很是痛快。在分手時，十二歲的牧童又唱道：「身前身後事茫茫，欲話因緣恐斷腸。吳越江山遊已遍，即回煙棹上瞿塘。」並道：「塵緣未了，希望居士好好修行，將來有朝一日再相逢就不一樣了。」即飄然而去。

「好令人感動！」妙峰法師說。他那天去三天竺趕廟會，主要也是想去看看三生石，抒發緬懷先賢之幽情。只可惜當日人山人海，未能如願。

每逢大法會，尤其是佛誕節，朝山進香團很多，這時就有一些老和尚擺著香案，供著佛像，敲著木魚，吸引來往行人布施香油錢。佛學院有位年輕的同學本性調皮，看不慣他們這種做法，趁著老和尚離開香案用午齋時，搬走了佛像和木魚。妙峰法師說，當時他們年輕，對這樣的化緣方式感到丟臉，同為出家人，希望大家能夠自愛。不過妙峰法師也說，對於路邊擺香案求香油錢的作法雖不認同，但是對於這位同學的作法也不贊成。妙峰法師認為老和尚受戒早，「戒臘」長，猶如我們的師長，應加以尊重，同時弘法度眾八萬四千法門，眾生根器個個不同，也需要有不同的方法，更何況，自古以來，經常有羅漢化身，隨機度眾，也不宜去結惡緣。

有一次，浙江省主席沈鴻烈居士到武林佛學院參訪會覺法師，並對學僧講話。他說不要以為做官了不起，出家人才了不起，他很羨慕能親近大德。沈鴻烈曾任哈爾濱市長、山東省主席等。他在演講時，提起當年他任哈爾濱市長時在湛山寺請客，當時住持倓虛老和尚請弘一大師來寺講戒。沈市長久仰弘一大師，特別要請大師吃飯，但弘一大師為「律師」，持戒嚴謹，回函道：「昔日曾訂今日期，一再思量感遲疑，為僧只合居岩石，國士筵中甚不宜。」婉拒邀約。這些風範讓妙峰法師謹記在心。

佛學院的同學中，妙峰法師與常覺法師十分相契。常覺法師來自福建，是教務主任妙欽法師的同鄉，由妙欽法師帶入武林佛學院，後來繼承妙欽為台灣佛教界講授「唯識」的不二人選。妙峰法師說，常覺法師喜歡文學，研究佛教認真，為人忠厚，不做表面功夫，他們兩人氣味相投理想相似。離開杭州後，妙峰由上海到台灣，常覺由廈門到香港，又追隨印順導師由香港來台灣，天旋地轉，散而復聚，彼此非常珍惜因緣，兩人在印順導師門下同學同事又十餘年。妙峰法師本來不願意到美國弘法，曾經再三推辭，因為他捨不得離開這一師一友：印順和常覺。

二〇〇六年三月十六日，常覺法師在泉州往生，妙峰法師撰長文追悼，其中詳述當年武林佛學院的生活情形和彼此情誼。他說：「人可以獨身，不可以無友，尤其不可以沒有知心好友。」常覺法師正是他的平生知己，他在武林和常覺意趣相投，形影不離，不但一起切磋功課，還一同參訪杭州名剎，淨慈寺、虎跑寺、雲棲寺、招賢寺都有他倆的足跡，開明書店更是他們流連忘返的地方，他倆的心靈不但在佛典中相通，也在文學中相應相求。後來時局變化，兩人不約而同都去了台灣，在印順導師的門下重逢，多次共事，有很好的默契。後來他出國了，「生離」已是憾事，何況「死別」！初聞噩耗的感受，他用「傷心欲絕」來形容。

武林佛學院共收青年僧人約三十名，出家人雖在寺院中群居，但很少有私人交往，進了佛學院也還保持同樣的習慣，妙峰法師也只有和常覺彼此相知甚深，其他同學雖然關係疏淡，聚散之間還是少不了那一份關心，廣範法師和常覺一同入學，後來到菲律賓，再去美國洛杉磯，性海法師在台北天母慧濟寺，法師聽到他們的名字總是格外注意。

這一年（一九四八），國共內戰激烈進行，國軍在廣大的東北地區只剩下長春、瀋陽、錦州三個據點，也失去了綏遠和察哈爾，失去了鄭州、開封、濟南，對京滬杭一帶的居民來說，徐州已是第一線。國共雙方部署徐埠地區的會戰，人民大眾對國軍沒有信心，會戰一旦失敗，長江南岸的國軍陣地就在共軍砲兵的射程以內了。「上有天堂，下有蘇杭」，蘇杭而今已非樂土。

妙峰法師說他很喜歡杭州，也很喜歡武林佛學院，只可惜眼看杭州即將失去和平安定，不再是一個受教育的地方，他們必須早做打算。妙峰和同學自立、幻生、唯慈都想離開杭州，返回上海靜安佛學院，伺機離開大陸，他們真的走了……。佛學院的學生大部分都走了，武林佛學院因此也在年底停辦了。

在接受佛學教育這條路上，妙峰法師始終沒有失去主動，每一次選擇，他都保持清醒的判斷，在中國大陸是如此，到了台灣仍然如此。他生在偏僻的南海之濱，長在寧靜的寺廟之內，門外一步即是天涯，那是人人隨波逐流身不由己的時代，妙峰法師把目標一直留在他的視線之內，腳步也從未遲疑，這是他邁入成功之門的一把鑰匙。

第七章 再到上海 離開大陸

一九四八年的冬天，妙峰法師離開杭州的武林佛學院，回到上海再去讀靜安佛學院。法師解釋，那時候國共內戰打到了南京上海附近，社會秩序紊亂，人心惶惶不安，杭州有錢的人都往上海逃難，武林佛學院已經不能正常的上課，他決定再回上海，那裡消息靈通，對外通信也方便。

法師記得他第二次回到上海靜安佛學院，大概過了一個月就吃年夜飯。查萬年曆，這一年的陰曆年是一九四九年一月廿六日，照這個日期推算，法師到上海應該是一九四八年的十二月。國軍在一九四八年的十月失去長春、錦州、瀋陽，一九四八年的十一月開始淮海戰役，國軍一連串的撤退；到了一九四九年的一月，淮海戰役結束，國軍全軍覆沒，在華北戰場上國軍又失去天津、北平。「解放戰爭」的三大戰役都在這個時候打完了，解放軍得到完全的勝利。南京上海就是解放軍的下一個目標，而解放軍攻上海，很可能是先過長江拿下杭州，然後三面包圍向上海進攻，所以杭州一帶朝不保夕，人心惶惶。

妙峰法師說，返滬之行一路上還算平靜，到了上海找到靜安佛學院的有關部門，要求回來復學，靜安佛學院也一口答應了。

這時候，靜安佛學院照常上課，照常開牌拜懺，但是不知為什麼，空氣裡總有一種不安定的感覺，跟第一次來讀佛學院的時候心情大不相同。這時候，靜安佛學院也有一些改變，院長太虛大師圓寂以後，副院長白聖法師並沒有升上來做院長，新院長持松法師是習密宗的，曾經留學日本。老院長太虛大師每個禮拜六都對學生精神講話，新院長已經取銷了這個課目；主要是他身體衰弱，走起路來需要人攙扶，講話的時候上氣不接下氣，這樣一個人來做院長，使妙峰法師他們幾個人很不習慣。他們擔心時局這樣嚴重，這樣一位院長如何能夠帶領佛學院度過難關？如何能夠維持振興太虛大師留下來的教育事業？

後來知道持松法師也是位了不起的人物，他三次到日本留學，對佛教的顯宗密宗都精細深入，他的志業是振興中國的密宗。經他多年弘揚，密宗果然步入新時代。一九四七年，靜安古寺響應太虛大師的「教制革命」運動，方丈不再由本寺和尚師徒繼承，改向全國招聘選賢舉能，稱為十方選賢制，持松法師是在那時出任該寺住持。有資料說，靜安佛學院初創的時候，持松就是院長。也許到了天下已亂的時候，青年學僧對「領袖」的期望如士兵之望將帥，嬰兒之望父母，也許太虛大師留下的空隙無人可以完全、立刻填滿，佛學院似乎群龍無首。

「舊地重來，師資課程有什麼變動？你最喜歡的老師是誰？」妙峰法師說，原來教課的老師都還在，他最喜歡本光法師了。本光法師是四川人，口才很好，講話生動有趣，妙峰法師聽他講《圓覺經》別有一番天地，印象深刻，法味無窮。還有關德棟先生教的國文，以前是他最喜歡的功課，現在仍然是；在關老師的啟發下，妙峰法師在課外又讀了一些新文學作品。

「回憶第二階段在靜安佛學院的生活，你最要好的同學是誰呢？」法師說，他和同儕交往一向忠信篤敬，有「求友」之心。唯慈、乘如、幻生這三位一路同行，堪稱好友，除了這三位同學以外，他和聖嚴法師交往比較多，聖嚴法師為人謙和厚道，學問和修行都是佼佼者，跟他晤對是一件愉快的事。

多年後聖嚴法師寫了一本書叫《歸程》，裡面提到妙峰，還附了一張照片。

「這一階段您最得意的事情是什麼？」法師說，他接到慈航法師從台灣寫給他的信，約他到台灣去讀佛學院，這是幸事，快事，稱心如意之事，不但自己滿心高興，還把慈航法師的信拿出來給要好的朋友看；可是這件事的後續發展居然是他最不如意的事！

妙峰法師說，他平時在佛學院裡上課讀書，不走出大門以外，可是有些變化就像春夏秋冬一樣，那是門窗關不住的。佛學院裡有一些同學從很偏遠的地方來的，他們從沒有到過大都市，更何況上海這樣的萬丈紅塵花花世界；常常有人偷偷跑出去，來一次短途的冒險旅行。可是現在誰也不敢出去，因為外面街上有很多敗兵，他們在前線打了敗仗撤退到上海來，紀律很壞，進館子吃飯不付錢，沿街遊蕩，常常隨便打人，這些同學害怕了。

法師提到當時的貨幣是金圓券，提到令中國人驚心動魄的通貨膨脹。

什麼是通貨膨脹？外電報導有生動的注解，中國的貨幣本來叫「法幣」，戰前法幣一百元可以買到一隻牛犢，戰後一百元法幣只能買到一根油條。有位老太太，戰前把積蓄存進銀行，戰後再去提出來，回到家裡她瘋了。老太太的牛哪裡去了？政府用增加通貨發行的方式取去了！

資料顯示，法幣不能再用，政府發行新幣「金圓券」，通貨膨脹是連續劇，金圓券把它推向更高的高潮。金圓券於一九四八年八月出籠，規定銀元一元換金圓券五角，據國府財政官員朱偰和黃元彬寫的文章，八個月後，一九四九年四月，銀元一元兌換金圓券三百六十萬元！上海出現面額一百萬元的大鈔，臭水溝裡都是百元千元一張的金圓券。

資料顯示，那時「金圓券」每小時都在貶值，餐館賣酒按碗計算酒錢，第二碗的價錢比第一碗價高，排隊買米，排尾的付出的價錢比排頭貴。坐火車的人發現餐車不斷換價目表，一盃茶去時八萬元，來時十萬元。買一斤米，鈔票的重量超過一斤，銀行收款不數多少張，只數多少捆。信封貼在郵票上而不是郵票貼在信封上。飯比碗值錢，煤比灶值錢，衣服比人值錢。「騎馬趕不上行市」，「大街過三道，物價跳三跳」。生活矯治猶豫，訓練果斷，人人不留隔夜錢。鄉間交易要鹽不要錢，要草紙不要鈔票。

經濟上的「危局」使人心更慌亂。

雖然時局愈來愈壞，靜安佛學院一直沒有停課，直到妙峰法師離開上海的那一天，佛學院仍然是照著課程表行事的。這一點說起來教人很佩服。今考其時，上海是一九四九年五月「解放」的，法師是二月底離開上海的，佛學院也算是危城弦歌了。能做到這一步也不容易。資料顯示，這段時間上海警備司令部四處捕人，有些大學停課，到了四月，各大學都關閉了。

我們問妙峰法師：您在靜安佛學院的「最後一課」，老師講些什麼？他說這一課是「佛教與民主」，由本光法師和趙樸初居士聯合講授，法師先講佛教的「六和敬」，居士接著詮釋這就是民主，法師再講佛教的「羯磨」師，居士又接著詮釋這也是民主。

「六和敬」是僧團的生活守則，「見和同解，戒和同修，身和同住，口和無諍，意和同悅，利和同均。」粗略言之，就是大家對問題抱同樣的看法，守同樣的規矩，大家住在一起過同樣的生活，大家說一樣的話，彼此和睦，物質條件相等。居士說，這就是民主。

「羯磨」是音譯的名詞，羯磨師是在僧眾集會中執行議事規程的人，彷彿今天開會的主席，他使會議照規則進行，沒有哪個人或哪件議案可以例外，一旦通過，大家都要遵守。居士說，這也是民主。

資料顯示，當年中共對「民主」十分堅持，它的民主力求平等和一律，「強者不多取，弱者不多予」，「智者弗能辭，勇者弗敢爭」。它和「英美式的民主」有別，和佛家的「六和敬」在精神上甚為接近，在出家人看來完全可以接受，甚至應該支持。本光法師在佛學院裡添上這麼一課，應該有他的苦心。

妙峰法師老早就有「去意」，他眼見有些老師不來上課了，聽說離開了上海，有些學生不來上課了，聽說在外面找門路買船票。那時候買船票非常困難，要在船公司賣船票的窗口排隊，可能要排上一天一夜，或者兩天兩夜，甚至三天三夜，最後也未必買得到。

人走了，留下空隙，謠言進來填補，這些謠言也不知從哪兒來的，今天說解放軍要過江了，明天說什麼大官逃走了，或者國軍的什麼什麼將軍靠不住了，要投共了。盛傳上海機場裡擠滿了人，每一架飛機都超載，為了減輕重量，機長下令丟棄隨身行李，於是機上的乘客紛紛丟別人的箱子，你丟我的箱子，我丟你的箱子，箱子著地裂開，元寶銀圓滿地滾，也沒人下來收拾。

他寫信給兩位前輩，向他們請教何去何從。一位是海仁法師，一位是優曇法師，兩位都在香港。

妙峰法師跟海仁法師有因緣，海仁法師對妙峰也有好感，妙峰在上海讀書時，海仁法師曾經寄了一筆筆的錢（港幣）給他，要他分送給金山寺、高旻寺和天寧寺，這三所寺院在中國是出名的禪宗道場，經常有上千僧眾在那裡修行，海仁法師經常寄錢到那打齋供眾，廣結善緣。妙峰從小就追隨海老，得到海老信任，他也感到高興。妙峰為人一向恪守戒律，因果分明，受人之託，忠人之事，絕不苟且。

海仁法師是一位老修行，自奉儉約，廣種福田。他怕郵件遺失，初時少寄，後來妙峰如數收到，他就多寄，經常是每寺港幣三百元。由於替海仁法師辦事，得以結識證蓮老和尚和圓根長老，圓根是海老的出家堂妹，也在上海。

海仁法師回信勸妙峰到香港，隨信匯來旅費。優曇法師也回了信，主張他去台灣，這時候慈航法師在台灣辦佛學院，優曇法師是慈老法師的再傳弟子，他推薦妙峰到台灣去繼續求學。

慈航法師一生親近太虛大師，參與推動人間佛教的理念，聲名遠播緬甸、新加坡、馬來西亞地區，所到之處除講經說法之外，設立佛學院教育學僧。一九四〇到一九四八年間，他在東南亞至少創立了七所佛學院。一九四八年秋冬之際，慈航法師應台灣中壢圓光寺方丈妙果和尚的邀請，到台灣主持「台灣佛學院」，志在培養台灣的僧青年為弘法人才，耕耘這片「新土」。

大概是時局緊張的關係吧，台灣動作也很快。慈航法師立刻寫了一封親筆信給妙峰，歡迎他到台灣。信上還提到「你的同學如果有人也願意來，我這裡也一律歡迎」。妙峰法師選擇了台灣，他喜歡佛學院這樣的教育環境，他認為守在廟裡跟一位師父學法，那種舊式的傳習方法效果比較差，他又想到如果追隨海仁老法師，海仁的性情比較嚴肅，只能專精一部《楞嚴經》，不能閱讀其他書籍，甚至許多師友都要疏遠，文藝作品也勢必得放棄。妙峰年輕求知如飢似渴，即使恭敬也難從命了。他只好放棄香港，決定去台灣。

常言道「孤羊易遇狼」，妙峰出遠門一定要約幾個同伴，他離開上林寺以後，去廣州、去香港、去上海、去杭州都是如此。這一次他也找了幾位同學，相約大家一夥去台灣。有人說：「我們都是北方人，到台灣舉目無親，我們不去。」妙峰就把慈航法師的親筆信拿出來給他們看，對方看了信非常高興，當時就跟妙峰約定同行。從此他們就忙個不停。

「下面的發展很奇怪，最不如意的事發生了。」那幾位同學從此不再上課，妙峰很難找到他們，好不容易找到了，問他們買船票的事怎麼樣了？他們就說快了，馬上就能辦好。這樣拖延了兩個星期，最後一次追問他們，他們臉上露出奇怪的笑容，很輕鬆地告訴妙峰：我們明天就要走了！妙峰「大吃一驚，心寒發冷，欲哭無淚！」他連忙自己到賣票的地方去買票，那個辦事處已經關閉了。妙峰只有「眼睜睜看著他們浩浩蕩蕩地走了！」

妙峰法師是有智慧的人，可是這一次他糊塗了，他不明白那幾個人為什麼要這樣做，這樣做究竟有什麼好處？到台灣去投奔慈航法師是他聯絡的，他主動約別人同行，別人為什麼聯合起來祕密進行，反而把他拋棄了？那些人有沒有想過，妙峰一個人留在上海，將來會有什麼樣的遭遇？他們也許是要來一個惡作劇，捉弄妙峰這個老實人，這是他們的娛樂節目，他們會覺得很痛快。這些人學佛學到哪兒去了？後來妙峰法師在台灣遇見其中一人，那人好像大惑不解：他問妙峰：「你怎麼也來了？」

此事妙峰法師從來未向任何人說過，連情如父子的慈航老師也不知道。後來妙峰和他們同在一個學團之中坦然相處，跳過那一段經驗，仍然結為好友。蘇東坡說：「事如春夢了無痕」這正是「比丘無隔宿之仇」的好榜樣吧！

六十年後，妙峰法師說，這件事他已經忘記了，傳記的主稿人不斷逼問許多細節，他這才想起來。法師說，當時那幾個同學也是大孩子，現在也都成了名僧，幾十年師度自度，修行想必大有成就，那麼他們一定早已懺悔了。法師認為當年那三個人遺棄他，他在上海多留了幾天，才有機會幫助兩位天涯淪落的大法師離開上海，那幾個同學無意中幫妙峰完成如此難得的善舉，可以說他們對佛教的發展間接有很大的貢獻，妙峰想到這點，認為他在上海多煎熬了幾天，絕對值得。

那時演培法師到靜安寺來看妙峰，他是太虛大師和印順導師的高足，他與同門師弟文慧法師都在上海玉佛寺佛學院教學，妙峰經常去玉佛寺拜望文慧，因而結識了演培。演培法師想去廈門，沒有路費，也無人肯借，他到靜安寺來找人幫忙，也到處碰壁。在絕望中他找到妙峰，開口就問妙峰有沒有錢，妙峰有港幣一百五十元。他說要去廈門沒有路費，能不能借給他五十塊錢？

妙峰法師說他當時受寵若驚，「他是大法師，我是小和尚，大法師來請小和尚幫忙！」妙峰很高興，立刻拿出五十塊港幣來交給他。當時抵制通貨膨脹，大家都用銀元、美金或者港幣，妙峰法師有一點錢，一百元是離開香港時母親託人帶給他的，叮囑他要留在身邊以防萬一，不可隨便用掉，另五十元是海仁法師寄來的旅費，今天竟派上用場！演培法師說：「這個錢我可是有借無還啊！」妙峰法師說：「已經亂成這個樣子，還談什麼還錢？」演培法師說：「你找文慧，讓他替我還這筆錢。」妙峰心裡想：「這個時候我到哪裡去找文慧啊？」

演培法師安全抵達廈門，後轉香港。一九五二年初，台灣的李子寬居士致函演培法師，約請他到台灣主持台灣佛教講習會。演培法師於三月搭乘太古輪也到了台灣，他後來的一連串履歷顯示對台灣佛教的發展與佛學教育的提高貢獻極大。除了台灣佛教講習會，他曾擔任或兼任新竹一同寺女眾佛學院副院長、台北善導寺住持、慧日講堂太虛佛學院院長、基隆靈泉寺華文佛學院院長、新竹青草湖福嚴精舍住持、日月潭玄奘寺住持、越南妙法精舍住持、新加坡光明山普覺寺住持、新加坡福慧講堂創辦人。

妙峰買不到船票，十分焦急。也是三寶加被吧，這時出現了一位菩薩，他的名字叫鄭伯樵，在上海「新新公司」擔任採購。上海有出名的四家百貨公司，新新是其中之一。鄭伯樵有個習慣，每天晚飯以後出來散步，他散步的路線常常經過靜安寺，有時候也會到寺裡去走一圈。有一天他散步走到靜安寺，聽見妙峰跟他的同學一起講廣東話，鄭伯樵也是廣東人，廣東人喜歡聽自己的鄉音，他看見妙峰和他的同學年紀都這麼小，居然是說廣東話的，就問他們怎麼會到上海來？……就這樣認識了。

等到時局愈來愈緊張，鄭伯樵就來找妙峰，勸他趕快離開上海回香港去。妙峰說：「我不打算回香港，很想去台灣。已約好幾個同學一塊兒走。」鄭伯樵說：「也好，動作要快！」兩個星期了，鄭伯樵放心不下，再到寺中察看，他一看妙峰還沒有走，心裡著急，就把妙峰罵了一頓。妙峰就向他訴委屈：「我約好的同伴都走了，他們把我拋棄了，我現在也不知道怎樣離開，沒有辦法買到船票。」鄭伯樵一聽就抱著妙峰哭起來，他問：你還有錢沒有？妙峰說我還有一百元港幣，鄭伯樵說：「錢拿給我，現在只有我能買到船票，因為中興輪船長是我的好朋友！」中興輪是專跑台灣航線的一條客輪。妙峰把錢給了他。兩天之後他送了四張票來，妙峰要他買四張船票，趁機會再「度」三個人。

妙峰法師稱鄭伯樵為大恩人。

妙峰又約了兩個同學，一位普光法師，一位能果法師。他還約了靜安寺的一位副寺，這位副寺臨時放棄了，她要留在上海。妙峰多出一張票來，沒想到這一張票發揮了更大的作用。那時候佛教界有一位非常出名的法師東初老人，他是礁山定慧寺的住持，他有錢可是沒有身分證，不能買票，沒有辦法離開上海，他到靜安寺去找朋友幫忙，妙峰聽到了，就把這多出來的一張票送給了東初老人。

東初老人江蘇泰縣人，法名鐙朗，法號東初。他是太虛大師的學生，一九三五年於鎮江焦山定慧寺受曹洞宗智光和尚付法；一九四六年擔任定慧寺方丈，兼焦山佛學院院長。春天起，老人在上海靜安寺掛單，其時靜安佛學院有一位學僧法名常進，他就是日後的聖嚴法師，聖嚴說初遇老人即衷心敬服，埋下日後在台灣拜入門下的心意。

東初老人到台灣後，假北投法藏寺創辦《人生》雜誌。一九五五年興建中華佛教文化館，作為推展佛教文化、弘法利生之基地；先後影印《大正大藏經》，創辦《佛教文化》季刊，每年舉辦冬令賑濟。一九六七年應中華學術院之聘，任該院佛學研究所顧問。老人著述甚多，《中印佛教交通史》、《中日佛教交通史》、《中國佛教近代史》三書為其代表作。此外，尚有佛教藝術、禪學、《心經》思想史、佛教與中國文化等著作多種。

他是法鼓山聖嚴法師和慈光山聖開法師的入門師父。

妙峰離開上海的時候，靜安佛學院「該走的都走了」，他六十年後一一述說這些人的去向，白聖法師見機而作，早一步到台北十普寺建立據點。圓明法師到台灣親近慈航法師，彼此因緣未斷。道源法師到基隆弘法，創建海會寺。仁俊長老經香港赴台灣親近印順法師，一生沒離開。智光法師到台北，先在十普寺落腳，後住華嚴蓮社講經。南亭法師是智老的弟子，華嚴蓮社就是他創建的。

談到當年的同學，妙峰法師提出一連串的名字，這裡面知名度最高的應該算聖嚴法師，他是江蘇南通人，俗家姓張，後來留學日本，立正大學授予博士學位，在台灣創建法鼓山，在美國創建東初禪寺。他是曹洞宗五十代傳人，臨濟宗五十七代傳人。

另一位了中法師，俗姓周，江蘇省泰州市人，先後入泰州光孝佛學院、南京棲霞佛學院深造，又到上海靜安佛學院做了太虛大師的學生。他是一位好學不倦的學者型僧人，一九四九年到台灣親近慈航老法師，進圓光寺的台灣佛學院受學，畢業後又隨著慈航老法師到汐止彌勒內院，這一段路程和妙峰法師同行。一九六一年入東京立正大學研究所留學，獲文學碩士學位。他先後擔任法藏佛學院和玄奘大學創辦人。

妙峰法師總是不忘記文章寫得好的人，他說同學之中，幻生法師和自立法師都有很高的文才，都是作家型的僧人。幻生到台灣親近印順導師，一度主編《海潮音》雜誌，後來移民洛杉磯，創建能仁精舍。自立不但寫散文，還寫新詩，跟惟慈法師到菲律賓去弘法。還有一位能果法師，他跟妙峰法師一起到台灣，後來又去了日本。各有因緣，轉眼聚散，花果飄零，落地生根，佛法因此散播廣土萬民。

他特別提到常覺法師。常覺是杭州武林佛學院的同學，兩人在一起學習，一起生活，能夠「相視而笑，莫逆於心」。妙峰再回上海，常覺留在武林，隨著局勢轉變，也經廈門、香港到了台灣，親近印順導師，妙峰喜悅難以形容。

也有人決定不走，像教佛教史的林子青先生，他家在上海，決定一動不如一靜；巨贊法師也要留在大陸，他在抗戰時期就加入了中共的抗日組織。虛雲老和尚是湖南人，聽說他自己認為跟毛澤東是鄉親，在社會上也有影響力，決定留下來保護佛教，保護不能離開的佛門弟子。當年滇軍協統李根源下令逐僧毀寺，虛雲老和尚說服了他，佛門免去一件大禍，這一件事增強了他的信心。

依照東初老人日誌的記載，東初老人這年四十二歲，農曆一月十六日乘中興輪從上海到台灣。一九四九年的農曆一月十六，是陽曆的二月十三，妙峰法師應該也是這一天到台灣的。那是一個寒風淒淒細雨霏霏的黃昏，妙峰一行終於搭上了停泊在黃浦江中的中興輪。資料顯示，中興輪船公司是一九三七年由北洋政壇名人實業家朱啟鈐創立，公司設在上海，是戰後除民生公司外最大的私營輪船公司。中興輪四千二百三十六噸，專線行駛於上海、基隆之間。一九四八至四九年間，台灣的外省人第一代大都是搭乘該輪來的。

上船後，東初老人用錢與人換票，坐進頭等艙。第二天清晨，船身慢慢移動，從黃浦江中開出，經吳淞而入長江，駛入茫茫大海，妙峰回首眺望，已不見港口。他知道城廓人物都還在那兒，但佛緣已斷，不知何年何月怎樣恢復！出家人萬法皆幻，本不應有這些罣礙，太平鎮的里巷、上林寺的鐘磬、清涼寺的戒壇、六榕寺的林木，甚至武林寺的困乏、靜安寺的飢寒，都怎樣造就了他，不可有情，誰能無情？想那出家人的弘誓大願，「眾生無邊誓願度」，大願未償，大任未了，如今只能勉強自渡海峽，來日應如何加倍努力？他是佛法的一粒種子，風送水漂，辭枝離根，但願水分陽光肥料土壤因緣具足，樹木樹人，開花結果，緣起不滅，迴向十方。

上海法藏寺的住持興慈法師，平時非常愛護青年學僧們，特別做了四個粗粗的素火腿給妙峰他們在船上吃。風浪很大，妙峰法師形容他們像皮球一樣，全程在甲板上隨浪翻滾，東倒西歪，頭暈嘔吐，他們把吃的東西都吐出來了，但是船上沒有食物可以補充，甚至甲板上擠滿了人，他們想起來走動一下都很困難。好在那時候大家都年輕，又是吃苦修行的人，倒也頂得住。

妙峰法師自幼愛海，沒想到大海也有這樣無情的一面，大海無情，實亦有情，始終忍辱負重，把這個叫輪船的龐然濁物送到目的地。好不容易他們看見陸地了，他們到了台灣的基隆。

第八章

台灣佛學院與慈航法師

一九四九年二月十三日，妙峰法師乘中興輪到達基隆，同船者有東初老人和普光、能果兩位同學。妙峰法師記得到達基隆時將近黃昏，他一路暈船，渾渾噩噩，忽然聽到眾人喧譁之聲：「看見了，看見台灣了！台灣到了！」原本死氣沉沉的甲板走道上頓然熱鬧起來。他勉強坐起虛軟無力的身子，感覺船身正以一種緩慢沉穩的速度移動著。隨著興奮嘈雜的人群，他擠到船舷邊緣，在茫茫薄霧中眺望了第一眼台灣的島影，他說：「好像一隻海龜孤零零的臥在一片深灰藍的大海中，一動不動。」中興輪漸行漸近，可以看到一個袋形的海灣，風平浪靜，後方由起伏的山巒溫柔的環繞著。這艘乘載著上千個生命的大輪船，好似出了遠門的遊子，在歷盡滄桑飽經風霜後，歡喜地重返安全溫暖的家。但此時此刻，對妙峰法師而言，這兒卻是一個全然陌生的地方，一個隔著海洋離家鄉很遠的地方。面對此情此景，遊子的心浮起某種淡然的困惑和稍許的不安，但是渴望親近善知識與求法的心更加殷切，想到即將會見仰慕已久的慈航法師，興奮與急迫的摯情隨即取而代之。普光與能果兩位青年法師，蒼白帶青的臉上也展露出難得的歡顏。「我們兩天兩夜沒吃沒睡，很累、很虛弱，但緊繃的心情終於鬆弛下來。」

終於下船了，他們三人提著簡單的行囊，夾在層層疊疊的人群與大大小小的行李箱中，慢慢地擠進了港務大廈，排隊接受驗關手續。妙峰法師三人出示了身分證明，還有慈航法師從圓光寺發來的入學邀請信，很快就過關了。法師說，他們到台灣以後，聽說中興輪迴到上海起義投共了，上海基隆之間少了這麼一個重要的交通工具，渡海更加困難了！六月一日起台灣實行出入境許可制度，必須先領到台灣的入境證才可以買到船票機票，那時就更是難上加難了！東初老人沒有身分證，處處難行，可是他很有福報，在上海不能買船票，妙峰幫忙，到基隆不能入關，李子寬居上幫忙。李子寬是太虛法師的在家弟子，對佛門的教育事業有重大貢獻，早歲留學日本就參加了中山先生領導的同盟會，歷經辛亥革命、反袁、北伐、抗戰各役，也算是國民黨的上層人物，他出面把東初老人保進來。不過三個月後實施出入境管制，沒有入境證的人只有原船原機回去，任何人也無能為力了。這是台灣脫離日本統治回歸中國版圖第四年，這時的基隆，市井街道行人景觀仍然帶著濃濃的日本風味。「恍惚間，好像是來到了日本。」基隆港與基隆市唇齒相依，整個城市是依賴海港而形成的，早期基隆市民的生計更是與基隆港息息相關，許多委託行及酒吧餐廳遍布市區。夜色已濃，農曆元宵節剛過，港口外面正是華燈初上，街頭商鋪矮小但排列整齊，掛著五顏六色的跑馬燈在霓虹燈下轉動。隱隱約約，從街角傳來男人吟唱的歌聲，低沉緩慢。「不知道是唱台灣歌還是日本歌，聽起來很悲傷、很淒涼。」整個景象跟上海比起來，顯得蕭條與簡樸。路邊排列了許多人力車與軍用卡車及少數汽車，加上這群剛下船的大陸客，把街道占得滿滿的，許多人馬上有親友接應，歡喜離去；有些人一家大小坐在行李上，愁容滿面，孩子哭泣著。基隆是出名的雨港，還算是天公作美，這天只微微飄著細柔的雨絲，亞熱帶的氣候雖是早春，卻已暖意十足，初來乍到的大陸客有人低語：「很熱、很悶。」「中壢鎮圓光寺」幾個字在他們心中念茲在茲，這一行三人馬上打聽如何到中壢去，他們都不懂台語，「我們的運氣很好，碰到一位很可愛的朋友。」這位朋友講一口流利的國語，不僅帶他們去火車站，並為他們買好去中壢的火車票。這位初次見面的朋友叮囑他們：「這是由基隆直達高雄的火車，你們到台北不用換車，可以一路坐到中壢，但是過了台北以後就要注意站名，不要坐過了站。」這件事使妙峰三人覺得台灣友善親切。

坐在候車室裡，他們開始感覺飢餓，他們在船上吐盡了胃中的東西，而且沒有食物補充。夜間車站沒有小販來賣零食，只好到街頭買了兩三個橘子吃，那種清涼與甘甜的滋味至今難以忘懷，這可是離開上海踏上台灣寶島後的第一餐。他們當時用的是大陸的金圓券，在台灣也通用，但是已不記得橘子的價錢。

依據台灣鐵路局「鐵道博物館」網、維基百科台灣鐵路條、Tony 的「自然人文旅記」，早在光緒十三年（一八八七）劉銘傳就任台灣巡撫時，已將基隆港正式開放為商港，進行建港規劃，興建縱貫鐵路，基隆是這條縱貫鐵路的起點，中壢正是鐵路北段的一站。但整個縱貫鐵路從基隆到高雄的施工，卻是完成於一九〇八年的日據時代。當年基隆是連繫台灣與日本最重要的港口，一九〇九年，日人在港務大廈前不遠的廣場上，建立了一座巴洛克式的建築，屋頂是赭紅色的馬薩式，看起來非常華麗，那就是基隆火車站，曾被譽為台灣最美的車站。那時日本人崇尚歐洲貴族生活的風氣，十九世紀的歐洲風行巴洛克文藝復興時期的華麗宮廷式建築，所以日人二十世紀初期在台興建許多巴洛克式的建築物，在今日的台灣仍到處可見。眼前的景物使妙峰眼界一新。

火車來了，車內乘客擁擠，燈光昏暗。三人上車，緊張又興奮，因為這列燒煤炭的蒸汽火車即將帶領他們奔向心靈的終站，佛門稱為「法宿」。儘管身心疲憊，他們沒有漂泊的孤零感。「很奇怪，我感覺心中很溫暖、很歡喜，好像即將回家一樣。」他們三人相互依偎，緊抱著行李。只記得火車上很多人穿著木屐，微弱的光線下看不清面容。在火車奔馳的隆隆聲中，隱隱約約傳來男人低沉緩慢的吟唱，一種悲傷淒涼的曲調，如泣如訴；空氣中飄著一種辛辣刺鼻的味道，後來知道那是有人嚼檳榔。

打開車窗，讓風吹進來，風偶爾也吹進了嗆鼻的煤煙。火車晃動中他們時時提醒自己要看清每一站的站牌，實在太累了，一面打起盹來。

「台灣火車的車廂好像比較窄小？」沒錯，台灣的鐵路是「窄軌」。兩行鐵軌中間的距離是三英尺六英寸，廣九鐵路和滬杭鐵路是「標準軌」，兩行鐵軌中間的距離是四英尺又八英寸半，此外還有「寬軌」。造鐵路先決定「軌距」，再設計車廂。山西省的鐵路就是窄軌，雲南鐵路的軌距比台灣鐵路還要窄一些。為什麼有寬有窄呢？據說當年中國鐵路請外國公司建造，交給哪一國的人做，他就用自己國家的軌距。也有人說日本鐵路建得早，也是窄軌，那時客運貨運的數量比較低，窄軌比較省錢，先進國家的鐵路反而比較「後進」。妙峰法師三人由基隆到台北，再沿縱貫線南下，一路無人查票，想見民風純樸。他們坐的是夜車，沿途沒留下什麼印象。到達中壢時正是子夜，下車的人不多。四下漆黑一片，火車開走以後，月台上就只剩下他們三人了，向著月台上唯一的一盞燈走去，那是一個小房間，掛著長型木牌，標明「候車室」，裡頭空無一人，有幾張長條木板凳，這就是中壢火車站了。能果法師年紀較輕，手腳伶俐，很快地在候車室靠屋角的地板上鋪上被單，枕著行李箱，「我們決定先睡一覺，等天亮再說。」這一夜，是他們幾番舟車勞頓之後，睡得最香、最沉的一夜。

有關這個小小的火車站也有一段緣起，在台灣鐵路管理局的官網中，有人寫「懷舊中壢站之旅」，其中記載著中壢車站的由來。乾隆五十年，淡水、新竹兩縣設立，此處因位屬兩縣中央，又因地處艋舺、竹塹中段，行旅至此常歇夜，故名「中壢」，成為交通要衝。車站經歷四次改建：起初為日式木造站房，民國三十九年（一九五〇）改建為鋼筋水泥，「是本省光復後由鐵路局最先改建之車站。」一九四九年二月，當妙峰法師到達中壢時，這個火車站仍是木造建築，地板也是木製的，屋頂是日式的黑色瓦片，整個面積大約四百平方公尺。妙峰法師記得次年火車站拆掉重造之時，圓光寺的老菩薩們，帶領他們一班小和尚，到那兒作了一場法會，祈求拆屋平安，開工大吉。

火樣的飢餓把他們從睡夢中擾醒，天已微明。現在中壢升格成市，市區擴大，圓光寺已在市內，妙峰初到時，圓光寺在郊外的月眉山，他們奔到火車站外，經人指點，來到離火車站不遠的一個「輕便車站」，這在當時算是又便宜又方便的大眾交通工具。輕便車又稱台車或是手押車，一位資深散文家在他的文章裡描述過這種淘汰了的車，這是架著一塊大木板的四輪車，置於小鐵軌上，木板四角各插一根竹竿或木棍，前面兩根由乘客使用，後面兩根由車伕使用。有的在大木板上面放著兩條長木椅，可坐四個人。用人力推動，或者拿長竹竿當船槳「划行」。在台灣早期的產業結構中，它是相當重要的運輸工具，山林、礦場、糖廠普遍使用。妙峰法師說，他們把行李放到大木板上，車伕開始推著車跑，三個人跟著手押車一齊跑。從火車站到圓光禪寺距離大約八公里，他們大概跑了半個多鐘頭才到達芝巴里的月眉山。中壢市沿革史記載：「月眉山位於圓光禪寺之西，田心溪流經寺前，河道東流成弧形，西岸形成月眉山崖，稱月眉山，高九十公尺，其上聚落即為月眉崁頭，其北有小村，稱草蓆厝。」月眉山僅是稍微隆起的台地，但風景優美，妙峰法師描述，好像是一幅中國南方鄉村的水墨畫，一片廣闊的田園風光，秧田禾苗，阡陌交錯；方圓菜圃，園欄雜陳；藍天如拱，白雲飄浮；風影掠過水塘，小溪穿過這幅如詩如畫的原野。溪流左後側不遠有一叢茂密的林子，一棟日本式的寺廟建築忽隱忽現。林子的外圍是由一粒粒的石頭堆砌成的圍牆，總共有兩層石牆，每一層石牆後都可以看到修剪整齊的樹籬。一座橢圓形的蓮花池，寺廟與林子的光影在水波中盈盈顫動，遠遠看起來，這座淡雅的寺院好像是矗立在由石頭堆砌成的小島上。這就是圓光禪寺了！

圓光禪寺占地二千餘坪，中壢市護法居士邱阿興、邱葉梅妹伉儷捐獻土地，妙果法師於一九一七年創建，一九二〇年完成。對妙峰法師來說，比之過去他曾遊學過的六榕寺靜安寺，圓光寺是座「小廟」，但是和杭州武林佛學院相比，中壢當時是一個小鎮，能興建這樣一座「大廟」，也就很難得了。

妙峰法師一行三人提著行李，半跑半跳，直奔寺前。筆者從一些舊照片中看見廟前有石階，石階後面有一道長長的樹籬，法師說，樹籬後面是一個寧靜安詳、花木扶疏的院子。早春一片盛開的茶花，剪成圓形的小樹叢，一叢一叢的環繞著一個巨大的白石頭。日式庭院的園燈，像小巧的亭閣。一位老菜姑，頭上頂著斗笠，穿著淺灰近乎白色的素服，腳上拖著木屐板，正在修剪一樹殷紅的茶花。笑咪咪的，老菜姑引領妙峰三人走進了廂房。

他們首先碰到來自上海靜安寺的同學自立法師，自立非常驚訝，第一句話是：「你是怎麼出來的？」妙峰法師無暇細訴，他最迫切的感覺是：「肚子好餓！」他們已錯過了圓光禪寺的早餐，捱到中午才喝到一碗很稀的米粥，當地人叫稀飯。這碗稀粥是一個預告，以後在圓光禪寺的那段日子，也就是每天早晚兩餐稀飯搭配地瓜葉，中午才有一餐米飯，正在發育成長的他們，天天都在飢餓之中。

妙果法師是圓光寺開山第一代的住持。闞正宗教授的兩部著作《台灣高僧》及《臺灣佛教一百年》，以及互動百科網都有妙果的傳記資料。法師俗姓葉，台灣省桃園人，一八八四年（清光緒十年）出生。十八歲（一九〇二）在桃園大溪齋明寺皈依龍華齋教，待緣出家。齋教是佛教的一個派別，清朝中葉從福建傳入台灣，他們都是虔誠的蔬食主義者。

一九〇九年，妙果在台灣依止當時來自福州鼓山湧泉寺的覺力禪師，披剃為僧，民國元年（一九一二）渡海至福建鼓山湧泉寺受具足戒。覺力禪師是曹洞宗洞山江西壽昌法脈「耀古復騰今」的復字輩，而妙果法師則是「耀古復騰今」中的騰字輩。

妙果法師於一九一二年回台灣，先後曾在台北觀音山凌雲寺協助本圓和尚照料建寺工程，並曾一度擔任副寺，一九一三年到福建鼓山迎請他的師父覺力禪師到苗栗大湖創建大湖法雲寺，他對建寺有經驗也有熱情。一九一七年，妙果法師受故鄉桃園地區的善男信女一再敦促，回到桃園，於中壢地區另行創建圓光禪寺。妙果法師聲望很高，道譽聲播東瀛，日本佛教界賦予各種頭銜，日本昭和天皇延請他入皇宮供養，並頒賜袈裟、如意、缽具、拂塵、折扇等御物，這是台灣僧侶首次受日皇的供養。

昭和十九年（一九四四），日本人在圓光寺中設立「台灣佛教煉成所」，可謂是當年台灣最早的「佛學院」雛形，妙果法師和僧伽教育的因緣也如此深遠。

圓光寺建造於一九一七年的日據時代，後來經過重建。從歷史資料看來，台灣在一八九五年至一九四五年五十年的日據時代，日本人帶來了日式法脈，東洋風格的佛寺建築也在這期間融入台灣的佛寺。妙果法師應是屬於傾向日本風格時尚的人，圓光寺的建造也受日本風的影響。從現存一九四五年的照片看來，整個建築正面是三開間式的建築，大殿正面為一排近乎落地的四方格子玻璃門；屋頂為懸山式，正脊為弧形，兩邊如燕尾起翹，屋頂則是黑灰色的素面瓦片。大殿左右兩側另有高度較低的邊間，屋脊和大殿屬同樣的弧度，也向左右兩側作翼角起翹，外觀典雅協調、古樸莊重。整體建築是呈縱軸線院落布局：大雄寶殿的左邊有功德堂及廂房，右有講堂也有廂房，三座建物緊臨而居，正面並排形成一直線。但講堂和功德堂高度較大雄寶殿為低，以突出主殿的氣勢。庭院設計亦是屬日本庭園的風味。妙峰法師投奔時圓光寺仍是「舊觀」，他說：「整個寺廟建築是呈『一』字形，我記得大殿外有一道很長的走廊，地板都是木頭的，大殿內的地板也是木頭的，雖然看起來陳舊，但每天擦得很光亮。中間供奉釋迦牟尼佛。」

所以圓光禪寺原本只是一個清修與接引民眾的寺院，並不具備辦理佛學院的條件。問及妙峰法師，初見這些與過去中國大陸佛學院全然不同的現象時，有何感想？他說：「當時年輕，只覺得應入境隨俗。」他當年所不知道的是，有股改革台灣佛教的潮流，正在澎湃洶湧地蘊育著；而這批渡海來台的大陸青年僧人，並不知道他們自己就是即將肩負改革台灣佛教的先鋒菁英。

一九四五年抗戰勝利，台灣光復，妙果法師成為台灣僧侶中的中心人物。法師深知僧伽教育是培養佛教人才的根源，也是拓展佛教利生事業的力量，他牢記他的師父覺力禪師的遺教：「山林收入，只可用於辦佛學院，培育人才，不可挪作常住之用。」一九四八年他六十五歲，決定在中壢圓光寺創辦「台灣佛學院」，禮請在南洋弘化的慈航法師出任院長，主持其事。

慈航法師身後有「全集」一百二十萬言行世，可以從中窺見他的事蹟，「世界佛教論壇」網和維基百科亦載有小傳。自民國十九年（一九三〇）起，慈航即追隨太虛大師赴香港弘法，積極宣揚推動人間佛教，從此足跡踏遍東南亞。他於民國二十年（一九三一）單獨赴緬甸仰光，緬甸是南傳的小乘佛教國家，宣揚大乘佛教的中國僧侶為數不多。民國二十二年（一九三三），他聯絡佛教居士們在仰光成立中國佛學會，慈航法師擔任導師，他要求會中居士們都要輪流演講，教學相長，並將大家的演講討論內容編輯為《仰光中國佛學會通俗演講》。他在緬甸仰光住了四年多，於民國二十四年（一九三五）到香港、廣東弘法，他用了五年的時間，溯江而上至無錫、常州、鎮江、南京、桐城、九江、廬山、武漢，「卓錫所向，緇素景從」。

民國二十九年（一九四〇），太虛大師組織中國佛教國際訪問團，慈航隨團赴南洋宣傳中國的抗日政策，揭發日本軍在中國犯下的罪行，訪問團所到之處陸續成立了中緬、中印、中錫等文化協會。佛教訪問團結束南洋的訪問行程後，慈航法師在眾多佛教弟子的挽留下住在南洋，他奔波於馬來西亞、新加坡各地，先後創辦了星洲菩提學院、檳城菩提學院、星洲菩提學校、檳城菩提學校、星州佛學會、雪州佛學會、怡保佛學會、檳城佛學會，並且創辦了《人間佛教》月刊。民國三十六年（一九四七）太虛大師在上海玉佛寺圓寂，他痛失師長，在新加坡泣寫悼文〈應如何紀念大師〉，並立志「以佛心為己心，以師志為己志」，用以表明自己將繼承大師遺志之決心。同年夏天，慈航印行《中國佛教革命的呼聲》寄給國內各寺院，呼籲叢林寺院興辦佛學院，舉辦各種社會、文化、慈善事業。隨後，在馬來西亞期間，他應檳城極樂寺住持圓瑛大師邀請，擔任該寺舉辦傳戒法會的三師之一，並嗣法圓瑛大師，被大師授記為曹洞宗第四十七代法脈傳人。

佛教禪宗有南北之分，南宗五家，其一為曹洞宗，由良價禪師（八〇七—八六九）在江西宜豐洞山創宗，弟子本寂在吉水的曹山傳禪，後世稱為曹洞宗。良價禪師涉足洞山時，他看到水中映著自己的倒影，頓時大徹大悟，由是作偈語：「切忌從他覓，迢迢與我疏。渠今正是我，我今不是渠。我今獨自往，處處得逢渠。須應憑麼會，方得契如如。」由此形成他的禪學思想。他認為無須四處去求佛，佛在性中，心即是佛，覺悟不假外求，得道靠頓悟，用不著長年修行來漸悟。

一九四八年十月，慈航法師應邀抵達台灣中壢圓光寺。他全不計較硬體設備貧乏，立即全力投入籌備及招生工作。他在佛教刊物上登出招生廣告，在全島巡迴演講，宣傳自己的僧伽教育理念。他與妙果法師同擬〈台灣佛學院宣言〉，他在台灣佛學院招生簡章中說明學僧的學習期限三年，分為兩個階段，前六個月是「試辦訓練班」，然後再升入後段的「正式研究班」。前階段的課程內容是佛學、國文、英文、常識四種。那時台灣一般寺院沿襲舊習，住持師父收幾個徒弟延續香火，對佛學院這種培養後進的方式並不認同。想出家的人覺得只有投奔廟宇才可以託以終身，進佛學院沒有保障。信佛的人很多，但是想到如何提高弘法水準的人很少。整個社會對台灣佛學院反應冷淡，以致報考入學的人並不踴躍，女性出家在家二眾有二十多人，男眾只有六、七人。這時中國大陸上的青年僧人受內戰壓力，紛紛出走，慈航法師透過許多管道傳遞台灣佛學院招生的消息，招引他們到台灣佛學院來就學，搶救人才。

妙峰法師三人初到圓光禪寺的那一天，慈航法師正受邀外出講經，老菩薩們帶領他們先去見住持妙果法師。當年六十六歲的妙果法師，「瘦瘦高高的，看起來很慈祥，戴著一副眼鏡，說的是客家話，透過翻譯溝通。」接談之後才知道妙果法師特別歡迎廣東籍的學生，他也曾親自寫信給上海的妙峰，不過他發信時妙峰一行已經啟程。

有一天，近中午時分，食堂前一陣騷動，才知道是慈航法師回來了。這已是妙峰法師到達圓光寺後的第三個星期。「未見面前，在我的想像中，以為這位善知識必有一副嚴肅不可侵犯的面孔。可是出乎意外，見面時才知道慈老很慈靄，很熱情。」妙峰回憶第一次見到慈航法師時的感受。當年五十五歲的慈航，身體魁梧，洋溢著年輕人的活力，面容豐滿，常常露出微笑，讓人如沐春風。妙峰法師說，在以後六年間，慈航大師用他的有限生命，無限的愛心，呵護這群孑然一身的青年學僧，成為他們的慈母、佛父、法乳。

一九四八年十一月，佛學院開學上課，經費困難，師資短缺，佛學課程由慈航法師一人獨挑，教授因明、唯識、中論等基本教義，黃臚初居士義務講授黨義國文。後來黃居士出家成為慈航法師唯一的剃度弟子，法號律航。妙峰法師是次年二月分到達的。據妙峰法師回憶：當時台灣佛學院的狀況窘困，每日的伙食通常是早晚兩餐稀飯，中午一餐米飯，佐以無油的蕃薯葉。「慈師每日一人從早到晚講課五、六個小時，晚上還要為學生改文卷、日記、大字，早晚還要領學生上殿共修，沒有充足休息、睡眠及飲食。教科書、筆墨、紙簿以及一切零用，亦多由慈師拿南洋弟子們供奉的錢買來。」

妙峰法師說，圓光禪寺環境幽靜，雖然飲食較為清苦，但老師慈悲，同學和諧，課程理想。「生活得美麗像一首詩。」慈師愛護學僧就像是慈母一般，同學生病了，他就設法弄藥吃，塗萬金油，照顧安撫，無微不至。對學生們的身心健康尤為注意，經常在晚飯後帶著同學們散步到附近的一座湖，大家邊走邊唱著佛寶歌，有時慈師自己編歌讓大家唱。到了湖邊，大家圍繞著慈師席地而坐，他有時說故事，有時出題作詩讓同學們和，時常玩到「打板」才領著大家浩浩蕩蕩地回去做晚課。

談到現實問題，寺中的每個僧眾每日都得勞動，稱為「出坡」，墾地種菜，磨豆子做豆腐，圓光寺有些田地租出去給農人耕種，收成時也得大家去搬運回來。日常飲食尚能自給自足，一日三餐，早餐、晚餐是清一色的稀飯配自製的醬瓜、醬筍或花生米，中餐吃一頓乾飯搭配青菜，地瓜葉是他們的常年菜。青菜沒油水，每次開飯時，那些住在寺院裡帶髮修行的菜姑就會從口袋裡掏出一個裝著花生油的小玻璃瓶，在自己的地瓜葉上灑一點再吃。想必那麼一瓶油也很難擁有，因為那小油瓶都是藏在她們胸前的衣袋裡，隨身攜帶。

妙峰在圓光寺最深刻的記憶就是「肚子很餓！」他補充說：「我們都是二十出頭的年輕小伙子，正在成長，覺得總是吃不飽。我們都很瘦，但幸未生病。」開飯時，妙峰法師動作較慢，每次吃完一碗想要再添，鍋已見底，每逢初一、十五吃素麵，更是一大鍋麵條一掃而光，有人慨歎一聲「僧多粥少」，引發哄堂大笑。大家並未失去幽默感，其中有五個同學吃得又快又多，被稱為「五虎上將」。偶爾這群飢餓的大孩子結伴到竹東鎮的師善堂去玩，那兒有位玉燕姑，也是帶髮修行的菜姑，她和圓光寺裡一些老菩薩是朋友，為人慈悲，疼惜這些青年學僧，妙峰師喜歡去那兒小住幾天，讀書寫文章，三餐都可吃到乾飯。

有一件事可稱為佛門軼聞。圓光寺有位專管理靈骨塔的老和尚，他們給他取了個外號叫「七祖」。有一天七祖往生了，寺裡要這些學僧們把屍體抬到野外焚化，妙峰記得抬靈龕的似是星雲、果宗、宏慈等幾位法師，妙峰等人抬著木柴跟隨。他們七手八腳的用舊木板釘了靈龕安放七祖的遺體，像抬轎子一樣抬著走，一路上七祖的遺體在靈龕裡跌跌撞撞，鏗然有聲。到了空曠無人的荒野，他們挖了個洞，架好木柴，把七祖搬到柴火上。當時在場主持儀式的當家師我們叫他「六祖」。六祖主持這場火化儀式時，大家就圍繞著七祖念經。由此一事，可見當時佛寺物質條件匱乏，僧侶苦行。妙峰法師說，他某年有加州之行，探訪了佛光山創始人星雲法師，兩人還曾談起這樁往事，點點滴滴，都是六度萬行。當年在中壢圓光寺的這些逃難的小學僧，經歷半個世紀後，都成為當代的高僧，跨越國界疆土，宏揚佛法，宣講人類和平相處之道。

慈航法師對中國佛教未來的發展十分關切，有時他過度疲倦，似乎是病了，有時他真的病倒了，同學們勸他休息，他總是說沒關係，他曾對同學們說：「我沒有病，我沒有關係！我對我的身體根本沒有觀念。不，我根本就沒有身體，你們就是我的身體；我也沒有靈魂，你們就是我的靈魂，我整個精神都寄託在你們身上。你們將來都是我的化身，也是太虛大師的化身！……我現在就像母雞孵小雞一樣，慢慢把你們孵大，佛教就有辦法了。福建的回福建，廣東的回廣東，江蘇的回江蘇……現在大家在一塊自然看不出什麼，等到將來散開各處，開了道場，當了領袖，影響就大了，復興佛教的力量就雄厚了……」

六十年後妙峰法師在無限的感動之中複誦老師的這份宏大的心願，不勝激勵奮發之情，鞭策自己發大勇猛，一日不可空過。

台灣佛學院開學後，大陸青年學僧陸續聞風而來。星雲法師民國三十八年三月來台，沒有一家寺院肯讓他掛單，慈航法師歡迎他到台灣佛學院進修，還有幾位大陸學僧宏慈、印海、淨海、浩霖、以德、廣慈、清霖、寬裕各位法師與星雲法師一同入學。全院學生增至六十多人。「當時好多人啊，佛學院熱鬧起來。」可是住持妙果法師對慈航法師說，圓光寺經費有限，不能再收容來投的大陸學僧了。「慈航老人認為當初招生時唯恐男眾太少，如今有許多男眾從大陸來入學，圓光寺又說不許再收，他難免有些氣惱。」慈航法師認為這些學僧都是他寫信招來，這些人都已經沒有歸路，他有責任設法安置。恰巧此時曾在上海靜安寺任職教學的圓明法師到了圓光寺，慈航委託圓明代理教務工作，他自己四處奔走尋找據點，歷盡艱辛，最後有了結果，帶著幾位新到的大陸學僧：威音、嚴持、心悟、心然、淨海、浩霖，前往基隆靈泉寺，在那兒創辦靈泉佛學院。後來威音同學回圓光寺一趟，把慈航法師寫的一封信交給妙峰，信中要妙師與部分學僧轉到基隆靈泉寺去上課，妙峰也離開了圓光寺。

教育好比陽光，一絲陽光就能使植物生長，留在圓光寺的大陸學僧，他們來台以前就以精金美玉之材受過琢磨陶冶，後來都在佛教史上有傳有記，與妙峰法師同為一代中興名僧。

這些學僧，年幼時各有出家的因緣，成長求法過程也都是經過幾番曲折。他們時逢善緣、善知識，受到良好的佛學教育，並共同受慈航法師的感召、邀請，越過大海洋共聚圓光寺，他們都持有一顆金剛的佛心與不退轉的理想，在慈老的呵護下蓄勢待發，為台灣日後的佛教「中國化」做出非凡的貢獻。

靈泉佛學院開課了，台灣佛學院卻停辦了。一九四九年六月一日，慈航法師帶著靈泉、獅山兩佛學院的學僧，如約回到中壢圓光寺，與台灣佛學院學僧舉行聯合畢業典禮。台灣佛學院創辦之初，說明學生入學三年畢業，分為兩階段，前六個月是「試辦訓練班」，結業後再升入「正式研究班」，此時的畢業典禮是試辦訓練班結業。典禮舉行之前，圓光寺說明不願續辦，典禮後學院即告結束，弄得典禮的氣氛有些「悽慘」。妙峰法師生病了，未能前往參加，事後同學告訴他全部經過。

佛學院虎頭蛇尾，慈航法師跟妙果商量善後，他要求寺方把大陸學僧收留下來，妙果也以經濟困難為由拒絕，壓力完全落在慈航肩上。妙果的「突變」，有人說是因為他與慈航的教育理念相左。一位佛門人士分析，慈航的教育理念並非祕密，明知不合，何以還要請他來主持？可見這並非致命傷。再說妙果也是高僧，台灣佛學院如此草率了事，為德不卒，對他的聲望信譽也是傷害。

據熟悉台灣五〇年代政情的人士透露，當時國共鬥爭你死我活，台灣的治安機關對民間的組織活動列為大疑大忌，假設可能受中共指使，或想像日後可能被中共利用。他們先通知妙果法師停收大陸學僧，繼而通知台灣佛學院停辦，妙果只有遵命，而且依治安當局慣例，妙果不能對慈航說明幕後緣由，這個壓力由他獨力承擔。這兩位大師都有苦難言，終他們在世之日，沒法把誤會解釋清楚。

據轉述，幾乎是經過慈航法師的「再三懇求」，妙果法師最後答應只收留十個人，對他來說也真是勉為其難，依當時治安機關的規定，他形同做了這十名大陸學僧的保證人，其中任何一人出現政治問題他都得負連帶責任，就世俗觀點看，他也算對得起一同辦學的夥伴了，當然這是深通「出世法」的慈航法師難以想到的。

畢業典禮之後晚間舉行茶話會，在妙果法師及來賓們致辭之後，慈航老人上台「對大家大笑三聲！聲震屋瓦，充滿悲憤之情，滿座同學聞聲淚下」。然後慈航老人宣布：「願意留在圓光寺的同學，在黑板寫上自己的名字，只許寫十個，別的都跟我走，跟我流浪去！」慈老說完自己也傷心地哭了，同學們也同聲一哭，妙峰法師描述：「這一哭中間有真情至性，大仁大勇，堪稱台灣佛教史上不朽的一哭！」

後來這十位留在圓光禪寺的同學是：自立、幻生、妙峰、唯慈、星雲、廣慈、果宗、印海、宏慈、了中等人。慈航法師在離去之前做了特別的安排，他擔心中國佛教十大宗派在台傳承的問題，希望在圓光寺留下的十位學生，分別負責研習一個宗派延續法脈。大乘佛教八大宗派是天台宗、三論宗、唯識宗、華嚴宗、律宗、密宗、禪宗及淨土宗，小乘佛教二大宗派是俱舍、成實二宗，他以抓鬮的方式來決定每人研習哪一個宗派。妙峰法師說，他沒有在場，有人代他抓鬮，抓到天台宗。

妙峰法師說，以佛教的「因緣法」來講，台灣佛學院辦不下去，可說是因緣不足，加上「惡緣」「逆緣」的結果。圓光禪寺當時的設備與環境，並不具備辦中國傳統佛學院的條件，加上佛學院經濟來源不穩定，師資缺乏，學生程度參差不齊。至於「逆緣」，那就是謠言中傷。妙峰法師認為慈航老法師是真正的大菩薩，他雖然深切明白一切內部實際作業的困境，但他從來沒有開口指責過任何人，或抱怨過任何事。他當時處在極大的窘境中，他決心對我們這批流亡學僧負責，但並未存絲毫的私心，一心只想到要培育年輕的學僧以護持佛法。他內心一切的「不可說」僅只化為畢業典禮上的三聲宏亮冗長的大笑。佛教的戒律講：「戒斷於損他，普施無所畏」，戒的目地是不去損害別人，而且要進一步給人安全感。慈航老人就是這麼樣一個道德、人格崇高的大菩薩。

我們從資料中讀到時人對妙果老和尚和台灣佛學院這段歷史有一些負面的評論，書中「引用」幻生及妙峰的言論作為「證據」。妙峰法師鄭重澄清，他們書中「引用」他的那些話，他並未說過，（涉及幻生的部分，幻生也否認過。）而他們書中「引用」〈哭老人〉一文時，也斷章取義，擴張解釋，誤導讀者。那些作者並未訪問過他，他也未曾提供自己當年的照片，而他們未經他本人同意卻把照片刊登在書中。妙峰法師能夠證明的是，慈航老人對妙果老和尚始終很尊敬，雖然佛學院散了，但是圓光禪寺收留了十個流亡學僧，慈航老人一直視為這是妙果法師的恩德，心存感激。妙峰法師自己認為由於圓光禪寺招生，他才能到台灣接受慈老的教化，並且得以與印順導師結緣，日後能夠拜於印順導師門下，完成後期的教育。因緣果報各春秋，有些事因緣不足，不聚而散，但別的事反而因緣成熟。妙峰師以為他一生漂泊及所受的一切苦難，都成為日後學佛的「逆增上緣」，也就是化阻力為助力。對於這些，他都只有感恩，沒有怨言。

隨著時局變化及各種意料不到的因緣，妙峰並未如實專修天台宗。這批學生在未來的數十年間都成為承載中國佛法的菁英，遍布海內外。慈航法師對他們說過：「現在大家在一塊自然看不出什麼，等到將來散開各處，開了道場，當了領袖，影響就大了，復興佛教的力量就雄厚了……」他的宏誓大願在他辭世十年後成為事實。

慈航法師勇毅果敢，堅忍圖成，深深感動了、教育了全體學僧，但是也增加了治安人員的猜忌。停收大陸學僧，停辦台灣佛學院，其中都有治安人員要傳達的訊息，他完全沒有領會，反而逆流而上，有進無退。他繼續到基隆辦理靈泉佛學院，到獅頭山辦理獅山佛學院，到新竹靈隱寺辦理佛學院，可以說他只見佛法，不見生死。終於發生了對師生的大逮捕。

第九章

白色恐怖籠罩下的日子

台灣佛學院的挫折使慈航法師銳意興學的心志更昂揚，他得知妙果法師停止增收大陸學僧，立刻到基隆月眉山靈泉寺另起爐灶，並通知圓光寺的一部分學僧轉學。他以輕鬆的筆調寫信給妙峰，他一向稱學僧為法師，這封信就用「妙峰法師」開端，信中說：「梅蘭芳的舞台又在基隆搭起來了，希望你來扮演一個角色，一切道具化妝品統統帶來。」信末署名是「梅蘭芳，字老人」。那是一九四九年四月初的一個清晨，威音法師前往中壢，帶領妙峰等幾位同學搭乘火車到「四腳亭」車站，下車以後步行二十多分鐘，到達月眉山山腳下的登山口。一行人沿著山道走進山林，想到即將和慈航老人見面，心情愉快，一路走，一路談天說地。在濃密的樹林中，樹叢或樹梢間時有鳥兒穿梭跳躍的身影，傳來圓潤而優美的啼唱聲；山路兩旁及坡上的相思樹林間，灑灑點點秀麗雅致的山杜鵑。不記得是誰採了一枝白杜鵑，故作佛陀「拈花微笑」，大家果然都笑了。林靜無人，突然傳來一陣急促的沙沙聲，大家驟然止步，面面相覷；緊張了片刻後，有人順口說：「這是風動？草動？還是心動？」大夥兒尚未接腔，冷不防背後有人用台語說：「是鬃鼠（松鼠）走過去啦！」話猶未了，卻跑出一個手提斧頭，赤著腳，背著竹籮筐的樵夫；可是一路走來並沒看到什麼行人啊！他是從哪裡跑出來的？

基隆有八景，這八景為何眾說紛紜。有一說是：「月眉秋色」，「靈泉晚鐘」都是基隆八景之一，前者指基隆市中心偏東、標高兩百多公尺的月眉山，後者指隱藏於山谷楓嵐中的靈泉禪寺。可見此山此寺在基隆多麼重要。

據台灣佛教數位博物館資料，靈泉禪寺是由善智、妙密兩位禪師創立於一八九八年（日本明治三十一年），自福建湧泉禪寺的法脈傳承而來，是台灣最早建立的佛寺之一。基隆市誌中記載：「靈泉禪寺舊名香蓮菴，在金山冷水坑，咸豐三年編為廟宇，有泉清冷涼入心脾，騷客到此品茶，謂之靈泉試茗。」這或許就是「靈泉寺」命名的來由，它與台北縣五股觀音山凌雲禪寺、苗栗縣大湖鄉法雲寺、高雄縣岡山鎮超峰寺，合稱日治時期台灣佛教四大道場，為台灣佛教曹洞宗重要叢林。

「維基百科」有「靈泉禪寺」條，禪寺的開山堂竣工於西元一九〇二年，為中西混合的南洋式建築。開山堂後方是已有百年歷史的東寶座、西蓮台、正方寶塔，合稱為靈泉三塔。整個寺院是傳統的四合院建築，雖幾經修建，但仍保存大部分原始建築的風味。

慈航法師為了安置逐漸湧進的大陸學僧，找上靈泉禪寺監院普觀法師，要在圓光禪寺之外另辦佛學院。普觀是善慧和尚的再傳弟子，善慧是靈泉寺的開山祖師，他和慈航在南洋結下很深的佛緣。善慧在靈泉禪寺注重教育及培養弘法人才，早在日據時代就與曹洞宗台北別院於大正五年（一九一六）共創台灣佛教中學林，當時稱為和尚學校，後改為普通私立台北中學，即為現今的台北私立泰北中學。辦學與教育可以說是「靈泉禪寺」的傳統風格，靈泉佛學院很快地成立了。妙峰法師說：「靈泉禪寺的環境很清淨，那時寺中已有電燈，只是地處山中，交通不便。」他談起當時「靈泉禪寺頓時變成青年匯集研究佛學的大本營。真是人傑地靈，自老人駐錫後，位於山谷的靈泉寺，聽經請益的男女居士竟絡繹於途」。台灣佛學院少了慈師就少了許多說不出來的東西，靈泉佛學院有了慈師就增添了許多朝氣，這種改變，「如人飲水，冷暖自知。」他感謝慈航法師的特別召喚。

靈泉寺繼圓光寺後，首先收留了十餘個大陸來台僧人，最初有妙峰、威音、嚴持、心悟、心然、淨海、浩霖諸位法師，自立未能同去，妙峰說他因此「很愁悶」。後來經圓光寺的圓明法師介紹，又增加了默如、戒德、佛聲、雲峰等幾位法師。慈航老人跟在圓光禪寺一樣，他的教學和生活都與學生結合在一起，他稱每一個學僧為「法師」，以平等法施與財施對待同學。舉例來說，有人供養什麼好吃的，他拿起來就招呼大家：「來，吃、吃、吃，大家都嚐一口嘛！」很快地，一碗麵或一盤菜就這麼分食光了。課外同樂同遊，生活噓寒問暖，營造出來寺院、學校、家庭三合一的氣氛。大陸學僧迅速增加，別的寺院不能收留、不敢收留的學僧都到靈泉禪寺來，眼看著寺院又將容納不下，經濟負擔馬上成為問題。慈航法師時時籌算下一步怎麼走，他並未發覺頭頂之上悄悄地密布著一層恐怖的烏雲。

有一天，經圓光寺圓明法師介紹，來了默如與戒德兩位法師，他們年紀較長，也曾在大陸佛學院講學。慈航法師馬上將教務委託他們，自己又「一領老黃布的袈裟，一只籐籃，一根拐杖」出外奔波，足跡踏遍紅淡山寶明寺、獅頭山靈隱寺、觀音山凌雲寺……祈求寺院的住持能接納一個、兩個甚或三個大陸逃難來的青年僧人。

妙峰法師病了！他在一九四六年離開上林寺以後，連年道路奔波，飢寒交迫，加上水土不服，他在上海靜安寺病過水腫，在武林佛學院生過胃病，都是大病，這一次在靈泉寺更嚴重，他患了傷寒。最初以為只是感冒發燒，後來胸口發脹，吐瀉不止。人在那個年代、那樣的環境，沒有正式就醫的習慣，靈泉禪寺地處偏遠，求醫尤其困難。寺中有位好心的菜姑，採山中草藥煮成湯劑給他服用，病情並未改善，反而每況愈下。有一回妙師暈倒在便所中，奄奄一息，由普光將他扶起。

同學們擔憂害怕，共同推舉印海法師寫信稟報正在獅頭山籌劃靈隱佛學院的慈老。慈老接信後立即通知汐止靜修院的兩位當家尼師達心與玄光照料妙峰，並匆匆派來一位李先生帶妙峰去汐止。慈航法師必是十分擔憂，最後放下一切要務奔回靈泉寺。對於這感人的一幕，在〈哭老人〉一文中妙峰有如下的描述：

「回到寺中，您還沒有放下籃子、拐杖及脫下汗珠濕透的袈裟，您就跑到我的房中：『妙峰法師！您……怎麼……病成這個樣子呢？老……師……太……對你不住了！老師不知道你會生病！』您執著我那瘦骨如柴的手，看見我那衰弱的情形，您幾乎語不成聲！」

慈航法師掏出萬金油為妙峰塗抹按摩，用開水沖了一服藥粉讓他服下，派遣能果與李先生兩人攙著妙師，翻山越嶺到火車站，乘火車去汐止的靜修院療養。妙峰身材比較高，這時瘦骨嶙峋，一度被同學戲稱為殭屍。靜修院當家師有位徒弟做醫生，大家稱他明珠先生，幸經他天天診察注射，再加上達心與玄光兩位法師細心照顧，他的身體漸漸恢復正常。這段時間慈航老人多次冒暑來汐止探病，「我在汐止養病兩個多月，注射藥針和葡萄糖兩百多支，可見靜修院花了許多錢。」妙峰法師認為這固然由於兩位尼師慈悲，而老人的感召力更是重要因素，他稱為「恩同再造」。

靈泉寺收容大陸學僧的人數持續增加，有資料說每餐已開到四桌，這並不是一個簡陋的道場所能負擔的。慈航法師帶著慧峰法師到新竹獅頭山勸學，同行者還有律航法師。事實上慈航未到靈泉寺前，曾先到獅頭山各寺請求開辦佛學院，不僅無功而返，還因為操勞炎熱而生了一場痢疾。五月十日慈航再度來到獅頭山，得到勸化堂當家達真及開善寺如淨兩位法師支持，終於獅山佛學院匆匆開辦。不過為時短暫，後來因經濟因素叫停。

慈航法師知道靈泉、獅山不能解決問題，他再到新竹青草湖靈隱寺開拓新空間。青草湖是新竹市東面的一個小水庫，在枯水季節，湖底長出青草到梅雨季節，這裡綠波蕩漾，猶如草原。四周青山環繞，是一個著名的風景區，靈隱寺緊鄰這一片幽雅的山水，非常適合出家人清修。

慈航辦學再接再厲，終於被當地警察逮捕，這是當時佛門大事，留下的記述頗多，但內容混亂。資料記載：六月一日台灣佛學院宣告停辦，當天晚上的茶話會中，慈航法師與新竹靈隱寺的無上法師商談，得到辦學的承諾。第二天台籍學僧各回常住，十位大陸學僧可以留在圓光寺，慈航帶著其餘十幾位大陸學僧，集體乘坐大卡車前往靈隱寺。靈隱佛學院八日開學，同學們形容「環境好，教師多，課程嚴謹，龍天護法，因緣殊勝」。可是開學之後，慈航師生十三人被捕了！據此推斷，被捕日期應該在六月八日之後，以六月十九日的說法比較可靠。

被捕的十三人當中，除了慈航本人以外，還有道源、默如、戒德三位法師，學僧中有了中、心悟、性如、蓮航法師在內。此外還有一位律航法師，他既非老師也非學生，他由台北到新竹探望慈航，正好撞上逮捕的行動，自動到警察局報到，告訴執行勤務的警察他也是慈航一夥人，願意有難同當，警察也就不分青紅皂白。律航「在俗之時，身為中將，職任軍長；躍馬中原，顧盼稱雄」；他「以身試法」，凸顯此一事件的嚴重，促使各界從速營救。律航來新竹，監察委員丁俊生、立法委員董正之同行，兩位委員在台灣的地位相當於國會議員，當天由董委員做保放人。

第二天警察又來傳訊，除律航法師外，其他人一律到案，各人奉命當場寫了幾個字，原來新竹地區出現反動標語，警察拘捕可疑分子比對筆跡，大陸僧人首當其衝。比對結果不得而知，慈航一干人等留置東本願寺過夜，這表示第一天放人完全是敷衍兩位委員的面子，再度被捕反而使外人覺得案情嚴重。天曉後，警察局將全案人等移送台北市東大寺看守，關押了十八天，（也有人說二十天或二十三天，妙峰法師證實為十八天。）斌宗、慈觀、修觀、妙峰天天奔走營救，各寺名僧袖手旁觀，有人還出言訕笑，令人慨歎「想不到佛門人心如此涼薄」！反而是在家居士有擔當，賴李子寬居士、孫張清揚女士（孫立人將軍夫人）出面保釋。

慈航師生的罪名是「遊民」，他們進了「遊民收容所」，失去自由。當時政府對遊民的定義是：「散兵游勇，化緣僧道，無業遊民」。但慈航師生有身分證明（度牒），有固定住所（寺廟），也有「正當職業」（僧人），並不符合遊民的定義，何況慈航法師留在圓光寺的大陸學僧也有八人被捕，星雲星雲法師在內，唯慈、妙峰兩位法師倖免，妙峰因病住汐止靜修院療養，不在圓光寺內，可見捕人有很強的「針對性」。有人指出，台灣佛門也有派系，慈航辦學樹敵，遭人向治安當局告密，檢舉他來為中共工作。據熟悉當時局勢的人士分析，台灣在五〇年代初期告密成風，佛門中或許有人習氣未除，瞋癡用事，但「人必先疑也，而後讒入之」，組訓青年是最敏感的行為，慈航法師是外來和尚，他和國民黨沒有淵源，無法取得政府的信任，而他的宗教熱忱看在情報人員的「職業眼」裡，很像是固結黨羽、培養死士。再看看大環境，中共席捲大陸，志在取台，佛教界多少高僧大德留在大陸上護教，中共若有任務交付，他們豈能抗拒？慈航跟他們有千絲萬縷的關係，豈能容他在台灣招兵買馬！如今以曖昧不明的理由下手逮捕，可以打擊他的自尊自信，使他收斂，置他身處嫌疑之間，勢將眾叛親離，他的社會關係完全瓦解，等同「廢去武功」，很難再有作為。

政府針對慈航捕人，佛門稱為教難、法難或僧難。妙峰法師認為這件事只是「慈老與學生」之難，當時別的寺廟未受騷擾，還有許多大陸來台的法師一直安然無事。他在〈哭老人〉一文中記述，慈航老人被關十八天，在拘留中天天對學生講法，無罣無礙。無罪交保釋放以後，許多學生紛紛猜測被捕緣由，慈老卻講一則故事給學生們聽：「我前生是個頑皮孩子，曾捉過一隻畫眉鳥關在籠中十八小時，道源、默如法師及同學們都是在旁『隨喜』助興的人，共業所感，業報現前，所以今天才同遭十八天的難！業報既了，正應歡喜，豈可再造苦因？」這就是有道的高僧，不計私仇，不念舊惡，永遠展開寬闊的慈懷，學生聽了都感動得流淚。

「師生之難」發生，靈隱佛學院當然「無限期停課」，慈航法師恢復自由以後，由汐止靜修禪院的達心與玄光兩位尼師迎接常住。當時情勢，靜修院留人擔著莫大的干係，警察常來查戶口，尋找「大陸來的和尚」。闞正宗〈佛教關鍵性的六年，慈航法師在台灣〉一文紀述，慈航從南洋來，南洋的護法人士來信勸他回去，他激動地對學僧們說：「為了佛教，我要和你們同甘共苦，努力奮鬥，你們是未來佛教的主人，偉大的鬥士。而今我已老了，死也不足惜，我不忍心一人逃走，留下你們受苦流浪！我在台灣一天，你們就會寄一個希望在我身上。我走了，你們的希望破滅，甚至意志消沉、墮落！我已經對你們說過了，我是沒有身體的，你們是我身上的血液和靈魂，也是我的化身。請你們放心吧！我是願意為佛教做事，更樂意為你們僧青年受苦，只要於你們有益，使你們能夠安心為法努力，即使再……遭遇不幸，我都會含笑了此殘軀的！」

另有一說，南洋的信眾給慈航寄來回程的機票，汐止靜修院的師父把慈航的護照藏起來，防他成行，他們認為諸行無常，佛法永在，苦厄只是一時的現象。兩種說法可以並存，都足以為佛門增輝生色。台灣眾生太需要慈航了，那是一九四九年，星雲、聖嚴、證嚴這樣領域廣闊的領袖還沒有因緣成熟，太虛、虛雲那樣有豪氣有銳志的行動型大師與台灣無緣，台灣高僧多是沉潛高潔取向，慈航能走下高壇，放下身段，左衝右突，寸土必爭，完全合乎歷史的需要，他的獅象混合的形象深深影響了妙峰等人的僧格，妙峰法師一再提到慈航老人影響他深遠，推動他知難不退。

妙峰法師解釋，佛教「因緣法」說世間一切事情的成就都有其必要的條件，這些條件就叫「緣」。一件事情的成功，就是「因緣和合」，講事情是如何開始的，就說「緣起」，事情如何不成功或結束，就叫「緣滅」，等待時機成熟叫「待緣」，心中不特別執著，隨著當時變化的情況與條件伺機行動，叫「隨緣」。當環境很差且條件缺乏時，積極地去尋找或製造環境與條件，就叫「造緣」。

妙峰法師讚歎慈航老人是大菩薩，「菩薩常做不請之友」，也就是主動造緣。老人到處講經給人聽，一講就是幾個小時，不管一個人或一百個人聽，他都一樣講得非常認真。為了實踐對佛法的護持及對太虛大師的崇敬，他「以佛心為己心，以師志為己志」，他在台灣當時很惡劣的環境與條件下積極地「造緣」，四處奔波勸訪佛寺辦理佛學院，雖然幾個佛學院皆因為因緣不合而散，但他的所作所為仍然為台灣的佛教界播下了極強的佛種，樹立了興辦佛學院的風範。這些種子在慈老圓寂後的十年內紛紛成長茁壯起來，深深影響了台灣佛教的中國化。

妙峰法師細數往事，印證佛法「因果不昧」的定理，積極地製造善因善緣，善果必有成就的時機。太虛大師當年在中國大陸國家動亂時，亦曾積極地到處辦立佛學院，如閩南佛學院、武昌佛學院、漢藏教理院、柏林教理院、南海佛學院、上海佛學院、靜安佛學院等，他為了培育僧才、整頓教界制度、翻譯整理教典、改革佛教的適應性而提倡人間佛教理念，主動造緣，不遺餘力。而慈航法師、印順導師、演培法師、仁俊法師、妙峰法師也都曾經在這些佛學院之一受學或教學過。這一脈相傳的師生因緣，確實影響了近代中國佛教史的演變與發展，如此的殊勝因緣真是「不可思議」。

妙峰、淨海兩位法師都是留在圓光寺的同學，有一天他們結伴到汐止看望慈航老人，吃過晚飯後準備回去，老人很歡喜留兩位住下，並說明天他過生日，會有許多學生及信眾來看他，會很熱鬧，妙峰與淨海就留下來過夜。沒想到第二天警察來「查戶口」，看見妙峰、淨海是「陌生人」，動手抓走了，押進一所小學的大禮堂。妙峰法師描述此次的拘捕行動規模很大，各行各業男女老幼都有，都是初來台灣的外省人，每個人的雙手都是用麻繩從背後捆綁著，綁得很緊，手腕生疼。他印象很深的是，好幾位小學校的年輕女老師，也被綁著走到小學校的大禮堂內，進入大禮堂後才鬆綁。聽說此次大概捉來了近千人左右，幾所小學的大禮堂都關滿了，只有他們兩位是出家人。

關了三、四天，既沒人來問話也沒被非禮以待，所以妙峰與淨海並不感到害怕。被關的群眾無聊，就三兩成群的說故事或玩牌，好像度假一樣，滿開心的。「晚上怎麼睡覺？」不記得了，倒是對那幾天的大鍋飯沒有忘記，「吃的是大白菜，煮得黃黃爛爛的，感覺特別的甜，特別好吃。」大概是第四天吧，孫立人將軍的夫人張清揚居士來把他們保出去。妙峰法師記得孫夫人對主事人說：「這兩個小和尚在廟裡怎麼當匪諜呢？我用我的頭擔保，有事找我好了。」就這樣，一下子就保出來了。其實他們的罪名是「遊民」，如果沾上「匪諜」二字，那就苦海無邊了！淨海法師後來也到美國弘法，住在德州休士頓的玉佛寺。

提起對孫夫人的印象，妙峰法師描述孫夫人是清新飄逸、氣質高雅的美女，穿起海青與羅漢鞋時非常莊嚴。他認為如此熱心慈悲的大護法必是菩薩再世」。

這次大逮捕的背景是這樣：一九四九年，國軍在內戰中全面潰敗，各行各業都有人畏懼中共的制度逃向台灣，在尚未實行出入境管制以前，他們以普通旅客身分順利登陸，也有人臨時藏身軍隊，來台後再自軍中出走。其中有許多人沒有職業，沒有固定住址，甚至沒有戶籍，「無恆產者無恆心」，可能對社會構成潛在的威脅，更何況中共派遣工作人員趁機混入，乃是「不可避免的猜測」。治安機關沿襲大陸時代的手段，大量捕捉外省人加以過濾，希望網中有魚，同時也給社會製造震撼，顯示強力統治。這樣的大逮捕曾在北部中部南部以同一模式舉行，觀念落後，手法粗糙，留下永遠的汙點。

慈航法師蒙難之後，陰影不散，門庭冷落，妙峰恢復自由以後搬到汐止靜修院朝夕陪伴。當時風聲鶴唳，捕人的消息不但常聞耳語，而且時時見諸新聞報導，靜修院的當家師居安思危，安排他們二位法師晚上住到寺中的頂樓，白天帶他們到遠遠的後山高處的竹林中靜坐，他們每天帶著草蓆往返，當家師每天送茶送飯，也曾帶信眾到竹林中聽慈航法師講經。原本以為如此隱蔽的地方可以安住一陣，不料事實並非如此。

有一天，天氣悶熱異常，吃過晚飯洗過澡後，兩位當家師催促慈航與妙峰快上頂樓去躲著。慈航說大丈夫光明磊落的又沒犯法，怕什麼！他拿了凳子坐在院子裡乘涼，妙峰也跟在一旁坐下，慈老隨機說法，可是一會兒就有人來敲門了，有人急忙通報：「師父，趕快走啊！警察來了。」就在這時，幾道手電筒的強光射入寺中的庭院，一面有人大喊：這兒有外省人嗎？妙峰法師回憶說：他與慈師馬上往後山跑，山中原本就是一片漆黑，草樹叢生，一時之間還真不知往何處去。兩人跑了一陣，聽到後頭的人緊追不捨，慈老就與妙峰各自分散朝不同的方向尋找隱蔽。記得慈老穿著黃色小褂子，下身穿著黃布裙，在黑暗中看起來可能像穿著裙子的女人，當妙峰躲在一堆野杜鵑花叢後面時，大概有三、四個拿手電筒的人，邊追邊說看到一個老婆婆和一個女孩子往那邊跑去了，緊接著從他躲藏的花叢前經過。妙峰又摸黑走到池塘邊的雜草中躲了一陣子，警察回頭打著手電筒又從他頭上路過，也沒發現他。妙峰法師當時覺得是觀世音菩薩庇佑助他逃過一關。這一夜，一老一小不敢再回到靜修院，黑暗中由靜修院的護法大德帶他們走到樹林中的一座靈骨塔。這次警察並未空手而返，他們把圓明法師抓走了，圓明剛好在靜修院掛單。

靈骨塔是放置骨灰的古塔，塔身窄小，沒窗，又不敢打開大門，霉氣濕氣熏人。慈航法師在塔中央的地上鋪了一張草蓆，蓋了一塊破氈子，和衣而睡，一躺下就鼾聲大作，好像什麼事都沒發生過。對妙峰而言，這是一個難過的夜晚，躺在草蓆上難以成眠，那一排排一罐罐的骨灰罈子，令人窒息的氣味，好像置身幽靈的世界。死寂的夜晚、農村疏落的犬吠聲和著慈老如雷的鼾聲，一種悲涼悽愴之情湧起。妙峰法師此刻才對自己的逃難生涯作了一次回顧，離鄉背井，求學的志願尚未達成，經歷病痛與無妄之災，流離失所，幾近無棲身之地，這是一齣悲劇，但究竟只是序幕還是已接近尾聲？那隱藏已久近乎模糊的遊子之情愈來愈清晰，忍不住哭了起來，像個迷路的孩子，他第一次感到失去方向時的絕望與無助。

他的哭聲驚動了沉睡中的慈航，這位慈悲的師父馬上坐了起來，像慈母般拉著妙峰法師的手說：「噢！你哭了嗎？不要怕，一切有老師在呢！這點點磨難算什麼！值得這麼難過嗎？沒有一塊好鐵不經過幾番鍛鍊……我們的玄奘大師，為了到印度求法，越蔥嶺，度流沙，經過多少苦難？……孟子說：天將降大任於斯人也，必先苦其心志，勞其筋骨，餓其體膚……，學佛的人是不能悲觀的，遭遇的逆境愈多，意志愈應該堅強！……放心吧！老師都不怕，你難道還怕嗎？」妙峰聽完慈師的話又生出信心，彷彿那盞一直指引他的燈又重新大放光明，他轉悲為喜，倒頭便睡著了。

靜修院兩位當家師看這情勢不好，第二天帶著慈航與妙峰兩位法師走了三個小時的山路，爬到一處更高更荒涼的山裡，那裡有一座荒廢了的破廟叫光明寺，達心、玄光二位尼師不辭辛苦，背著柴米油鹽到山上的小廟裡供應他們。那段日子雖然很苦，但精神上並不寂寞，常有居士上山來拜見慈航老人，記得立法委員董正之冒雨上山來請慈老講「因明學」，慈老也為妙峰與陪伴他們的靜修院同學講《攝論》。

這樣的日子沒過幾天，又聽說警察要來找人了。慈老認為不能再連累靜修禪院的兩位尼師了，靜修院有位慈觀法師建議，暫時躲到八堵紅淡山上的寶明寺。妙峰法師說一路上風景絕佳，使他想起墜崖人看見草莓，風景一向增助他的道心與詩心。筆者希望介紹這一片風光，從網上看到台灣登山人士張曄煜先生的照片網，找到有關紅淡山月眉山靈泉寺寶明寺等資料，去函聯絡，得知這條路現在已是「健行」者的佳地，他非常熟悉，他畫了地圖，又詳細說明植物生態，路況，現存古蹟，推測當年慈航師徒逃難可能步行的路線等等，熱心拍照，態度謹慎，使人如臨其境。筆者還請他去勘查寶明寺附近的防空洞，發現洞有兩個，其中之一現在開闢成佛光洞，供奉彌勒佛像，可以推測或者就是慈航的避難所。

且說修道、慈觀、廣聞師生，陪著慈老與妙峰從汐止的靜修院下山，不敢直接到汐止，沿著山麓到五堵鎮搭公車，乘最早的一班公車到八堵鎮，從八堵走進山間小路，沿著陡峭的土石坡上山，隱沒在靜無人煙、綿綿密密的相思林中。六月的淡紅山，尚存幾枝野櫻花搖曳生姿，紫薇迎風招展，三兩鐘萼木與楓樹繾綣相依，一起迎向藍天。大自然顯得如此安詳美好，與人間逃難的心境竟成如此的對比。

寶明寺為德本尼師於日本昭和八年（一九三三）興建，日據時代稱為曹洞宗寶明布教所，俗稱紅淡林觀音佛祖廟，位於具有「基隆的陽明山」美譽的紅淡山上，遠離塵囂，環境幽雅，主奉釋迦牟尼佛，是許多喜好禪修的人清修的好去處。寶明寺依山而築，外觀莊嚴肅穆，左側有一寶塔，登上塔頂可遠眺基隆群山起伏，右側「佛光洞」為台灣最大山洞寺廟，供奉一尊彌勒佛。經過一座修行橋，橋頭寫著「千江有水千江月」，另一側則是「萬里無雲萬里天」，意境深遠。寶明寺的山門石砌圍牆和基石建於清朝光緒十年（一八八四）清法戰爭時，山門城牆石砌上布滿蘚苔，古樸典雅，歷經歲月的滄桑已早與周遭的自然景觀交織融合在一起。張先生也提供有關的照片。

慈航老人一行來到寶明寺時，已是中午十二時了。那時的住持是慈老一位帶髮修行的弟子楊普良居士。楊居士也不敢留他們住在寺裡，安排他們住在離寺不遠的山洞裡，那地方當時俗稱「防空洞」。根據地方文史人士的調查，法軍攻占基隆時，紅淡山、月眉山曾是清軍抵抗法軍的防線之一，清軍在紅淡山建有營寨「竹堡」，在據高點設「塹壕」以禦法軍。離寶明寺十分鐘的路程有一個山洞，從外看只有一個不顯眼的小小洞口，進去後洞中空間還算開闊，甚至還可接上電燈。此洞或者就是清軍抗法戰役的一個「碉堡」，的確十分隱蔽。楊居士在「防空洞」外及四周放了一堆堆木柴、樹枝當掩蔽，擋住洞口；她對外嚴守祕密，不讓任何人來拜訪。就這樣一老一小在「防空洞」裡讀書、寫文章、討論經典，後來慈航老人寫文章，曾以「洞中人」為筆名。

有一天，不知是否有人通風報信，警察也來到寶明寺，雖然沒找到逮捕的對象，但天天上山責問寺眾。此地亦非久留之地，靜修院的達、玄二師陪著慈航與妙峰兩位法師再遷，他們翻山越嶺再沿著一條小土徑下山，一路芒草荊棘、倒竹交錯，面對月眉山，下至「新一坑」、「大水窟」之間，再朝「四腳亭」方向，攀上月眉山，到了靈泉寺，其間距離大約四公里，卻費時兩個多小時走完。

妙峰法師記得，從寶明寺走到靈泉寺要爬越紅淡山的最高點，海拔兩百公尺。中途遇到滂沱大雨，達、玄二師要為慈老披上雨衣，慈老誤會以為是要他脫下僧服換俗服出行，為此大怒，使得大家難過得流淚。到了靈泉寺，當家師安排他們住在該寺的開山堂。一到開山堂，慈老馬上寫出一篇「不更換俗服的理由」，內容大致如此：「……假定穿黃衣是犯法，我馬上就穿西裝；假定我脫了黃衣，政府就宣布不拘僧人，我馬上就脫；假定……否則，慈航寧可斷頭，決不脫下黃衣換俗服！」慈老對僧格的尊嚴如此堅持。

很幸運，在這兒沒受干擾，平靜的度過一段時日，依闞正宗《戰後台灣佛教》正編所述，不久時局慢慢穩定，治安機關濫捕的行動停止，圓光寺被捕的同學也都釋放了，總算安全度過危機。有關單位調查結果，謂「慈師是名副其實的高僧，為國為民的菩薩僧人」。但是以慈航法師為中心的外省青年僧團各隨因緣，潰散四方，慈航對僧伽教育的理想抱負熱情毅力，也就提供後人讚歎憑弔。

這一段困窘坎坷的日子，幾位出家的尼師功德很大，但女眾照料諸多不便，難以周到，這就幸虧妙峰一直陪侍在他的師父左右，有事弟子服其勞，患難中有這樣一個侍者，慈航老人大感安慰。幾度攀山越嶺，不避榛莽，妙峰有時走在前頭，披荊斬棘，有時走在後頭，準備應付追兵，每次到了可以停下來的地方，妙峰立刻打掃收拾，為老師開闢空間。在這一段非常的經歷中，師徒二人照常修行，師父照常講經，而且時時隨緣說法。妙峰法師學歷豐富，一九四六年以來遍求名師，對太虛他是仰之彌高，對海仁、會覺他是「瞻之在前，忽焉在後」，對虛雲他是「空山不見人，但聞人語響」，如今朝夕面對慈航老人，言教身教，飽受薰陶，法緣如此之深，他認為是莫大的福報。

他在悼念慈航法師的專文中說：「老人有超人的特色，在平凡的軀體中蘊藏著不平凡的靈魂，一生為佛教，育僧才，為信眾，弘法利生，我於熱誠和慈悲中體會您的精神，您的平等、無我、犧牲、吃苦和大無畏的精神，都是由衷出發，自然流露。」妙峰法師由此發願做老人的好學生，死心塌地讀書學習增進德行。

第十章 彌勒內院的日子

一九四九年的臘月除夕夜，妙峰法師到汐止看望慈航老人。在靜修院內，達心住持、玄光當家與尼眾們準備了豐盛的年夜飯，迎請供養慈航與妙峰。面對一桌佳餚，慈老深深歎口氣，沒吃一口飯，放下筷子就離桌了。當時達心住持馬上跟著追問是否身體不舒服。老人淚流滿面：「很多學僧都流浪在各處，我怎麼吃得下去！你能不能替我建一所小小的茅棚，讓我同我的學僧住在一起？」達心法師見慈老一心為流落四方的大陸青年學僧憂心，非常感動地說：「老法師放心，我能滿你的願。」達心、玄光兩位尼師都是台灣人，當時省籍隔閡無所不在，兩位尼師沒有分別心，佛佛道同，識見境界過人，可惜我們找不到他們的傳記，今人述說慈航對台灣佛教的「關鍵性貢獻」，不可遺漏這兩位比丘尼的增助之緣。

靜修禪院建於一九一一年，是由當地望族蘇爾民獨資興建。最早是由基隆月眉山靈泉禪寺的善慧長老住持，一九三五年由達心尼師住持，一九三九年玄光尼師由月眉山靈泉寺德馨法師介紹到靜修禪院當家。早年台灣的佛寺都是傳承自福建南禪宗的法系，靈泉禪寺的開山祖是來自福建湧泉寺曹洞宗法脈，所以靜修禪院在善慧長老住持時亦屬曹洞宗脈系。靈泉禪寺的善慧法師注重僧伽教育，自一九一〇年開始即在靈泉禪寺辦青年僧短期學院，一九一七年創建「台灣佛教中學林」。靈泉禪寺的德馨法師曾在靜修禪院當過主任。而靜修禪院是以女眾出家為主的尼師禪院。善慧長老與慈航法師兩人早年在南洋曾有善緣，可能是諸多縱橫交錯的因緣匯集，達心與玄光竟在台灣成為慈老最忠誠最重要的護法。

慈老一九四八年第一次來台灣時，九月間到基隆靈泉寺演講，後於圓光寺辦台灣佛學院，達心法師不僅舉薦靜修院尼師修觀前來修學，自己也數次到圓光寺拜望慈老。她親眼見慈老安置救護大陸學僧、白色恐怖下逃難等等過程，衷心敬佩，以慈航法師在南洋的法緣與名氣，大可一走了之，但他為愛護青年僧寶，留在台灣與學僧共患難，為了他、為了學僧，也為佛教未來的發展，他確實應該擁有一塊淨土生根開花。在慈航老人的至誠感召之下，兩位尼師伴同老人和妙峰法師一同登山尋找建地。

妙峰伴著慈老東藏西躲時，曾在達心、玄光引導下共同登上靜修院後的秀峰山，這片茶園與竹林交織的後山亦是靜修院的廟產，當時茶園租出去給茶農耕種，竹林的筍也是靜修院的重要財源之一。他們四人上山再三勘察，找到一處高坡，可以俯覽起伏連綿的山巒，遠眺近觀，風景如畫，正好成為佛門勝地，只是水源何來？他們正為「水」苦惱，茶農報告附近有一口源源不斷從石隙中流出的清泉。

達心法師隨即動員靜修院上下老小全體「出坡」，開工動土，先把一片山坡地填平；接著大家把原本要蓋塔的幾千塊紅磚從山下搬到山上使用。在那窮困的年代，靜修院的經濟狀況很差，達心與玄光二師用盡常住多年的積蓄，加上到處去募款借貸。台灣推行「克難運動」，強調克服困難、化不可能為可能，妙峰法師說：「此一建築正是克難的成果，除了細工必須雇用工人，一切粗工動員靜修院的全部人力，胼手胝足，以愚公移山的精神完成。」散在各地的同學們聽到汐止建院的消息，無不歡欣鼓舞，引頸仰望。這段期間，中國佛教協會辦環島弘法，請慈航法師一同去布教，幾個月後老人布教歸來，一棟簡單樸實的磚瓦房就完成了。老人將它命名為「彌勒內院」，一九五〇年八月十六日舉行落成典禮，妙峰法師辭別圓光寺，進彌勒內院修學。

彌勒內院命名的意義，慈航法師曾親自撰文闡述，載在《全集》。據佛經記載：彌勒出生於古印度波羅奈國的一個貴族（婆羅門）家庭，與釋迦牟尼是同時代人。後來隨釋迦出家，成為佛弟子，他在釋迦入滅之前先行入滅，在「兜率天」內院與眾天神演說佛法，預定到釋迦滅度後五十六億六千萬年時，再從兜率天宮下生人間。

佛經說宇宙有「三界二十八天」，兜率天是其中之一，彌勒成佛以前住在這裡。此天分內外兩院，外院是凡夫果報天宮，只管享樂，直到福報用盡，屬於天界；內院是彌勒的淨土，菩薩修功圓滿，盡此一生，便可成佛。

在大乘佛教發展的早期，一批修習瑜伽行為主的大乘修行者被稱為瑜伽行派，他們尊奉彌勒為祖師。論佛學流派，慈航老人是「唯識宗」，據他解釋，唯識宗的傳承發展依次是：釋迦世尊→彌勒菩薩→無著菩薩→世親菩薩→護法菩薩→戒賢論師→玄奘法師→窺基法師→太虛大師。在無著、世親菩薩之後，瑜伽行派進一步發展成為瑜伽行唯識學派，傳說他們可以「無著入定」，上升到兜率內院，聆聽彌勒教誨、回來弘揚《瑜伽師地論》。慈老說：「彌勒菩薩在兜率內院宣說慈悲，度眾生於苦海，所以這所房子定名為彌勒內院。」又說：「本院供的佛是釋迦世尊、彌勒菩薩、太虛大師，表示三位一體；本人即在這彌勒內院代表三位闡揚唯識教理。」在落成典禮的第二天，慈老開始宣講《太虛大師全書》。他也特別強調，彌勒內院是一所「法師公共寮……學生來者不拒，去者不留，不另外招生」。

這棟一字形的建築是用紅磚與紅瓦片蓋成的典型閩南式民家居房，前面有一個凸出的「玄關」做大門的進口，外型線條簡單樸實。彌勒內院分隔成三等分的三間房，各三十坪。中間是大殿，兩旁是叢林式的大統艙宿舍，稱為「廣單」，背後倚著秀峰山，絲絲白雲飄浮其間，如煙如霧。四周青竹環繞，茶園隴陌分明。前院是一小片平緩的坡地，庭中幾株月桂與山茶。沿著坡地，蜿蜒下行是峭巖陡壁，一條由石塊砌成的小路，一級級一階階的，逐步通向靜修院的客堂後門。從此，山上內院的一粒米、一擔柴、油、鹽、青菜等都是山下靜修院的徒弟們踏著石階，拾級而上，挑上來的。妙峰法師每念及此，又想起他生病時在靜修院兩個多月療養的日子，對達心、玄光兩位法師大慈大悲、護法護僧的菩薩心懷，永銘肺腑，難以報答。

住的問題解決了，另一個難題跟著來了，二十多個同學的常年經費，對靜修院是個沉重負擔。慈老在靜修院為前來求法的居士們講經，口若懸河，中氣十足，深入淺出，句句扣人心弦；講到興奮時，手舞足蹈，感人至深。於是趙恆惕、鍾伯毅、胡國偉、張齡、蘇芬、楊明暉、唐耕誠、林希岳居士等人發起成立護法會，捐款支持學僧的生活飲食，這才穩定下來。其中趙恆惕曾任湖南省督軍、省長，到台灣後擔任總統府資政，聲望很高，他和妙峰法師特別有緣。鍾伯毅曾任湖南省財政廳長，台灣重要的護法居士之一，曾與趙恆惕等發起修訂《中華大藏經》。

彌勒內院落成後，所有散在各處的同學紛紛報到。「老人看著一批批的青年學子提著行囊，像遊子歸家投奔慈懷，連聲說：『啊！都來了？好！好！先洗洗臉……』妙峰法師立刻告訴廚房增加他們的伙食，幫他們收拾鋪位，大家都住進內院。不久，有一天晚上慈老訓話時說：「你們都來了，就是內院小些，別的我都安心了。」從此師生共聚一堂，上課學習在大殿，兩邊的房子做「廣單」。

妙峰師說，慈老與同學們同甘共苦，白天擠在一起，吃飯、授課；晚上睡覺，慈老與學子共睡廣單。他睡在一進大門左邊的廣單頭，就是通鋪上的第一個位置，用一塊布簾子隔開，大約一丈寬長，只比同學們的位置稍微大一點，真可謂名副其實的「丈室」。鋪旁擺一張小桌子，看經、寫文章、參禪、休息都在這塊小地方。達心師提起給他另闢一室，他卻說：「我同大家共住才感到快樂！」

談起住的方式，早期台灣式的房屋建築多半不裝紗窗、紗門，多雨潮濕的天氣，山上的竹林與茶園裡蚊蟲很多，他們每六人一組，共用一頂大蚊帳。悶熱的夏天，大家同鋪共帳而眠，空氣不流通也不衛生，可是同學們和樂相處，毫無怨言。

從一九五〇年的八月下旬起，彌勒內院負起傳道授業繼往開來的大任。大殿佛堂兼課堂，在彌勒菩薩像的前方擺設一張長桌是教桌，慈老面對長桌而坐，學生在長桌左右兩邊分成兩排而坐；女眾與外來信眾或居士們則坐在左右兩邊的「廣單」上，很像鄉下的私塾館。

談到慈老的辦學方式，以當時及現代的觀點來看，是真正自由與開放的。他的佛學院不考試，沒有學期限制，也沒有畢業的規定。在那時的環境下，畢業對這批大陸青年僧也就是失業，連吃住都會有問題的。妙峰法師記得老人上課的方法也是獨特的：先唱佛歌，次讀三經，然後講課。慈老喜歡自己編撰佛歌，有些是讚仰三寶、有些是策勵僧青年，在此從《全集》中各舉出一例：

〈讚佛歌〉

光光，你為什麼放這樣大的光？
為的是大地黑暗，為的是苦海茫茫。
光光，你是救世的主，你是救命的王。
請你快快把佛日高揚。
我們全體，祝你光明無量、壽命無量。

〈策勵僧青年〉

僧青年，僧青年！
我們要把新佛教的責任挑上肩！
過去的腐敗不要去埋怨，未來的建設，不要再留連；

我們打算怎樣去開一條新路線；
嚴持自己的律儀，培養利人的德行，
徵求應用的知識；實行到民間宣傳。
僧青年，僧青年！
這就可以作我們的龜鑑，
快快向前，努力，努力！
快快向前！

慈航法師循著太虛大師人間佛教的方向，「以佛心為己心，以師志為己志」，曾寫出一首〈人間佛教〉的歌詞：

佛教在人間，三界火宅保平安，
人間有佛教，衆生消災脱苦難，
人間佛教，佛教人間，廣解衆生倒懸指令把身翻。
佛教在人間，衆生得出生死關，
人間有佛教，大家破迷息瞋貪，
人間佛教，佛教人間，冤親相愛和平世界穩如山。
佛教在人間，好比甘露潤大旱，
人間有佛教，遍地般若花兒香，
人間佛教，佛教人間，普慶一切衆生同登極樂邦。

這些佛歌，妙峰法師到現在還能上口吟誦。妙峰覺得上課前先唱歌，在慈老宏亮的歌聲帶領下，「可提起一股醒腦的正氣。」唱完歌，接著由同學們輪流念誦三經，所謂三經是《佛遺教經》、《四十二章經》、《八大人覺經》。每次只念一部經，由數位同學分段念完，然後上課。妙峰師現在回想起來，才知慈老教育僧青，別具用心。因為三經的念誦是為提醒自己是出家僧眾，策勵自己精進向道，規範個人身心行為。一天有六堂課：上午八時至十時，午後二時至五時，晚間八時至九時。慈老給自己安排的時間也很緊湊，除了給學生上課，自己還忙著編書、學英文、早晚禮佛、誦經。

彌勒內院當時授課採單級制，課程幾乎全由慈航一人講授，每日授課六小時，講授的內容有：《楞嚴經》、《楞伽經》、《法華經》、《華嚴經》、《成唯識論》、《大乘起信論》等，還教授因明學。主要參考書有：《圓瑛法匯》、《太虛大師全書》、《諦閒大師遺集》等。後來增加國文一科，由胡國偉居士講授。一九五三年初，道安法師也分擔了一部分課程。慈老非常重視佛書典籍的教材，在當時印刷業不發達的年代，慈老會將信眾供養的錢，全部寄到香港請購佛書，分贈出家或想學佛的在家徒眾，或向南洋的佛學院請經。從兩張舊照片中，看出當時能手持一部佛經是何等稀有的盛事，師生每人雙手捧經共同照相留影，並註明：慈航老人領內院師生信眾全體，迎請由南洋檳城寶譽堂慧光師贈送之《大正藏經》全部攝影紀念，一九五二年六月十六日。時光凝結在那莊嚴的一刻：慈老坐在正中央，左手持杖，右手撫扇，妙峰師站於慈老左側，全部師生與信眾近七、八十人，層層疊疊排列，每人分持《大藏經》的一冊攝於彌勒內院前的緩坡上。此情此景感人至深。

除了每日緊湊的課程外，這批大孩子課餘時還做些什麼呢？「我們每人都有一個小木頭凳子，自己做的。有時我們拿著小凳子跑到後山的竹林中，那兒很清涼。」那陣子，在秀峰山的竹林裡，經常有這麼一批光著頭，穿著灰色短褂、長褲、綁腿、衲鞋的年輕僧人各自讀書，或讀文學作品，或讀佛書，也讀基督教或天主教的書。他們高談闊論佛教的人生觀，與其他宗教做比較。這種對真理的信念與追求，支持這些年輕僧人勇往直前。那時候，印順導師的著述，如正聞出版社出版的《成佛之道》、《佛法概論》等也都出版了，慈老也都買來給他們讀。仰慕一代宗師印順導師之情，逐漸在妙峰的心中滋長。

慈航老人因才施教，妙峰提出一個切身的例子。慈老待人慈悲，教學嚴厲，有一回在彌勒內院大家自修的時候，幾位調皮的同學聯合起來作弄妙峰，妙峰個性內向，不知如何應付。「我是屬於弱勢，自從普光師回大陸後，我是唯一的廣東人。」其他江蘇、福建、台灣同學都各有老鄉，那時大家都年輕，修行淺，童心尚存而世俗習氣開始感染，開玩笑和恃強凌弱兼而有之，經常設法作弄妙峰，妙峰總是盡量迴避，不願惹是生非。這回慈師看到整個情況，非常生氣，疾言厲色地說：「妙峰！跟我來！」「慈師一向和顏悅色，現在如此生氣的模樣令我害怕。慈師重重的拍著桌子，桌上杯子也跟著跳起來了，他指斥我：『你是個麵包啊！人家要把你壓扁你就扁，要把你搓成圓你就圓，你真是太辜負我對你的期望了！』我的眼淚不覺像斷了線的念珠撒落下來。急忙向慈老跪下，此時此刻，內心的委屈與遊子懷鄉的情絲交織著，掩面痛哭，不能停止。慈老看在眼裡，疼在心裡，重重的一把抱住我，溫和的像哄孩子：『不哭、不哭，你對、你對，柔能克剛啊！』但他接著說：『明明是別人欺負你，你應據理力爭，為何不聲不響？我感到很痛心。我希望你將來能為佛教弘法利生，你如此軟弱，像塊豆腐，還能做什麼？』慈老又強調：『當別人無端欺負你時，你勇敢面對，要打就打，老師在這裡，不要怕！』那時我心中一驚，哪有老師教學生打架的？」

妙峰法師後來仔細體會老人的用心：「他看我太軟弱，想要磨練我。」認為正如孔老夫子有教無類、因材施教一樣，針對每個弟子的長處短處，量身訂製一種教訓。後來慈老送妙峰兩句話：「無事不要惹事，有事不要怕事。」得了這兩句話，「使我一生受用不盡」。妙峰法師一九六一年到美國弘法創寺，每遇困境，慈老的話就在心中迴響，給他勇氣，助他度過難關。他寫了一首詩來描述這種情境：

晴空萬里太陽紅　清淨莊嚴樂其中
禪定風光尤可意　大雄無畏立奇功

談起慈航老人推動佛教的發展有三個方法：第一是口頭宣傳，第二是文字宣傳，第三是培養弘法人才。五〇年代初期，「文字宣傳」尚未形成台灣佛教文化的特色，老人盡力支持佛教刊物，除了供稿，還常常捐款。《覺群》原在上海發行，寶覺寺掛單的大同法師在台復辦，後由慈航老人鼓勵皈依弟子朱斐接辦。老人主張《覺群》在文章體裁方面不必板起那一副森嚴得可怕的面孔」，應該「藝術化起來」，生動活潑，「故事、小說、寓言、童話、遊記、戲劇、詩歌、日記、隨筆、信札、問答、散文、小品都好；而論文和講稿還在其次。」朱斐居士後來離開《覺群》，主辦《覺生》，一九五〇年七月出版，李炳南居士任社長。事實上，《覺生》與《覺群》刊名含義相同，都是「覺悟群生」之意。對於《覺生》的創刊，慈航老人同樣寄予很大的厚望，他充滿激情撰文「敬祝覺生萬歲！」《覺生》停刊後，朱斐於一九五二年又主編出版《菩提樹》雜誌，在慈航法師鼓勵下再接再厲。

慈航老人帶領學生妙峰、自立、幻生、唯慈共同為當時的各佛教雜誌寫文章，妙峰法師喜愛文學，厚積多年，開始得以一展長才。此一期間他至少發表了如下一系列文章——

〈崇真的轉變〉，一九五〇年十二月，《覺生》第五、六期。
〈讀《佛生日談佛後》質疑〉，一九五一年十一月，《覺生》十七期。
〈放蛇記〉，一九五二年四月，《覺生》創刊二周年戒殺護生專刊。
〈唯識所現〉，一九五二年九月，《人生》第四卷十一期。

〈慈悲與兼愛〉，一九五二年十一月，《無盡燈》第二卷第三期。
〈和尚也借圖書〉，一九五二年十二月，《菩提樹》創刊號。
〈信心的考驗〉，一九五三年一月，《人生》雜誌。
〈出家與學佛〉，一九五三年五月，《菩提樹》第十一期。
〈禪宗的起源與傳承〉，一九五三年十二月，《現代佛教學術叢刊》。
〈阿難陀〉，一九五四年元宵，《佛教青年》創刊號。

從這張目錄看，妙峰法師使用的文體，由散文到學術論文，可見寫作功力日益增進。發表的園地由近及遠，可以看出文名的傳揚。其中有兩篇文章是在雜誌的創刊號和紀念專刊發表，足見起初是自己主動投稿，後來是編者主動邀稿。寫作成績斐然可觀。他覺得自己今日寫作著述的成果，皆得力於慈老當年的「以文字弘法」的鼓勵與鞭策。後來同學中自立法師主編《佛教青年》，心然法師主編《中國佛教》，心悟、清月法師主編《人生》，也都和慈航老人的主張一脈相承。

彌勒內院還有一個學習外國語言的課程。慈航老人曾經在南洋弘法數年，星馬地帶社會廣泛運用英文，他了解學習外國語言對宣揚佛法十分重要，除了自己每日勤讀英文外，鼓勵學僧學習英、日文，曾聘請英文、日語老師到內院來上課。妙峰法師記得日文老師是關凱圖居士，老人勉勵學僧將來研讀日文的佛學著述，「日本人的研究成果很豐富。」關居士採用文學戲劇作教材，生動活潑。上了半年課，妙峰學得非常有興趣，但關居士當時主要在台北善導寺主辦的「台灣佛教講習會」教日文，講習會遷移至新竹青草湖的靈隱寺，關居士必須跟著去，以致無法再到汐止。

靜修院的達心法師建成彌陀內院後，又為老人加蓋了一個「法華關」。一九五二年陰曆九月，老人決定在法華關中實行「閉關」，修行者到了某一階段，自己把自己「禁閉」在一個小小的房間之內，足不出戶，與外界完全隔絕，他在裡面或者完成著述，或者深入經藏，或者「禪坐觀心」，提高體悟，稱為閉關，期滿恢復日常生活，稱為「出關」。

閉關者既然絕對獨處，需要一個人住在另一個房間內陪伴，供應每天的飲食，給他必要的照料，這人的工作稱為「護關」。佛門中人認為擔任護關是莫大的福德，閉關者和護關者結下特殊因緣。

慈航老人閉關前三天對妙峰說：「妙峰法師！來，老師給你種種福！你給老師護關好嗎？吃得了苦嗎？」妙峰說，當時他什麼都沒想就一口答應下來。慈老住進關房中，特別把自己平時居住的「丈室」讓給他住，叫他「補處」，這個名詞的意思大概相當於「候選人」，寓意深長，還叮囑他利用護關的清靜環境多用功。護關的工作與侍者差不多，工作並不繁重。

妙峰在護關期間特別用功。一年以後，一九五三年底，日文老師關居士遷新竹施教，今日的妙峰法師說，他那時年輕不懂事，聽見老人叮囑他好好用功，他那時心心念念迷上日文，他的直覺反應是認為應該跟著關居士到新竹去，不可中斷，老人換別的學生來護關是很容易的事，他若失去現在學日文的機會，以後再難彌補，此一誤解，使他至今愧悔。那時他向老人說出自己的心念，慈老愛學生心切，立刻成全了他，還稱讚他一心向學及時努力的精神。於是他和幻生等幾位同學向慈老請假半年，到新竹靈隱寺掛單。

演培法師在靈隱寺主持佛法講習會，開講《俱舍論》，早有意邀請妙峰、常覺、幻生、唯慈等四位老同學幫他做筆記，妙峰法師到了新竹，一面學習日文，一面和同學輪流整理《俱舍論講記》。「俱舍論」在佛教裡叫聰明論，內容包羅萬有，對教理、名相都有非常清楚的解釋。如果學會了「俱舍論」，對佛教內一切道理就通達明白了，對佛學院的學生而言，「是一部百科全書，必讀的教本。」日文方面，他進一步學習翻譯日文名著，關先生教學有方，僅僅一年時間，妙峰已可以翻譯日文為中文，他翻譯了一個劇本叫《釋迦菩提樹下》。這樣的日子，在學習與工作中天天法喜充滿。

民國四十三年（一九五四）五月六日，正當妙峰法師在新竹靈隱寺感到學習得最快樂時，如晴天霹靂，無常逼人，傳來慈航老人坐化捨世的消息，對於年僅二十九歲的妙峰法師而言，無法接受這個事實，他多次回汐止探望老人，見老人健康良好，無病無痛。這是佛門大事，各家記述甚詳，當天上午，老人在法華關中照常為學僧講《中觀論疏》。午間，照常午飯。午后，編著《法華經》講義，還按約定與心然法師談話。話後不久，便被發現端坐桌前，示寂於法華關內，猶如入定。桌上放著一頁紙條，是他的絕筆，墨瀋未乾。文字內容為〈敬告師友書〉：

「承善意來看視者，只在窗口探望，代念觀音聖號；切忌手摸頭額、胸口、手脈及鼻息，不但於我無益，反害於我。六十高齡，我已喜歡捨壽，切忌醫藥、針灸。」下署：「慈航親筆，謝謝。」

妙峰師接到噩耗，悲慟逾恆，與幻生師趕回汐止奔喪。「這是我一生中所過得最痛苦、最哀戚的日子。特別是對著慈公的法身慈容所舉行的傳法儀式，最使我悲感交集，悲情難抑！」慈老的遺囑中，選出「法子」七人，請白聖法師代付圓瑛老法師法派，法子是佛法宗派的繼承人。七法子是：自立、印海、嚴持、妙峰、常證、會性、真性，他們在慈航老人之後延續曹洞宗的法脈。回憶起這段往事，妙峰法師沉慟地說：

當時我們彌勒內院一班同學就像嗷嗷待哺的孤兒，頓失依恃，徬徨無依，哀傷悲慟！尤其是我，我本是慈老的「護關人」，為學日文而請了假，雖然慈老立刻答允，我畢竟是有負所託！我涉世未深，幼稚遲鈍，老人的感受完全非我所能預料，後來聽說我告假之後，達心、玄光兩位當家師問到此事，老人曾為此落淚，我至今受良心譴責，痛苦萬分。

慈航法師曾在民國四十二年（一九五三）十二月五日早晨四時立下遺囑，指示圓寂後不發喪，不發訃聞，不開追悼會，凡起龕或安葬，莫請法師封龕說法種種儀式。遺骸不用棺木，不用火化，用缸，跏趺盤坐於後山，三年後開缸，如散壞，則照樣不動，藏於土；如全身，裝金入塔院。圓寂後一切禮懺、放燄口、超薦、佛事莫做，唯念大悲咒及觀音聖號。

遺囑末段有偈曰：空手而來　空手而去　來來去去　永無休歇。

妙峰法師說，他在悟明法師帶領下，與自立一同在大水盆裡為慈老洗身體。在五月濕熱的氣溫下，慈老的臉紅潤，身體仍很柔軟。悟明法師還像祈禱一般對慈老說：「老法師～老法師～打坐！打坐！」慈老真的盤起腿來，真是不可思議。

妙峰與自立打開慈老的衣櫃，想找一件較新的衣服為他穿上，但是每件衣服都是破的，他們一面找一面哭，最後找到一件稍好的為他穿上。抽屜裡沒有一塊錢，只有七、八毛郵票。

這是一九五四年五月八日。一切遵照他的遺願去完成，他們把慈老放入一口缸內坐好，再用口徑相同的另一口缸蓋上，進行「封缸」，沒有舉行盛大儀式，只有學子們匯聚一起的感恩之心。一九五九年五月十九日，由道安、律航、玄光三位法師與蘇芬居士，會同兩院同學共五十多人，舉行「開缸」。慈老肉身完整，呈玻璃色，五官分明，鬚髮生長，兩手下垂，雙腿盤坐，宛然如生，成為台灣保存肉身不壞之第一人。最後遺體裝金，開放給公眾瞻仰膜拜，人潮洶湧，留下永遠的見證。

妙峰法師說，死後身體不壞，這是一個有大成就的大修行者，在戒、定、慧莊嚴後，發大悲願救度眾生的結果。佛教裡稱這個不壞之身為全身舍利。慈老一生弘法利生以報佛恩，但覺得在短暫的生命中仍做得不夠，所以用最大的願力，希望這個形象可以長久留下來，繼續感化世人。這是以一種很強的精神力量將身體的生理機能轉化的現象。中國早在唐代就有六祖慧能禪師以及明朝的憨山大師的肉身，至今仍供奉在廣東省韶關市曲江縣曹溪之畔的南華寺。這些大德的金身，可說是一種修行者成就的榜樣，讓人生起敬仰之心，接引無數凡人得度於佛門。

彌勒內院於一九五〇年八月建成，一九五四年五月六日慈老辭世，這短短的三年十個月間，來彌勒內院投止慈老的大陸青年僧計有：星雲、嚴持、心然、淨良、常證、果宗、浩霖、戒視、心悟、廣慈、清霖、唯慈、能果、印海、自立、以德、寬裕、清月、宏慈、幻生、淨海、了中、真華、普光、寂諦，還有妙峰等人。他們後來各有大成，我們就能夠看到的資料略誌其盛：

妙峰法師於一九六二年三月一日，應美國華僑邀請及國府指派到舊金山僑界弘法，成為第一位經由官方渠道到新大陸弘揚佛法的中國比丘，在美國佛教發展史上有重要地位，事功俱見本傳各章。他在紐約市「發拉盛」區建「慈航精舍」，成為他在紐約地區弘法利生的三大據點之一。

自立與唯慈兩位法師，於一九五七年下半年，應菲律賓馬尼拉市的佛教學校——普賢中學校長劉梅生居士禮聘，赴菲任教。自立法師擔任馬尼拉普賢中學的佛學導師，唯慈法師到菲國中部的宿霧普賢中學宿霧分校擔任佛學導師，對華僑的青少年時代普灑法雨，在佛學教育方面別開疆土。

幻生法師到福嚴精舍親近印順導師及教學，受命主編《海潮音》雜誌，後來出訪休士頓、舊金山、菲律賓與新加坡等地弘法，再返台灣，在佛光山、圓光寺教學。

幻生法師深入經藏，精通因明、唯識，嗜好歷史考證。研究論文與治學成果集成《滄海文集》與譯叢一百餘萬字。圓寂後將《滄海文集》等所得匯入福嚴，成立獎學金，用以獎助清寒優秀之在學學僧。

印海法師遠渡重洋，到美國洛杉磯建立法印寺，他在圓光寺時，慈航老人指定抓鬮認學一宗，他抽到了「唯識宗」，開始研讀唯識各家的經論，專精深入。一九五二年八月進駐台北市的善導寺，正式成為印順導師的門生，曾任《海潮音》月刊發行人，福嚴精舍山下新竹一同寺女眾佛學院的講師，翻譯日文佛學著作文獻、編製佛學教材。出版譯著《中印禪宗史》，《中國淨土教理史》等二十七種。

了中法師一九六二年東渡日本，入東京立正大學研究所留學，獲文學碩士學位。學成返國，先後出任台灣太虛佛學院教務主任、文化大學哲學系講師。創辦法藏佛學院，並擔任院長。中國佛教協會祕書長台北華嚴蓮社住持，善導寺董事長兼住持。一九九三年創辦「玄奘大學」。

那時慈航長老已看出星雲法師「才思敏捷，活力充沛，有開創的才能，學僧時代即顯出氣度恢宏」。後來果然創建佛光山，環球弘法，建立「佛光法系」，使佛教國際化、企業化，而「人間化」

亦水到渠成。他那時與廣慈法師離開圓光寺以後，曾組團全台巡迴演唱，作風新穎，吸引力甚大，已顯出他自成氣象。慈航老人在世之日，星雲、廣慈兩位法師每逢過年必返彌勒內院與老師同學們相聚，籌開同樂晚會，表演各種節目。

寬裕法師親近慈航大師多年，參學受教，契悟甚深。為報答師恩，一九七四年擔任彌勒內院住持，展開重建工作，海內外師友、同門、護法、信士紛紛解囊相助，將破舊的平房拆除，以鋼筋水泥重建三層宮殿式的樓宇一座。特依《彌勒上生經》意義，以三樓為兜率天摩尼殿，供奉彌勒菩薩天人像，二樓為大雄寶殿，供奉賢劫千佛暨釋迦牟尼佛銅像，底樓作太虛大師紀念堂；供奉彌勒化身的布袋和尚及太虛大師法像，整修法華關房，另增建禪堂、齋堂、講堂、圖書館、客堂、僧寮等多處，作為十方掛單接眾等用。

寬裕法師傳承臨濟宗，為常州天寧禪寺法系人。二十多年來辛苦中興彌勒內院，秉承慈航大師彌勒淨土法門推行人間佛教。經常舉行三皈五戒，八關齋戒，以及舉辦兒童、初高中、大專等冬夏令營之文教活動，完成了報答慈公師恩之心願。

第十一章

福嚴時代　再攀高峰

慈航法師辭世，妙峰法師由新竹回汐止奔喪，「前後一個多月，度過一生中最哀戚的日子」，然後收拾行李回到新竹，一路上沒擦乾他的眼淚。那是一九五四年年底，妙峰三十歲。

他跨出彌勒內院圓形的大門，回頭仰望大門上方「彌勒內院」四個金色大字，回想五年多以來追隨恩師，歷盡風波，但舵手方向不變，恩師的法乳道愛，點滴在心。

他到新竹去，起初是為了學習日文，同時進台灣佛學講習會繼續深造，可以親近演培法師，也可以聽到印順導師授課，他對導師衷心崇拜，等到福嚴精舍在新竹成立，他終於投入精舍歸於導師門下。他想報佛恩、報師恩唯一的辦法就是繼續精進，由「師度」到「自度」，再到度人。

印順導師是什麼來歷呢？他是浙江省海寧縣人，一九〇六年出生，二十五歲在普陀山福泉庵出家，入閩南佛學院及鼓山佛學院求法，半年後即由學員變為授課的講員。二十九歲，太虛法師親筆函聘為閩南佛學院教席。三十四歲，到重慶擔任漢藏教理學院教席。三十六歲任法王學院教席，後來擔任院長。太虛法師辭世，受推主編太虛大師全集。一九四九年到香港，一九五二年當選香港佛教聯合會會長，世界佛教友誼會港澳分會會長。日本舉行世界佛教友誼會第二屆大會，台灣佛教界組織代表團前往參加，聘請印順法師為代表之一，回程安住台灣。一度擔任台北善導寺住持，一九五三年在新竹創建福嚴精舍弘法，它是今日福嚴佛學院的前身。

由上述經歷，可以看出印順法師與太虛大師素有淵源，不僅此也，印順法師是學者型的僧人，他致力研究和著述，把太虛大師「人生佛教」的理念深化了，出於佛陀，歸於佛陀，構成體系，成為學術。他的非凡貢獻影響深遠，佛教界尊為「導師」。妙峰法師說，太虛法師對自己辭世似有預感，屢次口頭叮囑徒眾在他圓寂後跟印順學習，最後還寫下書面的「手諭」，他讚歎大師慧眼識人。

因緣是上一代到下一代之間一條無形鏈子，通聯三世。說到妙峰法師和印順導師的因緣，前生者不可知，妙峰法師在上林寺出家做小和尚的時候，常從師兄雲峰那裡聽到印順師的名號，雲峰曾在香港讀佛學院，見多識廣，妙峰非常尊敬這位師兄，而這位師兄那麼崇敬印順，這就在妙峰心中種下仰慕之因。雲峰還說：「將來要想在佛法上有大成就，你最好能夠親近印順師。」那時妙峰時常讀《獅子吼》月刊，有時讀到印順導師發表的文章，「好像小孩踮起腳尖探看供桌上的供品。」

妙峰法師在上海讀佛學院，院長太虛大師辭世，印順導師專程到上海參加葬禮，妙峰遙見身影，但未得便交談。後來妙峰轉赴杭州的武林佛學院，印順住在杭州市附近的香山洞籌辦世界佛教圖書館，兩點的距離是步行一個半小時，妙峰約集常覺、幻生，多次前往香山洞，這才一遂「親眼看見、親耳聽聞」的素願。法師說，香山洞地處杭州西湖岳飛陵園的後背，風景優美，智慧常常與名山秀水結合。他們往返探望，多半是在圖書館門口遠遠地「遙望」，一切因緣還沒有成熟。「只要能夠看他一眼，好像自己立刻長高了一寸。」

一九五二年，印順導師來台，船在基隆靠岸，歡迎的人群擠滿碼頭，其中不僅是佛教界人士，也有政界、學界和一般信眾。當「如林的胳臂」向導師舉起的時候，其中有妙峰揮動的手。

台灣時期妙峰和導師的關係，可以分五個段落來梳理。

第一個段落，一九五二年汐止彌勒內院時期。世界佛教友誼會第二屆大會閉幕，導師由日本回台灣，慈航老人趁機延請印順導師為徒眾講法。導師在彌勒內院講「緣起性空」，這是佛法的基本理論，人人上口，但是導師的詮釋發揮到底不同。導師講到阿含經「有因有緣世間集，有因有緣集世間；有因有緣世間滅，有因有緣滅世間」。妙峰覺得對導師靠近一步。他期盼有一日因緣具足，一窺這位大師的堂奧。

因緣在延伸，也在提升，妙峰法師說，他從《法華經》中的「諸法本無性，佛種從緣起」互相印證，「緣起」奧妙無窮，人們只要注重「緣」，就一定有「果」產生。人們一旦對緣有了認識，就會等待機會，或者積極地創造機會，那麼目標就水到渠成。凡夫以為這是迷信，往往失去了進取心，生命也就浪費了。每個人都有他的特殊因緣，對妙峰來說，他的因緣就是不斷在佛法上進取，從上林寺跨出的那一步開始，他從來沒有停止過。

妙峰聽講時十分專心，一面聽一面做筆記，運筆如飛，引起導師注意，導師查看妙峰的筆記，甚為欣賞。導師住錫台北首剎善導寺，開始在台灣弘法布教，每星期有一次演講，原本深奧的法義法理，在這位弱瘦修長、遠道而來的江浙和尚口中，變成通俗現實的人間語言。從開頭幾十個信眾聽講，增加到幾百個，後來座無虛席。善導寺本是名剎，因印順導師而聲譽更隆。

妙峰法師說，導師每次演講，一定有兩位專人在旁做紀錄，事後整理成篇，再讓導師過目校閱，彙集成書，《華雨集》以及《妙雲集》都是這樣出版的，他的著作形成「印順法系」，開拓了台灣佛教的高度和廣度。導師開講《藥師琉璃光如來本願功德經》時，常覺法師傳話要妙峰法師參與記錄，讓妙峰又驚又喜，前一個晚上輾轉難以入眠。常覺本在香港，印順導師特地「調」他來台幫忙，可見導師對文字紀錄的重視，妙峰有緣參與分擔，誠然是一件喜事。

《藥師經》教人如何培福，淨化自己，導師花了一個多月的時間講完。講經之日，妙峰提早來到講堂，預備好紙筆，那時錄音機是昂貴的科技產物，還沒有發展為民間用品，演講時由兩人同時筆記，事後將兩份紀錄互相參照整合。負責記錄的工作並非容易，尤其是印順導師講的是佛法，哪怕一個字，妙峰都不敢錯過。妙峰法師說，導師不寫整篇講稿，只有一兩張提綱要略，佛法好像就出於他的口，源源不斷，兩個小時的演講是那樣通順有序。導師講話不疾不徐，他們做紀錄倒也能一句不漏。

妙峰說，他是廣東人，導師是浙江人，浙江口音很重，例如「大乘佛教」聽來像是「大認佛教」。一天晚上，導師叫他身邊的弟子點「洋火」，（就是火柴），弟子怎麼聽都是「夜壺」（當年沒有抽水馬桶，廁所離居室很遠，為了夜間「方便」不必外出，家家備有一種容器），直到印老打手勢示範，師徒都仰天大笑。還有一次，印老演講到關鍵時說「濕盤」，台下面面相覷，無人明白「濕盤」的意義，後來一位來自導師故鄉的徒眾說明：「濕盤」是「日本」，台下的聽眾這才恍然。

妙峰聽講從來沒有感覺語言的隔閡，導師的話一出口，他就知道講的是什麼，他的紀錄稿沒有文字上的錯誤，導師只改動兩三個字，就交給《海潮音》發表。第一次負責現場記錄的妙峰，全部聽懂，一字不錯，演講結束，妙峰把稿子遞給導師。第二天，導師把妙峰叫到房間，一直稱讚記錄得好，妙峰看到自己記錄的稿子上，老人家沒有更改一個字。妙峰法師回憶，「我當時也不知怎麼記錄的，本來很緊張，也聽不慣江浙的濃重口音，可是手中的筆如流水般不停，大概是菩薩在加被我吧！」這是他的謙虛，他能聽懂導師說法，因為他懂佛法，聽遍當代高僧大德，他也熟讀了當時印順導師已經出版的幾本主要的著作，即使有術語名詞發音走了樣，無礙他對語義的了解和經義貫通。加上他國文根柢很好，平時對新文學又有濃厚的興趣和廣泛的涉獵，這些條件結合起來，此時正是自然的流露和發揮。

第二個段落，一九五三年，新竹靈隱寺時期。

這年妙峰法師到了新竹，一面隨關凱圖老師學習日文，一面在台灣佛教講習會進修佛法，印順導師在新竹主持福嚴精舍，也在講《入中論》。

妙峰法師說，講習會的首批學生大約有四十名，男女合班，除了少數幾位大陸年輕僧人外，大都是台灣本省人。這要感謝發起人李子寬居士等幾位大德聯手撐起講習會，培養僧才。

最初，講習會設在台北善導寺，本來命名為佛學院，需要國民政府的內政部核准。那時台灣處於威權統治時代，主其事者小心謹慎，先讓蔣夫人宋美齡知道消息，探聽這位基督徒的口氣。據說蔣夫人認為佛教無須設立「學院」，於是內政部只能給「講習會」的名義。不久，宋美齡女士又表示不喜歡這樣的講習會設在台北，佛教界委屈求全，搬到新竹那山明水秀的青草湖靈隱寺去了，時在一九五一年秋。

一九五三年，印順導師在新竹創建福嚴精舍。這個精舍本來要設在香港，萬事俱備。「世界佛教友誼會第二屆大會」閉幕之後，印順隨代表團回台北覆命，出現了意外情況。台灣實行出入境管制，他的入境很順利，最後卻拿不到出境的許可，雖經有力人士斡旋，仍是石沉大海。出國開會之前蔣介石總統親自召見，慰勉有加，散會回國卻又不許出境，權力運作之無常也如此！

導師聽從李子寬居士的建議定居台灣，福嚴精舍的地址也搬到新竹。出入境管制製造了多少遺憾，印順導師出境受阻，卻對台灣佛教的發展大利，對導師本人也無害，導師開啟了他光芒萬丈的台灣時代。妙峰之為佛門法器，因此也得以大成。

關於「福嚴」命名的含義，導師解釋：他自己一生沒有福報，許多事該做、想做、因為心餘力絀而不能做，他希望後之來者都有福報。至於「嚴」，含有佛門莊嚴、修持精嚴的意思。這年九月十一日，福嚴精舍舉行落成典禮，妙峰法師回憶，當時共有四個房間和一個不算大的廳堂，旁邊還有一間廚房和一間會客室。建築雖小，典禮場面甚大，不僅在家出家四眾從四面八方蜂擁而至，地方首長新聞記者也「該來的都來了」，人們比肩接踵，把精舍團團圍住。佛門辦事不離弘法，這天舉行金剛般若法會，大家恭誦《金剛經》。妙峰法師受導師指派，負責管理所有的功德箱，收取信眾的捐獻，他提著功德箱的一串鑰匙，在人叢中擠來擠去，忙得滿頭汗水。說起功德箱，記起從前，當年多位法師都委託他管錢，印順導師也看出他謹慎可靠。

「財政為庶政之母」，現在弘法也是一種公共事業，也講究財源預算，弘法不能單靠高僧一瓶一缽，要糾合社會力量，「錢」是重要的黏合劑。古來多少法師為了經費限制無法伸展自己的宏願，妙峰法師也感受頗多。他的生活嚴守戒律，差不多也就是「一瓶一缽而已」，一生卻與金錢有親密的關係，可以做他想做該做的事，這也是前世修來的福報吧。

妙峰法師說，佛門有這樣的公案：一個羅漢餓著肚子，托著空缽，四處奔波，人群中看到一隻大象，全身從頭到尾掛滿了金銀飾物，在陽光下閃閃發光，引來了許多看熱鬧的路人。羅漢撥開人群，近前一看，仰天長歎道：兄弟，過去勸你修慧，你不肯，如今雖然享有榮華富貴，又有什麼用呢！可是，他低頭看到自己的空缽，又歎口氣說：我本以為修了大智慧可以度人，如今連自己的肚皮也無法度過，又能怎樣呢！後來妙峰法師吸取羅漢托空缽的教訓，以「無住生心」理財，實踐布施。

妙峰法師說，福嚴精舍落成後，他又回到青草湖靈隱寺，繼續佛學講習會和日文的功課，也常到精舍聽經，三面兼顧。他回憶，當時的靈隱寺講習會經濟條件很差，雖然名義上是台灣省主辦，並沒有得到省政府的資助。學生們很苦，三餐能夠糊口就已經幸運了。鹹菜、稀飯、見到底的清湯，學生們半餓著肚子度過每一天。住持無上法師心裡也很難過，可是巧婦難為無米之炊，為了能夠讓講習會延續下去，他把一些熱心人的捐款都用上，並且提供學生一些必需的紙筆、墨水和課本材料。講習會鼓勵通勤，只有那些無處可去的僧人留駐，這樣又節省了許多開支。至於校舍課堂的裝修和設備就無力顧及，只見隨時剝落的牆壁和破舊的窗戶，粗糙的舊木板做成的桌子和沒有靠背的木凳子。不過講習會的師資高，他既然「佛道無上誓願成」，不在乎惡衣惡食，直到一九五四年講習會結束，妙峰法師才隨著講習會的師生入住精舍，正式成為導師的學生，導師也擴建精舍，加蓋四間臥室。

第三個段落，福嚴精舍時期。

印順導師說過，中國佛教的衰落，是因為出家人不懂佛法，行為違反佛法，世間的知識程度也太差，只能以修功德做經懺佛事來引導信眾，喪失了世人的尊重。導師說。佛法興盛、出家人受尊重的時期，一定是出家人的水準高，對佛法有透澈的了解，身心行為如法，所以他成立精舍，從培育僧才著手，振興佛教。

印順導師這些話說中了台灣寺廟的積弊。台灣中小型寺廟遍布各鄉鎮，齋姑蓄髮，和尚娶妻吃肉，由住持的兒子繼承，傳法的弟子無權過問，白聖法師由上海來台灣，他花錢由老和尚的妻子手中買了一座廟，這個「買」字寫在佛教史上。七月中元時節，廟中殺牲口供鮮血。神佛不分，民間通俗信仰和正信的佛教混淆，媽祖、關帝、觀音菩薩、三山國王，還有天公、天后、城隍爺、玉皇大帝、保生大帝，幾乎成為眾神的殿堂。信仰的對象雖然複雜，教理卻很簡單，善男信女能夠聽到的，也只是多向寺廟布施金錢，多積功德，將來有更多的福報。

妙峰法師說，他見過台灣許多「廟」和「堂」。有時廟很大，也占據名山靈地，有的散落在鄉村，進進出出善男信女不少，多半是老年人，後來知道他們大都是到廟裡吃齋去。吃齋是台灣信教的一大特徵，或許那年代人們普遍貧窮，哪座廟提供足量的齋，它就人氣旺盛。人們到廟裡吃齋，也祈求人口平安，來年土地長出茁壯的莊稼。念什麼經，誦哪些咒，由廟主安排，跟著念就是了。信眾普遍缺少文化素養，以為進了廟就是如此而已，三法印，四聖諦，入定修慧，從沒聽說過。有些寺廟看外表很具規模，但是為了保持競爭的能力，也未能免俗。妙峰法師從小參與過寺廟經懺活動，更上過佛學院，親聆佛門大德教誨，每次經過這些寺廟，都為佛教難過，為眾生擔憂。

那時候正法正信、可大可久的寺廟固然也有，例如中壢圓光寺、汐止的靜修院、新竹靈隱寺和一同寺，它們都只能獨善其身。要想改變現狀，必須有一批又一批夠水準的法師，一個梯次一個梯次進入各地寺廟「換血」，從根救起。這就要靠教育，要成立佛學院育才用才。

這正是印順導師的志願。他明文規定福嚴精舍和一般寺廟不同，凡是前來入住的人，都要立志「一面求得佛教的甚深義理，懂得佛教的制度和修行方法，一面培養為教護法的熱忱」。修學不限一宗一派，但是要認真用功，「無事不得下山，不多說閒話，不招搖，不作自我宣傳」。

精舍成立後，許多人來朝夕親近導師，查考各種資料可以拼湊出很長的名單：演培、續明、仁俊、真華、妙峰、幻生、印海、唯慈、悟一、正宗……其中能學、淨明、厚基、通妙、超定、晴虛六位法師是台灣省籍的僧人。妙峰法師保存了一張照片，許多法師在精舍門前合影，攝於一九五五年，影中人有名單未列的宏慈、果宗，還有幾位穿著軍服的聽經人。

「福嚴」分精舍、學舍、佛學院三個階段，精舍時期，學僧和導師的關係最親近。妙峰法師說，福嚴精舍沒有佛事，沒有香火，具備佛學院的雛形，印順導師幾乎每天都為大家授課，妙峰法師還記得第一節課是《入中論》。《入中論》是中觀體系的啟蒙課程，由法尊法師翻譯為漢文，它是西元七世紀的印度佛學大家月稱大師所著，內容是中觀宗教義大綱，弘揚龍樹菩薩的理念。《入中論》是一把開啟智慧之門的鑰匙，對妙峰法師後來的學習、體驗、實踐，增添助力妙用。

然後接著上《法華經》、《楞伽經》兩部大經，用新科判講楞伽經。除了講經聽經，導師開了一張很長的書單要大家研讀，並且規定了進度，親自監督。大家要讀印度各種有代表性的典籍，其次是中國歷代祖師的著述，然後是暹羅、日本、西藏各家的作品，讀書要寫筆記，聽經也要做筆記，導師每星期一次查核他們的筆記並寫下批語，妙峰的筆記多次得到導師的好評。導師出國的時候，由演培法師、續明法師講經督課，毫不鬆懈。

談到當年聽印順導師講經留下的回憶，是妙峰法師津津樂道的話題。他說那時導師講經的次數很多，除了在精舍定期開示，任何地方請他去，從不推辭，難得有時空閒，還到新竹大街上人群聚集的地方演說，妙峰和眾多弟子也跟著去聽。後來導師常常出國，或者接受其他都市輪流邀請，留在新竹的時間減少，後期弟子親近導師的機會也減少了，還是他們「草創期」的弟子福大。

從技術層面看，印順導師思路清晰，語言表達的能力強，就是一般所說的出口成章。導師演說有節奏，也就是「抑揚頓挫」，聽眾的注意力隨著節奏走，不會覺得冗長沉悶。導師的言談那麼自然，那麼飽滿，妙峰法師用「爐膛加柴」來形容。他在長文〈一個溫馨難忘的回憶〉中說，導師深入淺出，引人入勝，「如名醫治病，任何疑難雜症，無不妙手回春」，「稱性而道，娓娓而談，輕鬆自在，無罣無礙」。妙峰追隨導師左右既久，再聽別人講經，有幾分「曾經滄海難為水」了。何況演說除了說話，還有表情動作和姿態，妙峰法師讚歎導師的法相「從每一個角度看都是優雅的」，使人望而信服，傳說從前有人沒聽過經，看見佛像就皈依了，的確有這個可能！妙峰在導師座下亦步亦趨，長期受潛移默化，出國後室內高懸導師的玉照，朝夕相對，臨風懷想，現在的神情愈來愈像導師了。

導師講經的另一特色是使用許多小故事闡發經義，這些小故事似乎都是導師的創作，以人生經驗為表，以佛法奧義為裡，效果很好，使人想起佛陀也使用過許多小故事，那些小故事輯成的《百喻經》，後來成了非常流行的讀物。妙峰和常覺做紀錄的時候，用心把導師所說的小故事寫下來，可是講稿出版以後，小故事都不見了，導師把它刪掉了！妙峰法師歎了口氣：「我很想把導師講的許多故事編成一集來發表，可惜導師不許，日子久了，稿子也就散失了。這是佛教的一大損失，太可惜了！」

印順導師常與大家一起用餐。有時，黨政高官來訪，導師留客吃飯，妙峰、常覺等數人作陪，佛門重「威儀」，餐桌上一舉一動都有嚴格要求，例如一粒飯掉在桌面上，立刻夾回自己的飯碗，然後從容地放入口中，細嚼慢嚥，習慣已成自然，來客往往喝嚼出聲，杯盤狼藉，他們看在眼裡，格外注意自己的餐台。印順導師觀察所有的學僧，妙峰和常覺兩位法師吃飯的態度非常恭謹，每餐碗前盤後都乾乾淨淨，導師開了個玩笑說：「妙峰，常覺，你們兩位就當餐廳衛生部長好了！」從此，這個「頭銜」在福嚴精舍的餐廳中傳開。

有時妙峰法師坐在印順導師旁邊吃飯，總是等導師先夾好菜才跟著動手，於是導師就先夾了菜放在妙峰的盤子裡，妙峰立刻向導師合掌曲背。這時印順導師開口了：「吃飯，要吃菜！如果連吃菜都沒有學好，學佛怎麼及格！」

精舍地勢很高，地名很好，叫「觀音坪」，空地很大，導師花了七萬元新台幣買下，算是很便宜。精舍前面遠景開闊，詩情畫意，可是低頭一看，精舍門外院中一片一片灌木茅草，雜亂不堪。妙峰法師想種些花木美化一下，常覺法師完全贊同，兩人報告導師，得到許可，就在經課之餘聯手開出一塊一塊苗圃，演培、續明兩位老師指導他們向省政府農林廳申請免費的樹苗和花種，幾百株小松樹遍山栽成，春季多雨，省了多少灌溉之勞。這年春天夏天，精舍門前開了許多鮮花，導師看著歡喜，於是有人算準導師出入的時候到花圃來逗留，趁導師經過的時候彎腰澆水，很辛苦的樣子，給導師留下好印象，等到脫離導師的視線以後，馬上丟下不管，法師說這就叫「君子可欺以其方」。

妙峰法師是一九六二年出國的，九年以後，一九七一，印順導師因小腸動手術住院，妙峰專程趕回台北探望，趁便回新竹精舍看看，當年種的那些樹都長得碗口那麼粗，「青青綠綠，婆婆娑娑，涼蔭如蓋」。他說他的心情「就像回鄉探親一樣」。

以上種種都是「福嚴精舍」時代的一面樣相，此外還有另一面，那就是生活非常艱苦。

這要先從五〇年代台灣的社會說起。當時台灣尚是小農經濟，「儉樸」是共同現象，尤其是由中國大陸奔逃到台灣來的「外省人」，幾乎都是難民，今天讀許多人的回憶錄，可以看到軍眷、學生、失去家園的地主，都在衣食不周之中。印順導師構建精舍，得力於香港的一筆捐款，但今後的維持費用，包括學僧的三餐，全靠導師四處講經的「鐘點費」，困窘可以想像。

妙峰法師一直在極度艱苦中成長，由靜安佛學院、武林佛學院、台灣佛學院、彌勒內院，都稱得上「苦其心志，勞其筋骨，餓其體膚，空乏其身」。到福嚴精舍，可說有過之無不及，舉例來說，每人每天的菜金只有新台幣一塊錢，這一塊錢究竟是多少錢呢？資料顯示，台北市小飯鋪的山東大饅頭一塊錢一個！文具店自來水鋼筆用的墨水，每瓶一元五角。如以美金匯率表示，那時美金一元兌換台幣四十元，這一塊錢的菜金折合美元只有兩分半而已。福嚴精舍以每人每天一塊錢供應伙食，只有什麼最便宜買什麼，有一段日子他們天天吃冬瓜，白水冬瓜、鹽水冬瓜、冬瓜丁菜湯，宛如冬瓜大宴。慧理法師說過，印順導師平時也是「一碗稀飯，二十幾粒鹹豆」。

福嚴精舍地勢高，鑿井取水，深入五百公尺猶是廢井，飲水要由山坡下面的小溪中搬運上來，那條小溪是居民的洗滌用水，水質極劣，必須用竹片夾住一塊明礬在水缸裡用力劃圈，大約十來圈後，混濁的泥土脫離了水，漸漸下沉，不久，水缸澄清，可以清楚地看到缸底軟綿綿的一層泥土，但水中留下極高的鹹分，喝進空空的胃裡，「那感覺像刀子刮一樣」，妙峰法師因此得了胃病。

夏天汗多，衣服不能隨便換洗，只能把汗水濕透了的僧衣攤在太陽底下曬乾，汗水在烈日下蒸發，升騰一股輕煙，氣味隨著空氣飄散，卻聞不到汗臭。精舍雇用了一位退役軍人老韓做廚子，他覺得很奇怪，僧服的汗氣怎麼會是清香的呢？「出家人遠離魚肉，避免殺戮，清心寡欲，精神境界影響生理，老韓哪裡曉得！」

他們「看天洗澡」，要想痛痛快快洗個澡，你得等到天降大雨。為了承接雨水，他們把所有的容器都擺到外面來，大至水缸水桶，小至茶盃飯碗，雨點敲在上面，發出種種音響，此起彼落，如樂隊演奏。如果選「福嚴十景」，這一條有資格入選。

妙峰法師病倒了！近因是感冒。精舍屋小人多，那時夏天當然沒有冷氣，上課時出很多汗，下課後走到外面受強風吹襲，新竹有「風城」之稱，風過處「聲音像吹哨子」。妙峰得了感冒，吃藥壓下去，然後再出汗，再吹風，再感冒，循環不已，元氣大傷。有一天他忽然感到胃部不舒服，先是微微脹氣，後來隱隱作痛。呃幾口氣，雖然減輕一點症狀，但沒有停止悶痛，而且一天比一天來得密集。再過幾天，早晨起床，居然發現口裡嘔出鮮血。妙峰法師不能去看醫生，沒有錢付醫藥費。胃病加重了，他開始吐血，接著咳嗽，愈咳愈厲害。一天，他一個人上街，勁風撩起他的僧袍，突然頭重腳輕，失去了知覺，他在街口暈倒了。還好，當時新竹的街道還沒有摩托車，也少見汽車，沒有發生意外的危險，恰好也有好心人看見他倒下。等到妙峰法師睜開眼睛，發現自己躺在診所內，一位白色長袍的醫生正在注視他，於是開始了診問。在談吐中，妙峰一口廣東腔國語讓醫生驚訝，也讓醫生倍感親切，原來醫生原籍廣東，還留學過德國，學成後隨軍入台，各大醫院不能用他，他選擇新竹地方，懸壺濟世。

醫生診斷的結果，妙峰不僅患上胃病，還有嚴重的肺結核！在那年代，肺結核幾乎是不治之症，但是法師沒有驚慌失措，心裡平定如常，此日之妙峰已非昨日之雲珠。妙峰法師拿了醫生送給他的西藥，搖搖晃晃走回福嚴精舍。一天，在大堂拜佛，妙峰法師一邊艱難地上下起伏跪拜，一邊不停地咳嗽。附近一位經常上殿供花的老太太看見了，趕緊過來問候。老太太教了妙峰法師一個治咳祖傳祕方，每天吃大蒜。

大蒜？這是寺廟禁止的食物。那時恰好導師出門，眾多師兄都紛紛提議，此時救命要緊，方便法門也是佛陀所允許的。妙峰法師還是很難為情，即使大家都支持吃大蒜，但吃了以後身體會發出蒜味，在清淨的地方，蒜味一定加倍明顯，這樣會影響大家的修行。在師兄們的堅持之下，妙峰終於每天照方吃蒜。

不久，印順導師回來了，妙峰法師未免惴惴，他身體的蒜味更強烈了，似乎皮膚上的每一個毛孔都滲出蒜味，走在路上，對面而來的師兄都很小心地避開他。印順導師看出妙峰的顧忌，把妙峰叫到自己的房間安慰一番，導師說為了治好病，大家聞到一點蒜味又怎樣，保護佛法的種子比不聞蒜味更重要啊！出家是為了發菩提心，悲天憫人；治病也是為了培養菩提心，發揮智慧，就得運用方便。幾個月過後，妙峰法師的胃病和肺結核，居然在導師、師兄弟的安慰勸勉之下「不藥而癒」了。

這是妙峰法師第三次大病，第一次在上海靜安佛學院，兩腿腫得像水桶一樣粗，醫生警告有生命危險。第二次在基隆靈泉寺，中暑轉傷寒。第三次就是福嚴精舍……。

後來妙峰法師出國，又在紐約大病一次，這時生活條件很好，病因是多年困苦把身體弄壞了。儘管如此，法師依然嵩壽遐齡，利生濟世，一日未曾空過，若問祕訣，千言萬語盡在兩個字：「修行」。

第四個段落，新竹女眾佛學院時期。

台灣佛學講習會男女兼收，女眾多於男眾，福嚴精舍不收女眾，但是有一些女眾來旁聽。為了培才，先是講習會成立女眾部，一九五七年單獨成立新竹女眾佛學院，導師擔任院長，演培法師擔任副院長，妙峰法師擔任教務主任，福嚴精舍「妙峰的一代」開始傳燈。續明法師在新竹辦靈隱佛學院，慧日講堂辦太虛佛學院，福嚴學僧都進身為師，有了這一群師資，「正信的佛教」因提高而普及，由普及而提高。

這一部分下一章詳細補敘。

第五個段落是慧日講堂時期。

台北有很多人想聽印順導師講經，不能到新竹去，當年新竹尚是偏僻鎮市，印順法師有很多事情要到台北去辦，別人也有很多事情要到新竹來找他，往返奔波，大家都不方便，再說福嚴精舍是個僧團進修的地方，並不是對社會公開弘法的道場，台北護法的居士們決定為導師另設一個據點來彌補缺憾。

於是台北市龍江路出現「慧日講堂」，有一位林堤灶老居士是大護法，他是工業家林挺生的父親，講堂在他的支持下順利落成，莊嚴寬宏，有四百個座位，這是專供講經的場所，不是信徒燒香祈福拜懺的地方。一九六〇年十二月，導師帶著妙峰、常覺、印海三位法師到台北，次年一月二十四日，新建的慧日講堂落成開放，導師安排印海管總務，妙峰管教務，常覺管文化。慧日講堂「一年四季講經，一年三次法會」，導師在這裡講過《金剛經》、《法華經》、《維摩詰經》，還做過多次專題演講，聽講的人多半是各寺各庵的法師們，可說是一所高級的佛學院。

導師住在台北的時候，門前訪客甚多，有達官顯要，有名媛淑女。官場是煩惱的紅塵，權貴中人尋找高僧作一夕之談，片刻解脫，已是中國政海的傳統現象。客人來了，弟子要肅客入座，通報導師，奉上清茗，然後一旁聽候召喚，來客常將「真事隱去」，提出人生疑難，訴說心中鬱悶，導師「直指本心」，以佛法回應，恰能針對來客的需求自然契合，這時弟子旁聽，成為靈性的一大享受。客人告辭，弟子要恭送到門外車旁，替客人打開車門，關上車門，直到座車馳去，妙峰經常「值班當差」，待客以禮。有一天送走一位高官之後，導師笑著對妙峰說：「我可以寫一部中國現代史」，他的意思是說，來訪者都在政壇上有代表性，他們訴說的都是政壇的恩怨是非。當然，這些內容導師永遠不會說出來，更不會寫出來，這也是中國高僧的傳統。

慧日講堂落成的時候，警官學校校長趙龍文派人送來一塊輝煌的金匾，他是當朝紅人，很崇敬印順導師。這人提倡讀《論語》，能作詩，對妙峰很友善，妙峰當時並不知道他是什麼人。後來妙峰在匾後發現趙龍文寫的一首詩：

身是禪源阿闍梨
孤松石井認依稀
斜陽影裡廣長舌
楊柳千條共向西

妙峰法師解釋，「禪源」是寺廟的名稱，阿闍梨意譯為規範師，即「教授弟子，使之行為端正合宜，而自身又堪為弟子楷模之師」。趙龍文在這首詩裡說，他前生是禪源寺的老和尚，修行有成就，今生還記得禪源寺的一些風景。「斜陽」暗示他從小出家，直到老年，一輩子住在廟裡。「廣長舌」是佛陀的三十二相之一，舌頭又長又寬，表示語言能力超強，說法普度眾生，趙龍文前生做和尚的時候也是到處弘法，度了許多人。「楊柳千條共向西」應該不完全寫景，「西」代表佛的世界，這句詩裡面暗含著他做和尚的時候引領無數人向佛，佛緣千絲萬縷，念念不忘。趙龍文屢次告訴他的朋友，他有生之年要到禪源寺進香朝拜。

禪源寺在什麼地方呢？妙峰法師動手查考，那時工具書缺乏，他翻了許多典籍，查出這座古剎在浙江天目山，規模很大，有僧房五百多間，出家的僧眾曾經超過一千人，有名的玉琳國師就是在那裡出家的。當時台灣海峽兩岸隔絕，趙龍文的心願無法實現，後來情勢許可，聽說他果然去了，以後沒再聽到他的消息，也許就在那裡出家了。妙峰法師說，很多人認為前生來世是渺冥難稽之談，其實有很多真實的例子，我們可以舉一反三。

「印順因緣」幾個段落不能清楚切割，有許多地方交叉疊合，可以看出印順導師早期的弘法事業，妙峰可謂「無役不與」，一人要當兩人用，此一現象顯示妙峰曾是導師得力的人手。

這時候，印順導師在台灣成就顯著，地位確立，形象崇高，印海法師在福嚴精舍成立五十周年紀念的時候說了一段話，介紹印順導師的佛學思想和對佛教發展的貢獻：「傳統佛教比較把佛教強調成為一般往生者的服務，注重求生於他方他世的隱遁，尋求脫離現世的苦難。當然傳統佛教有它的歷史背景，也有特殊的貢獻，但是印順導師依循太虛大師的理念，加上對根本佛教深刻的認知，認為佛教最根本的理念就是從眼前生活作起點，推動此時此地契理契機的修行方式，倡導人間佛教，強調身體力行中的覺醒，推動人間淨土的實現，達到不同族裔成為一個和平相處的自由族。」妙峰法師認為這段話很圓滿扼要。

印海、妙峰兩位法師淵源很深，他們是圓光寺台灣佛學院同學、汐止彌勒內院同學、「慈航師生之難」的蒙難者之一、福嚴精舍同學，又是台北慧日講堂和新竹女眾佛學院同事。印順導師來到台北的第一站是台北善導寺，那時印海就在導師主編的《海潮音》雜誌當校對，聽導師講經。印順到新竹創建福嚴精舍，印海正式成為導師的學生。印順成立慧日講堂，以妙峰、印海為左右手。妙峰出國，印海做到慧日講堂的住持，追隨導師二十五年之久，可以說對導師知之甚深。

印海法師描述印順導師的這一段話，幾乎也可以拿來用在妙峰身上，妙峰出於印順之門，一生的想法做法也是如此。美國是個族群複雜人心不同的地方，最需要人間佛教作滑潤劑、調味劑，必要時作特效藥，佛法是美國社會所必需，也是美國文化所短缺，他對「印順佛學」的發揚，成了華人移民對美國社會最可貴的貢獻。

第十二章

承先啟後　傳燈育才

一九五七年，妙峰法師到女眾佛學院做教務主任，由學生進身為老師，這年他三十二歲。

印順、演培籌劃成立女眾學院，妙峰等人事前並無所聞。一天飯後，大家還沒離開桌子，印順導師突然站了起來宣告「新竹女眾佛學院成立」，九月六日開學。導師即席分派任務，主導靈隱寺佛學講習會的演培法師任副院長，時任福嚴精舍住持、靈隱佛學院教務主任續明法師兼任戒律學教導，幻生法師教唯識，印海法師授佛教歷史，居士周繼武任國文教師，一同寺住持玄深法師擔任訓導。還有常覺、通妙，也都一一配了工作。最後，導師朝著坐在身邊的妙峰說：「你擔任教務主任。」

妙峰法師說，他當時怔住了，所有的眼光都轉到他的身上。辦教務責任重大，業務繁忙，對學院所有的課程要熟悉，對所有任課的講師要有服務的熱忱，要得到學生尊敬，要能承受瑣碎的「行政工作」。妙峰法師從來沒有準備挑起如此重擔，怎能勝任？心裡想著，卻沒有吭聲。

他七歲出家，由七歲到二十二歲，這十五年他是學徒。二十二歲出外遍訪名師，先後進上海靜安佛學院、杭州武林佛學院、中壢的台灣佛學院、汐止的彌勒內院、新竹的台灣佛教講習會和福嚴精舍，由二十三歲到三十三歲，這十年他是學生。時間如此之長，學歷如此之豐，用心如此之專，學而優則教，可謂因緣具足。

新竹女眾佛學院是台灣佛教界專為造就女眾開辦的第一家學院，歷史重「第一」，寫台灣佛教史的人、寫台灣女權史的人，都對這家佛學院多寫幾行，妙峰的名字就在此時早早進入史冊。

新竹女眾佛學院成立的因緣，和台灣佛教講習會、福嚴精舍的關係都很密切。講習會本來由大醒法師主持，男女兼收，大醒辭世以後由演培法師接任，演培認為大醒是長者前輩，可以直接教化女眾，他自己才三十六歲，諸多不便，力主女眾另設分部，於是女眾移到中壢的圓光寺。福嚴精舍是男眾的學團，可是不斷有女眾來旁聽，精舍房舍比較小，印順導師一度專為她們在下午開課，所以有人說女眾佛學院曾在精舍試辦。

台灣的佛門弟子，無論出家在家，一向女眾多於男眾，台灣佛教講習會的學員，女眾超出男眾一倍。若論對佛教的發展，女眾實在有不能代替的作用，否則觀世音菩薩也無須以女身示現了。客觀形勢，主觀需要，都到了為女眾專設教育機構的時候，新竹女眾佛學院在新竹一同寺應運而生。

誰是這個第一家女眾佛學院的創辦人？有人說是印順導師，有人說是一同寺的玄深住持，有人說是一同寺的如學尼師。妙峰法師說，原始倡議人的確是印順導師，導師先跟演培法師商量，演培又跟玄深尼師商量，得到熱烈的支持。一同寺的確是必備的條件之一，那裡有房屋，可以作教室宿舍，那裡有資源，可以提供學員的伙食，那裡是尼庵，學員可以得到最好的管理和照料。學院成立，一同寺住持玄深法師擔任訓導，玄深法師和如學法師一向熱心提倡女眾的佛學教育，她們共襄盛舉，佛學院才辦得起來。至於印順導師的聲望、福嚴精舍支援的師資，當然是佛學院的靈魂。以上種種一個也不能少。

玄深和如學兩位法師都是比丘尼中的佼佼者，玄深法師日本尼僧學校畢業，一同寺是她的祖母覺明居士建造而成，本來叫做一同堂。玄深十歲就剃度出家了，後來接任住持，改稱一同寺，一字之差，意義重大，脫離了地方性的齋堂，提升為名山功德林，可以看出玄深法師的境界和抱負。一九四九年大陸僧人蜂擁而來，她超出地域觀念，邀請慈航、印順、演培、續明各位法師到寺講經，為慈航、印順作台語翻譯。印順導師到新竹買地建造精舍，她接待指引，因此精舍和一同寺成了「鄰居」。

當年台灣佛寺重僧輕尼，玄深法師認為這種現象違反佛家精神，妨礙佛教發展，若要提高出家女眾的地位，只有使她們受良好的教育，「可造之材」成為「可用之材」，人才如「錐處囊中，其末立現」，一定有出頭之日，因此有學者把玄深當作為比丘尼爭女權的人物。印順導師本來不收女弟子，經她婉勸才開了例，據侯坤宏先生的論文，導師一共收了二十九個女弟子，其中最有名的是創辦慈濟功德會的證嚴法師。如果有人傳說玄深法師創辦了第一家女眾佛學院，也是合理的揣測。

如學法師新竹人，俗姓張，新竹望族，一九一三年出生，比妙峰大二十五歲，比印順小七歲。她在新竹女子高中學校畢業後，一九三二年出家，皈依一同寺玄深法師。她也曾留學日本，前後九年，先在東京駒澤大學佛教科畢業，後到京都自毫女叢林進修，那年代，比丘尼出國留學是稀有的事情。

一九四〇年，如學法師回到台灣，創建碧山巖寺，整修一同寺，表現了她的行政才幹。她覓師學習北京話，在台灣回歸中國版圖之前就能說流利的國語，可見她高瞻遠矚，沒有畫地自限，許多法師窮年累月深入經藏，唯獨忽略了改善自己的語言，令善男信女非常遺憾，相較之下，如學法師在出家二眾之中的確與「眾」不同。

還有就是她注重教育，五〇年代，她在碧山巖寺聘請老師到寺中講授古文觀止，教尼眾學習英語及音樂，新竹女眾佛學院招生，她選派了十位比丘尼前往報名。六〇年代，她創建法光寺，辦法光佛學研習班，特別為盲人成立法眼佛學研習班。她重建碧山巖寺，成立南光女眾佛學院。諸如此類，形象深入人心，如果有人說新竹女眾佛學院由她創辦，亦可謂事出有因。

這樣幾個有開創力的人聚在一起，眾緣和諧，好像是為妙峰法師搭建講台。一九五七年九月六日，女眾佛學院開學，從報名的六十多人中錄取了三十七人，出家的和帶髮的都有。（另一說法，開學時有二十八名學生，帶髮的和出家的各一半。）

妙峰奉導師之命講《佛說大乘稻稈經》，本經所發揮的是「緣起性空」，開宗明義即說：「諸比丘，若見因緣，彼即見法，若見於法，即能見佛。」佛曾對弟子阿難說：「緣起義甚深」，如此甚深的教義，佛陀善巧方便，以稻種在春風、土壤、陽光、水分諸因緣之中發芽生長開花結實為例，使人人領會。法師傳法不忘人生，指出人類生活也是因緣的組合與流變，在家庭中有父母兄弟姐妹妻子兒女，在學校裡有老師同學，到社會上有長官部下同事，做群眾工作的人關係更複雜，互相配合才會成功，互相排斥一定失敗。所以佛教勸人彼此尊重，互相依存，締造和諧的國家社會。法師引用了《阿含經》中的名句，來和《稻稈經》相互發明。

在解說「緣起法」的時候，法師認為由西方傳入的基督教義「膚淺簡單」，根本不能跟佛法相比，它能在中國盛行一時，「這是因為中國人喪失了自尊自信」，他順便講了一點從晚清到民初的歷史，以「世學」輔助教學，效果很好。

佛對比丘弟子說：「若見因緣，彼即見法。」法師解釋，這是佛對弟子的稱許，因為只有開悟的人才到這個境界，一般凡夫「見因緣」即被「色聲香味觸」迷惑了，不知道這只是一時和合的假相，因而生煩惱、起執著、惹是非、惑生死。至於「若能見法，即能見佛」，到此地步再也沒有凡聖隔礙，已經超凡入聖了，禪地風光，佛國淨土，與諸佛同遊了。

法師說，他以前從未見過《稻稈經》，臨時接到經本，有些緊張，唯恐有看不明講不清的地方。誰知展讀之下，毫無困難，因為他已深明佛法，諸經皆由佛法出，《稻稈經》雖係「初交」，實同「故人」。

妙峰法師站上講台，心中湧起許多人的形象，他在多少名師台下做過聽眾，海仁法師的沉潛嚴整，太虛大師的意氣風發，慈航法師的勇猛果決，印順導師時而行雲流水，時而暮鼓晨鐘，時而彌漫六合，時而隱密無形，一幕一幕接連不斷。他該學哪一位？他又能學哪一位？人不可無志，而志不可卑，那就發願做「具體而微」的印順吧，萬萬不能，那就希望得印順導師之一體吧，導師在佛法的上游，他在下游，導師的對面是大德，他的對面是初學，導師是開宗，他是啟蒙，若相斷，實相連，他就像那相連的一絲一縷吧。

妙峰法師說，學員的年齡都跟他相近，但是對他十分尊敬，舉例來說，學員們在校園裡有說有笑，一看見他來了，鴉雀無聲。他站上講台的時候，台下所有的眼睛都注視他，人人聚精會神有所期待，一如他在佛學院中聽課的表情。他感到角色轉換，非同小可，佛門常說，施主送來的一粒米像須彌山那樣大，倘有一粒浪費了，來生要墮入畜生道，傳道授業的人說出去的每一句話更要正確，倘若誤導了受眾，未來的業報豈不百倍可怕！他由學生變成老師，雖然有些興奮，但是更覺得這是十分嚴肅的任務。

法師說，傳道授業，單單是內容「正確」還不夠，「言之無文，行之不遠」，還要有表現技巧，能打動人心。印順導師告訴他們，弘法要具備五個條件：「證德、教德、達實性、悲愍、巧為說」。換成大白話，就是要學問好、德性好、有修有證、心地慈悲、語言表達能力很強。導師完全具備這五個條件，而且綽綽有餘，至於妙峰，他說當時他對自己進行了「盤點」，他對導師亦步亦趨，不違如愚，但是有些地方不是十年八年就能學到的，他只有窮一生之力，繼之以來世。

妙峰到「女眾」學院執教，象徵由大陸到台灣的學僧成熟了，常覺、幻生、印海都來講學，妙峰稱讚常覺「有才華，滿腹經綸，口才好，對導師的思想學說有徹底研究，唯識學專家，熱心佛學教育」。他稱讚幻生「學者型僧人，做學問很精到，對唯識學、因明學造詣很深，尊師重道，願意盡一切回饋導師」。

當然，老一輩的大德是佛學院的「標竿」，印順導師特別開了一個專題講座，講完以後出版成書，叫做《成佛之道》，這本書名氣很大，用偈頌體寫成，有些段落很容易背誦，但是含義深奧，一般人難以了解，導師在講堂裡口授隨時解釋補充，這才看出它的博大精深。

續明法師來講戒律，續明比印順小十二歲，比妙峰長八歲，十歲出家，受慈舟律師影響，注重持戒，後來是太虛大師漢藏理學院的學生。他和印順長期合作，算是一位前輩。那時續明法師主持靈隱佛學院，它的前身是台灣佛學講習會，講習會因經費困難停辦，後來又以佛學院名義續辦，最後佛學院也辦不下去，續明法師把學員帶到福嚴精舍，精舍因此改為學舍，由續明法師主持，以三年時間培育這些後進僧尼畢業，此是後話。

妙峰奉導師之命，前往靈隱寺禮聘續明，續明當然答應，但是提出一個條件，要妙峰到靈隱佛學院來講「唯識」，妙峰工作很忙，也只有答應。

妙峰法師說，一同寺和靈隱寺雖然都在新竹，但是中間有一段距離，他上午在女眾佛學院，下午到靈隱寺，午齋匆匆，沒有時間午睡。台灣天氣炎熱，午睡重要，各中小學規定強迫學生午睡一小時，人家午睡的時間，他要在烈日下等候公共汽車。那時車站沒有候車亭，車上也沒有冷氣，乘客在鐵皮蒸籠之中，和扁擔、籮筐、雜貨、雞鴨擠成一團，公路崎嶇，一路震動搖擺。下了課再以同樣的情況趕回福嚴，公車難免脫班，那就得步行，精神體力都大量透支。

妙峰法師並未叫苦，他想續明法師到女眾佛學院來教授戒律一樣辛苦。「他比我胖，年紀也比我大，他能承受，我當然更能承受。」

印順導師只能說是女眾佛學院的精神領袖，他一九五八年擔任菲律賓信願寺、華藏寺聯合住持，每年有六個月駐馬尼拉，此外也還有別的事由出國，難得到女眾佛學院來。演培法師做副院長也是「遙領」，他是台北善導寺的住持，首善之區的第一名剎，世務法務難分難解，每星期到女眾上四堂課，沒有時間親理院務。妙峰法師這個教務主任，有許多事情沒有地方可以推諉，只有自己多做，印順、演培也希望他多做，從未嫌他越權。

妙峰法師說，佛學院的老師和課程都由導師一手安排，可是他做教務主任並不清閒，導師一句話，他奔走好幾天。對授課的老師聯絡接待，禮數必須周到，跟一同寺上下注意保持良好的關係，每天辦公桌上還要案牘勞形，排課程，辦考試，記成績，他下面也沒有人可以交辦。他好比一位「將軍」兼「元帥」也兼「小兵」，無週末，無寒暑假，有做不完的工作。

還有，若是老師請假，他得代課，他是「汽車的第五個輪胎」。那時佛學院沒有汽車也沒有電話，老師若是臨時生病，可能事先無法通知，他最怕「忽然代課」，隨時準備放下手中的工作進入教室。佛學院國文、歷史、英文等課程，聘請在家居士或學校名師擔任，他們多半請事假，教佛學課程的法師們多半請病假，那時候大家的健康似乎都不怎麼好。校中雜務雖多倒也不可任其淹沒，妙峰喜歡寫文章，《海潮音》雜誌歡迎他的文章，這是太虛大師創辦的刊物，當年他是讀者，一九四九年在台灣刊行，他也躋身作者之林。

妙峰法師解釋，所謂代課，並不是去教原來的課程，例如印海法師教《金剛經》，他去代課，講的是高僧傳。出家學佛，奉獻終身，應該熟知佛教史上有哪些不朽的人物，好比學軍事要知道歷史上有哪些名將，學文學要知道歷史上有哪些文豪，知道山有多高，水有多深。有些高僧一生遭遇曲折起伏，十分精采，講來省力，聽者忘倦，每一位高僧自成單元，沒有前後銜接的問題，適合補課之用。

問起佛學院的待遇，法師說他每月的薪水是新台幣一百元，比公教人員菲薄，比福嚴精舍的時代寬裕多了。他並未提高生活水準，依然睡在兩條木板上，坐在沒有靠背的木凳上，依然不吃水果，三年撙節，買了一部台灣版的藏經。

「藏經」是佛教經典的總匯，有各種版本，以日本版的「大正藏」來說，全部八十五冊，共收集一三五二〇卷，八〇六三四頁，分為正藏五十五冊，續藏三十冊，另有別卷十五冊。出家人修行到某一層次，有一個功課叫「閱藏」，把全部藏經通讀一遍，印順導師曾經在普陀山藏經樓閱藏三年，都說導師閱藏期滿走出藏經樓的時候，額頭突然發亮，智慧像噴泉一樣湧出。

《大正藏》是日本大正十三年（一九二四），由日本學者高楠順次郎和渡邊海旭發起，組成「大正一切經刊行會」，收錄中國歷代翻譯的經、律、論，以及日本各寺院珍藏的經典，然後分門別類合成，還編了「大正藏索引」，十分方便探究學習。全書於一九三四年印行，收入佛籍總數是各種大藏經之冠。妙峰法師說，《大正藏》浩如煙海，是佛法的群山，每一山頭都蘊含著無限的寶藏。妙峰法師到了閱藏的時候，可是那時台灣沒有一部完整的藏經。

東初老人發起「印藏」，那時孫立人將軍的夫人張清揚居士護持佛教，她利用軍事運輸的管道，自日本購來《大正藏》一部，用作藍本。東初法師組織「印藏委員會」，廣邀各界有法緣的領袖人物參加，政界有陳誠、于右任，佛教界有章嘉活佛、智光老人、印順法師、南亭法師、星雲法師、煮雲法師，居士有李子寬、張默君、張清揚、屈映光、趙恆惕、蔡念生。費時兩年，《大正藏》印成，分裝五十五巨冊，八百部，然後再印續藏四十五巨冊，妙峰法師預購全套，一九五九年全部收齊。

妙峰法師說：「閱藏太好了，不閱藏不知道佛法的豐富，閱藏才進入了佛法的寶山。閱藏的生活真是法味極濃，法喜充滿，心境柔和，心靈舒暢，內在充實，幾至忘我。閱藏中日子過得很快，不知不覺一天過去了，一週過去了，一個月過去了，好像生活在淨土，不知有外面的世界，不知有世間滄桑，心遊法海，滋味無窮。」

新竹三年半，可能是妙峰法師最豐富的日子，教書、寫文章、閱藏，還跟一些科學家對話交流。國民政府在新竹設立了一個研究機構，集合一群優秀的科學家研究軍事科技方面的發明和製造，他們有各種社團活動，多次請妙峰法師講經。法師說，世人多以為科學家反對宗教，其實態度謹嚴的科學家對宗教說「我不知道」，並不說「我不贊成」，態度開放的科學家，在他的專業之外，也有興趣探索「不知道」的部分。科學家也有心靈上的煩惱，他們在實驗室內相信定理定律，對付物質世界百試百靈，他們在人世間也得尋找可信的東西，建立精神軌道。很多人想不到，那些科學家對《金剛經》的興趣最大，這部經正是勸人放棄在物質世界認為可信的東西，接受另一個你認為不可信的東西，因為那個「不可信」才真正可信。妙峰法師在新竹中山科學院結下的法緣直到今天，而那些法緣又各自種因生果，繁衍無窮。

後來到了一九九五年三月，妙峰法師應新竹福嚴佛學院真華院長之邀，由紐約返台講學。在短短的三個月時間裡，法師深受感動，原來大地如此純淨肥沃，等待著園丁的播種與關顧。他在工業技術研究學院三天的演講，座無虛席，聽眾反應熱烈。這一群高學歷、高收入、高職位的大學教授、大學生，和科學園區的專業知識分子們，能夠如此謙卑、放下身段聆聽法師的開示。他們欽佩、景仰妙峰在文學、詩詞與佛法的造詣。並緊緊追隨，要求皈依。

新竹市科學工業園區，包括工業技術研究院、交通大學、清華大學、台灣積體電路製造公司、華邦電子公司、旺宏電子公司，及中山科學研究院等學佛同仁所發起而成立的學佛社團「新竹慈航佛學社」，於一九九六年四月二十一日成立，並舉行隆重開幕和佛像開光大典。

妙峰法師致詞時說：這個學團的中間堅子，都是知識界的菁英——大多數是教授、學者專家，是一個正知正見的佛教學團，其目的是要擴大凝聚一般性的各階層學佛人士，一起來學佛，一起來共同實踐印順導師所提倡的「契理契機的人間佛教，滋培慈悲善念——消弭由種族、由利害衝突所衍生的惡意、瞋念；同創和諧社會——消除彼此傾軋，嚴重對立的病態社會；追求聖賢景觀——志在希聖希賢，以陶鑄聖賢，淨化身心，同享聖賢的法喜法樂，創造幸福充實的心靈淨土、家庭淨土、社會淨土，祈能在聖賢世界找到一片安心立命處」為宗旨。所以，這個學團，實際上就是一個大家庭，一個注重解行並進，福慧雙修，亦教亦禪和自利利他的大家庭，也是一個充滿了親和力的大家庭。大家庭中的成員，如兄弟姐妹，氣氛安詳，互相切磋，互相幫助，共同清修，精進道業，在滔滔濁世中，將造成一股清流，不但志在自我肯定，自我淨化，且以正思正行，淨化社會，淨化人心，移風易俗，淑世牖民。凡是認同本社這一理念者，不論男女老幼，士農工商，任何階層人士，極表歡迎成為本社社員。

「新竹慈航佛學社」緣起於一年前（一九九五年六月），妙峰法師在福嚴佛學院講學結束返美，內心一直念念不忘這群初學者，不斷去函勉勵，並於十一月再次返台弘法。

一九九六年元月，妙峰法師首次提出在國內成立慈航佛學社之構想，以方便工研院、交大、清大及園區廠商人員研習佛法。於是在法師指導下，包含宏修禪苑、一同寺、法源寺、碧雲寺、工研院、台灣積體電路、旺宏電子、華邦電子、矽成電子、交大、清大、中山科學研究院等機構及台中、台北、彰化、高雄之三寶弟子共同籌備、規化相關事宜，歷經三個月，在籌備過程中，宏修禪苑的一宏法師，發大心提供了寬敞且裝修一新的講堂。一同寺的住持如琳法師，提供講經弘法所需的課桌椅及種種器材來莊嚴道場。王居士將其佛教文物中心之物品、佛經、佛珠全數捐贈義賣結緣，並成立圖書室。還有很多的因緣與助緣，才能在短短的三個月中成就了慈航佛學社。

法師以禪詩啟示學佛行者：「禪悅味濃世味淡，俗塵情去法情留」。期盼以「莊嚴淨土是天職，地獄未空莫罷休」為學佛的最高職志，努力為實現人間淨土而善盡每一分力量。

一九六〇年夏天，新竹女眾佛學院第一期學員畢業，共有比丘尼二十八人，在家女眾九人，妙峰法師主編畢業特刊。數位學員的成就，法師說大家分散各地，久已失去音訊，其中四位學員導師收為門徒，後來知名度很高：慧理、慧瑜兩位法師都做過「妙雲蘭若」的住持，把導師在嘉義修建的清修之所發展成有影響力的道場，慧瑩法師就是在女眾佛學院擔任監學名義的黃本真，她在香港有很好的工作，辭職到台灣追隨導師受教，年齡超過女眾佛學院招生的規定，導師給她「監學」的名義入學上課，她從香港來，又回香港去，隨緣弘法，不建道場，收到信徒的奉獻全都轉捐給佛門的事業。還有一位慧瑞法師，一九六四年導師閉關，慧瑞是護關人之一。女眾佛學院的這「四慧」深受導師器重。還有一位密定法師，在求學期間剃度，後來做高雄復興寺的住持。

說到證嚴法師，她是一九六三年拜師，也是「慧」字輩，名叫慧璋，她與女眾佛學院無干。「四慧」也是「證」字輩，慧理叫證成，慧瑜叫證和，慧瑩叫證信，慧瑞叫證淨。這些出家人都有兩個名字，出家拜師時，師父給徒弟取一個名字，這是「法名」，受戒時，戒師給受戒人取一個名字，這是「戒名」，有人使用法名成名，有人使用戒名成名。

妙峰法師認為女眾佛學院的教育是成功的，他這一任教務主任也做得圓滿，他歸功於「佛恩加被，院長副院長領導有方，師資水準高，學員向學心切」。他因授課而整理觀念，重新思考，增加心得，在「教學相長」中得到進步。佛門以「傳燈」比喻傳法，你是一盞燈，點亮了另一盞燈，你的光芒並未減弱，室內反而更明亮了，他深深體會到「己以予人己愈多」。

一九六〇年年底，印順導師把妙峰、印海、常覺三人帶到台北的慧日講堂，打算在平光寺辦女眾學院高級部。平光寺面積很大，這個廟也是工業家林挺生家的一大功德，外界都說是林家的「家廟」。可是這個高級部沒辦成，妙峰頭頂上卻來了天外風雲。

美國舊金山有位華裔教授孫慕迦，他是佛教徒，舊金山華人信眾很多，但是沒有一個華人法師來帶領修行，總覺得「欲渡無舟楫」。孫慕迦到台北向國民政府請命，要求派出法師長駐，照顧華僑的精神需要，加強華僑對國民政府向心力。

孫教授有一位朋友在內政部做專員，名叫陳錕。從內政部的觀點看，「加強華僑對國民政府向心力」是很重要的事情，國民政府孤懸海外，需要海外各地的僑民壯大聲勢。政府是把佛教當作民間團體來看待的，內政部是民間團體的主管官署，陳專員有影響力。

他倆先到善導寺拜訪李子寬居士，說明來意，李居士是政府和佛教界之間的高級橋梁人物。孫慕迦對人選提出具體條件，要年輕，要能寫文章，要能講國語和廣東話。李居士略一思考，想到妙峰，他說：「你們要找的這個人，我這裡有，他是印順導師的學生，導師正在辦學，需要這個人。」

李子寬帶孫、陳二人去慧日講堂見印順導師，要求放妙峰出國，導師說：「我同意，但是要聽聽妙峰本人的想法。」陳專員唯恐有失，馬上以政治語言強調：「個人想法要服從國家需要。」

導師留客晚飯，妙峰作陪，導師介紹「這位就是妙峰法師」，陳專員說：「哦，你就是妙峰法師，久仰、久仰！」

導師怎會對來賓這樣鄭重介紹他，又怎麼沒介紹別人，妙峰覺得不尋常，有些緊張。

接著導師介紹陳專員和孫教授：「他是來請你到美國弘法的。」

孫教授從旁加強：「我們誠心誠意來請妙峰法師到舊金山弘法。」

妙峰一聽，心裡「咯噔」一下，慌忙推辭：「不行不行，我才疏學淺，沒有在美國弘法的能力。」

陳專員說：「我也是佛教徒，出家人一生為弘法，這是你的宏志大願，現在有人禮聘你，你有機會施展抱負，你能說不去嗎？」他又說：「法師，現在是我們國家最困難的時候，我們要有共赴國難的精神。現在美國華僑找政府幫忙，政府找你幫忙，我們能拒絕嗎？」

妙峰聽他義正辭嚴，一時無話可說，就往老師身上推：「我現在工作很忙，老師也不會讓我去啊！」他用眼睛乞求導師伸出援手。

妙峰的一個老同學在夏威夷弘法，兩年前寫信來邀請妙峰去合作，妙峰隨手把信拿給導師看。那年代想出國的人多，不想出國的人少，接到美國的邀請信而放棄機會的人，更是少之又少，導師以為妙峰要走，立刻召集女眾學院的同學講話，他對大家說：「教務主任要出國，要去夏威夷，你們如果願意，我就放他走，你們如果留他，就跪在地上，等他答應不去美國再起來。」

那次師生一致挽留，妙峰記憶猶新，他以為老師上一次不放我走，這一次也不會，誰知道「此一時也，彼一時也」，上次是私人邀請，這次是政府介入運作。

老師閉目養神，過了一會兒淡淡地說：「在這個時代，別人聽說美國有機會，挖個洞也要鑽出去，現在上飛機有人出錢買票，下飛機有人接待安排，你不去太可惜了嘛！」

導師說完，來賓一齊鼓掌。

妙峰一聽，大勢去矣，他想哭，實在捨不得離開老師左右。

不過老師緊接著又說：「你也別太緊張，先去看看嘛，你不喜歡美國可以再回來，就當是出門旅行。」

事情就這樣定下來了，妙峰法師心裡還是不情願。

那是一九六一年，那時出台灣、進美國兩邊的手續都很複雜，兩邊的效率都不很高，兩邊政府都要調查你這個人是否可靠，政治上法律上有沒有汙點，有時申請文件如石沉大海，使人覺得高深莫測。那時有個名詞叫「跑出國」，意思是為了出國手續，在許多機關之間跑來跑去，往往要跑三個月兩個月，最後也許沒批准。

妙峰法師的出國手續是孫教授、陳專員他們代辦的，人人都說妙峰是從象牙塔裡拿出來的一張白紙，沒什麼可調查，再說妙峰出國等於是「官派」，內政部是主管機關，朝裡有人好辦事，出境證、護照、美國簽證，每一關都很快地通過了，他到美國大使館辦簽證，承辦人對他笑咪咪的，一句話也沒問，護照遞進去又拿出來，萬事俱備了。妙峰本來以為要花很多時間辦手續，也許到了哪一關「卡」住了，走不成，這個幻想也破滅了。

妙峰要求帶一個助手幫忙，這人要年輕，要英文好，要了解美國國情，各方面都同意，人也找到了，不過這個人的出國手續就很「牛步」，沒那麼順暢。

手續辦好了，飛機票也到手了，別人看妙峰一點也沒有「去國」的跡象，他在拖延。事情由一九六一年下半年拖到一九六二年三月，舊金山也來催，內政部也來催，印順導師非常困擾，有一天導師對妙峰說：「你好比是我的女兒，現在要出嫁了，還賴在娘家，多沒意思啊！」妙峰聽了若有所悟，他的眼淚「像斷了線的念珠」滾下來。他立刻去採辦隨身用品，打點行李，那個助手的手續難辦，無法同行，妙峰法師只好單槍匹馬闖出去。

印順導師送給妙峰一張放大簽名的照片，上面寫著「妙峰法師惠存　印順　五一年二月廿四日」，他用的是民國紀年，日期在妙峰動身前十天，據此推算，妙峰法師在一九六二年三月四日離開台灣，此去天涯海角，頗有「風蕭蕭兮」之意。導師一再叮囑：「若是不喜歡美國，可以回來。」他感謝老師慈悲，但是他知道，此行若有成就，不必回來；如果失敗了，不能回來。慈航法師怎麼也不回新加坡，典型在他心裡。

出家人生活條件簡單，即使出遠門，也沒多少身外之物攜帶。法師右手提了一只小皮箱，左腋下夾著小皮包，左手緊握著用布巾包裹著的印順導師的著作：《攝大乘論講記》。從照片上看，法師身穿單衣，圍著頸巾，抖擻精神，他準備勇往直前，踏上征途，萬里奔波，遠赴美洲，做中國漢傳佛教的富樓那第二。

根據第二天的報紙報導，當天有二百多人到機場送行。印順導師帶領著慧日講堂和女眾佛學院的同事同學，來到松山機場，記者筆下寫出名字的有演培、清月、印海、常覺各位法師。政界文化界知名人士有立法委員王天鳴、內政部長王德溥、內政部專員陳錕、孫慕迦教授、李子寬居士。

出發這天，天色晴朗，春和日麗，可是妙峰法師的心情無比沉重。清月扯著他的衣袖說：在這種場合，你不能掉眼淚。這句話一出口，法師就哭了，他沒有辦法等到上了飛機再獨自嗚咽。但是他立刻抹去眼淚，一一向送行的人道謝，聆受他們臨別的叮嚀。機場廣播催促乘客登機，妙峰法師轉身走向「出境」的那扇門，眼淚再度悄然滴下。

依照規定，送行的人到此止步，但是機場有一種特別通行證，持證人可以到機場的停機坪，這種通行證發給採訪記者、外交官員、國大代表、立法委員，還有某些治安人員。演培法師借了國大代表的通行證，一直送到妙峰登上飛機。法師坐定了，見艙內滿座，個個都是離合無常之人。雖然是第一次坐遠洋客機，他一點好奇心也沒有，現在問他座位舒適嗎？服務好嗎？食物可口嗎？有外國乘客嗎？他一概不知道。他一點食欲也沒有，只想到此去如昭君出塞，蘇武牧羊，如何耕耘播種，荒地變為良田，這要比在福嚴精舍周圍種花種樹困難萬倍，而且沒有良師可依，沒有益友相助，他從來沒有一個人獨自面對這樣的挑戰。

飛機起飛，晴空萬里，能見度很好。想起佛說的大千世界，三千世界。想到西半球、東半球都是眾生。想起達摩祖師一葦渡江，到東土建立禪宗，想起高僧法顯坐著帆船遠度重洋，據說他可能到過美洲。想起唐玄奘三藏法師「西天取經」，歷盡艱險。佛門弟子，擔當如來家業，固應如是！當初在上林寺做小和尚，見許多大師父雲水來去，就知道人不可以僅僅屬於一鄉一村，甚至不屬於一族一國。法師法師，他被人如此稱呼許多年，直到新竹女眾佛學院，他才是三十幾個人的老師，今後離開導師的蔭庇，要做千千萬萬人的師表，這才名副其實，不愧此生。他的心慢慢定下來，合掌閉目，默念佛號。

妙峰法師說，他西來為佛法做開路先鋒，功不唐捐，他只有感恩，沒有後悔。若說遺憾，就是從此遠離印順導師，不能親炙教誨。他說：能夠親近善知識是難得的機緣，他和導師相處，情同父子，本來希望永遠晨昏侍候左右。他也歷述演培、常覺一連串名號，今生再也休想有這麼一夥人聚在一起。

法師在外如何發抒對印順導師的思念？他的第一個表現管道是通信，他收到導師六十多封親筆回信，珍藏在一個堅固的文卷裡，他有疑難，導師來解答；他有心得，導師來回應；他有成就，導師來勉勵。他經常寄小額支票回去供養導師，這是佛門的禮節，導師會拿這些錢用在弘法利生上。這些信現在都成了珍貴的文物。

他的第二個發抒的方式是作詩，他時常感念導師，發為詩篇。舉幾個例子：

其一

違教三秋夢寐勞　師恩佛果仰彌高
重來精舍禮慈座　快慰孺思堪自豪

其二

鶴髮童顏壽且康　滄桑過了更堅強
微微含笑如彌勒　光被十方不可量

其三

人海茫茫不夜燈　導航指向樂歸程
光明普照光難量　輾轉相傳無盡燈

其四

人海茫茫不夜燈　光明燦爛怕何曾
揚鞭已向康莊道　佛國王城喜共登

導師百歲大壽時，妙峰法師撰文、賦詩，還獻上一副長聯祝賀：他的兩首詩：

其一

華齡百歲老宗師　願力宏深又大慈
無量光明無量壽　普天共仰最高枝

其二

多聞博學德崇高　君子謙謙未自豪
濟世慈懷垂典範　破邪顯正筆如刀

他的祝壽長聯是：

印現千江慧照無邊　攝化群蒙登覺岸
順應萬機慈風普扇　榮敷九有出迷津

圍繞著同一主題，妙峰法師也寫了多首律詩，例如：

一盞明燈照夜空　猶如璀燦太陽紅
光來暗去山河淨　慧劍霜寒立大功
方便多門皆可入　菩提聖道最融通
明燈亮麗前程遠　寶所摩尼掌握中

妙峰法師也寫了許多文章，他在長文〈一個溫馨難忘的回憶〉和〈一盞不滅的明燈〉中，對導師著墨更多。他稱頌導師的德行、智慧、學問和聖者情懷，導師「甘於清苦，淡泊名利，大悲弘願，深廣無倫」，導師的著述是「大藏經的精華縮影」，「深刻、精密、細緻，見所未見，聞所未聞」。他說導師的著述「從頭到尾，從因至果，無微不至，照亮我的前程，扶持我行走」。他進一步形容導師說法「由淺入深，從凡至聖，縱橫自在，無罣無礙」。

他說「見法即見佛」，他習禪修定，每天早上四點鐘起身「禪觀」，背誦印順導師寫的「成佛之道」偈頌，「心靈交感，如同和導師對話。」

第十三章
舊金山新地新天

一九六二年三月四日下午，妙峰法師從台北松山機場出發，登上泛美航空公司客機，首途飛往舊金山。這年法師三十八歲。

四小時後，飛機在日本東京成田機場降落。通妙法師和他的同事慧岳前來接機，通妙和妙峰是「福嚴」的同學，女眾佛學院成立，兩人又是同事。妙峰法師在東京「可能住了一晚」，第二天繼續航程，飛抵檀香山。

妙峰法師飛越太平洋，困在偪促的座位上十多小時，對眾人來說是最難度過的一天。出家人有修行，正好在這個「蒲團那麼大的地方」靜坐。

他特意等到最後一個才下機。一位海關關員趨前對他說：外面許多人等著你，不用排隊，我帶你過貴賓通道。法師把入境文件及手上提著的行李交給他，跟隨關員，空手過關。

那關員笑著問法師：「蔣介石要不要回中國？」法師回答：「我倒想回去。至於蔣介石，你還是親自去問他吧。」關員大笑，拍著法師的肩背說道：「你很聰明！」

前來接機的信徒們很熱情，人人手上拿著蘭花串成的花環，列隊歡迎。把花環掛在法師的脖子上，花環愈堆愈高，套住了鼻頭。花兒好香啊，豔陽高照，天空特別藍，海風很大，但空氣清新，一片熱帶風情。法師說，他在人群中一眼看到老朋友祖印及泉慧，他們在上海是同學。照歡迎的人群看，檀香山華人有很多人信佛，前人的耕耘可見一斑。歡迎的行列中有一位「土王」，當地原住民的酋長，一身裝束堪稱多采多姿，他配合當地的觀光事業，招徠遊人合影，法師也「隨緣」拍了一張照片。對他來說，這些經驗都很新鮮。

法師住在檀島唐人街中華佛教總會的檀華寺。佛教總會會長鄧燮榮居士領先，祖印及泉慧帶領著熱情的信眾送到寺中。到了總會，法師穿上法衣，在佛前禮拜。儀式以後，大家拍照留下歷史性的鏡頭。

資料顯示，大乘佛教傳入西方社會，以夏威夷群島的檀香山為第一站。一九五三年，四百多位以廣東人為主的佛教徒，在檀島組織了「華僑佛教總會」，首任會長陳照洪居士，他派人到香港禮請虛雲老和尚的弟子知定法師到檀香山弘法，那時夏威夷尚未成為美國的一州。除了「華僑佛教總會」，檀香山華僑還成立了第二個佛教社團，那就是接待妙峰法師過境暫住的「中華佛教總會」，一九五五年成立，會長鄧榮居士。一九五七年禮請竺摩法師出任設在同址的「檀華寺」為住持，祖印及泉慧兩位法師為副。一年後，竺摩回檳城，祖、泉二位接任。這兩個佛教團體平素很少來往。

妙峰法師到檀島第二天，在祖印及泉慧的陪同下，拜會了檀香山華人的「最高組織」中華會館。（按網上資料，檀香山中華會館在唐人街〔42 N. King St.〕，建於一九三四年，獨立兩層高的水泥磚房。但不知是什麼原因，正在出售，售價美金二百二十萬元。）翌日祖印、泉慧、鄧會長陪法師遊覽夏威夷市容，看有名的夏威夷公園，在夏威夷酒店的「旋轉餐廳」吃飯，進餐中看窗外景物不住地變換。法師說，美國科學發達，民生富饒，不愧為先進國家，但願更上層樓加上佛法大行。

在檀島，法師開始了解異域的風土人情，佛教傳布和信眾分布的實際情況，也依照主人接待的項目遊覽了一些名勝古蹟，在當時拍下的許多照片之中，有兩張特別引人注意：一張題字：「在檀香山海邊遠眺台灣」，妙峰法師一人獨立在海灘上，西望神州，神情嚴肅，他的心中或有思潮起伏，如一波波澎湃的海浪。第二張題字：「在檀島海邊與祖印、泉慧遠眺大陸家鄉」。看三人飛揚的衣衫，可知海風很大。三位法師臨風遠望，懷想當年，期待將來。

檀島的觀光景點之中包括日軍偷襲珍珠港的戰爭遺跡。一九四一年十二月七日，二次大戰方酣，日本與美國尚在維持邦交，突然出動空軍轟炸夏威夷的美國軍事設施，美軍的飛機船艦損失嚴重，美國因此由中立改為向日本宣戰，導致四年後（一九四五年八月十日）日本的求降。沒想到二十年後，妙峰法師居然親臨戰場，憑弔美麗海港中被炸毀的船艦殘骸。現代戰爭因武器進步，殺傷毀損為古人難以想像，上次戰爭血跡未乾，已有人在大談下一次戰爭！天蒼蒼，海茫茫，真想問佛陀何日乘願再來！

法師說他在檀島可能住了一個星期。一九六二年三月九日晚上，他飛抵舊金山機場，這一天在美國佛教史上是重要的一天。他是第一位經國民政府遠派到美國本土弘法的法師。

舊金山機場很大，比松山、成田、檀香山機場都要大得多。來接機的有美洲佛教會理事長梁民惠居士、孫慕迦教授，還有呂繩安博士，他是虔誠的信徒，吃長素，《佛陀的綸音》一書的中譯者。還有梁卓堃、譚德森等人。一位秀氣的小女孩獻花。法師離開檀香山的時候，脖子上又掛滿了花環，正好把這些蘭花給了來接機的小孩和女士們。

大家簇擁法師到美洲佛教會。法師換了黃袍紅袈裟，在佛像前行大禮，匍匐在地，虔心禮拜。然後在大廳中以「佛法無邊」的橫牌為背景合照一幀，這也是一張珍貴的照片，一共三十多人，其中有三、四位外籍人士，幾個小孩。法師戴着眼鏡端坐中間，兩旁是孫慕迦及梁民惠，還有呂繩安和鄭僧一，鄭僧一後來是紐約大學教授，他和他的姐姐都是扶持佛法的善信。法師第一天就在大廳中做了他西來美國本土的第一次開示。

法師照例拜訪中華會館，也拜會了其他宗教團體及亞裔社團，他們都對這「第一位」遠來的和尚期望很高。該認識的人都認識了，該知道的情況也陸續知道。華人本來安土重遷，一旦遠涉重洋，飄蓬無根，心理上埋伏下許多問題，他們非常需要向三樣東西尋求安慰：中餐、中文、中國宗教。美國政府深深知道，移民若與母國文化隔絕，容易生病或犯罪，所以在政策上對各族移民原來的信仰都採取扶持的態度；單就這一點而論，他弘法大有可為。

再看美國的主流社會，六〇年代正值美蘇「冷戰」高峰期。冷戰（Cold War）是第二次世界大戰結束後出現的國際情勢，以美國為首的北大西洋公約組織，和以蘇聯為首的華沙條約組織，雙方在經濟和政治立場方面產生嚴重對立的矛盾，多次發生激烈爭執，美國國務卿杜勒斯稱為「戰爭邊緣」。由於雙方都擁有大量的核子武器，如果戰爭真正爆發，就會導致全人類的毀滅。所以雙方都避免戰爭發生，但是又互相以戰爭相恐嚇。冷戰同時是一種心理戰，美國人在這方面的承受力比較弱，出現許多社會問題。

妙峰法師在舊金山，見證了一個正在轉變中的社會。人們反對戰爭，反對權威，尊重自我。但是微小的個人，不能改變政局，因此對現世悲觀，對未來絕望，道德水準普遍低落。青年人為尋求解脫難以負荷的精神壓力，後來出現「嬉皮」文化，沉迷於抽大麻、LSD等迷幻劑，麻醉性靈，醉生夢死。多少人在美國主流文化之外尋求救濟，東方的瑜伽、禪道應運而起，寒山、拾得成為青年人的偶像。就這一點而論，妙峰法師來得正當其時，為華僑提供心靈上的防護，也使多元的美國社會增加選項。

妙峰法師住在美洲佛教會擔任該會住持將近一年。早期舊金山的華僑，經營餐館及洗衣店，多半住在唐人街，他們信奉的並不是純正的佛教，而是神佛不分的民俗宗教。後來留學生及新移民增加，加上華僑的第二代都是知識分子、專業人士，醫生、律師、會計師等日多，簡單的原始信仰無法滿足他們，有心人陸續成立了修持的機構，在舊金山有馮善甫醫生及馮善敦醫生兄弟二人的佛禪會禮教堂、伍佩琳居士的正信佛道會、梁民惠居士的美洲佛教會。

美洲佛教會在美國李氏敦宗總公所的大廈，租下三樓一層作為佛壇，可容一百多個信徒，地址是都板街九一五號。向南走是華盛頓街，然後是企里街。向東走是乾尼街，向西走是市作頓街。對面九一八號是舊金山李氏總公所。都板街相當於紐約市的勿街，是整個唐人街的中心，九一五號是一座四層高的大廈，四樓是李氏敦宗青年組。（法師說樓上每逢週末都很吵鬧，音樂整夜不停，常常有年輕人開派對。）二樓租給留學生辦的美洲中國圖書館。

地下室呢，法師說大概是李氏公所的會址吧。美國李氏敦宗總公所成立逾百年，隸屬寧陽會館，在美設有多個分會，是全美深具規模和影響力的宗親團體。

法師說舊金山的信徒都很虔誠，皈依的人很多，有些人是向他重新皈依的。信徒的文化水平很高，尤其是住在郊區的，有教授、博士、專業人士、留學生等等。除了前面曾提到過的呂繩安、孫慕迦之外，還有英譯《易經》的趙自強教授，主理美佛會財務的陳世蕃會計師，還有張維英及周克明兩位居士。法師特別提到弟子周克明，舊金山華人文化苑院長，也是僑務委員會委員及僑領，法師得到他的關心和悉心照顧。

也有外籍信徒。法師認為，一般來說，除了基督教徒，美國人都能普遍接納佛教。基督教徒比較排斥其他宗教，牧師批評佛教徒迷信，拜的是偶像、泥菩薩，他們根本不了解佛教，隨口妄評。法師還提到在台灣的時候，法師講經，基督徒來鬧場，向受眾散發傳單，高唱詩歌。法師對此深表遺憾。

信徒的「世學」雖然水平很高，但是接受佛學還沒到聽經的程度，所以法師沒有對他們專講經義。每個星期天都有開示，題目都是看當時的需要而定，多半因應信眾日常家庭生活上碰到的疑難求法師解困，例如丈夫沉溺飲酒賭博等惡習，例如婆媳不和、孩子進入反抗期。法師把種種難題引入人生哲理，切入佛理，循循善誘，從而彌合了瀕臨破碎的家庭。

聽講的逐漸增加，形成一個大家庭，甘苦共嘗，師父等於家長，處處為眾人分擔。人生不如意事十常八九，無論在國內台灣或美國，地域雖然不同，又無論是廣東人、上海人、台灣人，或外籍人士，都要在這個俗世度過一生，都有同樣的煩惱，同樣需要佛法來加持，要師父來引領，幫助他們同登彼岸。

法師說，華僑有種種需要，即使是節日聚餐，或者是喜慶書聯，都是結佛緣，「善念隨緣到處栽」。法師更要以身教來帶動弟子的修持。

華僑多半是廣東人，所以用廣東話的時候多，也有用普通話或英語溝通的時候。平時都有共修會及聚餐吃齋，信徒參加活動時都帶了他們的子女同來，於是法師在客堂設中文學校，週六及週日上課。暑假期間，孩子每天都來學中文，綜合式的一班約有二、三十個學生。課文中有許多佛經裡的故事，引導孩子們認識佛教，法師和梁民惠的族姪梁卓堃居士合編了一本課本。〈釋氏英雄〉取材自《阿含經》，摩訶男自溺以救族人的故事，佛陀說「親族之蔭勝餘蔭」的故事，敘述釋迦牟尼諫阻琉璃王攻伐祖國。孩子們喜歡這些故事。中文班的成立也得到信徒們的歡迎。他們說：我們在美國不能數典忘祖，既要培養孩子們的佛法信仰，也要幫助他們傳承中國文化。

法師稱道梁卓堃居士很熱心，當義工教師，他是法師的好朋友，是一間珠寶店和銀樓的東主。梁卓堃常約法師在星期六郊遊。多半到一個信徒的水果農場，可能在加州的省會沙加緬度市中途。他說：「樹上熟了的果實纍纍下垂，人躺在地上，張開口就能吃到。主人留客吃中飯，回程還每人帶一袋水果回家。加省的富饒，一幅世外桃源的景象。」法師還記得，一九六二年九月，他曾和梁卓堃、陳世蕃坐灰狗長途巴士去西雅圖參觀世界博覽會（一九六二年四月二十一日到十月二十一日）。當時在福特汽車公司工作的信徒馮德明接待他們三人。二十二號那天，三人還在積雪的山頭拍照留念。馮居士擁有兩架小飛機，本擬載他們三位遨遊天上，但陳居士膽小不敢乘坐，只好作罷。法師說那時候的西雅圖沒有佛教機構，沒見過身穿袈裟的僧人，路人都覺得好奇，要求和他握手和照相。

妙峰法師來到舊金山弘法，灣區華文報紙都報導他的消息。一位年輕人來找法師，他說看報知道有大德師父從中國來，他專程來請師父幫他的朋友消災解難。朋友是生意人，太太病重往生了，孩子年幼，需要有人照看和打理家務，朋友到香港娶了一位年輕的繼室，二人感情很好。後來新娘病了，行動反常。晚上緊張，不敢入睡房就寢，整天留在客廳，也不入廚房，吃不下飯。看遍中西醫生，都找不到病因，始終治不好。

法師說：「我不是醫生，不會看病呀！」青年說，他們懷疑新娘是中了邪，死去的太太陰魂不散，纏著新娘子。也曾請來牧師和道士，也都束手無策。朋友認為佛法無上，遠來的大法師一定能夠趕鬼，所以來請求師父慈悲。

妙峰法師沉吟了一下：趕鬼？老師沒教過，但化解孽緣合乎教理。他想：「如果我拒絕了，這人和他的朋友可能對佛教產生偏見，終身無緣得度。」於是說：「這事我可以幫忙。」這人把事主帶到大殿裡來，法師穿上法衣，擺下法事，帶領全體信眾頂禮拜佛，誦念二十一遍大悲咒。法師這樣做，只當一次弘法的活動，事主卻心滿意足地回去了。

妙峰法師在「美佛會」的時候，常有華人名流前來訪問，民社黨黨魁張君邁先生和語言學家趙元任教授都在不同的時候成為座上客。張先生是僑領，政壇名人。趙教授是天才，百年難得一見的奇人。趙元任，江蘇武進人（一八九二—一九八二），中國語言學家，亦是中國語言科學的創始人，被稱為漢語言學之父，中國科學社創始人之一。趙元任一生會講三十三種漢語方言，會說英、法、德、日、西班牙語等多種外語。他自己說：「在應用文方面，英文、德文、法文沒有問題。至於一般日常用語，如日本、古希臘、拉丁、俄羅斯等文字都不成問題。」他具有「錄音機的耳朵」和學說語言的能力。

趙元任和夫人楊步偉女士同來訪問，法師對趙氏能用標準廣府官話和他交談的一幕，深印腦海。

法師說當時想起了遠參法師。遠參和海仁是月霞老法師座下弟子，他沒有學過日文，到日本去時，能用流利的日語和日人交談，而且記憶力奇佳。月霞老和尚早上講華嚴經，遠參聽了一遍，下午能替老師向同學們復講，一點錯漏都沒有。趙氏和遠參的天賦奇才，大概是前生在八識田中留下的善根種子，對於他們，方言也罷，外語也罷，沒有界限。明白如一，一通百通。

一九六二年十二月，法師在美洲佛教會替兩位外籍弟子主持佛教婚禮。妙峰法師為證婚人。新郎賓亭先生（Robert L. Buntin），新娘瓊斯小姐（Eleanor F. Jones）。我們看當時留下來的照片，只見法師居中，站在供桌前，身穿法衣，笑容滿面。一對新人站立桌子的兩旁。二人身穿中式佛教禮服，手持證書。法師告訴我們說，這應該是佛教法師最早在美國主持的佛教證婚儀式。而且兩位新人都不是中國人，可以說開風氣之先，在當時影響很大。一九六三年，法師在紐約為李定博士夫婦舉行美東的第一次佛教證婚儀式。以後就常有信徒來要求證婚。

從前的佛教對婚姻的看法是很負面的。近年來，要求佛教婚禮證婚的信徒甚多，成為公認的結婚儀式。但也有不贊同佛化婚儀的。查佛化婚儀是太虛大師提倡「人生佛教」化生出來的一個項目，「人生佛教」是後來「人間佛教」的前身，提倡佛教應深入社會，要為社會服務。有說人間佛教就是佛法的人間化。太虛大師提倡佛化婚儀，一九二七年他在上海應邀主持了兩場婚禮。

印順導師在菲律賓弘法的時候，有人問他：在佛堂裡面能不能做佛化婚禮？他說在佛戒裡面沒有明確規定不可以，因為以前沒有發生過類似的事情，現在為了利益眾生，可以去做。聖嚴法師在《正信的佛教》解答「佛教徒必須舉行佛化婚禮嗎？」他說：「根據比丘戒的規定，出家人不得做婚姻的介紹人，但是沒有說出家人不能做證婚人，也沒有說出家人可以做證婚人。」然後他說：「若以解脫道的觀點衡量，出家人最好不做證婚人。若以菩薩道的觀點衡量，為了佛化社會的理由，出家菩薩為人證婚，當可視為接引的方便。」

我們問妙峰法師對婚姻的看法。法師認為：「傳宗接代是人類應有的行為，從佛教的眼光來看是正常合理的，在人倫方面看是幸福的。佛教並沒有反對以人倫道德為基礎的婚姻，在佛教裡面，不是說夫婦方面不可以有正常關係，而是不可以有不正常的男女關係，那樣會造成困擾，破壞人倫，不聖潔。正常的婚姻，對個人，對家庭，對自己的兒女都是最好的。在家也可以修行，佛教並沒有反對。以佛教的儀式引導人們進入正確的人生觀，走上正確的人生道路，是好的，我在美國主持了很多佛化婚禮。」

法師也指出修行的果位有等級，在家居士修初果、二果以至三果都成，修到四果就要連情欲都要戒掉，那已經不是凡內（而是出家了）。到超凡入聖的時候，對男女情欲已經不需要，也不會有這個念頭。

佛化婚禮既莊嚴隆重，又很簡潔。尤其在佛堂由大德高僧祝福，男女相互宣誓，共證愛情，兩人有著共同的信仰，共同的信念信奉佛法為慈航，建立一個幸福美滿的佛教家庭，在人間佛教盛行的今日，漸漸普及。佛化婚禮的儀式，一般都在寺院的大殿裡面舉行。介紹人、主婚人、證婚人、新郎、新娘分別禮佛入席；集合僧眾，然後用傳統的法會形式，比如唱爐香贊、三寶贊，拈香，誦《心經》，然後再聆聽法師對他們的教誡，就是對他們婚姻的祝福，有時同時進行皈依三寶的儀式，甚至還有受五戒的儀式。接著就是用類似西方結婚儀式上的問話宣誓。完了以後，會有法師們唱贊、迴向、祝福，還有交換一些信物，比如說念珠、戒指等等。證婚的大德法師宣讀結婚證書、法師開示、介紹人致詞、來賓致詞、主婚人致謝詞等等。整個儀式基本上是參照西方的結婚典禮，但是替換了一些佛教的內涵。儀式之後，通常主家以素食宴客。

談到素食，妙峰法師想起一宗有趣的事。他說了一個聚餐結緣的例子：那年的感恩節，他生平第一次參加「吃火雞」！當然，法師素食，不吃葷，但他抱著平常心，入鄉隨俗。一位住在佛壇對面的女弟子，請法師到她的家過感恩節，說是她的孫子要看師公。法師笑說：「要留鬍子才可以叫師公。我沒有鬍子，不能去。」法師當然是開玩笑。

美國風土人情，感恩節一家團聚，是一年之中最重要的節日。法師接受了弟子的邀請，自己帶了羅漢齋去吃。桌上放著一隻三十多磅的烤火雞，要用電鋸切開來吃。那孫子喜歡吃豬腳，面前的盤子堆滿骨頭。法師相信，一個人只要接近佛法，即使是間接又間接的接觸，都有一天發生作用。他坦然坐在火雞大餐的餐桌上，心中無物，他給弟子們帶來愉快，也分享了弟子們的愉快。

法師又舉華僑社會另一個特殊的需求為例。舉凡新居落成、生意開張、生日喜慶等等，都要求寫吉祥如意的對聯。信徒認為師父寫的字可以避邪，帶來平安。他們認為法師是有道之士、飽學之士，當然會作詩寫字。法師說既有這個需求，他就要去滿足，他不能寫得俗氣，要有新意，有佛法。情勢所迫，他用心練字，也學習寫詩，後來成為詩僧、文學僧、書畫僧，以藝明道。本傳另有專章介紹他的詩詞。

法師對舊金山很有好感。「天氣好，比較清涼，長年不冷不熱。街道清潔乾淨，多斜路，上上落落的，很有特色。」法師認為舊金山地理可愛，爬上爬下，像香港本島。治安也好，很安全，半夜在街上行走也不怕。他提到舊金山的「叮噹卡」，（有電纜的街車），很可愛！他也跟信徒去過購物商場，見識到美國的富足，美國人的物質生活可說應有盡有，無須再過分發展追求，應該想一想那物質之上的，物質不能填補的。

他說他對美國的錢幣到底有哪幾種，一點概念也沒有（比如當地老華僑說的「錢八」，原來就是二角五分，大概是指重量一錢八分吧！）。但是他還記得物價很低，一枚五分硬幣就可以坐地鐵，一床被單一美元就能買到。

法師感覺美國人很友善，很熱情。前面提到一位請妙峰「吃」火雞的故事，主人就是一位年長的太太，兒孫滿堂，但是沒人陪她同住。有一次，她病了，患了感冒，法師陪她去看醫生。一位外籍女子走過來問好，問老太太說：「他是不是你的兒子？他好英俊，好帥喔！」然後問法師：「我可不可以和你握手？」法師並沒有因為是中國人或佛教徒而有被人歧視的感覺，相反，人們都很尊重他。

美洲佛教會沒有護法會，梁民惠是理事長，也是會長，等於兼護法，可以說是美洲佛教會的權力中心。他是徐慕潔代宣化上人收的弟子。宣化在未改法號以前是叫度輪，梁民惠仰慕度輪，到香港去拜訪他，在度輪的佛壇住了幾天。某天晚上，度輪對他說師父能顯神通，能放光，叫他起來看師父放光。梁民惠沒有看見度輪放光，自此對度輪失望，回美和一班朋友成立了美洲佛教會（一位叫梅姑和名金財的居士捐了兩萬多美元）。徐慕潔是從香港來的留學生，是度輪在舊金山的女弟子，她在唐人街租了地庫，設了佛教講堂，以佛堂的名義，到香港請了度輪來美國弘法。妙峰法師說：「我來了三個月以後，度老（後來的宣化上人）也來了。再過一個月，聖剛法師來了。接著不久樂渡法師也來了。」後來宣化上人在舊金山創辦萬佛城。

度輪法師住在徐慕潔居士的佛堂，梁民惠不想去看他，聽說度輪在香港揚言：「如果他來了，妙峰那小伙子就要被趕跑。」妙峰對梁民惠說：「度老是老前輩，要尊重他，他來了，我們應該去看他。」在法師的勸說下，兩人去拜訪度輪。可是度輪沒有理睬他們。妙峰法師說：「大概度輪和梁民惠師徒的誤會，影響上人對我的印象。」坐了半個小時，法師覺得已盡了心，就回去了。

宣化上人到了舊金山一個多星期後，就在美洲佛教會的樓下，留學生開辦的中國圖書館裡，開講《金剛經》。那應該是第一次在美國本土有法師公開講《金剛經》。他在樓下開講，梁民惠不願意去聽，法師說：「近水樓台先得月，前輩講經，應該去聽。」但他不同意。度輪說要講三個月，可是反應冷淡，講了兩天就中斷了。有一天度輪和一個弟子終於到美洲佛教會來看妙峰，妙峰領著弟子們列隊大禮迎接，以示尊重。妙峰法師和宣化上人後來成為很要好的朋友。

樂渡法師原來住在香港。一九六三年初，繼宣化之後，他也到了舊金山，住在伍佩琳居士的正信佛道研究會，為該會駐會弘法。正信佛道會不是單純的佛堂，除了佛教，還宣揚道教，也有扶乩等活動。一九六四年，沈家楨居士成立美國佛教會，請樂渡到紐約主持。樂渡法師後來創辦了美國佛教青年會，為該會住持，從事佛經英譯的工作。

至於聖剛法師，他在福嚴精舍住過。妙峰在台灣知道要來美國弘法，向孫慕迦要求派聖剛來做他的助手。聖剛的英文好，中山大學外文系的畢業生，曾為美國某顧問團的翻譯官，他的經歷比較複雜，美國移民局調查費時，辦了很久手續才辦出來。他有家室，是半途出的家。印順導師說聖剛定不下心，常想上街。後來妙峰去了紐約，半年後，聖剛果然還了俗。接了太太，開了書店。

一九六二年十月十日雙十節，法師是和聖剛一起度過的，他們兩人在唐人街街頭還拍了照留念，背景有利園酒家和五仙及十仙店，街上橫空懸了布條。那時妙峰法師、宣化上人、樂渡法師、聖剛法師四位道友近在咫尺，常常見面論道同修，「德不孤，必有鄰」，大家心情很愉快。

舊金山美洲佛教會是一個小道場，事情不多，「星期天有法事，平時沒事，星期六也不一定有事」。聖剛來了以後，小道場不需要兩位法師，太浪費人力了。妙峰法師想到紐約，紐約人口比舊金山多，假如紐約有機會，他願意去發展。可是事情往往出人意料，後來法師離去，聖剛還了俗，梁氏只得把美洲佛教會託謝滿根管理，謝滿根是密宗弟子，也信道教。雖然梁民惠所託非人，但是妙峰的內心總覺得對不住美洲佛教會，他說：「欠了梁民惠一個人情。」單就佛教的推廣普及來說，妙峰法師應該到紐約來，那時紐約非常需要他，他也需要更大的空間。

法師的心願能夠實現，多虧了岑冠文女士從中促成。岑女士住在紐約皇后區的喬園（Kew Garden），她是陳蔭康居士（台灣復興輪船公司總經理）的母親，陳居士是妙峰法師的朋友。法師常和岑居士通電話，向她表示想到紐約看看，他有一個念頭：想把他的弘法基地設在紐約。紐約是大都會，近政治中心的華府，又是金融中心，工商業重鎮，他深信弘法要找人多的地方，不以舊金山為滿足。岑女士答應幫他安排。

機會來了，岑女士是應金玉堂女士的朋友，應金玉堂是應行久居士的夫人，應氏伉儷都是美東佛教的大護法。應行久（一九一四—二〇〇一），美國華人實業家、僑領。祖籍浙江鎮海，生於上海市。上海滬江大學商科畢業。一九四六年，在上海創立合眾汽車公司、立人汽車公司，經營美國和法國的汽車，他擔任美國通用汽車公司和法國雷諾汽車的總經銷。後來到美國發展。七〇年代，應行久創立了美國華商總會。他致力推進中國現代化建設，為促進中美關係發展做出了貢獻。

一九六三年一月二十五日，應金玉堂為新成立的美東佛教會開幕，因岑冠文的介紹，請法師從西岸飛到紐約為美東佛教會開光。法師得到梁民惠的同意，一月二十三日搭聯美航空公司班機東來紐約，送行的有梁民惠、宣化上人、樂渡法師、聖剛法師等人。

妙峰法師開始他的紐約時代。

第十四章

白手創建法王寺

一九六三年元月，陳岑冠文居士的一通電話，為妙峰法師開啟了紐約之門。陳岑冠文是虔誠的佛門弟子，在台灣與妙峰法師時有過從，她的公子陳蔭康是台灣復興輪船公司總經理，後來隨公子移民美國，一直和法師保持聯絡。

那時，紐約聞人應行久居士的夫人應金玉堂居士，在「唐人街」（官方的名稱叫華埠）最熱鬧的勿街（Mott St.）成立「美東佛教會」，供奉一尊觀音大佛，兼售佛事用品。她想請一位有名氣的僧人來主持開幕儀式，並為大佛開光。陳岑冠文推薦妙峰法師，很快敲定了法師的紐約之行。

開光大典定在一九六三年農曆新年正月初一舉行，新年前三天，妙峰法師從舊金山上飛機，傍晚抵達紐約，這年法師三十九歲。紐約的漫天風雪像是給他一個下馬威，坐在從機場到唐人街的汽車上，滿眼是昏暗中飛舞的雪花，看不清外面的景致。到了唐人街，這位開車接機的人先帶他匆匆吃過晚餐，送他去歇息。那是一家搬運公司，二樓空地上有一張露營用的充氣床墊和一張薄毯，可以作為他晚上的寢具。

放下行李脫掉外袍，法師想漱洗一下再就寢，屋內沒有浴室，他看見一扇門，心想要是能找到乾淨的洗手間也成，於是開門出去看看，突然一陣大風把門重重地關上了，他才注意到這門外是個平台，沒有其他的房間，最糟糕的是，他把整串鑰匙順手放進長袍口袋裡，而現在長袍在屋內，自己反鎖在門外。

妙峰法師並未料到紐約這樣寒冷，陰曆年前後又是一年之中最冷的時候，何況二樓陽台高處多風，單薄的衫褲怎能抵擋刺骨嚴寒？他只有不停地跳動，靠自身發熱取暖。一面在雜物堆中尋找小鐵片、細鐵絲作開鎖工具。手指凍得發抖，試了許多遍怎麼也打不開，不停念誦觀音菩薩聖號，邊念邊跳，心緒漸漸平靜下來；再試著用細鐵絲開鎖，鎖頭奇蹟似的應聲開啟，這才絕處逢生。

天亮了，法師知道自己保暖的衣物不足，下午兩點多鐘樓下有了動靜，搬運工人回來拿工具，法師趕緊向他問路，知道昨晚住在堅尼路一個華僑會所「朱沛國堂」的斜對面，只要步行兩條街就可到達美東佛教會；外面積雪很深，路很難走，他決定自己找過去看看，手提行李箱，身穿僧袍布襪羅漢鞋，生平第一次在二十英寸深的雪地裡步行，細雪未停，寒風如利刃，沿路少數幾家商店開門，有華人同胞手持大鏟在人行道上清理積雪，終於來到勿街美東佛教會。這時，他的鞋襪、褲管、長衫下襬都已經濕透，讓他深刻體會了「徹骨寒」的滋味。

美東佛教會跟一家出售供佛道具的禮品店聯營，都是應金玉堂居士的產業，店裡有一位男士在趕工，為開幕典禮在壁上畫佛像。過了一會兒又來了一位工人，法師央他代買些食物充飢，這時他已經生病了，開始發高燒，可是他還不能休息，他得馬上安排第二天大佛開光要用的物品和布置一些細節。好在有暖氣，門窗也不透風，他喝了些牛奶就昏睡了。

大年初一是陽光普照的好天氣，勿街的商家早把街面積雪清掃乾淨，在鞭炮鑼鼓聲裡，美東佛教會的開幕儀式熱鬧登場，妙峰法師打起精神，主持了一場隆重的大佛開光典禮，讓紐約的中美來賓見識佛教文化的丰采，任誰也看不出他是抱病上陣。英文大報《紐約時報》作了一篇專題報導，對這位年輕的中國和尚從外型到內在抱負、甚至連身高手型都有詳細描述，還拍了一張照片同時刊出。這篇報導造成的影響非常明顯，應金玉堂居士立即請妙峰法師留下來不要走了。

「留下來」正合妙峰法師的意願，他每天坐鎮大廳為香客解籤，向每一位捐獻香油錢的客人說謝謝，法師用佛法解籤，尋常籤語也成佛法，求籤的人很受用，美東佛教會因而香火鼎盛。但籤語究竟浮淺簡單，它能承載的訊息有限，目前的狀況跟法師的理想差距太大了。

妙峰法師說「一切苦厄」都是人間佛教的修行試煉，可以激勵後之來者，無論苦樂順逆，都是造就，都是難得的因緣。他很感激應居士留他在紐約，讓他有機會多認識這個大都會，有了這樣一個窗口，他每日廣結善緣，「紐約時代」是他弘法利生的高峰期，「美東佛教會」則是他「紐約時代」的發端。在這裡，很多商界人士、知識分子、家庭主婦一心求法，跟他親近，其中最熱心的兩位是紐約時報記者亨利和他在華爾街工作的姐姐，兩人經常相約到唐人街用午餐，再去見妙峰法師，聽他說些佛教故事。亨利後來皈依，妙峰法師從此有了洋弟子。

有一位汪子剛居士，當時擔任華人社團「三江公所」的祕書，他安排法師到三江公所講經，信眾很多，都很投入，顯示紐約華人對佛法的飢渴，也可以看出妙峰法師在紐約有深廣的法緣。另有一位開雜貨店的梁懷芳居士，他認為這樣精采的講經會，若因為沒有場地而不能繼續，真是可惜，他空出自家雜貨店的地庫（地下室），免費供給法師作道場。他的店也在勿街，對面正是中華公所和美東佛教會。

法師記得，那間地下室整理得十分乾淨，獨門出入，燈光明亮，還有專用的洗手間，地方雖小，地點卻適中，鬧中取靜。他決定自己由此處從頭做起。法師說，他跟美東佛教會之間沒有合約關係，他已在那裡工作了一整個冬季，眼見客人多、香火旺站穩了腳步，他可以離開了。

一九六三年農曆四月八日，妙峰法師與梁懷芳、劉陳杏葵等六位居士為創始委員，在梁居士的雜貨店地庫內成立「中華佛教會」，同時成立法王寺，作為中華佛教會的第一個成員，由布局可見法師抱負遠大。草創伊始，一切儀式從簡，沒有賀客，沒有鞭炮鑼鼓，沒有傳媒採訪，那些都是次要條件，而主要條件大備，妙峰法師以二十八年的修為，端坐講壇，面對滿室弟子，上承佛陀，下啟眾生，六塵寂寂，惟聞法鼓。他的佛學講座一次又一次定期舉行，無邊的佛法感動了信眾，信眾的熱情也鼓舞了妙峰。

信眾愈來愈多，地室只合暫時使用。六位委員出動尋覓新場地，梁居士找到堅尼路一六九號國民黨美東支部的隔壁，面積比較大，每個月租金只要一百美元。

為了盡量利用空間，他們把全層樓只隔成兩部分，大的一間作為佛堂，便於較多信眾參佛共修，遇有大型法會，還可以借用黨部的禮堂。另一小間面積四尺乘六尺，作為法師的寮房，安置一張長條小沙發，白天當作客廳和辦公室，晚上就是法師的臥房。

法師說，那時沒錢買家具，桌椅沙發都從路旁撿來。這得解釋一下，美國人有一個習慣，家中不存放用不著的家具，舉例來說，兒女中學畢業，升了大學，住進大學宿舍，家長就把兒女用的書桌搬出來放在門外的安全島上，任人取去。有些人家喜新厭舊，稍微有點餘錢，沙發要換新的，舊品也如此處理，所以中國留學生初來乍到之時多半不買書桌飯桌。妙峰法師的佛教會新遷，一切設備因陋就簡，可見一斑。

中華佛教會遷到堅尼路一六九號，正式對外開放，時為一九六三年十月十三日。這時法師已有相當的知名度，賀客很多，國府駐紐約總領事，中華公所主席，華美日報主筆潘公展都來了。真是陋室生輝，何陋之有？

中華佛教會沒有基本財團，也未獲得任何財力雄厚的善長仁翁大力支持，只靠微薄的會費和少許香金節儉應付，幸賴一群基本信徒刻苦耐勞，出錢出力，大家熱心護持，得以度過最初的困難階段。

妙峰法師禪修和開展會務並重，忙著講經，舉行法會，主持皈依儀式。一有空就整理講義，讀書寫作。他的努力並非僅此而已，他追隨慈航和印順兩位大師多年，深深知道一座固定的永久的會址對法脈的延續和發揚多麼重要，他經常出來散步，察看華埠的公私建築、周圍環境和居民分布，思量長久之計。

法師的老友李漢魂居士十分贊同他的想法。李居士是廣東湛江人，和法師同鄉，曾任國府內政部長及廣東省主席，擔任過廣州南華寺的護法，因此署名「南華李」。他住在紐約上州白原鎮，常與小同鄉妙峰法師談佛說禪，遺憾當年錯失虛雲老和尚引領皈依的機會。他正在寫回憶錄，將其中跟佛教有淵源的這一部分委託妙峰法師潤色。法師每次到白原鎮李府探望省長，李夫人陳菊芳女士依廣東習俗煮糖粥待客，鄉情親切。

唐人街的伊莉莎白街有一棟五層公寓出售，售價只要一萬元，佛教會有六千元基金，加上李漢魂居士慨捐一千元，只需再向銀行貸款三千元就可以買到。法師為佛教會買下第一棟房產。

順利成交以後，這才發覺房屋老舊，毛病很多，各家住戶不斷提出要求，要粉刷，要換水管，要修屋頂，之類等等，這是房客的權利。裡面的住戶都是美國政府認定合格的窮人（低收入戶），房租很低，不能提高，他們不交租金，房東不能強迫他們搬家。佛教會的股東們抱怨：「師父，你買了一個病人回來服侍，趕快賣掉算了！」法師總是耐心地說：「再等等，不要慌。」熬了三年，房地產飆升，唐人街的樓宇都炙手可熱，有人出資七萬買走這棟老樓，法師為中華佛教會賺到了「第一桶金」。

沿著勿街走出唐人街中心區，穿入義大利移民聚居的地方，法師看見一座樓房，又破又舊，價錢十分便宜，裡面也沒有住戶，他想用來改成佛寺。佛教會的法律顧問劉德光律師看到這棟樓房的狀況，曾經以專業的眼光評估，勸告妙峰法師放棄購買，法師認為現金放在銀行裡會貶值，還是「先買下再說」。這是法師為佛教會購置的第二座房產，時在一九七二年。他沒有財力立即施工，買了以後先擱在一旁，沒想到這棟破房子引起義大利移民覬覦，展開一場「鬥法」，此是後話。

等到佛教會又有了一點錢，法師發現第三座房子。經紀人帶他去看堅尼路（Canal St.）上的一棟五層樓，有電梯，全層沒有柱子，開闊寬敞，真是理想的大殿格局，只需稍稍裝飾立即可用。門前釘有一塊大戰時期遺留的小鐵牌，說明這原是一座猶太報館，如遇空襲，居民可作避難所。可見樓房多麼厚實堅固，地下室裡還有幾十箱餅乾和礦泉水，都是大戰後的剩餘物資。業主要價二十萬，法師覺得樣樣合意，回來把這個喜訊跟弟子們分享。堅尼路是很長很長的一條馬路，其中一段是唐人街繁華熱鬧的地方，走到拉菲逸街（Lafayette St.）與中央街（Center St.），那時景象很蕭條，法師看中的這棟樓房正是位於這樣的地區。弟子們紛紛反對，覺得地點太冷清了，法師認為「桃李無言，下自成蹊」，有佛法的地方怎會永遠冷清，勸他們先看看再說。

一群人隨法師來看樓，電梯到二樓一開門，幾個弟子興奮得跳起來，連說：「太靚了！真是好呀！」業主見狀立即把價錢提高到三十萬，法師欲擒故縱：「不買了，我們走吧！」有一位弟子竟然坐下來賴著不走，一直說：「師父，這棟樓真好，一定要買啦！」法師再與股東們商量，估計就是自己花三十萬也蓋不出這麼好的一棟建築。於是咬緊牙關，傾囊付出定金和頭款，其餘向銀行借貸；所有的法律手續由劉德光律師負責。這是法師購置的第三棟房子，時為一九七三年二月。

劉律師的父親母親都是妙峰法師的弟子，劉夫人更是中華佛教會六位創會人之一。劉律師自己經營法律事務所，義務擔任中華佛教會的法律顧問，不收取分文費用。

買樓成功，塞翁得馬，想不到後面波瀾迭起。買樓過戶手續完成才三天，來了一位地產商，自稱代表漢堡王速食公司（Berger King），他們也看上這棟樓房，如果願意合作，他們可以全數退還已付款項，他們要拆掉改建大樓，完工之後免費分一層給中佛會。法師心想：這麼堅固的五層樓，拆掉多可惜！中華佛教會今後有五層樓的空間，發展肯定超過一層樓，不要去占那免費的小便宜！於是立即回絕了來人的請求。

這棟樓房還有一個優點，空地很大，有人願意出高價買那塊空地，法師也回絕了。在法師心目中，將來的法王寺另是一番氣象，空地留給信眾作集體活動的場所，或者作法王寺擴建的空間，他胸中的藍圖不止目前這一點點。

樓買下了，請人裝修還需要三萬元，而中佛會的基金已所剩無幾，該怎麼辦呢？法師想起故鄉有句諺語：「馬死落地行」，這句廣東話的意思是：馬死了沒得騎，下來用自己的雙腳走路吧！紐約的中學有基礎土木課程，年輕弟子們懂得使用裝修工具，又有服務熱忱，只買建材並不貴，大家一起做還是可行的。

樓房內部四壁和地板很髒，一眼望去，處處是深深淺淺的黑色，大概是幾十年印刷油墨的汙漬，「髒」嚇退了許多買主，留給一不怕髒二不怕苦的佛門。法師換穿圓領衫，戴上運動帽，跟弟子們一同去買建材，整個暑假揮汗施工，足足做了三個月，把大殿、圖書室、廚房、飯廳、活動中心都布置得煥然一新。今天法王寺的 Formeca 牆板與隔間，還是當年師徒的傑作，一些舊家具也依然好用。

一九七三年六月，中華佛教會和法王寺正式遷入堅尼路二四五號新址，「法王寺」之名由此大噪。「法王」一詞出自《法華經》：「我為法王，得法自在。」法王即是佛，「大雄無畏」，真理智慧證悟高妙，不論生死涅槃，一切法都自在無礙，法王寺的大殿就是大雄寶殿。法師說，他沒有為此次「喬遷」舉行特別盛大的典禮，他帶領信眾在法王寺虔誠禮佛，一切自然步入正軌。

那時法王寺僅有一座三尺高的觀音像。對真正修行的人來說，佛像大小甚至有無都沒有關係，若論接引眾生，感化「凡夫」，「大佛」產生的視覺效果仍然很重要。妙峰法師早有安排，有一年，他回台北探視印順導師，在台北遇見了由新加坡來的達賢法師，得知新加坡雕成的玉佛遠近馳名，他那時就立志在紐約創建一座大廟，先託達賢法師訂製一尊七尺玉佛。法王寺落成，這尊玉佛還沒有運到。

法師說他從未催問達賢法師，達賢也從未給妙峰任何消息，但妙峰法師從未因此有任何疑慮，他知道達賢在進行，達賢好像也認為無須再向妙峰提出任何保證，他們之間有共信，有互信。果然，三年以後，法王寺落成前一晚，玉佛「突然」運到，大家驚喜莫名，內心的感覺是佛陀有靈。

負責運送的美國工人個個高大，看完電梯又量門窗，樓上樓下轉了幾圈，最後告訴法師，要拆掉窗戶，用吊車送上二樓，因為玉佛的重量為三噸（約六千六百磅），法王寺電梯只能承受一千二百磅，如果從樓梯抬上去，門又太小。法師反對拆窗，工人搖搖頭，轉身要走，法師叫他們回來，建議把電梯升上頂樓，固定好，再將一至三樓電梯間門全都打開，在三樓電梯口支架四根粗長的木棍，安上鉸鍊，把玉佛一點一點升到二樓。這辦法果然管用，玉佛安然登樓，工人們歡呼。法師再建議以下水道專用的大鋼管兩根，墊在玉佛下面駁接滾動，把佛像移到正確位置，工人依言辦理，順利完成。

玉佛坐在地上，還是不夠莊嚴。如何把三噸重的玉佛請上蓮座？法師想到汽車換輪胎用的千斤頂，地下室還有一堆從前留下的方木，都搬上來備用。法師讓四名青年弟子每人負責一台千斤頂，另一名青年喊口令，四人依口令同步將玉佛抬高，在底座墊穩木塊，層層疊起，為三噸重七尺高的玉佛安座，終於大工告成。美國工人豎起大拇指，對法師說：「You are smart !」法師也在一千元運費之外特別多給他們小費。

一九七六年十二月十二日玉佛開光，來賓和信眾坐滿大殿。妙峰法師升座開示，以學佛比喻雕琢玉佛，他說：沒有天生彌勒、自然釋迦，藝術如此，修行亦然。學佛是以佛為模範、為老師。學佛，要把自己的個性、見解、言行，塑造成佛的模樣，見賢思齊，希望悟入佛的知見，希望對在世、出世間的因果事理，在認識上觀感上，也像佛那麼客觀、正確、明智，掃蕩凡情的邪知偏見。學佛的過程，有如雕刻佛像，雕刻是用鋒利的刀斧，精湛的手藝，使一塊頑石或木頭變成藝術品，學佛者以高度的理性（以智化情），無比的毅力，難行能行，難忍能忍，把充滿煩惱偏見的自我，脫胎換骨，修成萬德莊嚴的真佛。雕刻玉佛與修行學佛的道理一樣。

法師在結尾時提到：學佛也好，修行也好，要成為一尊偉大莊嚴的佛，就得忍受千斧百鑿。學佛修行者的目的是福慧雙修，首先要有福慧雙全的環境，其步驟必須發廣大心，立堅固志，以不可動搖的信念，曠世慈懷，面對現實。當以耐心、忍性，從小處、近處、低處下手，以自我淨化為前提，痛下針砭，自我圍剿，發現自己私心重時，在「私」字上痛下苦功，除私務盡，化私為公。凡公益、公德之舉，沛然熱心，爭先恐後，勇往直前。發現瞋恨心重時，在「瞋」字上痛下苦功，除瞋務盡，化瞋恨為慈悲、同情、寬恕諒解，養成和諧樂群的良好風範。發現癡心重時，在「癡」字上痛下苦功，除癡務盡，勤讀佛書，多聞薰習，化癡暗為智明。

法王寺是妙峰法師來美耕耘有成的具體樣相，他們師徒為此用盡全部時間精力，把「第二次購置」的那棟舊樓幾乎遺忘了。直到有一天，（那是一九七五年夏天），弟子在紐約時報上看到市政府的通告，才驚覺再不出席公聽會，那樓恐怕要被市府當作無主危樓沒收充公了！原來空置的老樓被流浪遊民悄悄侵入，在裡面燃火取暖，喝酒打鬧，製造髒亂，遭鄰居舉報，市府舉行公聽會商量處理，妙峰法師都沒注意。

這件事和義大利的移民有關係。紐約的「義裔」移民集中聚居於包厘街以西，布隆街以南，百老匯以東，堅尼路以北，這一帶人稱「小義大利區」，而「唐人街」是他南邊的近鄰，法師購置的舊樓正在此區內。華埠快速發展，不斷有華人購買小義大利區的樓宇來做生意，義裔移民產生心結，他們以建築老人公寓為由，要求市政府把妙峰法師所買的「第二棟樓房」劃入建築用地，市政府原則上願意批准。

法師立即籌謀對策。市政府做這一類事，照例要先舉行「公聽會」，由社區人士出席發表意見，法師聽從律師的建議，在公聽會舉行之日約集弟子數十人出席反對，同時組織紐約、新州、長島、康州的信眾，一齊到市政府前舉牌示威。他也收集了一千個信眾的簽名信，向市政府表示抗議。法師在這方面表現他優異的組織和動員的能力，令市政府刮目相看。

公聽會舉行之日，有人放出風聲，「市政府的態度改變了，公聽會取消。」參加示威的人馬大喜，主張解散回家，妙峰法師說：「且慢！」他讓外州遠道而來的人先走，餘眾偃旗息鼓，等進一步的消息。不出所料，公聽會果然如時舉行，佛門弟子們立即堂堂進入會場，他們占絕對多數，結果可想而知。同時示威者立即整隊出發照劇本行事，聲勢浩大，電視、報紙和廣播都作了詳細報導，這天是一九七五年六月十八日。

樓宇終於保住了，但事情並沒結束。也許這塊地盤真受重視，有一位義大利人來說項，願以華埠救火局的樓盤交換，親近市政府的人士又說拿伊莉莎白街警察五分局使用的兩棟樓來交換。這兩處樓宇都很好，法師卻不敢輕信：這兩處都是政府機構，有許多複雜的設備，怎能隨便遷移？而且這兩個機構跟唐人街的安全關係重大，他又怎可把它們「擠」到唐人街以外去？他都拒絕了。最後有人出來唱「黑」臉：暗示義大利人和黑手黨的關聯，要妙峰「當心！」法師回答：「產業屬信眾所有，我是他們的代表，你們的貪婪引起公眾的憤怒，即使沒有我這個人，公眾仍然反對你們。」

法師說，保衛廟產之戰只是替中國人爭得一點尊嚴，那樓房實在不堪使用，最後還是賣掉了，收支相抵，並無盈餘。

罣礙既除，法師全力經營法王寺，講經說法之外，還有心理輔導、醫療顧問、促進家庭和諧、培養讀書風氣等「社會工作」，深入社區，佛化人間。由於天時地利人和，他有幾項別人沒有的特殊成就：

那時唐人街華裔青少年「幫派」問題嚴重，他們結夥橫行，搶劫路人，向商家收保護費，這一幫和那一派之間為了劃分勢力範圍，以槍戰解決爭端，橫屍街頭，流彈傷及無辜。法王寺落成以後，幫派馬上派人來收「保護費」，法師的回應是，寺廟有佛祖保佑，無須勞煩他們。過了幾天，三個年輕人來找法師，掏出手槍，拔出匕首，放在桌面上，問法師選擇哪一樣。法師的態度從容而鄭重：「出家人還怕死嗎？我沒有自己的生命，我的生命獻給佛祖了，我沒有妻子兒女，也就沒有後顧之憂。出家人又怎麼會有錢？信徒捐的善款也不放在廟裡，你們這樣做有什麼用呢？」三個年輕人聽了，頓時猶豫起來。法師接著說：「我只是一個人，可是我有很多弟子，他們有人做律師，有人做警察，也有人做醫生，你們如果在這裡行凶，我沒有辦法，他們有辦法，我可以原諒你們，他們不會原諒你們。你們都這樣年輕，黃金年華，生命無價，又何苦這樣做呢？」三個人聽了，互相交換眼色，轉身急走。

幫派分子犯罪可說是唐人街的致命傷，血淋淋的事件一再發生，嚇阻了顧客及觀光人潮，商家生意慘澹。在華埠做生意的弟子們紛紛來找師父傾訴，一位男弟子竟然痛哭失聲。妙峰法師見到這麼多受苦的弟子，除了用佛理安慰他們，還希望能實際做點有助益的事。

法師有一個弟子和幫派能互通聲氣，或者就是「橫跨黑白兩道」的人物。有一天他對法師透露，兩個幫派爭地盤，正在準備火併，他不知道自己該怎麼做。法師提出積極建議，鼓勵這位弟子從中調解，讓雙方和平解決，法師替他想好說詞：大家不都是為了錢嗎，那又何必你死我活呢，命比錢重要。再說這樣搞下去，遊客不來了，商店搬走了，幫派在這裡怎麼生存？如果你的地盤、我的地盤雙方商量一下，畫一條邊界，各不相犯，豈不是好？這位弟子銜命而去，他帶著地圖找雙方幫派的首腦溝通，再約雙方在拉瓜地亞機場空地見面敲定，果然消弭了一場流血衝突。

法師在三樓成立青年活動中心，平日有慈航學校造就弟子們的下一代，週末假日在這裡舉行派對，寺後廚房煮羅漢齋或素麵條供應宵夜。這些活動曾經促成四對佳偶共組佛教家庭。慈航學校培養了許多品學兼優的好青年，後來有的成為醫生、律師、會計師、銀行經理或工程師。

青年活動中心吸引了一些並不信佛的年輕人，到了晚上，他們也可以在這裡打撞球、唱歌、跳舞。如果沒有法王寺成立青年活動中心，他們多半在街頭遊蕩，臨時起意偷偷搶搶，或者跟另外一幫出來遊蕩的人打起來。法師隨緣向他們說幾句勸勉的話，輕描淡寫向他們輸出影響，到了某一天、某一年甚或是來生，因緣突然成熟，就會出現理想的結果。後來大家知道美國有一個舞廳的老闆信了佛教，他在舞廳的頂樓設一講壇，顧客只要去聽半小時講經，就可以免費跳舞，這個辦法居然度化了許多人。大家這才佩服妙峰法師善巧方便，他結出更多的善果，那些為跳舞唱歌而來的青年，漸漸有人到二樓聽法師開示，後來漸漸有人向法師皈依，其中有人習醫、經商或者做了警察。

法師接著想，幫派無非為了錢，賺錢也有合法的途徑，這些青年都有聰明智慧，有工作能力，怎樣引導他們走入正途才好。他得知政府要撥一筆專款輔導青年就業，他希望能用這筆錢協助幫派青年就業，如果需要地方提出相對的經費來配合，他願意沿門托缽。此事涉及幫派，地方領袖避而不談，只有中華公所主席李文彬熱心支持。那時唐人街有兩個主要的幫派，這兩派的首腦爭權力分配，相持不下，此議終於胎死腹中。法師的構想雖未實現，中華公所卻借此機緣爭取到一筆錢，在唐人街成立了「人力資源中心」。

一九八〇年，美國卡特總統籌劃競選連任，紐約亞太裔美籍人士成立競選委員會發起支持，由華人領袖應行久擔任主席，劉德光律師及夫人劉阮彩雲還有韓國籍的金女士等二十多人擔任副主席。二月二十一日在華埠包厘街銀宮大酒樓舉辦募款餐會，席開六十五桌，卡特總統的夫人羅莎琳女士出席，邀請妙峰法師主持祈禱。

第一夫人於下午飛抵拉瓜地亞機場，先在機場開記者會，接著乘車前來華埠，準時到達銀宮大酒樓。洪門青年體育會瑞獅在大門外獻舞歡迎，副州長柯莫、紐約市長郭德華、前市長愛賓、全美支持卡特總統連任會主席萬斯等政壇高官在大門口一字排開，夫人微笑地一一握手致意。大廳懸燈結綵，花團錦簇，並演奏中國國樂。

坐定之後，先請妙峰法師以佛教儀式禱告，法師身穿黃色海青道袍，紅色金邊祖衣，佩帶一百零八顆佛珠，挺直高雅，莊嚴中有灑脫。法師聲音宏亮，他說應邀參加這一盛會，甚感愉快，謹藉此機會代表全體佛教信徒虔誠祈禱：我佛加被美國，國運昌隆，民豐物阜，風調雨順，國泰民安；且永作世界中流砥柱，和平盟主，人權屏障，正義干城，同時加護卡特總統先生普得全民信賴愛戴，光榮連任，俾為世界和平，人類福祉，作更偉大傑出的貢獻！這一席話善頌善禱，不亢不卑，搏得熱烈掌聲。

第一夫人講演時強調：紐約為多種民族構成，和諧合作。中華民族更具優良傳統，有卓越文化背景，貢獻尤多。她為卡特總統的政績感到驕傲，她也讚揚亞裔居民對美國的貢獻，希望繼續支持卡特總統競選連任，推動這一個可愛的國家人民享有更多的人權，有更好的環境和更幸福的生活。

第一夫人先和第一桌同席人員逐位合照，第一夫人與妙峰法師的合照如今懸掛在法師的書齋裡。然後第一夫人在劉阮彩雲女士的陪伴下，親自到各桌敬酒致謝，並與每席賓客合影留念，有些人想單獨跟第一夫人再拍一張，安全人員從中擋駕，不能如願。第一夫人到紐約華埠參加餐會，這是第一次；總統的競選餐會由佛教的法師祈禱祝福，這也是第一次。

一九八〇年二月唐人街舉辦的這場募款餐會，卡特夫人至感興奮，事後，她打電話告訴在夏威夷參加競選活動的卡特總統，電話中，總統先生體會到那一份驚喜，美國政府高層官員都感受到亞裔的力量。

同年，華盛頓民主黨辦公室籌劃第一屆全美亞裔領袖會議，於五月二十一、二十二日假華盛頓希爾頓大酒店舉行，會中商討有關亞裔切身福利問題，決議多項要件。從全國各州趕來參加的工商界、學術界、政界等領導者一千多人，前一天就入住該大酒店。妙峰法師率弟子二十多人同被邀請。

這天早上九時，白宮設茶點招待重要代表和各界領袖，茶會由白宮高級助理威汀女士主持。法師指著照片說：威汀女士長得漂亮又和藹，臉上隨時帶著甜美笑容，是一位很專業能幹的外交人才。茶會完畢，威汀女士帶領來賓參觀白宮每個房間，詳細解說，還特別親切地向妙峰法師致意，轉達總統和夫人對法師來大會上主持祈禱而感謝！中國佛教僧侶進入白宮以總統嘉賓身分接受款待，這是第一次。

五月二十二日晚上，大會舉行慶功宴及歡迎卡特總統演講，主要政府首長均出席參加，在主席台左右分坐，妙峰法師的位子在第一排。

大會七時開始，樂團演奏之後，主席宣布開會旨趣，請紐約中華佛教會會長妙峰法師致詞祈禱。「祈禱」是例行節目，過去由基督教的神職人員擔任，這次邀請佛教的法師，也是第一次。一個月前，法師知道要在大會上祈禱的消息，心裡憂喜參半；能站在基督教國家的重要大會上祈禱，是中國人的光榮，也是所有亞裔的榮耀，在美國佛教史上，算是一件大事。但是，這麼難得的機會，要如何表現才恰如其分，難度很高，他一度很憂慮。

妙峰法師上台之後，憂慮全消，佛法之前，眾生平等。他身穿傳統禮服——黃袍、金邊祖衣，形象莊嚴，在熱烈掌聲之後，從容介紹佛教的德化教育與民主精神的內涵。然後虔誠嚴肅，為美國國家、人民、總統祈禱祝福！一位印博士充當翻譯，法師講一句，立刻翻成流利的英語，台下鴉雀無聲，非常安靜，祈禱完畢，全場掌聲雷動。

酒宴開始，中菜西吃，法師記得有海帶湯、鐵板雞肉、米飯、豌豆和紅蘿蔔、印度麵包等。法師在這樣的場合吃什麼呢？他說：喝牛奶。白宮執事人員特別在刀叉之外也準備了筷子，有些嘉賓沒有用過筷子，向法師請教使用的方法，法師舉起右手，五指張開，他邊說邊示範：先把五個兄弟請出來，三個哥哥（大拇指、食指、中指）合力把筷子抓緊，兩個弟弟在後面推動，大家覺得十分有趣。用餐時間穿插亞洲不同國家的舞蹈、歌唱和鋼琴、小提琴表演，白宮以多項安排彰顯東方文化特色。

一九八〇年十月二十日，離總統選舉投票日還有二十天，卡特總統訪問紐約華埠（唐人街），表達對華裔的友善與重視，這是美國有史以來第一位現任總統到訪。

僑界甚為興奮，歡迎的熱情更高。十九日下午，兩千多張歡迎的標語布滿華埠各商店和大街小巷，到處喜氣洋溢，像是過農曆新年。十多家車衣場東主特別停工一天，鼓勵工友前往銀宮大酒樓附近列隊舉牌歡迎。

二十日下午，身穿黃袈裟金邊紅祖衣的妙峰法師，出現在銀宮大酒樓的貴賓席上，第三次在餐會上為美國國運祈禱。來參加的賓客，女士們穿金戴銀，盡量妝點自己，但是，不論衣著多麼高貴亮麗，都要接受門口保安人員的細心檢查。五時二十分，卡特總統在警方摩托車隊的前導，抵達銀宮大酒樓，政府首長及高級官員早已在門口列隊恭候。

法師描述，總統入座後，華人領袖劉德光、應行久與任積龍先後致詞。卡特總統演說，稱讚亞裔美人勤懇的美德、愛國的熱忱，和華工興建鐵路的光榮史蹟，並且在科學和學術上的卓越成就，為美國做出的偉大貢獻。他強調：不管將來的變化如何，美國都是站在協調人的地位，使亞洲地區的人民和平、穩定與友愛。總統特別為年初他的妻子羅莎琳訪問華埠時受到的熱情接待表示感激。

卡特二十分鐘感性演說之後，由中華佛教總會會長妙峰法師上台，以佛教儀式主持祈禱，法師在禱文中希望以美國的巨大影響力，促進世界和平，避免戰爭危機！並祝禱卡特競選連任成功！

由一九七三到一九九三，法王寺是妙峰法師常住之所，他住在二樓大殿後面的一個小小的房間內，白天作辦公室，晚上作寮房（臥室）。直到一九九三年八月慈航精舍成立，法師搬去法拉盛，通勤兼顧兩寺活動。

第十五章 金佛山松林寺再開法源

妙峰法師在紐約唐人街建法王寺之後，又在紐約上州海德公園鎮籌建金佛山松林寺。

金佛山松林寺占地九十二英畝，地勢高爽，環境幽靜，自然風景極美。妙峰法師有此大手筆，大計畫，本來是為了印順導師。

一九七三年一月，紐約大護法沈家楨居士，以美國佛教會的名義，邀請印順法師訪問美國。沈居士曾與印順導師的福嚴精舍合作，成立台灣譯經院，把佛經的多種經本譯成英文。

印順導師自台北出發，途經日本，到達紐約，妙峰法師率領一群紐約地區的弟子到拉瓜地亞機場迎接，沈家楨居士與仁俊法師都到場，大家一片虔誠恭謹。當迎賓門緩緩開啟，印順法師出現了，一代導師健康出了問題，他坐在輪椅上，依潘著《印順導師傳》記載，他來美國是為了「靜養」。眾法師行禮如儀，身著西裝的沈家楨居士也趨前五體投地，頂禮膜拜。坐在輪椅上的印順法師，神采朗朗，目光炯炯，威儀中幾分慈祥，挺直中幾分羸瘦，冷靜中普送和煦，溫暖了個個迎接者。

當天印順法師在布朗士大覺寺安歇，為印順法師推輪椅的郭本善居士滿心歡喜，自覺福報滿滿。

妙峰法師說，多年不見，導師清瘦了許多，依然是氣定目清，精神矍鑠。師徒之間，真有說不完的話題，從中國的佛教，談到台灣的新竹福嚴精舍。從台灣佛教的發展，談到妙峰初到美西為佛教開疆闢土的用心。妙峰法師向師父報告北美地區的佛教近況，個人在美弘法心得，導師笑而頷之，表情欣慰。「佛法是這樣的好，外面知道的人卻這樣的少，太可惜了！」「這兒是值得開發的淨土，要多多費神啊！」妙峰再一次領受師父的指點，深深感到任重道遠。

三天後，印順法師隨緣在紐約長島石溪海邊「菩提精舍」靜養，這是沈家楨居士購置的一座豪宅。沈居士，富而仁者也，浙江紹興人，交通大學畢業，主修電機，抗戰時期，對軍用電話的製造和生產有很大的貢獻。抗戰勝利後到上海經商，事業毀於內戰。一九五二年赴美，開設船運公司，長於經營，鼎盛期擁有八十四艘貨輪，貿遷致富。

有「船王」之稱的沈家楨常說，「賺錢」就是「轉錢」，金錢轉手用之於社會。他是佛教徒，所以他興建大覺寺、莊嚴寺，成立世界宗教研究院，資助出家人留學，提倡譯經，推動佛典電腦化，為佛教的發展一擲百萬金，毫無吝色。他在紐約長島石溪海邊購置這棟房子，並非為了自己享用，看他命名為「菩提精舍」，就可以知道他的用意。

妙峰法師說，他和沈家楨居士的關係很好。「他有什麼活動，我一定去參加，我這裡辦什麼活動，他也會來。」沈居士買到了「菩提精舍」以後，馬上打電話邀妙峰去看看，親自駕車接送。他用很慎重的語氣加上一句：「你是我第一位邀請的客人。」

法師受邀，想到也在紐約的淨海法師，當年的一位學長，於是徵得沈居士的同意，兩人連袂赴長島。「好多的房舍，好大的樹林，好美的花園，古木參天，面對大海，空氣清鮮，房間雅潔，正是靜養修行的好地方。」沈居士讓出這所精舍接待導師，妙峰覺得盛情可感。

導師住定，經過妙峰的安排，在北美地區四處弘法，一時之間，北美地區學佛的人活躍起來，導師對遠在天邊的斯土斯民也非常關懷。每個週末，妙峰法師總帶領幾位佛門弟子前去請安禮座，老幹新枝，三代同堂。「從談話中知道導師很開心。」

有消息說，沈家楨居士勸印順導師長駐紐約，在美國建立弘法的基地。有一天，導師對妙峰說，如果他長駐紐約，他得有自己的精舍才行。妙峰一聽大喜過望，他多麼希望這個「如果」變成事實，他立刻向導師承擔了建造精舍的責任，沈居士也立刻替導師申請美國的永久居留權，也就是一般所說的「綠卡」。

妙峰法師向地產商蒐集有關資訊，走訪二十多處地段，有的面積不合，有的地形欠佳，有的位置太偏遠，有的荒蕪崎嶇整理費時，山重水複，找不到理想之處。妙峰法師鍥而不捨，從山上看到海濱，又從海濱看到山上，終於皇天不負有心人。

一位法名叫慧柔的女居士——馬太太，她有一對朋友伍姓夫婦，在上州 Poughkeepsie 鎮經營餐館三十年，熟悉當地實況。伍氏夫婦聽說妙峰法師幾乎找遍紐約上州，為的是覓地建道場，他們想：假使道場建在餐館附近，大家豈不是更方便修行？他們熱心引介一位嗜好收集古董的牙科醫生貝克先生，貝克有一片偌大的農地，正想出售。貝克太太是古董商，祖父喜愛遨遊四海，酷好藝術，是一位懂得欣賞中國文物的義大利人，貝克一家對中國人很友善，很歡迎。

伍太太對妙峰法師說：「我女兒多年前相中那塊地，可惜因緣不足，買賣沒有做成。經過這些年，不知那塊地還賣不賣？」這對夫婦忙著在小鎮上經營生意，餐館裡的大小事情全仗兩人胼手胝足，張羅打拚，要不是妙峰法師買地建道場，他倆根本就忘了有這麼美麗得教妙峰「一見鍾情」的農莊。

農莊位在紐約上州海德公園鎮（Hyde Park）的山丘上，地勢平坦，視野遼闊，一望無際的綠地，一簇簇北美洲特有的寒帶原始林木，錯落於原野間，為大地四季換裝。農舍前院直行不遠，一道溪流將農莊的腹地一分為二，妙峰法師得知山中有流水，心中加添喜悅。法師相信，有一天，他會讓有山有水的農莊地靈人傑，成為佛門信眾樂於前來修行的聖地。法師相信在他努力規劃之下，原是寂靜的山野，有一天將法鼓動地，佛號盈野。他要山與水相呼應，他更要讓佛法流布人間，他要梵聲、磬聲與鼓聲，迴盪在高丘、山谷與溪流間。

第二次造訪，妙峰法師下定決心，看個仔細。他和賣方初步議價，對方分文不讓。

這個農莊有農舍、農地，有放置穀物和乾草的穀倉，還有畜養牲口的廄房。這一農莊原是一個德國人擁有的松林牧場，養了不少馬匹。大戰時期，這個德國人被捕了，他匆忙中以三百多元低價急售給現有地主——貝克家族。

大農舍屋前有一棵極高的松樹，樹高幾許？業主不知道，沒有丈量過。農莊現在的擁有者義大利籍的貝克老太太自豪地說，這棵古樹的樹齡兩百多年，是大紐約州最大的松樹，擁有「紐約樹王」的美譽。妙峰法師見樹幹很粗，需要三人合抱，針葉翠綠，枝椏聳天，樹身勁挺，如偉人，如山嶽，如羅漢，他心中和這座農莊似有夙緣。「這樣一棵大樹，可以成為未來大道場的地標，如同佛陀對絡繹不絕的信眾舉手招引，目迎目送。」他覺得這一塊地產幾乎是為佛寺預留的淨土。

法師心中尚有罣礙，那時美國鄉間常有大學生因反越戰而聚眾滋事暴動，也有「少數民族」中的少數人藉機會發洩心中的不滿，搶劫商場，法師自我沉吟：「桃源畢竟人間世，到處烽煙亂似麻。」不知道這個地區治安如何？他邊走邊看邊想，腳步未曾停歇，主人笑一笑對法師說：「這塊地確實很大，你們無法一下子走遍的，想要看完這個安詳平和的勝地，大約要四個鐘頭啊！」

法師不久得到答案：「此地民風保守，少有外來人口，世居的白人占大多數，教養很好。」他順從主人的熱誠邀請，一行人進屋用茶。農舍的主建築室內相當寬敞，有古樸的沙發、典雅的壁爐、落地老爺鐘及真跡名畫，還有精緻瓷器及金工藝術精品。在這麼一個偏僻的農村莊園居然庋藏如此多的寶貝，妙峰法師暗地驚訝，究竟是怎麼樣的家族，擁有如此豐厚的實力與眼光？同時他也進一步放心了，看室內的一番模樣，可以推知此處是多麼「太平」了！

另一個驚奇又爆了開來，主人引領法師等人到另一房間，四壁櫥櫃，珍藏了主人似乎難得向人展示的寶貝。緩緩地瀏覽了一圈，最後，主人以優雅的語氣低聲說：「我要你們看一樣東西。」幾分神祕，幾分得意。訪客們正在猜測。

「看看這個！」

隨著主人修長指尖的引示，一座香爐，出現於眾人眼前。

檀香爐黑鐵鑄成，造型莊重，花紋細緻，爐身呈長方形，高約一尺，如果連同基架基座，約莫有成人肩膀的高度。

「這個，怎會在這兒呢？」明明是中國的文物嘛！

主人沒有回話。

「這個是我的，它應該屬於我，是我的東西。」妙峰法師認真地說，對方只是瞇瞇地笑。

妙峰法師看香爐神情，有如認出了落難他鄉多時的自家子弟，既親切又心酸。對方這才靜靜地述說這寶物的來歷。

「是的，它是來自貴國。我祖父喜歡收集古董，他懂得古董，他到了中國，看上了這件古物，就從北京輾轉託人帶回來，我們一直珍藏著。」

妙峰法師邊聽主人細數這檀香爐的流浪史，情不自禁地走上前去，法師也知道作客的禮節，當主人請你欣賞他的收藏時，你只能看，不宜碰觸，但是這時法師顧不了那許多，伸手摩挲它，一時百感交集，親切、心酸、憐憫、慈祥、溫暖、不捨、貼心、甜蜜，百味雜陳。

「佛陀保佑，你終於可以回家了。」妙峰法師俯首凝視香爐，對它說話。他立時發願要給這座香爐一個「家」。

主人趁機進言：「你那麼喜歡它，農莊的買賣如果談成，這個香爐就送給你。」主人一面說一面雙目盯著香爐細看，似乎有點兒掙扎，他很想這一次房舍能夠脫手，他希望用這座香爐打動買主。

「一言為定。」妙峰法師不再遲疑。

這個來自中國的檀香爐，如今就安置在紐約慈航精舍的佛堂。據妙峰法師查證，這座香爐的確是明代的古器。

房產過戶以後，妙峰法師興工整修農舍，使它適合導師清修，日後因緣具足，再興建一座有規模的寺院，定名為「金佛山松林寺」。但是印順法師並未久留，五月間，他經由日本回台灣去了！佛家也是有情之人，妙峰法師依依不捨，只好恭送導師登機，他一直目送班機升空，直到消失。導師一月來，五月走，何其匆匆！他知道同樣的因緣不可能再有第二次，他生活中非常重要的一次高潮，就這樣化為平淡了。

印順法師自己說，紐約太冷了，他以多病之身，難以久留。紐約的冬季長達四個月，一月二月氣溫常在華氏二十度（約攝氏零下七度）左右，即使到了四月，也還有過雪深十英寸的紀錄，這樣的氣候對印順法師的健康的確是一大威脅。

名氣大的人，一舉一動都會有餘音裊裊。有人說：印順法師改變主意，因為他和沈家楨的理念有分歧，例如沈家楨的字典裡有「世界宗教研究」一詞，把佛教和回教基督教並列，說得好，是他有國際觀，說得不好，他把佛教貶低了。跟大師級的人做護法，你得以大師的理念為理念，你是來提供各種技術性的條件，幫助大師實現他的理念。而沈家楨自己有理念，而且以實現自己的理念為首要。妙峰法師對這種說法不予置評。

松林寺草創以後，印順導師走了，仁俊法師住進來了。仁俊和妙峰兩人，在上海，在杭州，在新竹，都曾朝夕相聚，妙峰法師由美西舊金山轉到東岸紐約時，仁俊法師也在紐約布朗士大覺寺安住，他鄉遇故知，妙峰倍感欣喜。他沒忘記仁俊也說過，但願在紐約能有一所精舍，妙峰那時想，有了精舍，可以建議導師和仁俊法師都住進來，由他恭敬供養。導師既已歸去，仁俊法師就成為進駐金佛山松林寺靜修的第一位僧人。

仁俊法師於今已被佛門弟子尊稱長老，江蘇泰興人，比妙峰大十四歲。他七歲出家，十七歲受具足戒，閩南佛學院畢業，曾在上海靜安佛學院、杭州武林佛學院、台灣福嚴佛學院教國文。他由香港到台灣，一直追隨印順法師，曾和演培、續明、常覺同住。他到美國來，也是沈家楨以美國佛教會的名義邀請的，一度擔任紐約大覺寺住持，兩度擔任美國佛教會會長，還做過「印順導師基金會」董事長。

仁俊法師寫過無數文章，也能作詩，知名之作例如：

一

一片天青一片禪　山深水活意超然
他年最是宜人處　嶺上梅花谷口蓮

二

大化峰頭眺大千　秋光燦徹古金仙
來時記取莊嚴路　月白風清萬里天

在金佛山松林寺，仁俊長老以一年半的時間專心研讀「太虛大師全書」。他屬於「沉潛深入」一型，可以不下山，不寫信，不打電話，甚至不說話。「身在人間，已非人間」，內修的功夫了得。《太虛全書》共三十五冊，七百多萬字，內容浩瀚，也必須有松林寺這樣的環境，必須有仁俊長老這樣的精神，才可以讀完讀透。

妙峰法師每天從紐約打電話給山上的仁俊長老，問候飲食起居，尤其是夏天大風大雨、冬天大寒大雪的時候，山上的電話就響了。冬天的早晨，妙峰法師從電話裡聽到仁俊長老傳來愉快的聲音：「好美好美！白雪覆蓋高松，大地一片白，沒有瑕疵，一片靜謐，真是清淨佛土！」妙峰法師從電話這一端，深慶長老能分享自己之所愛，自己也能分享長老的喜悅，好比攜手進入共同的境界。

印順法師在他的自傳裡描述，仁俊是一個能靜能動的人，能摒除一切外務，但是也說走就走。仁俊法師離開松林寺以後，妙峰法師自己一度離開熙熙攘攘的法拉盛地區，上山「禪樵耕讀」，無數的禪詩意境與禪修的智慧靈光，湧自寂靜的靈山勝水之間。本傳另有專章介紹妙峰法師的禪詩，縷述松林寺對法師寫詩的影響，我們在專章介紹法師著述的時候，也曾在他的《慈風集》裡發掘泥土的清香，林泉的啟迪，他由熱鬧的紅塵轉向寂靜的自然而生的感知、感應，產生源源不絕的靈感，作詩以外，也為台北道安法師主編的《獅子吼》寫文章。

那年代，妙峰法師「每逢初一、十五，下山在中國城講經拜懺，有時還應邀到特定地點弘法。做完佛事，立即趕往曼哈頓四十二街中央大車站，搭北行的火車，再轉計程車到金佛山松林寺」。他是可以「在雲霞與錦繡之間轉換自如」的高人。

妙峰法師說，他也到洛克斐勒中心看過耶誕夜景，也到時代廣場看過年終倒數計時。洛克斐勒中心是紐約著名的建築群，大資本家財富的象徵，每年為慶祝耶誕，滿街設計各種燈飾，精巧燦爛，吸引無數遊人。到了每年最後一天的夜晚，紐約市政府照例在時代廣場的高塔上安放一個發光的球體，半夜零時「連雙歲、分二年」的那十秒鐘，市長主持，名人按鈕，光球緩緩落下，正好在最後一秒落地，新年誕生。這時樂隊演奏，在場的十萬觀眾高歌起舞，電視轉播，天下分享，這又是美式生活方式的精華取樣，兩者都代表這個資本主義第一大都會的世間紅塵。

有一年，妙峰法師的好友在加州矽谷從事電子事業的陳榮淦博士，從美國西岸飛到東岸，探望妙師，邀請法師一同欣賞紐約人年終的這兩大活動，法師欣然應允。到了洛克斐勒中心，站在五光十色萬盞燈泡交織的那棵耶誕樹下，他看到的是金佛山上的高松，這棵耶誕樹舉世知名，但繁華也稍縱即逝，一個月後成為一堆垃圾。在時代廣場，人們喧鬧、叫囂、跳舞、歌唱、喝酒、擁抱，法師心中「本來無一物」。法師說，外境不能影響他，他的腦海一片澄明，心中無比寧靜，自己覺得是居於萬佛當中，又有如在松林寺中觀音大佛座下獨坐禪修。他有自己的靈修世界。

妙峰法師的弟子經常結隊上山聽師父開示，法師教他們每天都要看太陽，看天空，也要看大海。「師父，陰雨天、下雪天如何看到太陽？」有人如此問。「在這高山上，哪裡看海啊？」法師轉入正題，他要傳習的是禪修的方法「觀想」，於無山處見山，於無海處見海，於無聲中聽驚雷，於驚雷中聽無聲，於一切中看見無所有，於無所有中看見一切……撤除障礙，識透假相，直指本質，這樣的題目在山上林中講述最有效果。

法師認為「觀禪清修，研讀經論和寫作，是人生最大的樂趣，是那種與田園野趣不同的樂趣」。法師描述金佛山：「朝霞夕輝，碧樹含煙，明湖倒影，風情無限，他禪樵耕讀於此，置身其間，彷佛天地草木皆有情。」妙峰法師給台北的《獅子吼》雜誌寫過一篇文章——「站在普城山丘，極目四望，碧波粼粼，白帆點點，綠樹紅瓦，山明水秀。」他以安住金佛山為心靈美事。在金佛山，他除了讚美春暖，也描繪寒冬：「環視寒林盡禿枝，凌雲挺秀矗東籬；狂風暴雪摧殘日，正是虬松得力時。」

妙峰法師在金佛山松林寺講過《心經》，短文雖短，智慧無窮，弟子們提出的問題沒有一百也有八十，法師一一解答，也等於為以後無數的讀者解答了。我們在介紹法師著作那一章，介紹了他的《般若心經的思想及其哲學》。

妙峰法師的美國弟子亨利．史帝歐，曾在金佛山松林寺住了十三年，這個東方遇上西方的師徒故事傳為佳話。回溯一九六三年一月二十三日法師初抵紐約，在曼哈頓唐人街美東佛教會為觀音聖像開光，身材高挺、五官線條分明的白人亨利・史帝歐就出現在會場，他要了解佛教究竟是什麼，他要探尋中國文化到底有什麼吸引人之處？也要聽一聽妙峰法師有何魅力，讓如此多的人景從跟隨。

當時，亨利・史帝歐的辦公地點在華爾街，那是世界金融中心，與唐人街相距不遠。他下班之後，幾乎都到精舍找妙峰法師，法師在哪裡講經，他就跟到哪裡。有一次，他還陪同法師到費城和華盛頓。妙峰法師用「形影不離」形容這位美籍弟子慕道的熱情，兩人有時邊走邊談，樂而忘倦，從唐人街徒步穿過一千八百二十五公尺的布魯克林大橋，講授學佛心得，分享人生經驗。法師說，亨利・史帝歐是一個老實人，心地善良，只愛學佛。這段時間，亨利・史帝歐實際體驗了不少的活動，對中國的民俗與文化也獲得相當的了解。

和一般的上班族一樣，亨利・史帝歐每個月的薪水全交給能幹的老婆保管。直到有那麼一天，一個嚴冬清晨，亨利・史帝歐神情疲憊，來到妙峰法師跟前，請妙峰法師務必幫他超度，他已一無所有，萬念俱灰，拜別法師之後，就要到哈德遜河投河自盡。哈德遜河是曼哈頓與紐澤西州間的水域溪流，緊鄰亨利原來工作的華爾街和他最常走動的唐人街佛堂，他選擇此河結束自己的生命，一定有其考量。他強調需要師父的超度，才能到西方極樂世界，才能到佛陀的身邊。

法師忙問到底發生什麼事？亨利・史帝歐才話說從頭。原來能幹的老婆把錢提走了，把房子也賣了，人也不見了。亨利・史帝歐想盡辦法找到老婆，無奈老婆心意已決，堅持離婚。他告訴法師，沒有老婆，沒有錢，無法生存，只好跳河，請師父看在師徒一場，一定為他超度。

「沒有老婆就要尋死？我也沒有老婆啊！難道我就要死嗎？做人是為太太而活嗎？」和尚當然沒有老婆，妙峰法師的話，亨利・史帝歐笑不出來。

「師父，您知道我已經幾年前退休啦！退休金全給了我親愛的老婆啊！」亨利・史帝歐一臉愁苦，欲哭無淚。「我真的兩手空空，要付房租，要買麵包，沒錢教我怎麼活？師父！您要救我，幫我超度。

讓我下輩子好過些。」

妙峰法師覺得亨利．史帝歐與自己相依為命了。「好！吃住不成問題。你就到金佛山松林寺住下，種些野菜，配上穀物存糧，好好禪修，將來才得以到西方淨土，親近佛陀。」法師一段對話，救了一條命。

亨利．史帝歐就這樣成為金佛山松林寺的第一個外國住客，一住就是十三年，直到七十八歲因病離世。往生之前，他緊緊地抓住師父的手說：「師父，我沒事，沒事，請您辦您的事去吧！」妙峰法師果真為他超度，還邀請亨利的親友參加他的追悼會。如今，唐人街法王寺尚安有亨利．史帝歐的功德牌位。

金佛山上因緣眾多，妙峰法師特別提到兩位「朋友」：譚俊藝，大家叫他譚老，湖南人，太太往生多年，比法師年長幾歲，在台灣的時候就認識了，學問好，修養好，是一位很有才華的工程師。一九四九年大陸撤退時，譚俊藝帶著一批技術人員到台灣，對台灣工業有很大的貢獻。他當過煉鋼廠廠長，也是台灣第一代造船廠廠長。退休後，中央標準局還請他當技師。有三個兒子，大兒子是牙醫師，老二是藥廠廠長，老三當老師，都有很好的工作，家庭幸福。兒媳孝順，家境寬裕，可是非常節儉，他穿的、用的都是到「九毛九」廉價商店去買。譚俊藝半年住在台灣，半年住美國。在美國的時間，經常跟隨法師住在金佛山，他也是慈航中文學校的長期義工。

還有一位王務蘭，安徽人，比法師年長幾歲，是一位化學工程師，國學底子很深，據說安徽是出才子的地方，他對詩詞很有研究，也是慈航中文課程的義工，指導詩詞格律。王太太是日本人，因癌症去世多年，育有一個女兒，住德拉瓦州。譚、王和法師三人經常一起寫詩填詞，志趣相投，真是書香滿盈，詩趣無窮。法師說，他對詩詞維持久遠的興趣，這兩位好友的影響很大。兩岸三地出版的詩集刊物裡，常可以讀到他們的作品。

法師回憶道：他們在這裡的時候，或住山上，或住山下，常常三個人一起去買菜，譚俊藝會炒菜，所以洗菜、配菜、切菜他都自己來。洗碗盤、清潔廚房王務蘭負責，還有金佛山養蘭、種樹，整理花圃等等。遇到下雪天，三個人必須你扶我，我扶他，才能出門，一起鏟雪，很快就鏟得乾乾淨淨。以前慈航精舍的鐵欄杆是矮的，有一個晚上，小偷從鐵欄杆爬進來，一看有三個大男人嚴陣以待，小偷就跑了，精舍的欄杆也從此換成高的。

每年春秋季節，這三個人經常一起出去踏青、賞櫻花、賞楓紅。三個人邊走邊談，譚老常會開王老的玩笑，兩人也會鬥嘴，很好玩也很有意思。那些在一起的時光，大家都很開心，像是兄弟，又像是頑童。古人說：三人行必有我師焉，他們也互相尊重，取人之長，他們成為摯友。

譚俊藝前兩年仙逝。王務蘭住德拉瓦州，離紐約四個多小時車程，年紀大了，自己不敢開車，見面次數就少了，可是提起這一段美好友誼，法師和藹的臉上展現歡喜佛純淨可親的笑容。

「未成佛前，先結人緣。」這是一句很流行很值得重視的話。把「成佛」與「結人緣」連在一起，視為「成佛前」的主要工作，足見其重要性。

妙峰法師說：朋友是平排的兩個月亮，黑夜裡亮光輝映，相得益彰。如果生逢亂世，避難他鄉，篳路藍縷，家庭之重建，事業之初創與開展，全靠朋友的支持。益友等於良師，益友能肝膽相照，助益更大。佛法稱善知識，善知識是法身慧命的催生者、護念者。「伴君最是長青竹，又耐秋風又耐寒！」松竹梅世稱歲寒三友，這種高格調具有歲寒心的朋友，為君子交，患難友，順境中給你鼓勵，逆境中給你激勵。可見坎坷的人生道上，結交善友依附良伴是何等重要。無上佛果，聖賢道上，困難更多，路途更遠，不多交朋友，廣結人緣，豈易成功？何況「一佛出世！千佛扶持！」佛稱兩足尊，要福足慧足才行。好朋友也是一種福報。

小提琴家陳昭良居士夫婦拜訪法師，提議在金佛山創造功德林——每人親手種植松樹一株，既可留作紀念，又能美化環境，有利環保。法師非常贊同，發起種植松樹，那些松樹蓊鬱茂盛，成寺之前，林已先成。

妙峰法師詳細解釋他理想中的金佛山松林寺藍圖，將是一座深具東方庭園之美的建築，以文化、教育、慈善、弘法的目標發展，注重栽培人才，把佛教經典翻譯成英文，讓佛教成為美國文化的重要成分。因此，建築物是東方的，目標卻是國際的……。

他對金佛山松林寺的建築構想，曾多次會同陳洵民建築師商議，九七年藍圖出爐，先在內部舉行說明會，後在慈航精舍二樓舉行記者會，說明籌建松林寺的緣起和計畫，同時宣布於十一月二日舉行大典，迎接遠道而來的觀音聖像。參加記者會的有中央社特派員黃瑞南、世界日報資深記者羊展恬、明報採訪主任張淑文、國際日報採訪主任黃明義、星島日報何力、自由時報吳南薰、僑聲電台經理徐聞、中廣紐約台記者趙幼鳳，紐約所有華文媒體都派人參加了。慈航護法會長施長要（行慈）致歡迎詞表示：這是法師來美弘法三十多年來第一次召開記者會，同時也是第一次對外正式募款。他說師父以七旬之年猶發大願，要開山建寺，令人感佩，他相信這個計畫對於社區、對整個海外華人都將影響深遠。

散文家思果說過：「美國的山也很好，可惜山上少一座廟。」這些年下來，美國的山上也有廟了，妙峰法師決意再添更好更有名的一座。一九九七年十一月二日，金佛山松林寺舉辦「迎觀音大佛與觀音寶殿動土大典」，譜出建寺的第一部曲。

法師自台灣迎來一尊觀音聖像，重四公噸，高一丈六尺，乃是迄今全美最高、最大的銅鑄觀音大佛，堪稱金佛山松林寺的鎮寶，許多慈航精舍的弟子登臨金佛山，就是為了參拜這座全美最莊嚴的觀音。

迎觀音大佛的盛典，由護法會長施長要為活動的召集人，妙峰法師主持，明建華居士擔任司儀。

中華民國駐紐約經濟文化辦事處處長吳子丹、僑務委員范揚盛、紐約台灣同鄉會會長黃上文、華僑文教中心主任郭昀光、台灣菩提樹雜誌創辦人朱裴老居士都熱情與會，賓客雲集，近千信眾上山參加。

隆重的安座儀式完畢之後，節目主持人明建華居士宣布慶典節目開始：首先請慈航護法會會長、也是迎觀音大典籌備會總召集人施長要致歡迎詞。

接著妙峰法師特別開示：金佛山松林寺隆重舉行歡迎美國最大的銅鑄觀音聖像安座植福大典，是一個前所未有的特殊法會，同時也是將要揭開松林寺歷史序幕的大法會。像這樣一個別開生面的迎佛大會，你我及各位躬逢其盛，全程參加，雙修福慧。

法師說，中國四大名山之一的「南海普陀山」是觀音菩薩的道場，也是觀音菩薩示現聖蹟、普度眾生的化區。美國東海岸的金佛山松林寺就是觀音菩薩新闢的新普陀山、新道場。這座聖山，山前有清流的溪澗，山上有清澈的湖泊。到處是茂林修竹，古木參天，風光如畫，靈氣所鍾。

法師強調真正理想中雄偉莊嚴的觀音寶殿，以及松林寺的宏觀工程，還靠大家共同發心，共同努力，才能早日圓成。

貴賓紛紛致詞道賀，讚揚妙峰法師一肩扛負開山建寺的魄力雄心，同時對於法師「大雄大力施無畏，弘願弘慈利有情」的慈悲心懷，致上無限敬意。

法會歷時兩個半鐘頭，儀式有灑淨、大悲咒、《心經》、觀音讚、迴向偈、佛前上供、變食真言、供甘露水真言、普供養真言、天廚妙供讚，三皈依。

這次法會，香積組為了準備千人素齋，幾天前就積極籌備，從採購到烹煮、分裝，一一按進度完成，熱騰騰的麵羹、香噴噴的粽子，還有象徵喜氣團圓的紅豆湯圓，在十一月的寒風中，暖遍了每一位朝山者的心。接待組、文宣組、交通組、醫療組、兒童組等無數義工，都在各自崗位，默默地付出。

這樣一尊丈六金身的觀音聖像，重達四噸，遠從台灣運抵美國，幕前英雄和幕後功臣不能一一細表，擁有一半中國血統的黃芳，扮演了極重要的角色。當他得知佛像運抵紐約之後，特別休了八天的假，隨著法師，日以繼夜，到處奔波，勘察、籌劃與執行艱鉅的任務。黃芳和他的好友 Dave 完全奉獻，分毫未取，還自掏腰包墊付起重機和槓桿等租賃費用。此外，裝設音響，維修暖氣，檢視電路等許多工作，他也都一肩挑起。

「迎觀音大佛」之後，再辦「觀音寶殿動土大典」，動土大典中，妙峰、淨耀、果元三位法師領導常住眾師，誦咒灑淨，繞場一周，香讚，唱三寶歌，妙峰法師舉鏟說法，接著妙峰法師與十方弟子一起高舉金鏟，妙峰法師下達動土令，在觀音大佛的慈光照耀下，法師與弟子們表現了同心協力完成大願的決心。妙峰法師當天寫的對聯，陳述了他的感受與期盼：

松山吐日開覺道
林海含靈作慈蔭

妙峰法師在大典上致詞，提到他的四願：一願金佛山松林寺成美國東海岸的普陀山，與中國南海岸南普陀山比美。二願金佛山松林寺的道場成為東西文化的熔爐，東西方修行者在此相遇，同沐佛光。三願此聖山成為教育園地，老中青三代同沾法益，讓寺院與學校相結合。四願此聖山成為佛化新村，也就是居士村，供退休的在家弟子居住。

金佛山松林寺的建築架構，最主要的有：主殿（觀音寶殿）、兩座配殿、講堂、禪堂、辦公室、圖書館、齋堂、男女寮房、放生池。

飲水思源，為了紀念佛學泰斗印順導師，計畫中還包括創辦印順導師佛學院，與附近的大學合辦東方哲學研究所，讓佛陀慧命永續發揚，讓東方哲學思想，由美國東西兩岸的城市據點，源源不絕地往北方的山區輸送。讓金佛山松林寺的修行者再將佛音傳回紅塵人間。

法師繼續經之營之，然受限於種種因素，未能如當初所願，法師說，那是自己福報淺薄，因緣未足。他在精舍寫道：「妄心歇了菩提現，真性明來善果生。」用以自勵勵人。

金佛山松林寺距離前美國總統羅斯福的故居只有五英里遠，列入特別保護區內，並且將海德公園規劃為國家公園，林林總總的管制應運而生。例如：渠道水流不能改變，河流上不准架橋，這是基於排水系統的水利管理。未經核准不可自行挖鑿蓄水池，若是開挖個蓮花池，怕也會影響濕地的保護；即使是放生池，也不可以養烏龜，那是觸及環境保護問題。

歷經漫長歲月的等待，妙峰法師依然有百折不撓的意志，金佛山松林寺仍要完成。他到山上帶弟子們加種花卉、自己手植修竹，鬱鬱蒼蒼，繁花競秀，生機無限，不覺心喜，妙峰法師告訴自己，遲早會讓這一片茂竹修林成為學佛聖地，讓佛弟子在松林間、茂竹下共修；讓佛法甘露透過佛門弟子的傳揚，普施人間。

至於進一步規劃，他要自台灣三義塑鑄大尊釋迦牟尼銅佛，從福建引進石雕的立碑，將他的禪詩，禪詞、佛家的偈語豎立於松林下、湖水邊，讓佛門弟子吟詠，讓遊客欣賞。他相信，有朝一日，他規劃的雄偉的大寶殿，釋迦牟尼大銅佛，以及已有的觀音佛像，將與那棵筆直、勁挺、意氣風發的「紐約樹王」，並立在金佛山巔，象徵著佛教界第一位開船駛向北美的領航員的成就，也代表著佛門弟子同心協力的功德。妙峰法師他是永不輕易放棄理想的大法師，是永遠積極進取的僧人。

美國總統林肯每遇困挫，永遠記起母親告訴他的一句話：「老天把一扇窗關了，一定為你開了另一扇門。」妙峰法師相信，或許這扇門打開之後，門外的風景更美，天地更莊嚴，使自己心胸更加開闊，也使更多的人聞法而喜，近禪而悅。

第十六章 隔水呼渡有慈航

妙峰法師發願到「人數最多的地方弘法」，他來到世界第一大都市，入駐世界最大的唐人街，建立了當時唐人街的第一座大廟。唐人街亦名中國城，官方的譯名叫華埠。法師不以一寺自限，他以此為基礎向前延伸，向四方擴展。

紐約市由五個大區合成，法師的第一站在曼哈頓島，世人熟知的唐人街、華爾街、林肯中心、第五大道都在這個島上，算是紐約市的精華所聚。由此向東一水之隔，有一個自西至東橫陳海中的島叫「長島」，東段豪宅連綿，風光高雅。西段分為兩區，皇后區在北，布碌崙在南。七〇年代以後，亞洲移民增加，許多人在皇后區落戶安身，聚居在叫做「法拉盛」的地段，論者都說這是由華人開發的一個社區，稱之為第二個中國城。

妙峰法師把菩提的種子撒在曼哈頓中國城的沃土上，看到法王寺的信眾踴躍虔誠，感到無比欣慰歡喜。許多弟子住在皇后區，那時皇后區還沒有一所比較有規模的寺院，修行辦道就得跑到曼哈頓的中國街，信徒來自四面八方，有人住所遙遠，需駕車三、四個小時才能到達，皇后區雖然比較近，也有過橋、塞車、地鐵改道或停駛等狀況經常發生，冬季天寒地凍風雪交加之時更不方便。華人眾多的皇后區聚集很多來自台灣的新移民，都知道妙峰是台灣最早移民來的大和尚，高僧慈航肉身菩薩和佛學泰斗印順導師的弟子，希望法師在皇后區成立廟宇。

妙峰為了紀念先師慈航菩薩，早已在心中盤算很久。原來打算在上州金佛山建蓋松林寺，但是很難找到忠實可靠的建築商，而且數十年的積蓄，永遠追不上物價的上揚，建築松林寺尚難如願。為了接引方便，法師決定先到法拉盛成立定點。

他決定在法拉盛建「慈航精舍」紀念慈航大師。精舍的功能和廟宇相同，一般佛教史和地方志羅列寺院一覽時，二者並不分開，若說也有區別，大概是精舍的外觀比較簡樸，沒有宏偉的山門，巍峨的大殿，寬闊的廣場，蔥鬱的松柏，精舍也比較偏重個人色彩，既然標出慈航大師的法號，當然稱為精舍才恰當。

法師開始尋覓地點，他曾經看過政府閒置的一所中學，房舍很多，價錢公道，交通方便，旁邊還有銀行，可是太大了，那時候法師身邊沒有幫手，買了之後，管理有困難，雖然法師很喜歡，總共看了九次之多，還是不敢買。

有人介紹一棟樓房，地面有兩層建築，一樓原是夜總會，二樓曾是中餐館，都停業了。它的位置在法拉盛鬧區中心，兩條主要的大街和唯一的地鐵還有幾條公車線都在附近設站，旁邊還有大停車場，那時法拉盛還很偏僻，今日的鬧區當時相當冷清，法師看出未來的繁榮，精舍如果還在這裡，堪稱鬧中取靜，讓信眾容易接近。當時有一位信徒認為這是千載難逢的「吹糠見米」之地，法師也非常滿意，下單訂購，那是一九九〇年的事情。

房屋買成之後，著手整修，並加蓋三樓充當寮房，於一九九三年初步修建完成。據法師回憶：修建費昂貴，但是建好之後自來水是渾濁的，根本不能喝，屋頂更是問題重重，雨天，外面下大雨，寮房下小雨。幸虧有一位竺居士是此中內行，夫婦二人都是虔誠的佛教徒，他們每天一尺一寸加強改善，不收工資，積小成大，解決了遺留下來的問題。

修建後的慈航精舍，地面上建築物為三層大樓，一樓觀音殿，二樓是印順導師圖書舘兼講堂。三樓為寮房，地下一層為齋堂。外觀引人注目，當時算是很出色的建築，法師親題「慈航精舍」大字門匾，金色熠熠，行人駐足，後來得到「法拉盛最佳建築獎」。

一九九三年五月十六日，慈航精舍舉行佛像安座及啟用儀式。法師說，那一天風和日麗，春暖花開。大清早，東初禪寺的住持聖嚴大法師第一位來道賀。接著各華文報刊記者爭先趕來，採訪新聞。觀禮的嘉賓和禮佛信眾，扶老攜幼，絡繹不絕，從早到晚估計近千人次，可見僑界對於佛教的重視。

法會於上午十點鐘開始，由中華佛教會及精舍創辦人妙峰長老，率領各位法師和在家的徒眾，帶領各界嘉賓誦經，法師開壇灑淨，並為觀音菩薩聖像說法安座、普佛、上供，祈願世界和平，人民安樂，十方善信身心康寧，家道禎祥。

中午，位於地下一樓的齋堂，提供精美而豐富的午齋，香積廚內的義工們，大多數由普城遠道而來，她們之中有帶書卷氣的博士夫人，也有養尊處優的大小姐，個個放下身段，繫上圍裙，捲起袖子，在吳榮慈居士的指揮下，出入油鹽醬醋茶五種色香之中，招待所有嘉賓。

飯後，妙峰法師開示人間佛教的要義，強調人人皆有佛性，只要秉「信、解、行、證」的正確方向去努力，成佛人人有份。他舉出近代高僧弘一大師和慈航肉身菩薩來去自如的榜樣，還有岳飛的師父道悅禪師的一段故事，勉勵信眾。接著為數十位信眾舉行皈依三寶儀式。

三時，畢恆華和沈厚恩兩位青年在觀音菩薩金蓮座下，舉行佛教婚禮，妙峰法師主持證婚。法師曾在舊金山主持美國第一次佛化結婚典禮，把它帶到紐約來，漸漸普及。畢恆華先生和沈厚恩小姐在慈濟援助外蒙古的義賣會中，買下了一串項鍊作為結婚之用。原來這一條項鍊是另外一對夫妻沈文仁和陳逸潔的結婚紀念品，他們捐出來以示慈悲喜捨，善心愛心交輝，顯得這一場結婚典禮格外隆重。

高潮之後又有高潮，慈航精舍的落成是在一九九三年八月八日，當天並舉行觀音菩薩聖像開光典禮。

開幕落成大典在二樓大講堂舉行，仁俊長老主持，僑聲電台廣播記者徐聞女士擔任司儀。來賓除了浩霖、繼如、法雲等法師外，還有國府北美協調處吳子丹處長、華人學生家長會會長朱寶玲居士、美國國防部與哈佛、耶魯等著名大學做指導研究工作的名數學家李定博士、著名歷史學者唐德剛教授、段心遠、陳韶光博士夫婦、美國紐約華裔退伍軍人會主席譚同益、皇后區圖書館館長錢寧娜，及加州趕來道賀的陳榮淦博士夫婦等。

典禮上妙峰法師說道：「慈航精舍和『法拉盛』特別有緣，象徵著佛來了。有了精舍，這個地區會更興盛，法拉盛可以正名『佛來盛』。」一言方畢，滿庭熱烈鼓掌。

妙峰法師強調與精舍有關的三個心願：

第一為紀念先師慈航肉身菩薩。法師頌揚慈航大師時，複述印順導師悼念慈航老人的文章，這一番話對慈航大師推崇備至。然後妙峰法師鄭重表示：「忝列師門，親受教益，師恩難忘，才籌建精舍，命名慈航，以誌紀念。」

第二個心願，辦圖書館來弘揚佛教文化和中國文化，紀念另一位老師——印順導師。妙峰法師推崇導師的著作在現代佛教史上被譽為佛教小藏經或大藏經的精華，法師親炙教益，為報師恩，特將精舍二樓闢為「印順導師圖書館」，永久紀念這位德學崇高的佛學大師。他呼籲各界先進、各方善信鼎力支持多利用並賜予指導。

第三個心願，是為了實踐和弘揚觀音菩薩的慈悲法門，和印順導師所提倡的「契理契機的人間佛教」。法師介紹人間佛教的要義，觀音菩薩的慈航普度，人間佛教的正思正行。慈悲能德性提升，智慧能自我淨化，這是創造幸福家庭、安寧社會、建設人間淨土的不二法門。「精舍」取名「慈航」，深意在此。

法師致詞精采博得多次掌聲，慈航月刊合訂本裡載有致詞全文，成為紐約佛教發展史上的重要文獻。吳子丹處長、朱寶玲會長相繼致詞，仁俊長老開示，最後是信徒代表李定博士致詞答謝。李博士敘述他曾經在巨難中得到佛的扶持而脫險得救的經驗。李博士當初結婚的時候，因為兩家人都是虔誠的佛教徒，結婚儀式也採佛化婚禮。妙峰法師就是他們的證婚人。來美後，追隨妙峰師父宣揚佛法，勸人行善，勸人施惠，一刻不懈。李定博士現身作證，堅定有力。

本傳另有專文訪問李博士。

禮成之後，全體嘉賓被邀請到一樓大殿，參加觀音菩薩開光典禮。法會由仁俊長老主持，帶領信眾誦經、上香虔誠禮拜，長老即舉鏡、執巾、揮筆、展偈說法，為古佛加敷金身的觀音聖像開光、上供。佛殿內香雲成蓋，香花馥郁，萬頭攢動，梵音嘹亮，鐘鼓齊鳴，在一片肅穆莊嚴中，令人俗慮全消，善根增長。

開光後的觀音聖像，看來特別的慈顏可掬，容光燦爛。談到慈航精舍的觀音菩薩，妙峰法師立刻展現無比的歡喜，他說：這一尊大菩薩聖像是一位華裔古董商人贈送的，出自明朝的古佛，是木雕的，手工非常精細傳神，後來法師聘請專家幫聖像貼上黃金外袍，更顯得莊嚴亮麗。一般的觀音佛像觀感上比較女性化，可是這一尊不同，有著唐朝吳道子筆下的佛像氣韻，這是很特別的感覺。

午齋後，數十名中外信眾發心皈依三寶，由妙峰法師親自主持皈依儀式，並開示法要，共沐佛光。下午六時，妙峰法師為擁有碩士學位的青年馬子健和學士學位的吳美慈小姐主持佛化訂婚大典。

慈航精舍落成開幕，整日信眾絡繹不絕，共有一千三百多人次，這在皇后區乃至紐約市的佛門，都可以用「盛況空前」來形容。「佛來盛」！而今果然。

妙峰法師的抱負，可以引用他在中華佛教會說過的一段話來申明。他在大會成立三十周年的典禮中致詞，追述受命來美的經過，初期的艱辛，立足紐約的抉擇，初步總結成果以及今後努力的方向。這時中華佛教會、法王寺、金佛山松林寺、慈航精舍、慈航月刊、慈航中文學校、青年佛教會一一成就，法師歸功為不可思議的「因緣」使然。

法師將遠大的抱負分成教育、文化、慈善三方面並駕齊驅，同時推展和實現。

教育方面

創辦慈航中文學校，聘請名作家康美珍居士為校長，她是新聞界名流施長要居士的夫人。中文學校所選課程，智育、德育並重。先後開辦：

一、國學班，譚俊藝教導詩詞寫作。王務蘭指導詩的格律，妙峰法師指導國畫、書法。

二、禪坐班，教導禪觀，由妙峰法師親自授課。

三、禪詩欣賞班，妙峰法師教導和講解禪詩的意境和內涵，透視禪師的心靈世界、個人淨土。

四、佛學講座，或作專題講演，或作經典解釋。由妙峰法師主持。

五、梵唄班，由祖雲法師授課，教導佛教的古典讚偈、歌曲，或教導誦念，清唱佛教經典。佛教歌曲屬於梵唄，與普通音樂不同，其音韻鏗鏘嘹亮，高雅悠揚，引人入勝，能深入心靈深處，進入宗教性的精神領域！

六、國文班，教導中國語文，讓年輕僑胞學習中文，灌輸祖國風土文化。由貴慈居士與美慈居士授課。

七、英文班，由美慈居士負責指導。以增進僑胞的英語說寫和閱讀能力，便於早日融入新環境。

文化方面

法師認為文明發達，物欲橫流，社會上病態滋生，人人極需精神食糧，宗教信仰。因此，開辦印順導師圖書館，提供相當豐富的佛學論典、藏經等名著。同時印贈成千上萬的佛學善書，還有法師的「慈風文集」也在當時問世，博得各界好評。

《慈航月刊》的發刊也是重要的一環。法師欣慰地說：它是這艘升火鼓浪出發的慈航上一盞照耀夜空的慧燈，它使不少迷失方向而沉淪苦海的人知道回頭是岸；在黑暗中摸索的人走向光明，發刊以來，各方讀者有迴響，他們說：慈刊如慈母的臂膀，擁抱他們，給他們溫馨、慰藉！慈刊像航海者的指南，給他們指引準確的方向，又如黑暗中的火炬，給他們光明！

慈刊雖是一本小小的雜誌，其內容精緻雋永。其輻射的光波異常深遠廣泛，它的讀者遍布美國各州，也有海外讀者紛紛索閱。法師說：海外出版中文刊物困難很多，縱使人力、物力雙重困苦，他也不惜工本，甚至節省其他開支，一定使它順利出版，永不脫期。

關於慈善工作

慈航精舍也不斷辦理各種公益活動，每逢各地發生重大災害，妙峰法師籌款賑濟，向不後人。慈航精舍護法會慈善組是新設的，成立慈善組，一則救濟苦難，一則藉以長養慈悲心。

妙峰法師對救災工作一向積極。舉例來說，一場大雨肆虐，法拉盛凱辛納大道（Kissena Blvd）及派克大道（Peck Ave）一帶積水為患，居民損失不小！此時法師人在台北，護法會的慈善組立即前往訪問受災戶，了解實際情況。妙峰法師從台灣返回紐約後，帶隊前往慰問災民，並發放慰問金。

紐約《世界日報》記者穆學理以「慈航精舍走入社區，妙峰法師慰問災民」的大標題，大篇幅報導妙峰法師訪問災民的詳細內容和照片。該報導引用妙峰法師寫在精舍大門兩旁的巨聯「苦海有慈航，人間添福澤」，希望今後能獲得更多善心大德的護持，將觀世音菩薩聞聲救苦的大慈大悲精神普遍落實在人間。

一九九四年五月，中國粵、桂、湘、贛四省連降暴雨，使西江、北江、湘江出現一九四九年以後最大的洪水，廣東省有九個城市受災，災民達一千二百萬人，湖南省湘江沿岸八個地區受淹，廣西梧州市及江西省南昌市均災情嚴重。此外，福建與浙江二省自六月上旬開始也遭暴雨侵襲，福建省三明市與將樂、建寧等損失嚴重，浙江省錢塘江、浦陽江沿岸縣市受災。

另一次長江大水災發生在一九九八年，省市自治區共二十九個受災，成災面積一千三百多萬公頃，災情比上一次更嚴重，災民遍野，解放軍奮身抗洪，損失很大，舉世震動。

兩次水災造成中國大陸人民的苦難，僑界都發起捐助活動，妙峰法師熱烈響應，一面對外募款，一面把寺內的錢拿出來，第一時間內匯合捐出。

一九九九年九月二十一日凌晨一點四十七分，台灣發生百年來最大的一次大地震，震央在南投縣集集鎮，受創最大地區，包括台中、南投、彰化縣，據行政院主計處統計；死亡人數達兩千四百一十五人，失蹤三十人，受傷人數一萬一千三百多人，房屋全倒和半倒的就有十一萬戶之多。世界各先進國家都及時伸出援手。

遠在金佛山清修的妙峰法師驚聞災變，深感救人如救火，立即電告慈航精舍明怡法師召集信眾，共商救援大計。隨即籌劃地藏法會、義賣、街頭募款等事宜。九月二十四日中秋節當天，把原本慶祝中秋節的拜八十八佛法會改成地藏法會，以超度九二一震災中兩千多名喪生的亡魂。同時在最短的時間中，募集了最多的義賣品，於九月二十五、二十六日兩天舉行義賣活動，並在精舍門口放置募款箱，向行人勸募。

義賣當天慈航精舍的院子裡門戶大開，兩側的長桌上擺滿義賣品，有書法字畫，吃的、穿的、用的、擺飾的，項鍊、耳環、胸針、玩具等等，應有盡有，琳瑯滿目。精舍香積組特製的素齋滷味、米粉、炒麵、素肉羹湯等等的食盒，香味撲鼻，令人垂涎。鹼水粽、五穀粽，被爭相搶購，每個攤位的師兄師姐義工們忘了自己連日累積的疲憊，充分發揮人溺己溺，人飢己飢的悲憫精神，人潮洶湧，扶老攜幼。妙峰法師說：對那些一無所有的受災同胞來講，一元兩元不嫌少，積少成多，聚沙成塔啊！

兩天的義賣，加上精舍門口的募款箱，共募得善款五萬七千多元。

九月二十六日下午美東大酒樓的婚宴上，王招富先生邀請妙峰法師為其公子證婚。慈航義工跟隨法師到酒樓，在眾多賓客之中，為台灣九二一地震募款救災，在座賓客深受感動，紛紛解囊捐獻。

二〇〇九年八月，颱風襲擊台灣，造成嚴重水災，觀光景點阿里山及南橫公路多處坍崩，高雄縣甲仙鄉小林村遭土石流掩埋滅村。二〇一〇年一月海地發生強震，死亡人數超過二十萬人。災害頻仍，人們的同情心經過一再支付，似呈衰減，佛門仍一秉初心，反應銳敏，妙峰法師謙稱是拋磚引玉。

在社區服務方面，每年的疫苗注射，不定期舉行的健康講座，均由名醫或專家蒞臨指導，法師引述佛經「涅槃第一樂，健康第一富」的教義，說明幸福的真諦在健康，不但要注重生理健康，還要注重心理健康。世界上最幸福的人，莫過於身心都健康的人。醫生是醫治眾生身體上的病；心理上的煩惱病就非宗教不可。一個是心理治療，一個是生理治療，目標是一致的。

食療抗癌有成的黃德明居士（鼎慈）現身說法，講述抗癌經過和他與慈航精舍的一段淵源，在他的抗癌過程中，宗教又是何等重要的精神支持力量。

當時六十四歲的黃德明居士，經醫生宣判得了末期肺癌，不能開刀，藥石罔效，回天乏術，且頂多只有一年或一年半生命。這個消息使當時因病毒影響，精力衰竭，呼吸困難，行動乏力的黃先生，更惶恐、沮喪。幸而有一天在慈航精舍門口，遇到僑聲廣播電台的業務經理，也是精舍弟子的徐聞（宣慈）居士的引進，到慈航精舍皈依，他信佛拜佛聽經及改吃長素之後，由於信佛的力量，心境寬暢，加上素食滋養又抗癌，經過八個月，體力終於恢復，醫院再做檢查時，證明癌細胞消失了，完全恢復健康。醫生也驚訝，認為這是個奇蹟！

最不可思議的是黃先生的次子，也不幸患了胃癌絕症，依此法醫治之後，也根治而康復了。初是禍不單行，最後則福有雙至！從黃家父子的抗癌經驗，知道癌非絕症，癌症可根治，給予眾多癌症患者加強信心。黃居士久病知醫，最後研究出一套食療治癌的方法，分享大眾，廣積功德。

慈航精舍的公益活動，本傳附有簡表，略見其餘。

當然，精舍的功能以講經說法為本，法師認為教育、文化、慈善都是接引，經義才是渡到彼岸。只要是高級宗教，其教義的宣揚和活動本身就是一種慈善事業，特別是佛教。

法師講經，利用佛門的一切紀念日，如佛誕、中華佛教會成立慶典等等．也利用民俗的一切節日，如農曆新年、清明等等。也利用美國的國定假期，特別是在耶誕假日講經，引人注意。也在社會發生重大災害時以法會等形式講經，如長江水災台灣地震等等。每星期日上午有共修祈安法會，下午有佛學講座，都由他主持，他在佛學講座中有系統的講解《心經》和《壇經》，都成專著，詳見本傳第十九章。他也常常接受邀請到外州外國講經，多次到加拿大、香港、中國大陸和台灣。除了口頭講授或用文字傳播，念佛、誦經、拜懺、打坐都是傳播教義，於行為中使宗教思想落實、親證。

法師講經弘法及隨緣開示，雖專書亦不能盡述，本傳另作「講經開示舉要」一覽表及「離美弘法紀要」一覽表列為附錄。

法師說，佛教的最大效用，是精神的支持和心靈的救濟。法律、軍警只能治罪於已然，事故發生之後，才來補救，屬於治標之道。佛教教義的發揚和實踐，它能消弭罪惡於未然，就是只在醞釀中的一個動因，還沒有犯罪，便已被佛法的善念、善行所化解、所疏導而消失於無形。佛教特別重視治本，除惡務盡，修善務圓，強調「諸惡莫作，眾善奉行」，原因在此。

慈航精舍成立之後，信眾與日俱增，皈依儀式不定期舉行，人多時數十人一起。皈依之後，每人有一個法師賜予的法號。在此皈依信眾已有三千人，知名者如僑聲電台播音記者徐聞女士，著名藝人國府金馬獎影視紅星夏台鳳女士，都是在慈航精舍妙峰法師座下皈依的信徒。夏女士的夫婿是聖約翰大學亞洲研究中心副院長、兼東方藝術收藏舘的何平南教授。何教授的令尊何浩天老先生（夏台鳳的公公），曾任台灣國府歷史博物舘舘長。何老先生也是著名的畫家，他送了一幅精品給法師。

夏台鳳皈依三寶，也有一段不可思議的因緣；夏女士皈依之前，有一天忽聞異香久久不散，而且看到大殿上供奉的觀音菩薩聖像特別感到溫馨、親切、有緣，於是決心皈依佛門。她是一九九三年九月二十日禮拜妙峰法師為師，法名妙慈。從此，商務之暇，專心學佛，她的精神境界更昇華、更充實，也更完美。

國府北美協調處吳子丹處長全家和岳父母都是佛教世家，吳處長是僑胞心目中「人緣最好」的大家長。他事親至孝，常陪同老人家和夫人到精舍禮佛、聽經，敬仰妙峰法師的佛學修養。吳處長從小接受佛理的教導和薰陶，所以養成平易近人，慈悲善良的個性。

國府立法院副院長王金平（現為立法院長）的胞弟王金福及叔父王珠慶等一行十人，於一九九三年十一月二十二日前來慈航精舍拜訪妙峰法師。中午，精舍弟子洪嚴慈居士，特別邀請貴賓品嘗可口的慈航康寧素齋。齋畢，法師依王居士等之懇請開示佛法。法師道：修行是整體的，不是片斷，也不是佛寺才可以修行；任何地方任何時候都可以修行，家庭、工作場所、社會上都是修行的好道場；家眷、朋友、同事，或平時所接觸的各方人士，都是修行的好道侶。他們每人給你一面鏡子，使你策勵來茲，修正缺點，補足優點。結果在你的心目中或感受上，家庭、社會、工作場所都將變成你的淨土。法師的話語，出自肺腑，剴切至誠，加上修行經驗，聽者動容。

施長要居士成立「海天讀書會」，每週一次，每次兩小時，學員重質不重量，所邀請者皆為有心勵學精進的勝友。讀書會舉辦佛學講座，禮請妙峰法師主講有關佛學修行，足足三個月時間講解「生活禪」的課程。

慈航精舍護法會是在一九九三年八月正式成立的，洪嚴慈居士為首任會長，施長要居士為次任會長，施會長為新聞界知名之士，法名行慈，他的夫人康美珍居士為著名作家，法名培慈，兩人對佛教在法拉盛早期的發展貢獻良多。護法會設有慈善、教育（慈航中文學校）、刊物編輯（慈航月刊）、財務、總務等組別，大家分工合作，各盡所長。施會長從妙峰法師手裡接下聘書後，立即展開行政會議，並與各組成員會同精舍常住師開會，展開工作。

施會長多方擘劃，執行有方，慈航中文學校學生人數逐年增加，增至百人，其中有些學生從其他學校「轉」來。因受場地限制，百人已經飽和，無法繼續擴大招生。

復次，施居士以其人緣廣泛，善於結合社會力量，對佛教的「人間化」亦頗盡心力。一九九八年二月，英文報紙《新聞日報》（*Newsday*）文字記者 George Orwel 及攝影記者 Alan Rala 連袂來到精舍訪問，與護法會長施長要和夫人康美珍暢談佛學教育，康美珍時為慈航中文學校校長。記者 George Orwel 還訪問學生家長周長青（Evergreen Chou）及 New York Medical Center of Queens（原布斯紀念醫院）發言人 Betty Letterese，還有 New York Flushing Hospital（法拉盛醫院）發言人 Rea Finkelstein，印證慈航精舍的作為。該新聞標題是：Teaching love。副題：Flushing Couple's faith underpins activism。

施長要居士也是《慈航月刊》第一任總主編，佛學泰斗印順導師則出任榮譽發行人，妙峰法師擔任社長，一時人才濟濟，有五人編輯小組、執行編輯、攝影及發行人員共同工作。攝影小組由業餘攝影家、也是康乃爾大學附屬紐約長老教會醫院麻醉科名醫姚繁盛醫師負責，月刊的內容和知名度日日提高。

慈航精舍有了健全的護法會之後，妙峰法師更能應邀回台灣弘法，他對新竹特別有情，帶領新竹的信眾得度，並掀起科學園區知識分子學佛的風潮。那幾年，法師半年在台灣、半年留在美國。

施夫人康美珍（培慈）居士曾撰〈如沐春風〉一文，提到一九九二年第一次聽法師的演講，對法師慈祥和藹的長者之風，以及溫文儒雅的書生本色，留下深刻印象。康居士說，一九九四年，他們夫婦倆「在人生旅途中翻了個大觔斗」，正在心灰意冷之際，妙峰法師關懷備至，邀請他們聽經拜佛，並囑咐回去誦《金剛經》、學習靜坐，法師說等坐久了，心靜了，內心的寶藏就會源源而出，好像太陽在頭上照射，久久便有一種能量自心底產生。他們依教奉行，果有功效。

慈航精舍建成後，妙峰法師以此為主要的清修之所，常在他左右的明怡法師說，老師父日常生活很有規律，飲食清淡簡單，一如古之大德。具體言之，法師每天清晨三時起床，首先打坐，之後開始寫作，練書法，然後回到房間小睡一會。六時起床，早課背一篇〈成佛之道偈頌〉，邊念邊走動，訓練腦力，活動筋骨。為了早起，法師晚上九時就寢，臨睡前一定會把當天經過的事和內心感受記錄在厚厚的日記本上，所以寫日記也是法師的重要課程。禪修功夫，深邃玄妙，自有境界，在這方面他需要第二本傳記。

俗家姓楊名潔儀的明怡法師，原在英國飛利浦電子公司香港地區擔任經理，移民加拿大，在溫哥華東蓮覺苑七天的傳戒法會上認識老師父，一九九七年慈航精舍四周年舍慶的典禮中，妙峰法師為他剃度。

二〇〇一年九月十一日早晨，國際恐怖分子在美國劫持了四架民航客機，以飛機作武器，撞向紐約世界貿易中心大樓，兩座一百多層高的著名建築燃燒、坍塌，成為廢墟；他們也撞進國防部所在地五角大廈，這座軍事中心受到損害。這天早晨，他們使三千多人死亡及失蹤，其中包含消防隊員三百四十人，警察二十三人，四架客機上的乘員二百六十六人。人類歷史的這一頁慘痛記憶，稱為「九一一事件」。

當時《慈航月刊》中這樣寫著：「九月十一日，上午九時二十分，紐約最雄偉、最堂皇的世貿中心兩座大樓，先後被恐怖分子劫機撞毀爆炸，化為廢墟，死傷無數，在該樓工作的佛友都『失蹤』了，二十一世紀的文明社會竟有如此慘絕人寰之事，舉世震驚，同聲哀悼，同聲譴責！」

妙峰法師說，大樓中有他許多弟子，有人不幸遇難，有人與爆炸擦肩而過。他有一個弟子，名叫薛慧將，薛家的女兒女婿都是律師，結婚時選擇了佛化婚禮的儀式，在法王寺請妙峰法師證婚祝福。後來女兒與夫婿在世貿一號大樓開業，辦公室正是恐怖劫機撞擊的目標。薛家女兒夫婦勤懇服務顧客，業務繁忙。一天，女兒突然跟先生說：「我們這麼辛苦，從來沒有好好休息，究竟為啥？」一句話，兩夫婦買了機票去台灣日月潭賞風觀月去了。那天深夜兩夫婦回到酒店，打開電視機，赫然看到自己的辦公室正在濃煙中倒坍。

妙峰法師對九一一的恐怖襲擊嚴正批評。他說這世界本身從來就充滿了矛盾，需要圓融化解，只要一邊樹立起一個獨一無二的上帝，就有另一個唯我獨尊的真主，人們各自為了自己心目中的「本尊」奮鬥，可以粉身碎骨不惜一切代價。這是一種非常可怕的鬥爭，多少代的人因為這樣的信仰付出了寶貴的生命！妙峰法師說，佛教的信仰就沒有這樣可怕的後果。歷經了無數的人事、世事變幻和衝突的妙峰法師，他勸告人們，暴力的報復手段始終無法解決你所要解決的難題，暴力的後果是另一場更暴力的報復，冤冤相報何時了？他說佛教對世界的關鍵貢獻是包容，包容的背後是平等的理論，平等心消除了一切的對比和對峙，也消除了一切衝突鬥爭。

當人們都在惡夢中掙扎的時刻，妙峰法師一馬當先，立刻策劃舉辦超度安魂法會，唐人街的法王寺和法拉盛的慈航精舍同步進行。法會於九月十五日開始，法拉盛的慈航精舍連續三天，信眾雲集。

妙峰法師說，超度法會在恭誦《地藏王菩薩本願功德經》中開始，他親自擂鼓。與會者描述，妙峰法師神色凝重，手中兩根鼓槌如暴雨灑在大地，像澎湃的海浪沖向藍天，點擊中露出無盡的憐憫、悲願，與濟世度人的菩薩心行。鼓聲震動慈航精舍四壁，感動每一個人的心。鼓聲帶起梵唱，梵音清淨，地藏王菩薩手中的錫杖頂端靈光閃閃，鼓聲中猛烈擊地，世人問天無聲，責地無門，超度是此時唯一的希望，讓死者減輕怨恨，讓生者撫平傷痛。人心的悲憤、焦慮、期待，在慈航精舍觀音大佛前，與經聲鼓聲梵唱聲俱化。承受應該是認識業力的緩衝、挽救人心的開始。

九月十六日，慈航精舍的法會進入第二天。妙峰法師的弟子明怡法師描述，「大廳」已不夠大，會場後面、兩旁過道，還有大門口都擠滿了人。妙峰法師說，災難發生後漫長的四天過去了，官方仍然無法提出罹難者的準確數字。當時凡是與世貿大樓有點滴關聯的親屬，只要還沒有聯絡上對方，都惶惶不可終日。《慈悲地藏寶懺》是第二天法會的主要內容，寶懺具有懺悔修行的意義，給人希望，給人機會。超度是安撫亡魂，但懺悔是生者的責任。死者已矣，生者在懺悔的過程中產生力量，承受、面對、化解和超越。

法會第三天，《藥師琉璃光如來本願功德經》上場。如來有大智慧，大福報。人心如地，菩提種在地上；人心可以發願，願力產生力量，最後如來誕生。藥師如來是東方世界的另一位偉人，靠十二大願成佛，祂的每一個「願」都是治病良方。人們喜愛藥師經，經書的內容提供人們一條走向平安的道路。

妙峰法師說，他的好朋友雷柏銳的兒子雷鳴遠，九一一時在世貿中心的第二棟大樓中不幸喪生，法會中有他的牌位。雷柏銳，紐約市警察五分局輔警團團長，積極為華人社區服務，尤其是早期的華埠，幫派強奪地盤，衝突不斷，許多商家不堪其擾，勒索恐嚇時有所聞，整個華埠籠罩在陰霾恐怖的氛圍中。雷柏銳協助維持治安付出了巨大努力。

法師的弟子薛居士，女兒女婿事業有成，他們的辦事處就設置在世貿中心第一座大樓中，九一一前晚到黃山度假，前晚到台灣去了。法師還有一位弟子林居士，在世貿第二座大樓中辦公，也在九一一都倖免於難。法師說，薛、林兩家都是善人。

妙峰法師還說，九一一之後，人心惶惶，紐約、美國，乃至整個世界，未來的人生將會怎樣呢？有人問妙峰法師，未來的生活、經濟，以及生命的安全保障在哪裡呢？法師的心中早有了答案：「世人認為最安全的地方可能最危險，他們忽略了最安全的地方就是寺廟。」有人聽不懂，法師解釋：「這裡是最安心的地方，安心才有安全。」

名寺照例有古佛，慈航精舍除原有的明代大佛以外，二〇〇四年九月十日又請入一尊藥師如來，一尊觀音菩薩，都有五尺高，六百年的歷史。此事的因緣是：十五年前，華裔美人李一源在山西大同發現這兩尊佛像，原來的廟焚毀了，無人修復，佛像流落民間，沒有寺廟供奉。這位李先生把兩尊佛像買下來，透過正常合法的手續運到美國，他在家中後院蓋了一座亭子，安放其中。現在李一源要搬家，無法再把佛像搬走，交給精舍護法會的陳美華居士，陳居士捐給慈航精舍。佛像身上略有鏽痕，經王棣華女士用古法除去。

二〇〇五年六月四日，印順導師圓寂，世壽一百零一歲。

四月間，導師發燒，住院檢查，醫生發現他心包膜積水，做了導引手術。妙峰法師得到消息，他正患腿疾，行走站立都有困難。六月四日十時零六分，導師圓寂了，妙峰法師不顧一切，抱病登程，回台奔喪，一路步履艱難，可以用「匍匐奔喪」的成語來形容。

他總算趕上六月六日「追思讚頌法會」，會中本來安排他是主祭人之一，也因為腿疾不能入列。法會並未刻意鋪張，但導師的弟子和再傳弟子在佛教界有重大成就，在社會上也有影響力，導師的喪禮也自然有高度和廣度。「追思讚頌」四個字表示了佛門的生死觀，但是妙峰法師的心情，這四個字不足以盡之，他從頭回想追隨導師左右的經過，仍然不免有哀傷之情。

六月十一日，法會在慈濟新竹香山聯絡處舉行，由仁俊、真華及印海三位法師主祭，慈濟功德會籌辦，海內外弟子，各地佛教協會的代表，一般信眾，加上政界、商界、學界及新聞媒體等人士，估計有一萬人出席弔唁致敬。雖然參加的人數眾多，但場面安靜肅穆，氣氛莊嚴感人。

輓聯輓幛難計其數，法會有一對輓聯有很大的代表性：

願深慧遠人海明燈　普度蒼生垂典範
慈濟鴻圖剴切教誨　春風桃李感恩波

妙峰法師對導師的尊敬感念則是：

苦海湧波濤　幸有明燈通大道
慈師難遭遇　決疑解惑問何人

妙峰法師全程參加葬禮，直到火化禮成，他與導師情同父子，一向受到導師特別的照顧，來美之後，經常通信往來。六十多封信函均為導師親筆，表達愛護、叮嚀與期許之情。直到晚年導師健康衰退，才漸漸停止。

妙峰法師在紐約弘法這些年，經常回新竹福嚴精舍講學，與新竹科學園區各企業、各大學及科學研究院等均結緣深厚，佛學社林立，經常往來，推動生活禪的理念。在台期間，非常榮幸能為印順導師處理文稿、墨筆。技癢之時，也磨墨布紙題詩互贈：

妙峰法師有一聯贈印順導師：

方見瑞雲臨靜舍

又聞華雨滿經台

導師則把「瑞雲臨靜舍、華雨滿經台」寫成墨寶回贈妙峰法師。此聯至今懸掛在紐約慈航精舍的客廳內。

印順導師一百歲大壽時，海內外弟子均回台祝賀，妙峰法師亦親赴台參加盛會。能和弟子相聚交談，是導師最為開心之事。

從一九九三年慈航精舍落成啟用算起，到二〇一〇年，共有十七年了。妙峰法師一九三五年上林寺剃度，也有七十五年了。人事雖有更替，弘法理念一貫。佛門常說「功不唐捐」，意思是說，你的善念善行一定能產生效果，而且效果累積，永不消失。所以任何一個平凡的人，任何一點付出都不會徒勞無功。七十五年法師念茲在茲，無一日空過，十七年慈航精舍俊才往來，眾志匯聚，功德豈可思議！

第十七章 詩心每與禪心通

妙峰法師是當代的詩僧。

中國文學史上的「詩僧」，自晉以來輩出名家，唐代以寒山和拾得兩人名氣最大，七世紀中葉紅極一時，美國青年奉為經典。晚唐五代則有貫休、齊己、王梵志和皎然，宋代有參寥子，都照耀詩壇。

詩僧的作品別有風格意境，皎然寫出「花香不汙地，雲多任觸衣」，「黃鶴有心多不住，白雲無事獨相親」，貫休寫出「一瓶一缽垂垂老，千水千山得得來」。宋代的仲殊寫出「天共水，高下混相通，雲外月輪波底見，倚闌人在一光中」。參寥子寫出「山雲度晚飛瓊葉，海月生秋墮桂花」，都是戛戛獨造，沒有佛法就沒有這樣的詩。

妙峰法師的客廳裡懸掛著他的書法，上面寫著他自己的詩：「若無閒事莫寒暄，不到忘機話不圓，無住生心觀自在，緣塵作意被纏牽。空靈每喜林間坐，道遠常求農裡禪，一片天心印日月，青松翠竹樂年年。」

打開當期出版的《慈航月刊》，也讀到法師的一首近作：「綿綿秋雨漲秋池，曾約青山未有期，幸於草堂可鍛句，詩香醉倒老禪師。」

「詩僧」應該具備三個條件：第一，他是出家人，即使蘇東坡，只能算是「詩中有禪的詩人」。第二，他寫詩，否則如弘一大師，只能稱為「曾經寫詩的僧人」。第三，他的詩有禪境，有禪理，否則即使蘇曼殊，只能算是「穿僧衣的詩人」。

妙峰法師條件具足。

還可以補充一句：我們對詩僧的期許是，他寫過很多詩。王梵志有詩三百二十八首，貫休七百三十二首，齊己八百一十九首（有一部分是殘句），而妙峰法師寫詩至今已有六千首了。

妙峰法師的詩緣和佛緣同樣久遠，相輔相成。

法師的母親信奉佛教，態度虔誠，經常持誦佛號。尤其是戰亂發生以後，常有凶訊惡耗傳來，母親隨時合十俯首以「南無大慈大悲救苦救難觀世音菩薩」抵擋，夜晚佛號常常陪伴法師入睡。「念佛」是佛門大事，有千年相承的設計，一點也不隨便，平淡之中自有腔調，可以說，法師在襁褓之中就接觸到語言的韻律。

入寺以後，持誦佛號有念和唱兩種方式，一句「南無阿彌陀佛」有七種唱法，稱為「七音」，眾僧同聲，很有氣派，給人的感受不是拘束而是奔放，語言的音樂性進一步釋放出來。那時妙峰還是一個小沙彌，這是他最喜歡的功課。

然後他學習持咒，念咒的聲音幾乎沒有高低變化，音與音密接，速度很快，木魚一路伴奏，如圈如點，全程如同魚游水中，無沾無礙。如果眾僧同聲誦念，人的聲帶天生有高音低音中音，女聲又比男聲高八度，這就有了類似四部合唱那樣的結構。咒語沒有標點，每個人「換氣」的地方不同，這又形成長短不同的頓挫，彷彿有了「和聲」，這也是他最喜歡的功課。雖然他那時是個八、九歲的孩子，睡眠嚴重不足，卻也從來沒有在念咒的時候打過盹兒。

先賢說：「歌之為言也，長言之也。」念佛念經都有「拖腔」，把字音拖長，類似五線譜裡的「延長號」，就是「長言」。先賢又說：「言之不足，故嗟歎之，嗟歎之不足，故詠歌之。」我們用平常的語調說話不足以充分表達內心的感受，所以需要「長言」，長言是詩的第一階段。妙峰法師的年紀那樣小，還不懂得經義，「長言」能夠這樣吸引他，應該說這是因為他有詩歌的天賦。

然後就是佛經中的「偈」了。佛經大多用散文寫成，敘述到某一段落，不時出現一段句法整齊的韻文，叫做「偈」，這是妙峰法師第一次讀到的「詩」，或者說他正式接觸詩的形式。

「偈」不拘平仄，也不受韻書約束，每句字數四言、五言、六言、七言、八言、九言都可以，篇幅最短四句，最長可以寫幾百句。試以《法華經》觀世音菩薩普門品為例，大段敘述之後出現：

世尊妙相具　我今重問彼
具足妙相尊　偈答無盡意
汝聽觀音行　善應諸方所
弘誓深如海　歷劫不思議
……

共一〇八句，算是一首長偈。《金剛經》末段有一首短偈：

一切有為法，如夢幻泡影。如露亦如電，應作如是觀。

只有四句，容易記憶流傳，所以家喻戶曉。

「偈」也可以獨立存在，六祖慧能的那首著名之作就是以偈說法：

菩提本無樹，明鏡亦非台；
本來無一物，何處惹塵埃！

妙峰法師很喜歡這種體裁，他在「熟讀百千偈」之後，他的第一首作品就是用「偈」寫成，那是他到美國以後的事了。

一九六三年，妙峰法師由舊金山轉紐約弘法，當地有一位在家居士經商開店，新張之日，要求妙峰法師寫一幅字掛在店裡。像妙峰法師這樣有來歷的大和尚，知名度甚高，店裡張掛他的墨寶，可以增加光彩，這位居士也認為大和尚寫的字有類似符咒的神祕力量，可以開泰啟祥。他來求字的時候執禮恭敬，辭意懇切。

法師說，他從未正式寫過「書法」，實在不便答應。可是他知道，如果拒絕了，那位前來求字的人會產生挫折感，降低向佛的熱誠，如果他寫了，有這樣一幅字掛在店裡，人來人往，即使匆匆一瞥，也是結下佛緣。好！寫給你！他這才出去買毛筆墨汁，那時這兩樣東西在美國商店裡還很稀罕。

寫什麼呢？那時妙峰法師寫下：

如松如柏　挺然矗立
生意蓬勃　鬱鬱葱葱

這正是「偈」的體裁。他不寫商店而寫松柏，這是「隱喻」，其中「生意」一詞，語意雙關，既指開店，又指松柏的生命力，這種寫法正是詩法。這一張字掛出去，敬求墨寶者接踵而來，遍及各行各業，佛門弟子以外，及於大眾。妙峰法師有求必應，「偈」的靈感如湧泉而生。

法師不以「偈」為滿足，再進一步寫詩，偈和詩差之毫釐。寒山詩云：「我詩也是詩，被人喚作偈。詩偈總一般，讀時須仔細。」這話也許難以形成共識，但蘇東坡的詩詞受「偈」影響而後大進，足可證明兩者可以有衍生的關係。法師認為世人對「詩」比較容易接受，弘法的效果比較大，再說文墨之事最好當行出色，寫詩才可以得到同行同好的認同和響應，他決定「以偈為詩」，也「以詩為偈」。

中國古典詩詞講求格律，也許禮失而求諸野，那時海外詩人守護格律一絲不苟，甚或有人挾規律以自重。妙峰法師怎樣掌握詩的形式？他的詩路歷程很特別，他說他從未讀過唐詩宋詞，一則他沒時間去出入古今大家，二則他的導師印順長老對詩詞缺乏好感，認為詩詞搖盪心性，感染世情，弘法而借重詩詞是一條歧路，對修行的人並無幫助。於是妙峰法師決定存其利去其弊，廢詩不讀，他買了一本《詩韻集成》，一本《白香詞譜》，閉門自修，他只取形式，不借鑑內容。

詩詞格律首重四聲，法師是廣東人，他的母語和詩韻的規定迥然有別，雖說他讀過公立的小學，受到「國語」訓練，但詩韻裡有許多字從古音不從今音，例如在詩韻裡，烏是平聲、（屋是仄聲），支是平聲、（職是仄聲），西是平聲、（錫是仄聲）。

這種困擾到了押韻的時候特別大，胡適反對舊體詩，他寫過一篇文章〈該死的十三元〉，十三元是詩韻的一個小標題，叫做「韻目」，依照這個韻目的規定，言、孫、屯、原、昏算是同韻，你在一首詩內可以同時使用它們，所以李商隱寫出這樣的名作：「向晚意不適，驅車登古原。夕陽無限好，只是近黃昏。」但是你在一首詩內如果押了「言」、不能押「顏」，如果押了「昏」、不能押「婚」，雖然它們的「今音」如此接近。

「十三元」固然「該死」，另一個韻目「四支」可以說是支離破碎，支、移、為、吹、兒、馳、規、師、姿、眉、悲、葵、醫、虆、魑、肌……這些字同韻，簡直是個大雜燴。

妙峰法師的辦法是勤查硬記，他說《辭海》所收的每一個字都註明四聲和韻目，給他很大的方便。

終於他的腦子裡有了一部詩韻和詞韻，他照著平仄格律寫起自己的詩來，他把禪理禪境「灌」進詩詞的形式裡，他只要軀殼，不要靈魂，他避免了詩詞可能帶給他的負面作用，只取它的工面功能，好比是只要汽車不要車禍，他的「詩路歷程」如此特別。

妙峰法師有他的「詩學」。在他看來，詩是弘揚佛法的工具，為了善用此一工具，固然要講求詩藝，但亦有其限度，窮年苦吟，神遊忘返，仍要墮入三途之苦，豈不癡迷！先賢認為詩的價值在於「正得失，動天地，感鬼神，先王以是經夫婦，成孝敬，厚人倫，美教化，移風俗」。這樣的觀點每一位致力改善世道人心的工作者都會舉手贊成。佛家有「五明」之說，要用五種方法彰顯佛法，使佛法因此而「明」，其中一項「聲明」，就是用語言文字進行。

這就是「文以載道」吧，文學作品是一輛宣傳車，一路散發宣傳品，車子本身並非目的，「言之無文，行之不遠」，藝術技巧只是讓車子不會拋錨，擴音喇叭更響亮更清楚。但是妙峰法師的詩也有忘言無我之作，其中沒有理性判斷，超出「載道說」的範圍，這一部分作品可以改用「文以明道」來概括，它照明了彰顯了佛法，佛法不在詩內而在詩外。心中有理，寫出來的是禪理詩，心中有境，寫出來的是禪境詩，而「境」中不必有理，因為「禪」是重直覺反邏輯的。這使他成為當今卓越的詩僧。

妙峰法師二十二歲才正式離開上林寺，由七歲到二十二歲，十五年間他飽受自然風景薰陶。上林寺面積廣闊，林木蔥蘢，鳥獸蟲魚棲息，「萬物靜觀皆自得」，這樣的環境培養僧人也培養詩人。還有湛江靠海，海景也是一種「殊勝因緣」，只有極少數人能夠長年相對，這對一位詩僧當然有意義。禪宗給自然風景特殊的地位，「一葉一世界，一花一如來」，「青青翠竹、鬱鬱黃花」都是佛法，所以禪詩中風景描寫是很重要的手法。妙峰法師說，湛江風景是他靈感的泉源，也是他詩中許多禪境的原型。

法師有一篇文章——〈山水雲霞盡禪機〉，道破兩者的關係。「一個住山修行的禪師，整天接觸的既然都是青山綠水，茂林修竹，腦海中所想的也都是這些自然景觀，山河大地好像是一幅畫，世俗的名聞利養、人我是非離得他遠遠的，修禪者的見聞覺知正是這種境界。」

法師在文章中又說：「山的第一特色是安然不動。……第二是樸實無華。……第三，山脈像蒼龍臥波，蜿蜒起伏，氣象萬千。……水代表清淨，大海波瀾壯闊，廣大無垠，對我們的修養有很大的幫助。」他常要求信徒看三樣東西：大海、天空、太陽。

他以詩人的銳敏指出世間有「聞香的動物」和「聞臭的動物」，前者如蝴蝶，後者如蒼蠅，兩者美醜有別。社會上也有「聞香的人」和「聞臭的人」，仁人、善人、高人、修行的人都是「聞香的人」，山水雲霞是他們聞香的場所，若要移化「聞臭的人」，大自然也是很好的教室。

一九六三年，法師離舊金山移駐紐約，先建法王寺，後建慈航精舍，兩處都在這個資本主義第一大都的黃金地段，馬路上人潮不息，真是「天下熙熙，皆為利來，天下攘攘，皆為利往」。法師四十年普度眾人，這昔日渡海東來的一葉菩提，於今花果繁盛，而果子又成為多少種子。慈航精舍建成後，他寫了很多詩詞，還寫了七首歌，他為慈航中文學校寫了校歌，由大師級音樂家黃友棣作曲。他一度想選出一些詩詞來，請作曲家譜成歌曲，向信徒中募集歌唱人才，成立一個合唱團，定期演唱。

慈航中文學校校歌的歌詞如下：

春風輕拂　佛日和暢　覺園桃李燦西方
聞思修習　事理圓融　導學子德化五中
智勇雙運　識量寬宏　慈懷利世福無窮
闡揚妙義　陶鑄聖雄　建設人間成淨土
齊駕慈航　力挽頹風
闡揚妙義　陶鑄聖雄

建設人間成淨土
齊駕慈航　力挽頹風

法師此一時期的代表作還有：

風瀟瀟，雨瀟瀟，滾滾寒流撞斷橋。願見春風來善意，百花怒放白雲朝。
風瀟瀟，雨瀟瀟，彼岸同登架渡橋。苦海沉淪得救濟，靈山指引路非遙。

後來印順導師也肯定了妙峰法師的翰墨成就，每逢有人央題詞或賜聯，都由妙峰法師代筆，妙峰出國前成為導師的私人祕書。導師說：「妙峰的詩詞自然天成，沒有經過人為雕鑿。」

他在紐約上州「樹比人多」的地帶再建金佛山松林寺，這是半開發的風景區，「文明」尚未侵入，「自然」猶存原貌，山上古木成峰，山坡草原如海，佛寺深藏，梵音外揚，儼然與當年的上林寺遙遙相應。

法師常常上山清修，他的住處憑窗可與一棵古松相對，這棵樹的樹幹有三人合圍那麼粗，枝葉簡練有勢，樹姿集一切松柏之美的大成。曾有專家前來勘察，認定它的樹齡超過兩百年，有「父親樹」之稱，全紐約如今僅此一棵。法師說，他常靜坐室中與古松晤對，彼此用「心音」交談，互道前生來世。

法師在那裡寫成許多重要的論述，一九七八年以來，每年召集弟子和信眾「朝山」，在觀音座下求福慧。山上山下，法師出入兩個世界，右手雲霞，左手錦繡，他以雲霞為錦繡，視錦繡如雲霞，此事古難全，而妙峰法師從容得兼，出家在家都羨慕他的福氣。

他在山上寫了許多詩：

其一

樂住青山作老農，晨光日出露華濃。
高風勁節園中竹，鐵幹傲枝雪裡松。
真性如如原不二，天心湛湛可圓融。
毀譽任其煙霞散，裊裊閒雲繞碧峰。

其二

榮華增減不須驚，世上何曾得永亨。
月缺月圓亦定數，天晴天雨是緣生。
青松傲骨抗寒暑，翠竹高標表玉貞。
懇切婆心傳密旨，應如迦葉笑盈盈。

兩首詩內都有那棵古松的影子。他在山上也寫了很多絕句，例如：

人住孤山德不孤，雲遊聖境心如如。
先賢古聖常圍繞，底事從來超有無。

有一首詩，大家都認為是法師述志之作：

數十年來孤獨行，菩提聖道舉明燈。
山窮水盡仍前進，未達峰巒最上層。

總的來說，他寫絕句比律詩多，只因海外詩壇的風氣「重律輕絕」，律詩受到特別的注意。一般說來，禪家愛寫絕句，因為絕句沒有對仗拘束，可以隨手拈來，自由揮灑，若有意，若無意；禪風禪趣，若無形，若有形。

「紐約時期」的妙峰法師，寫文章弘法常以詩句作題目，例如「明淨禪修必有功」，內容講「止觀」，「道者胸懷學子情」寫福嚴佛學院成立五十周年，「新枝老幹皆蔥蘢」，賀中華佛教會成立八周年。法師講經說法，常常先誦一首禪詩，然後開示，每講一個段落又加入一首詩，強化他已說的內容，或者預示他要言說的內容，散文韻文，交叉前進，這也許是從敦煌「變文」的體裁延伸而來吧，到了當代，這就成為妙峰法師說法的一大特色。例如他說「忍辱波羅蜜」，他說，磨難磨堅了修行者的意志，磨強了修行者的體力，正是儒者所說的「殷憂啟聖」。談到此處，朗誦布袋和尚的長偈：「有人罵老拙，老拙只說好，有人打老拙，老拙自睡倒。涕唾在面上，隨他自乾了，我也省力氣，他也無煩惱。這般波羅蜜，便是妙中寶。……」在這首七十二句偈語之後，法師引佛陀的遺教經，勉信眾「受惡毒之罵如飲甘露」，然後是他寫的一首禪詩，明示「佛子苦行為道業」。……然後這樣繼續下去。

詩偈的效果很好，它比經文活潑，比解經的語言容易上口，有些人聽經之後只記得詩偈的句子。紐約時期是妙峰法師禪詩的高產期，受眾無數，如人飲水。有一位善男說，他有一段時候百事不順，心煩慮亂，聽經也聽不進去，對拜佛布施完全喪失信念，後來他向老師父妙峰法師求得一幅字，他一見頓生歡喜心，掛在家中，整個境界都改變了。上面寫的是：

修來福慧莫嫌多，松柏冬寒不改柯。
清淨因緣難倖遇，浪頭過了便無波。

有一次，妙峰法師到台灣靈泉寺傳戒，用禪詩來帶動求戒學子。李海雲居士說：「戒壇多是很嚴肅的佛法戒條，但經由詩文的表達，大家都歡喜領受，這是十分難得一見的。」他特別介紹法師說戒時的二首戒詩：

其一
慧是光明人海燈，戒幢高樹法王城。
若能念念常關照，展翼大鵬萬里程。

其二
身心守戒戒嚴身，清淨莊嚴乃出塵。
戒似堤塘常守護，決堤洪水變波臣。

到了三冊《禪地風光》出版，妙峰法師更進一步發揮詩的作用，先詩後文，看詩作文，詩和文並駕齊驅，詩由從屬的地位躍升為主體。三冊《禪地風光》共收法師親筆書寫的禪詩五十四首，每首詩有法師自撰的散文一篇，再配上插圖，三者以相同的主題互相對應，可稱詩書畫聯璧。

妙峰法師為每一冊《風光》作序，他說「禪地風光」是禪者現證的聖境，其中「沒有缺憾，沒有災難，沒有黑暗，充滿光明！一切一切都是那麼圓滿，那麼安詳自在」。此一境界本難言詮，但是藉著詩境，可以使人「意會」。他說禪境能「化熱惱為清涼，化寒流為春風，使動亂平靜，使破碎完整」，還有「提升德性，改變氣質，拒暴惡，崇賢善」等等作用。他致力以詩代偈，把禪修生活的境界「擴展拉長」，周遍到廣大讀者群的生活領域。

紐約有華人的百年僑社，處處保存中國文化，在這個英語國家裡面，中國的古典詩詞是許多人精神生活的一部分，「騷人墨客」比一般人想像的要多，詩社詩刊詩會應有盡有，同聲相應，這位詩僧有多位詩友。

提起詩友，妙峰法師首先舉出「譚克平」的名字。譚老祖籍廣東台山，一九一九年生，比法師年長。在紐約從事飲食業，二次大戰時在空軍服役，制敵千里之外，法師稱道他的詩波瀾壯闊，是見過「天地之大」的詩人，又讚歎詩中常常沛然湧出愛護祖國的情操，是從歷史長河游過來的詩人，英雄隱退，於今「清新筆法可贏鵝」，可是仍然有「大雅詞章能伏虎」的氣概。譚老的詩集有《天涯吟草》出版，曾任美國《環球吟壇》總主編，全球漢詩學會名譽會長。

譚老信奉佛教，皈依妙峰法師，他和法師屢有唱和。熱帶的高山密林中有一種鳥，鳴聲如呼「佛法僧」，稱為三寶鳥，譚老拿它作題材寫了一首七律：

頻呼三寶有仙禽，宇宙欣聞最妙音。
聲達深宵群魍靜，情聯清曉萬松吟。
媧笙喚醒槐安夢，奇嗓紓除煩惱襟。
幾許迷舟逢召引，遠離苦海赴星潯。

法師讀後奉和一首：

呼朋引類有奇禽，幸喜能聞空谷音。
蒼昊金童撅仙籥，菩提聖樹作龍吟。
殷勤柔韻湔塵耳，回複清弦切俗襟。
似出瞿曇手中撥，靈山直指不須尋。

法師也稱道紐約另一詩人周榮，他比法師年輕，為人寬厚謙和，屢屢在社團內擔任重要職務，曾任四海詩社社長。他的詩貼近海外移民的心態，陰曆新年度歲，他寫出「鄉思幾許藏心底，俚語依然掛口邊」，比「鄉音無改鬢毛衰」可說後出轉精。

周榮有詩步和法師的〈山居禪味〉：

般若蓮台豈易攀，精深佛學自非閒。
六根清淨三皈裡，百轉輪迴一剎間。
塵俗每遭生死劫，世途難避利名關。
禪機韻味饒詩意，仰止山居在聖山。

闞家蓂教授評介妙峰法師禪詩說過：「中國之禪，對佛教有進一步的發展，對詩詞也有更進一層的深化，詩禪結合，可產生一種天機。」他說法師「身處喧囂鬧市，心存水涘山林，此心如如，不染塵埃，師法自然，物我天人合一」。他盛讚法師心存濟世，「語淺意深，隨緣開悟，無僻字，無古典，王國維所懸的標準『淡語皆有致，淺語皆有味』，法師當之無愧」。

他對法師的造詣作出解釋：他說法師「有一顆與生俱來的詩心」，加上「本身俱有特殊的靈性」，一觸即發，「如出自名家老手」。他最稱賞的是：

其一

白雲好動青山知，玉兔晝眠似小兒。
風送清香薰大地，金烏棲止是新枝。

其二

景仰幽居道者風，白雲深處見高蹤。
密林修竹無窮碧，遙指華堂第一峰。

資深作家王鼎鈞也有專文討論妙峰禪詩。他說古今法師們以弘法濟世為志，多半以「禪理詩」見長，妙峰法師有很多作品情理交融，感染力很強。他舉一首小詞〈惜分飛〉為例：

養晦韜光光莫露，廣集資糧急務。
攀上菩提路，無須閒話招人妒。
禪到空靈欣獨步，薄霧紅霞碧樹。
擁抱深山處，有緣便駕慈航度。

他說「薄霧紅霞碧樹」是禪境，「有緣便駕慈航度」是禪理，禪境是為上士說法，禪理是唯恐讀者根器淺，才特別點明的。

法師有一首詩：

峰高不怕冷如冰，擁翠清修最上乘。
明月也知青嶂好，光環普照老禪僧。

「這首詩用高峰、冷月、森林、老僧合成天人境界，可以比美王維的『林深人不知，明月來相照』。妙峰法師更上一層，以『坐對玲瓏月，不時心似水』的孤絕，盡脫塵寰，月光幻化為禪師頭上的光環，山下再無世界，禪宗說的不染不淨、非空非有，我們也就彷彿得其一二了。」

另一首詩：

門對清溪架木橋，遠山走邀白雲朝。
詩情畫意禪心寂，傲骨青松永不凋。

這首詩使用了清溪、木橋、遠山、白雲、青松，都是王維、柳宗元、孟浩然布置過的境界。「妙峰法師長於借自然現象使人感悟，一旦有了感悟，會覺得山水花鳥更美，這就是由見山是山、見水是水；到見山不是山、見水不是水；再進一步到見山又是山，見水又是水。」

王鼎鈞認為雖然「滾滾紅塵、亦成涅槃」，雖然也說「屙屎撒尿、盡是佛事」，究竟還是山水花鳥沒有副作用，容易展現「處染常淨」的境界，即所謂「花滿不汙地，雲多任觸衣」是也。他完全肯定「妙峰詩學」。

第十八章 隨緣度世有金針

妙峰法師親近眾生，長於打動蒙昧未開之人和接引心意初動之人。他創建的慈航精舍位於鬧市中心，因得地利而增人和，他日日以一席話或一卷書傳道解惑，受者散之四方，待緣長養，終歸佛門。筆者經多次採訪，探得一般人最常提出的九個問題，或可代表當代紐約華人心中的疑點，並由妙峰法師對迷者的開示，略窺他的功德教化於一斑。為了法師的「深入」更能淺出，執筆人設身一般受眾，加上自己的體會與詮釋，借此因緣，略盡寸心。

出家與在家

在妙峰法師座前，經常有人急於出家，他從小說電影裡看見沉溺苦海的人走進佛門跪下，老法師立刻為他剃度，從此離苦得樂。也有人想皈依、怕出家，千絲萬縷割捨不下，他聽說一定要出家才成正果，追問在家修行到底有多大價值？

對這些人，法師告訴他們，出家和在家都很好——出家更好，但無須急著出家。

這要從頭說起。釋迦牟尼是佛教的創立者，「佛」（Buddha）是梵文音譯佛陀的簡稱，意為「覺者」，一個正覺遍知的大覺悟者。佛法是佛陀的教育，是佛陀教導眾生離苦得樂的方法，這個方法是依據他所體悟親證的人生真相所發現的「般若智慧」。「般若」（Prajna）是梵文音譯，意為高深的智慧。佛陀坐在現印度東北的菩提迦耶的一棵菩提樹下七天七夜，他體悟到的智慧是什麼？何以能流傳兩千五百多年而不息？他體悟到這個世界的一切現象皆是「緣起」的，所謂「有因有緣世間集，有因有緣世間滅」。即每件事情的生起與消滅必有一定的原因與順序；而且「此有故彼有，此生故彼生」，世間每一樣事物，皆是相依相存的，沒有一事一物是可以獨立存在的。這也可說是佛陀觀察宇宙和人生所得的結論。

當佛陀感召了許多當時的修行人及其他教派的群眾後，他的僧團日益龐大。佛陀為了這個僧團制定了戒律與修行方法。他以自己所體察與經歷過的修行，制定了一套修行的方法叫佛法。一個想要修行佛法而離苦得樂的人，如同進入一所學校，需要遵照學校的規定與教師的指導，一步一步去練習、實踐。

信佛的人首先必須皈依三寶，三寶即是佛、法、僧。「佛」可說是佛法的創始覺者，「法」可說是佛所指引的一條修行的道路，「僧」是如實奉行與住持佛法的出家眾。皈依的心態必須是真誠的、自願的，要發心迴邪向正，迴迷向悟，以堅定的信心相信，自己如法修行，亦可如佛陀一般證悟緣起性空的道理，達到內心的解脫，遠離痛苦煩惱。同時，隨時隨地以同體大悲的心懷幫助別人。

在佛陀的時代，信徒為了追隨佛陀的開悟解脫教導，拋棄私人財物，割捨男女歸屬的關係與父母子女的親情，剃髮除鬚，穿上袈裟，離開家庭，變成專一修行的僧人，稱為比丘，叫出家。後來有女性出家，則稱為比丘尼，她們出家的儀式與該守的教條戒律比在家眾嚴格多了。佛陀看見人間的苦痛多半來自家庭，人性中的貪心、瞋念、癡性、傲慢、疑慮在個人私有財產的鑽營、男女占有的關係上表現特別熾盛，為此而引發出殺人、偷盜、姦淫、欺騙等糾紛與痛苦。所以佛陀當時覺得這樣以私欲為基礎的社會制度，無法徹底建立人間的和平安樂。有鑑於此，佛陀當時是鼓勵出家修行的，他希望經由出家，先卸除家庭的煩擾與障礙，在修行中達到個人的內心清淨，出家僧再以宗教者的身分宣揚佛法的教化，如此使社會達到和平安樂。這是佛陀時代創立僧團的旨意，為了以佛法幫助眾生離苦得樂而設立的培養師資的機構。

所以僧人實為佛法的奉行者。當時由於出家的人日增，佛陀便開始組織僧眾，制定戒條與律法。出家的僧人，最重大的意義是「住持」佛法，「住持」的意思是要特別著重在佛法本質的保持，不使變質，並能長久流傳人間。住持佛法普及佛法，需要和樂清淨的僧團負起責任來。佛法的解脫不是個人的隱遁，而是在僧團中發大慈悲心去弘法濟世。今日佛教不僅遍布東南亞，也在美國歐洲滋長，佛教的僧伽制度實是傳遞此般若智慧薪火的最重要媒介，可以說僧團是佛陀慧命的擴展與延續。

佛陀也曾說過，信仰佛法不必一定要出家，他曾收俱梨迦為第一個在家的佛弟子，稱為優婆塞，就是指居家修道的居士。佛陀對俱梨迦的女眷宣講佛法，女眷也願意當釋迦牟尼的信徒，過佛化的家庭生活，於是佛陀收她為第一個優婆夷，意為清信女，漢譯女居士。佛陀說過，在家修行的優婆塞和優婆夷，如果遵守不殺生、不偷盜、不淫邪、不妄語這四戒，就同佛的其他弟子一樣。佛教對在家信徒尊稱為居士，大概是出源於《維摩詰經》裡的維摩詰居士，他是在家修行成正果的典範。

出家與在家最大不同點當然在於生活的方式。出家人是遠離家庭與私有財產等俗物，佛陀時代以乞食為生，專心修行，現代出家人大部分則靠在家眾供養。所以佛教的在家與出家眾自古以來各行其職，出家眾行法施，將佛法傳播人間，而在家眾則以財施來護持佛法。出家、在家相輔相成，一脈相承，直至今日。

妙峰法師說，他的母親信佛禮佛，帶他去寺院，還讓他出家，他一直非常感激。他七歲出家時就很崇拜他的師兄雲峰，雲峰法師對妙峰法師幼年求法心切有極大的影響。妙峰法師親近的佛門人物像虛雲老和尚、太虛大師、慈航老菩薩、印順導師等都是第一流的高僧大德。妙峰法師說，如果他不出家的話，最大本事也是有個房子，有個小家庭，所能顧到的也只是一個小圈圈裡的人與事。以他的觀點看，這樣的人生太浪費了、太自私了一點。他現在的情形，從來不需要想他要如何的為自己及家屬做些什麼？安排什麼？他去台灣、馬來西亞、新加坡、香港、加拿大等地講學，所到之處，除了聽經和皈依，還有許多人要他題字、寫詩、寫對聯，結了許多緣，影響很多人。他目前繼續在寫作出書上努力，並隨時隨地度化有緣的人。他說「我做的仍然太少，可是我如果在家，勢必做得更少」。

妙峰法師認為，一個人若是想對佛法與眾生有比較大的貢獻，應該出家。因為出家才能專心，避免很多障礙。在修行方面，戒律清淨，成功的機會增進，智慧增長。在家弟子總是比較分心，要顧家庭妻子兒女，出家後無罣無礙。當年政府派他來美弘法時，他覺得一人太孤單，又不懂英文，請求允許一位助手同行，政府也答應了。結果上飛機時仍然只有妙峰一人，他的出國手續一下就辦好了，而他的助手在半年之後才成行，原因是他有家庭妻子兒女，有很多「世緣」，在辦手續上多了很多的調查與顧慮，所以拖延了時間。從這個例子可看出在家與出家有多大的不同。

前來求道的人終於明白：佛教並不主張人人出家，只希望人人得度。以渡河為喻，出家人造船，行船，駕船，眾生都是乘客，所以佛教對出家人的要求更嚴，將來可能修成的果位也更高。但是得度的人到達彼岸以後，也可以成為造船行船的人，眾生無邊，渡船和船上的工作人員愈多愈好。佛教的最大宗旨是以利他為出發點，雖然出家與在家出發點與路徑有差異，但各盡其責，行善止惡，建立和樂清淨的世界，為眾生謀幸福，並無二致。

生與死

常有人來到妙峰法師座前探問生死究竟，人為什麼會死？死後到哪裡去？他們多半讀儒書長大，孔子說「未知生，焉知死」，他們難以滿足。

妙峰法師說，佛教對生與死的道理，在十二因緣法中講得很清楚。十二因緣法在原始佛典是指生死輪迴中的十二種現象，你我來到這個世界，然後你我離開這個世界，然後你我還要再來，這就是生死流轉。佛教把眾生分為「有情眾生」和「無情眾生」，有情眾生由於「無明的蒙昧」，「愛的染著」，以至生死識身不斷相續，這是佛教裡的輪迴生死觀。

平心而論，人生不是很可愛。嬰兒一出生就哇哇大哭，在母胎中很溫暖，經過狹窄的產道壓擠後，接觸到母體外不同的空氣、壓力、溫度等刺激，應是極度的痛苦吧！以科學觀點言，新環境刺激新生兒啼哭，卻也是小生命運用肺呼吸的開始。可說，生命一開始就是痛苦的。人生也有快樂，不過，快樂只是一時的感覺。當快樂消逝時，苦痛跟著產生，所以佛家講「無常故苦」。例如我們吃大餐，吃得很歡喜，因貪心吃多了，或吃到不適合的食物，不舒服就跟著來了。

可是，你如果做一次測驗，百分之九十的人認為「生」固然不快樂，「死」更痛苦，所以人都怕死，「好死不如賴活」。死亡的可怕有三：要經過嚴重的病痛，要跟現世所愛的一切永遠割捨，還有就是不知死後往何處去，許多人覺得死亡是掉進一個黑暗的深淵。

生死是自然現象，也是必然過程，生老病死，如花開花謝，佛家用四個字描述這個現象：「生住異滅」。這個「滅」只是形體消失，還有不能消失的部分，佛教用「業報」「輪迴」來說明。六道輪迴，光是畜生道就有上千萬種，還有天、人、修羅（半神人）、餓鬼、地獄等道。人死後是隨「業」受報的，佛家裡講的「業」，泛指今生及前生所有行為及伴隨行為而起的反應。業是控制有情流轉生死的動力，可說人是業的奴隸。一個人如果惡業太重，會轉生地獄；修行好的人，則往生佛國淨土，這就是因緣果報。佛經講，「起心動念」無不是業；一個人此生自已想什麼？做什麼？決定將來的果報，將來若是墮入惡道的話，將是很恐怖很可憐的。

佛陀為世人作出解釋，也做了安排，教世人以「修行」將這種痛苦和恐懼轉化為「法喜」。怎樣修行？所謂「六度萬行」，不能細說，總之你只要親近佛法，必有所得。

妙峰法師常常告訴來訴苦的人，「苦」的作用也並非完全是負面的，它對我們有提醒的作用，人若是沒有苦，也不知道要修行，縱有百年安樂，最後「萬般帶不去，只有業隨身」，問題反而更嚴重複雜。佛經裡有一句話，「比丘常帶三分病」，你經常帶點病，表示閻羅王已經送信給你了。身體有點病痛時，是第一封信；頭髮白了，是第二封信；眼睛昏花了，是第三封信⋯⋯如果你不是麻木不仁的話，就該警覺，趕快修行。我們生活中的種種不如意事，俱可作如是觀。

有人說修行是為「了生脫死」，永遠不再輪迴轉世，真正修道的人並不這樣想。修道的人既不怕死，也不怕生，生而為人，才有機會廣度眾生，究竟成佛，對他而言，「生」是永無了期的，所以稱死亡為「往生」，他換一個形體，乘願再來，世界是他的道場。舉例來說，一個救生員必須不離開海水浴場才可以救人，當然，若要入水救人，他必須會游水，受過救生訓練。佛門的修行就是一種救生訓練，妙峰法師認為「了生脫死」的真正概念與意義，應該是永遠的住世度化人間，不生不滅，超脫了生與死。他引印順導師的話：為佛教，為眾生，必需要隨時磨練自己，能夠心中無罣無礙，自由自在，才能真正幫助別人。

有些高僧大德死了，覺得度眾生的時間不夠，想延續度眾生的時間，連這臭皮囊都要利用。像慈航老法師一樣成肉身菩薩，一直到現在，仍有一車一車的遊覽車去瞻仰法體，無形中仍在度很多人。

在文學上，清代詩人龔自珍的詩：「落紅不是無情物，化作春泥更護花」。花開時很美，但花期有限，花一謝時，滿地都是花瓣，化入泥土，變成花木的養分。慈航老法師就是這樣的，他死後度更多人，把度眾生的時間拉得很長。這是菩薩的精神。

頓悟與漸修有優劣之分嗎？要怎樣才得「頓悟」？

佛門修行，有很多「頓悟」的故事，他出家沒多久，忽然開悟了，別人「漸修」十年二十年還落在後面，聽起來很迷人。頓悟好比坐汽車，漸修好比步行，很多人來學佛有一個夢想：「立地成佛」。

妙峰法師對這些人有一番懇切的開導。頓悟與漸修，主要是針對佛法在修行的步驟與層次而言。

佛陀教導人如何經由修行、證悟而成佛。成佛是為了自己永遠解脫世間一切煩惱與苦痛，然後再度人如此。兩千五百多年前，自釋迦牟尼體驗人生的緣起性空實相後，運用他的智慧與悲心，開始將他的發現與體驗告訴別人，繼而成立僧團，成為一種教派，立論廣為宣說，設計了修行的方法與原則，只要如法修行，必有成佛的一天。隨著時間，佛教在外貌與修行法門上也是隨著不同時代的思想、不同國家的地理、環境與文化而變化，唯有佛法的根本思想與修行的原則卻是屹立不變的。

佛陀所設計的修行方法包括四個步驟：信、解、行、證。因為要改變一個人舊有的思想、概念與習氣不是一蹴可幾的，所以佛教中講漸修漸悟，認為在清除舊有自私的思考習氣與概念後，須經由身、口、意、聞、思、修的學習過程，新的無我無私的概念開始慢慢形成，直至完全取代舊有的思想模式時，就是開悟。

人的根器不同，有鈍根與利根，開悟有快有慢。禪宗傳到中國後，標榜「教外別傳，不立文字，直指本心，見性成佛」，主張不須經過聞與思慧的過程，但求自悟本心，即自己本來清淨的佛性，叫頓悟。妙峰法師認為禪宗是一種特殊法門，好像是一種革命思想，他講了一個故事來解釋禪宗的修行是如何的不同。他說，中國佛教在唐宋時代，有些人特別注重《義學》，有位德山禪師，原本專攻義學，對《金剛經》特別用功。有一次，他挑著一擔他自己寫的《金剛經》義疏，天氣很熱，他就在一座涼亭下休息。有一個老婆婆在涼亭裡賣點心，她是禪宗的修行者，而且境界很高。德山禪師向老婆婆買點心，老婆婆先問德山擔子裡挑的是什麼東西？德山說是《金剛經》義疏。「那你對《金剛經》一定有很深的研究嘍？」德山回答說「是」。「那我請教您，《金剛經》裡有三句話：過去心不可得，現在心不可得，未來心不可得。法師，您點什麼心啊？如果您答得好這問題，我就免費供養。」德山當時並沒開悟，答不出來，感覺很懊惱。後來德山把整擔《金剛經》義疏燒了，跟隨禪宗祖師，不久即開悟了。德山開悟之後，作風整個改變。他開始使用「當頭棒喝」，見學生來求法就莫名其妙的打一頓，好像要把他們的妄念都打掉似的。或是大聲「喝」使學生，出乎常情。他運用這種粗魯的方式當教材，巧妙誘導學生，很多學生就在這一棒一喝之下立即開悟。

為何學生會開悟呢？妙峰法師說人與人之間的因緣是很特殊的，人海茫茫，會找到德山或臨濟當師父的人，彼此必定有殊勝的因緣，來者必定是有善根的人，所以經德山的「棒」、臨濟的「喝」就開悟了。這就是禪宗的頓悟之一種。

頓與漸源自根性上的差異，有人根性較鈍，那就要一步一步漸修漸悟。有人悟性銳利，那就會頓修頓悟，像禪宗六祖大師即是。但若是更深入去探究，頓悟其實也是漸修而來。法師舉個例子：「我去拜訪你，你來開門，我們坐在客廳裡談了一會話，你為我燒水泡茶。然後，你又去廚房忙去了。過了幾分鐘，你的飯菜就都煮好了。奇怪啊，怎麼三兩分鐘飯就煮好了？其實你早就準備得差不多了，只是我沒看到而已。」六祖的情況也是如此，沒念過書卻一下子就開悟了，有這麼容易的事嗎？法師認為，六祖過去生中修的那段時間你沒看到罷了。像太虛大師傳中提到他讀《大藏經》開悟了，幾天幾夜都在悟境裡。開始自己寫偈子，寫出了上千上萬文字。之後，許多大學請他去講演，他就不須再準備講稿，依時依境隨意宣說，法語法句如滔滔流水，湧現不息。大師是頓悟還是漸修呢？

如果一個人過去生中修行，下了很多功夫學習，這一世在接觸到同樣領域時，如魚得水駕輕就熟。法師說他自己有這種感覺，小時經歷日本侵華戰爭，遷徙流離。到了上海，以為和平了可以好好讀書，內戰又打起來。到了台灣，親近慈老，歷盡千辛，稍微安定，慈老又辭世了，親近印順導師，時間也不多，就去女眾佛學院教書。自己從小沒讀什麼書，沒受過什麼正規教育。「但是，我因為專心去研究去了解，很多困難的經典一下子就融匯貫通。」他記得第一次印順導師演講《藥師經》，他做紀錄，導師說話，方言的腔調很重，可是他的記錄工作順暢毫無困難。「我自己覺得是因為過去生中已經修習過很多，只是今生看不到也不知道而已。」頓悟的人，可能已修過戒定慧，快要成熟而壽命已盡，以前的功課並沒白費，今生因時機呈現，繼續前緣而證悟。所以，依照佛教因緣法來說，今生頓悟決不是偶然，乃是前世漸修之果。

法師的諄諄告誡，使大家知道修行並沒有僥倖，一切成就都從「一步一腳印」得來。成佛成菩薩是如此，「成人」又何嘗不然？

富貴與貧賤

人生在世有富貴貧賤，這種差異據說來自果報，這種說法可靠嗎？為何我們常見善良的人處於貧賤之中？來問這個問題的人大半處於貧賤之中，他的心中似有不甘與不平，倘若任其積累發酵，可能加深他的痛苦，或者造成社會不安。法師希望能將之消弭於無形之中。

談到人生中的富貴與貧賤的福報差異，妙峰法師認為必須深入解釋佛教中的因果業報論，唯有了解這套因果報應與業力的微妙關係，才可以獲得智慧，破除困惑。

佛經常說：眾生於無始以來，在六道的輪迴中，各人的骨頭如果堆積起來，有如須彌山那麼大；眾生所流的眼淚，如果累積起來，也有四大海水那麼深；而眾生所造的業，要有體積的話，宇宙也要被它充塞，世界被它壓碎。好在業只是一種潛能，看不見，摸不到，無形無相，並不占據空間，但它卻控制我們人生的富貴、貧賤、健康、福壽，人無法與之抗衡。

我們這世間不僅佛法談因果，科學也談因果。科學上的因果論是基於物理學，是一種必然性的法則；佛法的因果論基於行為價值的道德律上，也是一種必然的法則。明白地說，科學只是為因果而因果，佛法為崇高的德行而因果，佛法運用因果的必然理則，去指導人類的合理行為。

佛法的因果是以崇高的道德為根據的。通常說：造善因感善果，造惡因感惡果。為什麼善惡的因會感善惡的果？這個果，是指我們的行為起了作用以後產生的後果，我們一切的行為活動，如果都符合道德規律，那就是有益於人類社會的「因」，這個「因」反應的後果作用必是善的；反之就是惡因與惡果。我們不管是作善作惡，必在我們神祕的心版上留下遺痕，好比照相機的晶片，在攝影後留下紀錄，這在佛學的術語上就叫做「業」。「業」是我們行為動作所留下的功能的代名詞，是決定我們命運幸福或悲慘的強銳動力。觀察人的社會，有的人相貌端正、身心健全，家庭富裕、幸福美滿；有人身心充滿缺陷，生活貧苦困賤，處處倒霉。究其主因，正是佛法所說的業力在操縱。但業力是我們自己造的，富貴或貧賤的命運是自己決定的。

因此，不管自己目前的處境是樂或苦、是富貴或貧賤，我們對因果業報的原理在深刻了解之後要深信不疑，並發大願努力行善止惡，改變命運。妙峰法師說：「我對因果業報律，百分之一百相信。」

佛法因果律的重心是在於思想與行為的淨化。我們若能把握因果的必然理則，探求苦因，解脫苦因，改善思想與行為，創造、充實、淨化身心，使行為活動更合理化，善業福樂必然增長。在此妙峰法師講了一個棄邪歸正，改變命運的現實例子。

三十多年前，他剛到紐約成立佛教會不久，有位六十多歲的趙先生來拜佛：「求佛保佑，橫財就手。」法師請他坐下，笑問：「求正財吧！何必求橫財？」他說：「馬無野草不肥；人無橫財不富！不求橫財，如何發達？」如此冠冕堂皇的賭徒哲學，令人驚訝！法師遂問他一些私人的問題。他說他來美國五十多年了，當廚師，每月賺六百美元，但錢都賭博輸光了，沒老婆、沒家，住吃都在餐館。法師用輕鬆的口吻說：「五十年不算短，如有財星高照，橫財早發了！不賭便是贏錢，趕快停手，不要再賭了！」他突然老淚縱橫，緊握法師的手歎息道：「太遲了！太遲了！」法師說：「亡羊補牢猶未為晚。六百薪金，每月零用一百，儲蓄五百，年有六千；兩年萬二，三五年後便是相當可觀的數字了，遲什麼？」一語驚醒夢中人，他接受了法師的忠告，戒賭後，生活正常，晚年過得相當不錯。

這些聞道的人恍然大悟：一生是富貴或貧賤，絕不是偶然的，而是因果業報的顯現。棄惡向善，捨邪門，行正道，才能真正富裕顯貴，並能真正安享福樂。

至於有人「行善不能得福」，我們要這樣看：莫忘了三世因果，前生所造的惡業，今生要用善行慢慢抵銷，今生所種的善因，來生會有福報，絕不要因為眼前一時所見，動搖了正知正見。

許多人聽了法師的勸導，變得心平氣和了。

和平與戰爭

佛教戒殺生，但國家常有戰爭，從技術層面看，戰爭是一種殺戮行為。「佛教徒如何看待戰爭？佛教徒一旦應徵入伍，如何保全他的修行？」

妙峰法師多次遇見這個問題，提問者多半是退役軍人，年紀大了，不斷思考從軍作戰的正當性，內心不安。也有年輕人在應徵入伍前夕向法師辭別，詢問戰爭期間何以自處。

許多佛門人士不願討論這個問題，妙峰法師知道無法迴避，否則將有負皈依者的信賴。他認為國家民族面對生存滅亡危機時，應當參與救亡圖存的行動。「我這麼說，是根據佛陀教育來看待的。」佛陀時代，對於廣義的眾生愛、人類愛教義的宣播，在社會各階層的活動中，都發揮了廣泛的效用。如犧牲財力、生命去做救世濟人的工作等，可歌可泣的輝煌事蹟，在佛教的聖典中都有詳盡的記載。其中之一提到，佛陀在世之日，有一位「毗琉璃王」很想滅掉釋迦族，奪取其土地及財富。毗琉璃王興兵之日，佛陀在路邊一棵枯樹下打坐，準備和入侵者相遇。當時豔陽高照，酷熱難消，毗琉璃王帶領著他的軍隊長驅直入，他看到佛陀坐在枯樹下，遂走過去問：「這棵樹沒有樹葉，你為何坐在這裡打坐呢？不苦嗎？應該坐到樹蔭下去啊。」佛說：「親屬之蔭勝於蔭。」意思是說，家屬親人的蔭庇比樹的蔭庇更重要，你來滅我的族人，親屬之蔭沒有了，樹蔭對我有什麼意義？他很明顯地表達了他的立場，他和國族息息相關，並不置身方外。對方受到感動，引兵退去。

另外佛典記載，由於釋迦牟尼出家了，釋迦族的王位由堂兄摩訶男長者繼承，他也是佛陀忠實的信奉者，為人剛直、慈憫、謹嚴、寬厚，佛經裡對摩訶男長者之為人有言：「心恆慰念一切之類」。他慈懷悲濟，熱心公益，最能表現佛弟子的救濟精神。釋迦族的王國叫迦毗羅衛國，與鄰國毗迦族有仇，釋迦族的國王淨飯王駕崩，摩訶男長者初登大位，一切政治軍事尚未上軌道，毗琉璃王便親率大軍乘虛攻入。摩訶男長者匆忙應戰，因兵力懸殊，準備不周，被敵軍攻入都城。

摩訶男身為一國之君，群臣保護他住在一個安全的地方。後來，他聽說毗琉璃王慘無人道，下令屠殺釋族人民，遂不顧自己生命去見毗琉璃王。他說：「我國戰敗了，你若不講人道屠殺我族，我亦無可奈何，但是我有個請求……」摩訶男指著前面一潭清澈碧綠的大池塘說：「我的要求就是，願大王讓我投入這池塘中自殺。從我投入之時起，請大王下令停止屠殺我的人民，並請打開四大城門，讓我族人自由逃命，等我屍體浮起後，任你再隨意屠殺。」毗琉璃王不假思索地就答應了，他想一個投水自殺的人，在痛苦掙扎幾分鐘後就要喪命，待屍首浮起頂多個把鐘頭，逃不了幾個人。

毗琉璃王實踐了他的諾言，親自看守著水池。摩訶男投入水後，池水波動了一陣後便平靜下來。毗琉璃王緊盯著池面看，一點也不鬆弛。一個小時又一個小時的過去了，平靜無波的水面，除了偶爾被微風吹起的絲絲漣漪外，毫無動靜。毗琉璃王等著等著，覺得很奇怪，命令侍臣下水查看，發現摩訶男長者把自己的頭髮纏在水底的樹根之下。殘酷無倫的毗琉璃王深為驚駭，他被摩訶男長者大無畏的犧牲精神所震撼，感動之餘，遂下令停止屠害釋族，並協助恢復其國家，發誓今後不再任意侵略別人。摩訶男長者也如此清清楚楚地表達了他的立場，為了保衛國族，個人的性命可以犧牲。

由這些史跡看來，佛教對戰爭的態度是決不發動戰爭，也決不放棄抵抗，犧牲性命在所不惜，用和平的手段，事後對敵人也決不報復。這是一個原則性的答案，是基本態度，秉持此一原則，因應各種個案。

為了保衛國家，應徵入伍持槍上陣，那是特殊的案例，那是國家的行為，妙峰法師認為，國家與族群的安危禍福是世間的「大是大非」，佛教徒也是公民，投票和服兵役都是公民的義務。以佛家因果業報的觀點，軍人護國衛民使用武器殺死敵軍也是造了殺業，這個業是國家造的，不會由個人單獨承擔果報。法師既要來人服從政令，又要相信佛法，這中間種種分歧他一肩挑起。許多信眾認為，法師表現了一位高僧應有的擔待。

報恩還願與心無罣礙

佛家強調報恩，報親恩，報國恩，報佛恩，平時佛門弟子待人接物，「感恩」也常常掛在嘴上，聽起來壓力滿大的。聽說佛家的境界是「心無罣礙」，這兩種心態如何一致？世上也隨處都有忘恩負義的人，看起來他們反倒輕鬆愉快，又如何使人釋然於懷？

妙峰法師說，根據佛教的因緣果報與業力說，我們出生到這世上非常不簡單。來了之後，因緣福報各春秋。出生於這世間的「人」是一種業報身，不像佛國淨土國家的人是福報身。有福報的人發願先往生淨土，那兒自然社會環境美，彼此之間的交往快樂而美滿，可是我們人世間卻是汙濁與複雜的。比方一對青年男女，最初憧憬著美麗的未來，希望成為神仙眷屬，但成家之後，現實與理想可能相反，原來可能是恩恩愛愛，後來卻變成恩恩怨怨。人來這個世界，可能是來報恩的，也可能是來討債的。如果是來受報恩的，所生的子女必定很孝順的，一生必定幸福。子女若是討債來的，可能一出生就是個病鬼，帶著藥罐子來的，父母為子女醫病，可能會將一輩子的積蓄花光，等父母的錢花光了，他就走了。

我們人世間的人，如果對因果業力感應的觀點很了解的話，對於此生此世的恩怨不需要怨天尤人，因為今生所受的一切苦均為自己過去所造的業。妙峰法師說，很多時候，報恩還願並不一定是你心裡想這樣做才去做，大多是過去生中業力所感應的。

妙峰法師說了一個慈航老法師的故事：慈航老法師，他有個弟子是辦報紙的，弟子認為老師演說教學很通俗、很受歡迎，建議出版他的書。起初慈老拒絕了，但經這位弟子百般勸說，也同意了。慈老問他需要多少資金印書，這弟子隨口答說要七千塊錢，那時候七千塊錢是很大一筆錢，據說蓋彌勒內院也不過花七千塊錢。慈老寫信到新加坡去向他過去的信徒籌款，他的弟子們知道師父手不碰錢也不聚財，所以籌辦了一個素菜舘叫菜根香，用素菜舘賺來的錢給師父作基金，每當師父要買書印經時，就從這個基金取用。慈老果真從基金中取了七千塊錢給那提議印書的弟子，這個弟子在拿到稿件與錢後就不見蹤影了。靜修院的當家師知道被騙了，向慈老抱怨，慈老兩手一伸，仰天大笑：「還債～還債～哈哈！」

所以如果有人騙你，你極可能是在還債，如果你透徹明白這個報恩與還債的原理，你會甘心受騙，內心也就沒有罣礙了。「我想無罣無礙是從明理中去了解的，而因果業報的理論，完全可以解釋這種人生現象，化解心情上的煩惱。」世間的一切現象是建立在因果業報上的。在人道的世界裡，如果修行善業力量很強，就可往生淨土，就像在佛的世界，不會再流轉到人道來，自然而然就斷了這種業果的因緣。業力就等於種子一樣，種子在環境適當的情況下一定會發芽，但是若把種子永遠放在盒子裡，永遠落不到土裡，見不著陽光，沾不上水，種子就不會發芽成長。所以到了淨土之後，業力的種子就不起作用了。

若有人已經開悟，了脫生死，乘願再來世間，轉世為人，這業力的種子會不會再發芽、再續前緣呢？法師說不會的。如果修行修得很好的話，善業不會被汙染，就如同飛機飛到四萬公尺的高空，在那兒是沒地層的汙染的。六祖因為善根力量強，所以能遇見他的老師五祖，很快就開悟了，他的境界太高了，他的師兄神秀派了三、四百人布下天羅地網追殺他，但他自由自在，無罣無礙，對神秀也毫無恨意。

如果一個人已經心無罣礙，卻一心念著要去報恩還願或度眾生，這算不算是一種執著呢？妙峰法師說：一個「心無罣礙」的人不是用「執著」的心態去做這些事，比方說，慈航精舍是紀念我老師的，我並不是因為「罣礙」而安置慈航精舍，而是覺得應去紀念如此德行高超得道的高僧，並且發揮觀世音菩薩「慈航普度」眾生的精神與意義。我並不是因為念念不忘，為報恩還願而做這件事。所以一個「心無罣礙」的人，當他在積極地行善或布施時，並不是用一種「執著」與煩惱的心態，而是因看到眾生沉浸在苦海裡，大悲心如潮水一樣的湧現，願替他們搭個橋救度他們，是在慈悲心與智慧的觀照下，自然而然顯現的行為，是一種無罣無礙的慈悲心、菩薩行。

人間佛教與世俗化

佛門修行本來是遠離世俗的，當年的情勢，幾乎可以說多一分世俗就少一分佛法。後來佛家倡議革新，興起「人生佛教」或「人間佛教」，佛門組織龐大，經營各種事業，引入統馭和企業管理等觀念從事運作，這樣下去，佛教會不會世俗化？妙峰法師從頭說起。「人生佛教」由太虛大師發起，「那年代，印光法師倡導的淨土宗極其興盛，而淨土宗所修的是一心發願，死後往生極樂淨土，著重人死後的事。那時有許多學者排斥佛教理念，沒深入理解佛教，只看到淨土宗，認定佛教只是注重死後及來生的宗教。梁漱溟在其著述《東西文化及其哲學》中曾對此有所評論。太虛大師為使佛教成為今生今世造福人群的宗教，提出「人生佛教」的理念。

太虛大師寫了一首詩：「仰止唯佛陀，完成在人格，人成則佛成，是名真現實。」由這首詩可以看出太虛大師的佛學思想，他糾正了當時某些人對佛教的誤解和惡意批評，確定佛教是落實在現實生活中，是以佛陀的完美人格為榜樣與理想。妙峰法師認為所謂「人成」，實是最重要的基礎教育，學佛首先要做一個像樣的人，他也是社會上的一個成員，有他的責任與義務。出家人就應有出家人的德行與修養，做眾生的典範。當人的人格完成了，他就很接近聖人了，等於成佛的基礎穩固了，「成佛」這棟大廈要建多高都沒問題了。這是太虛大師的理念。

「人生佛教」發展為「人間佛教」，源遠流長。印順導師寫過一本書叫《佛法概論》，引《增一阿含見正品》裡的一句話：「諸佛世尊皆生人間，非由天而得也。」導師確認「人間佛教」原本就是契理契機的。事實上佛是出於人間，是以人為本位的，從現實人生的苦難中來救度眾生，並不是專門幫助死後的人。釋迦牟尼佛為何在他晚年提出西方極樂淨土的法門？對於淨土宗的產生，妙峰法師認為可能是佛陀老了，像父親來不及照顧自己兒女成人，拜託他的好朋友阿彌陀佛幫忙照顧，有點託孤的意思。大乘時期就講些阿彌陀經、彌勒經等，因為苦難眾生太多了，來不及度化，先讓他們往生一個淨土後再慢慢修習。後來淨土宗強調內心清淨後的「當下」即是淨土，也可以說和「人間佛教」的旨義非常相近了。

妙峰法師認為佛教不應該世俗化。佛教是「聖教」，佛是人格完美的人，佛教是教人如何成佛的教育，是慈悲與道德的教育，不能因為貪瞋癡是人性就去放縱它，若是不能超越人性就只能是凡夫。「佛教對我們真是太慈悲了，為培養提高我們的德性，設定了許多戒律，以戒、定、慧為修行的途徑，使每個人不會隨著自己的貪瞋癡慢疑去發展。佛教的修行是從每個個體做起，每人守好最基本的戒律，個人及社會皆可得和樂清淨，當下的和樂清淨即是極樂淨土。這種完善的設計，千年以來證明是可行的，目前處處可以看到它是有效的，縱然佛門的組織和運作現代化了，那也只有增加了效率和效用。」

妙峰法師認為人間佛教也不會世俗化，他指出慈航老法師與印順導師都提倡這個法門，星雲法師也繼起發揚，妙峰法師所實踐的「生活禪」，也是「人間佛教」的體現。「生活禪」即是把修行跟生活打成一片，生活與禪融合在一起，水乳交融，分分秒秒都在禪中，以禪淨化身心，身心淨化後自然安詳自在。妙峰法師認為一切修行的方法就是禪，禪的內涵包括了戒定慧，六度萬行都有廣義的禪，一切正當職業也有廣義的禪。佛弟子以戒定慧來指導思想，作為眼目，如同拿著一盞光明燈，如同指南針在大海中辨明方向，如同船舵使船身安定；每日行住坐臥、待人接物都在禪定與智慧之中，人生就不會失去方向，必可達到「人間佛教」裡和樂清淨的境界。生活與禪定結合時，生活就是修行，士農工商都是修行，推而廣之，佛教不會世俗化，世俗反而可能佛教化。

佛教與其他宗教的關係

現在世界上有所謂三大宗教，還有很多區域性的信仰，佛教如何看待他們？佛教徒如何與那些教徒相處？

眾所周知，紐約有各種民族各種宗教信仰的人混合居住，人不能與其他人完全隔離，佛教徒處身「異教」之間，常常向法師提出這樣的問題。基督徒、回教徒也有人一時好奇，想了解佛教徒的想法，也會提出這個問題。

妙峰法師知道他的答案將影響無數信徒的行為，也左右無數其他宗教信徒對佛教的態度，他首先說，佛教講慈悲，講圓融，主張一切眾生和諧相處，對於其他宗教即使認為他們錯誤，也以慈悲心對待，佛教不會和其他宗教對立，佛教徒不應該和其他教徒衝突。

自一九六二年起，妙峰法師就在美國弘法，美國號稱「基督教國家」，法師的「對手」是基督教。法師在慈航法師彌勒內院的時代，就讀過基督教的經典，他回憶那一段學習的歲月，除了每日緊湊的課程外，「我們每人都有一個小木頭凳子，是自己做的，我們常常拿著小凳子跑到後山的竹林中，那兒很清涼。那陣子，在秀峰山的竹林裡，經常有這麼一批光著頭，穿著灰色短褂、褲衫、綁腿、衲鞋的年輕僧人，或讀文學作品，或讀基督教的經典，當然也有人讀佛書。我們高談闊論佛教與其他宗教的比較，那時我們讀到其他宗教的理論時，總覺得所論淺簡，沒有餘味，總覺得緣起論勝過神造論，總覺得無常比永恆更有智慧。」宗教的和諧是一回事，佛法的殊勝又是一回事。他不強人從己，也不屈己從人。

妙峰法師主張佛教界人士多與外界接觸，不過在國際的舞台上出現的時候要注意建立形象，不要為了提高國際上的知名度，到處拜訪世界有名的宗教領袖，藉著媒體的報導來沾光，在攝影機前、螢光幕上失去佛門重視的「威儀」，不能將佛法的精神與益處傳播給世界。「印順導師從來沒有這麼做過，他只是在有機會度人時，樂意與任何國籍任何地位的人結緣。」

妙峰法師提起早年他在台灣的福嚴精舍教書時，曾有位外國神父來參觀佛學院，敬仰精舍供奉的玉佛慈悲莊嚴，請求拍照。導師很高興，答應了，因為這一張照片也是佛緣，將來或有不可思議的「結果」。

佛教稱其他宗教為「外道」，佛陀當年與外道相處，留下一個故事。釋迦牟尼在悟道之後，開始隨機傳法，度化眾生，他在「三轉法輪」後降服了當時印度許多不同的教派，跟隨他的弟子與信眾愈來愈多，引起一些外道領袖們的嫉妒。有一回，佛陀外出傳法，路過一個村莊，有一個外道領袖，派遣五百個十多歲年輕的弟子們去侮辱佛陀。五百個年輕人把佛陀團團圍住，每個人用盡一切髒話、粗話來罵佛陀，佛陀好整以暇，用欣賞的眼光看這圈年輕人，這些人心地純潔，沒有能力分辨正邪，只知道聽從老師的教誨，奮力製造口業。佛陀一面看一面生出悲憫的心，他喜愛這些孩子，很想藉機度化他們。當他們罵了幾個小時後，聲音零散、此起彼落，直至無聲時，佛陀問他們是否已罵完了？年輕人答說：罵完了。佛陀說：我問你們一個問題好嗎？年輕人答說：好啊！佛陀說：如果你們送禮物給別人，別人不接受時怎麼辦？年輕人很天真地回答說：他不收，我們就拿回去嘍！佛陀說：剛才你們罵了我那麼多，我都不接受。請你們全部拿回去吧！年輕人聽後羞慚不已，一哄而散。這齣戲是以暴力悲劇開場，在佛陀的引導下卻以詼諧喜劇收場。佛陀終生與外道總以巧妙方式相處，不打擊、不批判、不勉強，隨機隨緣度化任何可能得度之人，沒有分別心。

美國雖然社會思想開放，外表上包容各族裔及其宗教，但妙峰法師在與其他宗教人士交談的經驗中，感覺他們的心念很狹窄，排斥性很強，經常攻擊佛教。佛教尊重他們，但是他們並不尊重佛教。

也有一次愉快的經驗。妙峰法師初來紐約時（一九六三），紐約沒有和尚，其他宗教對佛教感到好奇。法師曾經應邀至紐約史坦登島的一所基督教學院及紐約市的猶太教會演講，法師講佛教裡的因緣所生法：「有因有緣世間集，有因有緣集世間，有因有緣世間滅，有因有緣滅世間。」佛教的世界觀是講緣起法的，有異於基督教的創世主。法師僅將佛教中的因果論介紹給他們，並未批評他們的宗教。他們第一次聽到佛教的理論，都表示很歡喜。

現在的情形比當年好些，基督教會和佛教寺院道場合辦慈善活動時有所聞，基督徒和佛教徒通婚，雙方都不必改變信仰，這種「跨教婚姻」也不再遭到排斥。這些事，妙峰法師樂見樂聞，並希望有進一步發展。他主張佛門弟子深入基督教的社會，讓美國人選擇。「不怕不識貨，就怕貨比貨」，他有信心。

第十九章

佛學著述斐然大成

妙峰法師力行以文字弘法，發表過很多文章，但結集出版甚為慎重，目前業已成書的有下列五種：

《禪地風光》

《禪地風光》是妙峰法師的詩文集錦，共三冊，分別於二〇〇一、二〇〇四、二〇〇五年出版。總共五十四首詩，由法師親筆書寫，配上風景圖畫，每首詩後面有一篇散文，以散文發揮詩中不盡之意，以圖畫補足詩外未摹之景，很有藝術才思。

禪境本來難用語言文字描述，法師不稱「禪境」而稱禪地風光，以化虛為實的手法引起讀者類似旅行的心情。對一般眾生來說，禪境完全是 種新經驗，他在出門旅行的時候才有接受新經驗的準備，這是法師循循善誘。

法師的書法使人覺得「自在」，他選出來的山水、花草、自然景觀使人想到「潔淨」，這是「無言」說禪。他的詩婉轉多姿，他的散文誠懇淺白，這是「有言」說禪。有言無言相輔相成，無言而不落入惡取空，有言而不落入文字障，設計十分巧妙。法師已有禪詩超過五千首，雖屆高年，寫作的潛力熱情未減，他打算今後以同樣的方式繼續出版下去。

到底什麼是「禪」呢？妙峰法師說：這是一個只能意會不能言詮的意境。佛法中，凡是無法一一明確解說的意境，多數以因緣譬喻來形容，這是烘雲托月的方法。他也要以此方法來作表達，期能以指指月，因指得月。

法師舉了一件著名的禪門公案，來進一步說明這「不可說」的意境：唐代一位太守李翱居士，他對當時的藥山惟儼禪師異常景仰，一再請禪師見面，但禪師均未受請。後來太守親自入山專程拜訪，當時禪師正在松蔭之下看經，太守來到，站在一旁，禪師竟未加理會，侍者著急了，告訴禪師：「太守在等候啊！」禪師仍然若無其事。太守發火了，怒道：「見面不如聞名！」禪師呼：「太守！」太守曰：「諾。」禪師道：「何貴耳而賤眼？」經這麼一個當頭棒喝，太守醒了！太守問：「什麼是道？」禪師不答，只是用手指了兩下，師問：「會嗎？」守曰：「不會。」師曰：「青天、水瓶！」此刻太守會了，法喜充滿，低頭便拜，並說偈曰：

「練得身形似鶴形，千株松下兩函經；我來問道無餘說，雲在青天水在瓶！」

這是一首悟道詩。詩中所展示的是李翱已領略到禪境，已進入禪師的禪地風光。好像一個火傘高張、炎暑炙人的天氣，走進了一個繁蔭如蓋、鳥語花香、流泉處處、清風徐來的公園，有說不出的清涼，說不出的舒暢！禪詩「以禪入詩」，受者「因詩得禪」，《禪地風光》的出版旨趣在此。

《禪地風光》擁有很多讀者，有人喜歡他的詩，有人喜歡他的詞，「詞」比「詩」可以說得更透澈，情感可以更濃烈。這裡舉法師的兩首〈滿江紅〉：

其一

落葉無花，春飛逝；
無聲無息！
空悵望，碧雲裊裊，聖山如昔。
寶塔巍巍高聳處，金光閃閃如明月！
夜半沉寂靜趣空靈，悲潮熱！
求聖道，願奇急，衆生苦，婆心切！
法海無邊際，暮途斜日。
把握青春修福慧。
聖賢才是真豪傑！
大雄無畏實靠禪功，
塵緣絶！

其二

富貴榮華，浮雲散，生離死別！
容顏改，豪年不再，怎能常悦？
門外桃花方謝了，抽枝落葉無人識。
進入禪關一片空靈，狂心歇！
菩提道，如明月！
揚鞭去，雄心烈！

早起風含露，滿天紅日！
覺樹騰輝饒韻致，盈懷禪趣慈心切！
願力弘深普度群生，心頭熱！

《般若心經的思想及其哲學》

《般若心經的思想及其哲學》是二〇〇七年七月出版的，本書原是《般若波羅蜜多心經講義》，法師於慈航精舍每週的「星期日佛學講座」開講，並隨講隨刊於《慈航月刊》，一九九八年開始，二〇〇三年年底全部講完和刊完。

在這近五年的時光中，法師將《心經》仔細通透地介紹與講解，成為一部內容完整的巨作。完整是因為法師依循傳統講經的方式之外，在解釋經題與經文前，特別介紹了《心經》的弘通與譯本。所謂「弘通」是指這部經典弘揚與流通的歷史流程，法師介紹，《心經》在佛教歷史中是一部最重要的經典，弘通流程幅員廣大，影響深遠。《心經》源自《雜阿含經》，《雜阿含經》是集佛陀早期精要簡短經典編輯起來的，但短篇經典被單獨選出來流通且家喻戶曉的並不多。

法師指出，《心經》之所以受到推崇和歡迎，原因之一可能是它的名字是「心經」，般若經的心要、心髓，言簡意賅，包羅萬有，為智慧光明的寶藏，八萬四千法門的縮影。本經指出生死流轉的痛苦緣由，如何解脫痛苦而達涅槃乃至究竟成佛而臻於福樂的境地。《心經》總共只有二百六十個字，經文雖短，義理極豐。佛典皆由梵文翻譯而來，法師介紹總共有七種譯本，其中以姚秦三藏鳩摩羅什法師與唐三藏玄奘法師的翻譯最接近「信達雅」的標準，法師採用了唐三藏玄奘法師的譯本。

法師在略釋經題時，光是講《心經》的「別題」——「般若波羅蜜多心經」的「般若」時，就涵蓋了文字、觀照、實相三種般若的含義。他又詳細解釋「波羅蜜多」的兩種意義：「事究竟」與「到彼岸」二義，有究竟圓滿、幸運到達的意思。在解釋「心」的含義時，法師說唯識學上把人的心性，即精神與物理世界互動，分析得十分詳細，主要有八大心法，即眼耳鼻舌身意等六識，加第七識的末那識（即我執），第八是阿賴耶識（相當於現代心理科學的潛意識）。法師並不厭其煩地列舉五十一心所，即五十一種心的變化狀態。

法師並舉出唯識學上依心理現象的活動過程而分成的五種心：率爾心、尋求心、決定心、染淨心、等流心。這五種心理的活動，緩急、輕重各有不同，前三心的活動可說局限於「認識」上的活動階段，與倫理道德價值無關。第四心後，可以明顯地劃清染淨的分野，從善惡的行為中產生賢智凡愚的分際。法師認為，修行的著力點，只能在第四類的染淨心與第五類的等流心下功夫，使他濁流勇退，力爭清流。然而五濁眾生，長時期受五濁惡世的汙染，要陡然覺醒，需要靠雄厚的慧根慧力、定根定力，才有可能到達彼岸。《心經》如此強調般若到彼岸的原因在此。

世間對人的心性是善是惡各有立說。儒家說：「人之初，性本善」；西方神教有「原罪」之說。佛家如《妙法蓮華經》所說：「諸法本無性，佛種從緣起。」這是說，人性沒有固定的善惡，聖凡的轉向，由緣起決定。人心沒有善惡，但卻可善可惡，隨善緣則善，隨惡緣則惡。人心是一切禍福的主導，上天堂下地獄都由它操控指使。人心只宜導向，不宜放縱。所以法師諄諄告誡，導向得宜，則「一切事究竟」、「安全到彼岸」。導向不善，或放縱不知導向，則苦海無邊，不知回頭，無岸可登！

妙峰法師談到《心經》的經文時說，《心經》開始的一小節經文：「觀自在菩薩，行深般若波羅蜜多時，照見五蘊皆空，度一切苦厄。」實是本經最重要的精華，他給它立了一個標題是「心經的行果」。意思是說，這一小節經文的內涵所顯示的是：受持《心經》、實踐《心經》，依《心經》的經義來真修實行，必有成果。這段經文「行深般若，照見五蘊皆空」是《心經》所指示的重要修行，而

「度一切苦厄」是修行之後的最佳成果。在此必須解釋一下「行深」的意義，「行」就是修行，「深」約縱橫說，世法度量衡中，縱有高度和深度，橫有寬度和廣度。這是說觀自在菩薩的觀行功夫要到處都照顧到。約時間說，豎窮三際——過去、現在、未來，都照顧到。約空間說，橫遍十方——東西南北、東南西南、東北西北、四維上下；沒有空間時間的疏忽，時時處處都照顧到。法師說，這樣作觀，這樣修行，才叫名副其實的「行深」。而「行深」時以「般若」智慧為主導，一切修行活動跟著智慧走。佛陀教育弟子，智慧如一盞心燈，一切行住坐臥四威儀，為人處事，時時亮著心燈，起心動念就不會錯。修行禪觀，智慧獨尊，把智慧運用到至矣盡矣，使智慧之光豎窮三際，橫遍十方。

《心經》「觀自在菩薩，行深般若波羅蜜多時，照見五蘊皆空，度一切苦厄。」法師說是整部經的最關鍵所在。是能觀的「空慧」與所觀的「空理」，融會交集，是破我執、見我空的時刻。正是禪宗祖師所形容的「虛空粉碎，大地平沉」的境界。

法師認為，自此以後的經文，都是說明大般若的妙用與高明；破開眾生的迷霧，見到一切法的真相。而且詳細抽絲剝繭，說明行深般若修行的方法和修行的次第。

整本書共有四百七十七頁，有別於一般講經說法的嚴肅風格，法師每在一個主題的開端及結尾，總以歷史或他本人的禪詩來引導讀者進入嚴肅思想，使人讀來毫不費力，頗有導讀之效。加以穿插佛典或禪宗歷史故事，讀來生動活潑。法師除了留下自已有關的詩作，也收錄了古人的名句，如唐僧肇法師：「四大原無主，五蘊本來空；將頭臨白刃，猶如斬春風。」古禪師的悟道偈：「我有明珠一顆，久被塵勞封鎖；今日塵淨珠現，照破山河萬朵！」

《慈風文集》

《慈風文集》共分上下兩冊，一九九四年七月出版。裡面所收集的文章，佛學篇十八篇；泛論篇十八篇；藝文篇十一篇。作品年代從一九五〇年到一九九四年為止，計一九六〇年前寫的文章有二十六篇，散見於《海潮音》、《人生》、《覺生》、《菩提樹》、《佛教青年》、《無盡燈》等佛教雜誌。其中最早作品寫於一九五〇年（民國三十九年）十二月十日，投稿於《覺生》第五、六期合刊，題目是：〈崇真的轉變〉。那年法師二十五歲，住在汐止秀峰山麓上的彌勒內院。

法師在自序中說：「五〇年代，在台灣寶島讀書和教書期間，雖然發表了一些文章，卻是應當時一般佛教雜誌的稿約而寫，不是編者逼出來，就是被老師慈公老人與印公導師逼出來的。」法師自己很謙虛地說：「覺得自己的作品，簡直如瓦匠起屋，磚瓦石塊，重重疊疊，胡亂地堆在一起，雜亂無章，看來活像一堆積木，嗅不到一絲文藝氣息；至於說理，更是拖泥帶水、說不清楚。」

法師真是太謙虛了！他也許是因為印順導師的鴻文在前，他自愧弗如吧！這些作品，顯示妙峰法師在二十四、五歲時，不論在國學、文學與佛學上，皆有深厚的基礎。也顯示他儘管生長在兵荒馬亂、逃亡流離的年代，一個身體羸弱但意志堅定、勇往直前的青年僧人大有成就。他在一九四九年來台最初兩年，處於動盪不安的調適期，一九五〇年在汐止彌勒內院時，才恢復比較安定的佛學院生活。也在這時，他開始寫作投稿，如理敘述，處處顯露出青年法師的宏誓大願、成熟的人生觀及深度的佛學理念。可見當年烽火下的大陸佛學院，在制度及授課內容方面，應是相當嚴謹與厚實的；也印證了延續千年的佛教僧伽組織與傳統制度有其特殊的效應，使得佛的法身慧命得以在台灣延續、發展、放光。

讀《慈風文集》可以看出法師很早就形成了他的佛學思想。〈出家與學佛〉一文是一九五三年五月寫成，他說：「所謂學佛……乃是學佛的偉大人格，利他精神。利他才是徹底的利己；特別是在這獸性氾濫，人欲橫流、專以厮殺殘害為能事的今天，唯有慈悲才能補救人生最大的缺陷，唯有平等的人類愛，才能打破人我的疆界；又唯有慈悲平等的精神，才能撲滅戰爭的火燄。」可謂年輕的妙峰法師當年的學佛觀。

他的佛教社會觀如下：「現實人類社會的真相，只是一種親切的連繫，佛教稱為『此有故彼有』的因緣關係；這關係是彼此互助互存的關係，人類社會就在這些密切關係的意義上求繁榮、求發展。從未聽說在彼此互相傷殘，彼此孤立的情形下能夠造成一個美滿的家庭、社會和國家出來！」

妙峰法師曾在印順導師的指派下，於一九五七年出任新竹女眾佛學院的教務主任，那時他三十三歲。三年後，在畢業典禮上他〈給畢業同學提供幾點意見〉中說：「立志做個本色的出家人。所謂本色的出家人，便是做個老老實實、平平凡凡，或者苦苦惱惱的出家人。為什麼不教各位做個轟轟烈烈驚天動地的偉人呢？不錯，我們應該立志做偉人，但須知偉人正是奠基於『老老實實，苦苦惱惱』的數字上。老老實實的出家人是依出家人的律制，循出家人所應走的道路，本出家人的精神，守住出家人的本分，腳踏實地的埋頭苦幹。苦苦惱惱，是形容有羞恥之心，知道慚愧，不好高騖遠，不慕名逐利，不誇耀炫惑，不狂妄浮華。重氣質，尚樸實，一切都在平凡淡泊中。內而盡量充實學力，涵養德性；外而盡心盡力為教服務。如此去修，如此去行，才夠得上是個本色的出家人，才有成為偉人的可能，於人生於佛教才能有用。」這一番話今天讀來依然擲地有聲，妙峰法師不但說得出來，而且終身實踐，紐約僑界稱許他是「草根的法師」，不是「樹梢上的法師」，認為他是「平凡中見偉大」，而相反的一型則是「偉大中見平凡」。他和慈航、印順兩位老師父一樣，都是來擔當人類的業果，不是來搜集眾生的福報。正因為如此，九九讀書會的大部分成員願意編寫這部傳記，為佛門留一典型，為佛法作一見證。

法師於一九六二年三十八歲時，抱著「將此身心奉塵剎，是則名為報佛恩」的心態，從台灣「親手移植一株菩提聖樹到美國來」。為了不辱國家期望，不負佛教栽培，法師下決心默默耕耘，三十年如一日。他在自序中說：「這期間最感荒謬的是有二十七、八年既不抓筆桿，又疏離了書本，而去忙些自己最無興趣的人事行政事務。幸好，近三、四年來，覺今是而昨非，重拾舊業。」他說最要感謝的人是他的老學長常覺法師，常覺法師當年任《獅子吼》月刊的主編，向妙峰法師邀稿。在有舍利佛之稱的常覺法師鞭策之下，死寂的文思，竟如枯木逢春，有了生意。雖然他很忙，經常要誦經說法，領眾薰修，還要管理寺院行政，但「以文明道」實是他的真愛，所以雖在百忙中，他也非抽出時間書寫一番不可。

七〇年代，許多佛教徒對於「念佛即修行」充滿疑惑，他提出修行方面的指導，解答信眾與學生的迷思，《念佛與佛念》一文對修行法門有精闢的分析闡述。他對「念」的含義如此申述：「《大乘五蘊論》說：『云何為念？謂於串習事，令心不忘，明記為性。』《釋論》也說：『慣習事者，謂曾所習行，與不散亂所依為業。』這是佛學論典對『念』的定義給予正確的解釋。『謂於串習事』，串與『慣』義相通，串習就是很熟識、很習慣的事情。意思是說：念心所的活動只是潛在的內向的活動它所緣的只是曾經熟識的經驗境界，不能像耳目等五識能直接與外境接觸，它的特性與作用，只能把習慣事物的印象明朗化、深化，且把它保留下來，不致模糊或忘失。那麼『串習事』也就是念心所的所觀之境了。所觀之境，當然是對能觀之心而言。能觀之心，就是人們的見聞覺知的活動。因為我們的精神境界所展現的心理活動，當主觀客觀相對、心境接觸之時，所謂觸境生情，於有意無意間難免留下觀感不同的印象，不能像木人看花鳥那樣而無動於衷。這種觀感不同的印象，也就是《五蘊論》所說的串習事，或一般所稱的觀念、概念和意念了。」

對於如何念佛，妙峰法師說：「念佛時，要精神抖擻，一心貫注，把佛念得標準如法，佛寶洪名，字字清晰，沒有半點含糊。口稱佛號，耳聽佛聲，心想聖容。要做到口到、耳到、心到，集中無間，佛外無念，念外無佛，不許妄動，不起雜念，佛是我心，心佛一如……這種精修歷歷分明的念佛意境，由於高度專注的結果，狀如瀑布，前念後念，波波相連，念佛佛念，凝然一體……」

真是說得好！

對於念佛修行的作用，法師說：「佛法強調『心淨故國土淨，心淨故眾生淨』，可見講淨化必須從個人的心靈淨化做起。心靈不先淨化，要淨化社會、淨化人群、淨化國土，那是緣木求魚。念佛誦經，禪觀精修，都是淨化心靈的聖藥。」

《漫談「禪樵耕讀」》寫於八〇年代，可說是妙峰法師禪行生活的自我表白。他說：「我自己也不知道什麼時候開始與『禪樵耕讀』四字結了不解之緣，對它發生濃厚的興趣，把它作為山居的伴侶，互相廝守，朝夕相處，不相捨離，成為山居生活的主要內容，分割不開，書齋也要額以『禪樵耕讀』。也許是因它最能忠實地反映個人平實靜謐的林泉生活的緣故吧！」

他將禪、樵、耕、讀細細描述，從古至今，從佛到儒，引經據典，穿插佛教典故與禪宗公案。從文中看到一位終身忠於自己信念且勤奮不懈、一絲不苟的修行人；感受到一顆冰潔純淨的心靈在跳動；分享詩人敏銳的觀察力與感受，孩子般的真摯與熱情，千古聖人的古老智慧與禪境。全文樸實誠懇，逸趣滿紙；法語慧言，勸戒勵志，貫穿全章。

這麼多值得細讀的文章！

本書的首篇〈怎樣才可以「即見如來」？〉應是妙峰法師最急切想要告示佛弟子的。《金剛經》說：「若見諸相非相，即見如來。」《金剛經》在佛典的分類上是屬於大智慧的般若部，所以叫做《金剛般若波羅蜜經》。在基本的學佛三部曲「戒、定、慧」中，法師認為唯有「慧」可以帶領人走進開悟解脫的境界。

何謂如來？法師以他的一首詩精確地告訴你：「人間天上法筵開，四十九年暢本懷；無數蒼生同濟渡，無來去處即如來。」他說：「如來，是佛的十種通號之一。如是形容詞，形容真理的不變性和永久性。因為『如』就是指真如實相，為宇宙人生究竟的、普遍的真理。真理的特性就是不變的、不動的和如如的。『來』是動詞，是生活起居上的各種動作中的一種，包括行住坐臥，來去出入等在內。所以如來也可叫如去、如出、如入、如坐、如臥等。」他又說：「何謂如來？『乘如實道，來成正覺』名為如來。」法師在文中，以各種層面與角度來解釋那不可言傳只能意會的『如來』，苦口婆心，殷切之意，字裡行間，處處可見。

怎樣才可以「即見如來」？他說這是不成問題的問題，因為《金剛經》已提出圓滿的答案：「若見諸相非相，即見如來。」一點不難，要見就見，而且即刻可見，條件也不嚴，只要能做到「見諸相非相」，就可以隨時見到，不限制誰可見，誰不可見，人人有份，皆大歡喜。所以，他也以一首詩告訴你什麼是「諸相」：「萬象紛陳化育功，花紅柳綠景玲瓏；若明諸相皆緣起，吹散迷雲道可通。」步步推進，層次井然，所謂「因明」之學是矣。

《心經》法義和《金剛經》相通，我們常見的《金剛經》讀本，多半把《心經》印在一起，法師講解《心經》，連同《金剛經》相提並論。法師仔細分析「相」的意義：「相是我們五官上或妄識上的見聞覺知所感觸到的東西——人物或事理。具體一點說，包括生理、心理、社會與自然現象。不論是有形無形，有相無相，凡是看得見、聽得到、感覺上、想像上能引生喜怒哀樂等情緒的都是。佛學術語上，習慣稱它們為「法」或「一切法」。法可包羅萬象，心法、色法、心王法、心所法、善法、惡法、有為法、無為法、有漏法、無漏法等。這許許多多的法，佛學上有時綜合地稱為『諸法』或『諸相』。

法師按次序分解《金剛經》中說的「我相、人相、眾生相、壽者相」，他說：佛在《金剛經》中提起這四相十多次，佛費了那麼多力氣，也是為了否定與瓦解這四相的存在與出現。因為它們是禍根，是災變之源。為加深學子的了解，他以一首詩來詮釋四相：「何來四相要矜持？緣起假名應已知；一旦豁然得入處，相無有相可重提。」

一般性的諸相，可說是你我及眾生日常生活中所面對的一切境界。有使人怡情逸興的順境，有使人苦惱的逆境。順必生貪，逆必生憎，痛苦、煩惱、罪惡由此滋生。妙峰法師慢慢帶你進入對治的方法——因緣觀。佛把世間一切稱為「因緣所生法」，因為世間一切現象必定假因託緣才能產生，「因緣觀」就是觀緣生、觀緣滅，也就是從一切法的結構與原理上去透視，掌握真相；超然、客觀地還其本來面目，滅絕一切主觀色彩。

法師提出實踐法門的析空觀與體空觀兩個步驟，教你如何「見諸相非相」，教你如何「即見如來」！析空觀的分析法是把法相化整為零，以《金剛經》有名的「六如偈」為例：「一切有為法，如夢幻泡影，如露亦如電，應作如是觀。」體空觀是透過禪定的功夫去觀照、體察宇宙人生的真諦——苦、空、無常、無我的空性空理。我們面對的人生一切現象，皆是因緣所生法，外表上雖各有體相，姿態分明，五花八門；但若是以體空觀去觀照的話，一切皆是緣起的幻相，是各種條件的組合所形成的臨時現象而已，縱有其表，其性空寂，無常無我，沒有永久性、不變性和獨立性。所以不能執著，不可貪染。由此引發空慧，去凡情入聖智，我、人、眾生、壽者四相粉碎於無形，證悟空性，得大解脫。在此錄一首法師寫的體空觀的詩，作為介紹此書的結束：「紛陳緣起露堂堂，空義何曾有隱藏；體察洞然觀自在，十方世界放毫光。」

這樣的文章，無論學佛、向佛，或知佛（甚至反佛）的人都應該一讀。

《六祖壇經探祕》

筆者幾次訪談妙峰法師，他常鄭重提到禪宗六祖慧能的境界，衷心讚歎，他說六祖的智慧大如泉湧，境界高不可攀，六祖的《法寶壇經》盡是智慧的寶藏。

佛教史記載，梁武帝年間，印度的達摩法師來到中國，被奉為禪宗的初祖，傳至慧能，稱為六祖。慧能祖師留下一部《壇經》，全稱《南宗頓教最上大乘摩訶般若波羅蜜經六祖慧能大師於韶州大梵寺施法壇經》，由題目可見此經的重量。中國佛教著作尊稱為「經」者，到目前為止，僅此一部。

妙峰法師舉出六祖在《壇經》中的五句偈語：

何期自性本不生滅
何期自性本自清淨
何期自性本自具足
何期自性本無動搖
何期自性能生萬法

法師說他讀《壇經》感受到六祖宣說此五句的法義，「充滿了法樂、法喜，好像在驚歎，也在歡呼！」為了使學子同享他本人探訪《六祖壇經》時尋幽訪勝、柳暗花明的禪地風光，他在紐約慈航精社印順導師圖書館開講《六祖壇經》，講稿同步於《慈航月刊》刊登，筆者撰寫此文時（二〇一〇年一月），已登出五十八次的講記，仍在按期進行，待全經宣講完成後，發行單行本流通。

在妙峰法師的《六祖壇經探祕》中，他帶領學子們一探六祖的高深境界時，也同樣的充滿了法樂、法喜，也同樣的在驚歎，在歡呼！佛陀當年講經說法，大慈大悲與苦口婆心的度化眾生；六祖在《壇經》中也是如此殷切的呼喚世人，授以離苦得樂之道；在此，我們可看到一個大慈大悲、不棄不捨眾生的現代禪師，用他最熟悉的文字般若，揮灑祖師意，也苦口婆心、殷殷切切引領學子進入慧堂禪境。

《壇經》共有十品：行由品、般若品、疑問品、定慧品、坐禪品、懺悔品、機緣品、頓漸品、護持品、咐囑品。法師分別採取逐字解釋、逐句解釋、逐段解釋、整篇解釋，以及引用典籍印證和自己引申發揮六種方法，使各章經義相互呼應、一以貫之，顯示了他的淵博和專精。寫至某一部分，他又把心中的詠歎發為詩篇，猶如音樂會中的變奏，增添采姿。例如在「般若品」中的片段偈《摩訶般若》之後，法師有詩五首，如響斯應：

空有凡愚執兩邊，高登佛國恐無緣；悟空破有佛同座，心地耕來是福田。
六祖教人種福田，觀空破有法無邊；先賢古聖菩提道，直指前程揚影鞭。
空生大覺法藏中，點點海漚難立功；萬象森羅皆幻現，慧能光照破朦朧。
自性能含萬法融，猶如秋月點晴空；纖塵不染心常寂，碧海汪洋臻大同。
迷人口說智心行，粉碎虛空不用驚；大地平沈分內事，華嚴樓閣法王城。

法師說，我們展讀壇經的經文時，覺得六祖很慈悲，很親切。他老人家把般若的要義解釋得很透澈，很清楚。娓娓而談，每談一段，就呼一聲善知識！他怕大家不留意，所以不斷地解說，不斷地呼喊！「我敬讀壇經，總覺得壇經是六祖智慧的呼喊，慈悲的叮嚀。」

《八大人覺經十四講》

《八大人覺》是一部經的名稱，「大人」指佛菩薩，「覺」是證悟覺知，「八」是八個項目。「後漢沙門」安世高把這部經譯成漢文，總共三百七十二個字，非常精鍊簡要。

以「第一覺」為例，經文寫的是「世間無常，國土危脆，四大苦空，五陰無我，生滅變異，虛偽無主，心是惡源，形為罪藪，如是觀察，漸離生死」。短短四十個字包括了無常、無我、空、淨、直探佛法各項高深的領域，我們把這部經讀一遍，真覺得這三百七十二個字幾乎聯結了一切經，如果你真正懂得這三百七十二個字，幾乎就懂得佛法的一切精義，所以這三百多字妙峰法師講了十四講，講稿印成三百一十六頁的一本書。

東晉道安法師創「三分說經」，把佛經的文體結構分成三部分，開頭謂之「序分」，怎麼會有這部經，中間是「正宗分」，這部經的內容是什麼，最後叫「流通分」，這部經的效果影響。佛經的「三分」對文學家的影響很大，妙峰法師有文學修養，對「三分法」有會於心，梳理經義，逐步譬解。

這部《八大人覺經十四講》是一九九八年八月在台灣出版的。從妙峰法師的自序中知道，這部經是應新竹慈航佛學社的社友之請而講的。當時的社友大都來自科學園區工業技術研究院、清華大學、交通大學、台積電、華邦、旺宏等科技單位，甚至有遠自中山科學研究院來的。妙峰法師針對這些時間有限的上班族，為強化他們的信心，拉近他們與佛法的距離，選擇了這篇除《心經》外最精簡的經典，希望在時間及效應上達到事半功倍的效果。

法師先以「緒言」開講「漫談本經的心要」。第二講，略釋經題，分「通題」與「別題」。第三講，譯經者的史略。第四講，判釋經文。第五講，「正宗」分覺悟苦、空、無常、無我，即本經的主題，全經的中心。第六講，多欲與少欲的利弊。第七講，關於知足問題的教示。第八講，明懈怠與精進的得失。第九講，愚癡生死與增長智慧的大樂。第十講，貧苦多怨的禍害及平等布施的功德。第十一講，五欲的過患。第十二講，生死熾然，苦惱無量。第十三講，總結經文。第十四講，「流通分」流布通暢佛的經典，使一切眾生同沾法益。

妙峰法師有「長於接引眾生」之名，他把許多高度抽象的佛理生活化，人人易知，人人可行。對常人而言，像「四大苦空，五陰無我，生滅變異，虛偽無主」，像「精進行道，慈悲修慧，乘法身船，至涅槃岸」，每個字都認得而已，如今法師教人每一句都懂得，可說是艱難的任務。在這十四講裡，緒言「漫談本經的心要」十分精采，如果不求甚解，得此一章也可以欣然忘食了。

《八大人覺經》流傳極廣，文句音節明快，琅琅上口，段落分明，容易記憶，其中對修行的進程層次有精細的指示，可說是言簡意賅的修行寶典，若想修行，這部經可說是最佳的指標，可作為早晚受持的課本。這部經有多重要，法師的這本書也有多重要，佛法好比是一艘遠洋郵輪，法師的這本書好比一艘渡船，碼頭上的人先登上渡輪，再由渡輪送上郵輪，然後「千江有水千江月，萬里無雲萬里天」。

弘一大師曾親筆抄寫《八大人覺經》，有人複印出來大量贈送，大師的書法得二王筆意而形體略扁，莊中有秀，引人喜愛，助長了本經的流通。有人說，如果在《八大人覺經十四講》後面也附有妙峰法師的墨寶，就更可貴了。

第二十章 還鄉回饋 振興佛法

一九八一年十一月，妙峰法師展開了離鄉去國三十二年後的第一次還鄉之旅。

妙峰法師在台灣彌勒內院立定腳跟之後（一九五〇），唯恐母親為他生死不明擔憂，曾經向老家寫過一封平安家書。那時海峽兩岸嚴禁任何聯繫，住在台灣的人絕對不許寫信到大陸，也不可接到大陸來信；反之，住在大陸上的人亦然，違反者都會遭到處罰或調查，妙峰法師不知道有這樣的禁忌。

這封家書也許並未到達目的地，幸虧妙峰法師也沒再寫第二封，就遇到他的小老鄉陳翰華，陳是當時國民政府的立法委員，能接觸到許多特殊的信息。這位陳先生知道妙峰法師寫過一封家書，經他善意警告，妙峰法師才知道郵局收到寄往中國大陸的郵件，立刻送到治安機關處理，寄信的人因此留下案底，後患難料。後來陳先生又帶來重要的訊息，妙峰法師的母親往生了！妙峰法師得此噩耗，內心痛苦難以言喻。彌勒內院的全體同學自動為老太太辦了一場法會，拜梁皇寶懺、放焰口，同學們的歌聲高揚激昂，流露出「同為人子」的真性至情。妙峰法師說：「這種熱烈的友愛之情，記憶深刻，長在我心。」

六〇年代，妙峰法師離開台灣，來到美國。他在檀香山海濱眺望想像中的中國大陸，自然動了鄉思，他在美國有寫信的自由，但是那時家鄉還沒有讀到海外來信的自由，那時在中國大陸「海外關係」仍是嚴重的罪名，法師仍然只能放在心裡，放在誦念的佛號之中，放在他給信徒家庭的祝福裡。

七〇年代，世界局勢和中美外交都起了重大的變化。一九七二年，美國總統尼克森訪問中國，一九七八年十二月十五日，美國卡特總統宣布美國與中華人民共和國建立邦交，次年一月一日生效。中國實質上的領導人鄧小平來美訪問，白宮以中國文化風俗及至高的外交規格接待，訪問全程電視轉播，轟動世界，在美國華僑社會中更引起巨大的激盪與關切。妙峰法師在電視轉播中看到了鄧小平訪問的過程，潸然下淚，懷鄉之情，如蛹破繭。

中美既已建交，兩國人民可以正常來往，華僑回國探親也蔚為一時風尚。紐約華僑的最高組織是中華公所，當時梅子強擔任主席，他順應僑情，親自組織中國大陸探親及觀光訪問團，妙峰法師報名參加。他們在一九八一年十一月七日由紐約出發，行程由中國旅行社負責安排，訪問了北京、南京、上海、杭州、蘇州、桂林、廣州等城市，當然妙峰法師也回到了故鄉湛江市。

他到了上海，看市容外貌，上海市還是老樣子，但「物是人非」。他訪問了靜安寺，一九四六年他在這裡受佛學教育，今日幾乎無人知道往事。他打聽當年在危境中助他脫身的鄭伯樵，也沒找到線索。

上海市的人口比以前更多，他在街頭又看到摩肩接踵的人流。他當年就是受了人流的啟發，想起愈是人多的地方愈需要有人傳播佛法，而今中國人口膨脹，中國佛教萎縮，他問自己「我能做什麼」。

他到了北京，找到當年帶領他進入佛學院大門的巨贊法師。現在巨贊是中國佛教協會副會長，一度擔任中國佛學院副院長，由這兩個機構恢復成立，可以知道中國佛教重獲生機。他也見到中國佛教協會會長趙樸初，當年在上海靜安佛學院為他上「最後一課」的人。這年巨贊七十二歲，趙樸初七十三歲，佛教的人才斷層，要靠他們「為往聖繼絕學」，當年上「最後一課」的人而今要為中國的眾生上「最初一課」。

法師與這兩位前輩在上海別後，一晃就是三十多年了，那日突然相見，無不大為驚喜！會面就在趙公館裡，趙老還說：「為何不早些通知，我發動大家前去迎接你。」三人喝茶敘舊，趙老送一幅字給法師留念，隨即在桌上鎮紙揮毫：

橋南橋北聳浮圖，信有因緣德不孤；
多少津梁千手眼，世人只道蔡君謨。
東江橋跨九龍江，亦是浮圖功德場，
行到漳州無限好，鳳梨龍眼果珍鄉。

趙樸初居士是國內著名書法家，他的墨寶稀有難得，法師平時也是喜愛翰墨之人，得此餽贈，萬分歡喜。這一幅字至今仍懸掛在法師的客廳上，視如拱璧。

對妙峰法師而言，此行重點當然在廣東。他先到廣州，歲月悠悠，廣州一別已有三十三年，到了廣州，就已是回家的心情了。他先到三十三年前掛單的六榕寺，一九四六年，他在這裡親近名滿天下的虛雲老和尚，結識巨贊法師，萬里之行，始於此處。當時的六榕寺是占地七千三百多平方米的大廟，是歷史悠久的古剎，雄偉莊嚴的大雄寶殿等經典藝術建築群優美絕倫，堂中掛滿古代名家字畫，家具擺設均淡雅超俗，庭院內花木扶疏，古榕成林，曲徑通幽，一切顯得無比雅致、莊嚴。可是三十三年之後再見六榕，竟是滿目瘡痍，大雄寶殿、觀音寶殿都拆毀了，到處堆滿一堆堆破磚爛瓦和垃圾。最令人痛心的是大雄寶殿上供奉的丈六金身的三尊青銅古佛，觀音寶殿供奉的一尊青銅大觀音，這些國寶文物，全被砸爛，拋擲在棄物堆中！此時的六榕，除了只餘一座殘破的佛像寶塔外，已一無所有。

這時中國對外開放，各方遊客湧入，六榕寺是佛教名勝古剎，前來參觀的人潮不斷；有華僑，有外賓。六榕的寺前有軍人守門，要買票才能進寺參觀。參觀什麼呢？成堆的垃圾？「身首異處」的佛像？當時妙峰法師見到這種景象非常痛心。那時六榕的住持正是妙峰法師在上林寺時的師兄雲峰法師。妙峰法師一向尊敬這位師兄，長年憶念，兩人劫後餘生，萬里重逢，本是一件喜事，可是妙峰法師痛心之中情緒失控，責備這位師兄身為住持，為何讓這種事情發生？既然已經發生了，為何忍心面對損毀的聖像丟棄在垃圾堆中而不思有以善後？雲峰法師的心情只有比他的師弟更痛苦，經他委婉辯解，妙峰法師才明白文化大革命的「破四舊」是怎樣進行的，雲峰法師先失去了自由，他隨時可能殉教，「造反派」控制了一切，為所欲為。當時全國寺廟情況相同。非僅六榕為然。現在「文革」雖然結束，寺廟沒有信徒，沒有香火，沒有人力物力可以善後，而且如何善後，尚待進一步政策指示，僧人不敢照自己的意思輕易改變現狀。

妙峰法師環顧寺內，僧人多半已被迫還俗，尚留寺的師父寥寥無幾，寺院內外由解放軍掌管，出家、未出家皆著軍服，就連那日重逢的住持雲峰師兄也是一副大兵模樣，妙峰深切體會到師兄的處境。於是師兄弟倆坐下來討論，妙峰問：「我能做什麼？」雲峰說：「你能，你是華僑。」妙峰法師這才明白政府爭取海外僑心，非常重視回國華僑的意見，為了擴大影響，幾乎有求必應。妙峰明白此時自己的身分優越，世事無常，良機莫失，他說：「我寫信給鄧小平先生，請他調走寺內的駐軍，重建六榕寺。」

他向雲峰要了紙筆，鄭重寫了一封致鄧小平副總理的信。師兄看了十分興奮，主張隨即寄去。妙峰想，鄧公身居要位，「天高皇帝遠」，這封信也不知要通過幾層關卡，下面的小官小吏未必跟得上政策急轉，只怕有人認為宗教問題敏感嚴重，順手壓下了。妙峰說：「還是讓我帶回美國再想辦法吧！」他想中國駐美的使館領館一定忠實執行新的僑務政策，由六榕寺到中南海，也許最近的路徑是經過紐約或華府。

妙峰法師在廣州短暫停留，奔赴湛江，這裡是妙峰法師的故鄉，遂溪縣鄉間有祖居家人宗親，湛江海峽半山腰上有當年出家的上林寺。他住進了湛江市區內的華僑賓館大廈，將要以十多天的停留與親人團聚。

湛江市長在南天酒樓設宴款待，並邀約當地幾位出家人陪同一敘。席間市長建議妙峰法師不要立刻回鄉下老家，他說現在國家剛剛開放，政策尚未落實到鄉間，為安全著想，還是以留在湛江團聚為宜。市長安排請法師的兄嫂、姪兒晚輩及宗親們前來湛江市華僑賓館見面。在這些歲月裡，母親及大哥均已往生，年輕的晚輩們漸漸長大，鄉間生活困難，妙峰法師多有照顧。後來知道，「改革開放」初期，外僑回鄉探親，幾乎一律受到政府接待人員的勸告不要下鄉，他們安排鄉下的親人進城，常有戴著斗笠挑著扁擔進豪華旅館的鏡頭。

湛江市霞山區的上林寺是妙峰法師出家的地方。法師是七歲入寺，十一歲剃度，在上林寺讀書、學佛、成長直到二十一歲，種種記憶，鮮明如昨，法師的思念可想而知。但是據各方的消息，上林寺受到的破壞甚於六榕，也同樣由解放軍管理，寺院內已沒有出家人，主人建議不可驟然造訪。就這樣，妙峰法師壓抑了內心的意念，期待著佛緣的引領，他內心堅定地確信：佛祖將會開啟振興之門。

妙峰法師回到美國，籌劃如何能把那封信交到鄧小平手中。一天早課之後，法師跪在佛前向佛祖說明：「廣州六榕古剎，佛殿被毀，佛像被破壞，我有志重興，但必須政府將寺院歸還『中國佛教協會』處理才可如願，現已備好陳情書，但不知依何管道能順利奉達鄧公之手，請求佛祖慈悲賜予弟子靈感。」法師靈光一閃，想到當時「中國佛教協會」的會長趙樸初老居士。

妙峰法師在上海靜安佛學院讀書的時候，趙居士曾來授課，妙峰回鄉探親之旅，途經北京，特別探望了這位老前輩。而今鄧公是政協主席，趙老是副主席，如果託趙轉信，猶如左手交給右手，便利極了！這份因緣未能及時想到，現在未為晚也。於是將那封向鄧公陳情的信寄到趙樸初會長公館，託請轉達鄧公。

信寄出了！這不僅是一封請願的信，也是佛教界一樁破冰之舉啊！隨之而來的改變鋪天蓋地，鄧公於百廢待舉之中提前想到新的宗教政策，中國的佛教再一次歷劫不滅。據說當趙樸初會長接讀此信感慨萬千，視同天賜良機，他知道形成新政策的因緣成熟了，他身為中國佛教協會會長做不到的事，現在由妙峰法師開其端，遍布烏雲的天空中突然出現了曙光。趙老隨即親訪鄧公，並將該函當面呈上。

這份歷史性文件是這樣寫的：

鄧公副總理：

吾公報聘訪問美國時，舉國僑胞無不注意你的一切活動，從你下飛機，參加國宴，簽署公報，各地訪問，乃至告別返國，美國僑胞除了工作外，幾乎無時不守著電視，興高采烈地看著你與美國首長談建交等偉大工作而感興奮和欣慰。因為你是祖國的領袖，是我們僑胞的親人，做著劃時代的貢獻！

妙峰（俗姓陳）原籍廣東湛江，僑美廿年，一向主持紐約中華佛教會法王寺、佛教青年會、慈航學校等推動文教工作，曾應美國民主黨邀請主持卡特總統及總統夫人華盛頓和紐約的演講大會之致詞祈禱節目。

妙峰最近（十一月七日）曾返回祖國探親及觀光，隨中國旅行社四二五粵旅團訪問過北京、南京乃至桂林、廣州、湛江等城市，也參觀過一些工廠和人民公社，看到祖國在公等領導之下，群策群力，推行四化，不但人民衣著生活已獲得改善，其他方面，也漸進佳境，而祖國治安之佳，更是令人歎為觀止！這是令人感到欣慰的！

廣州市華南之歷史名城，為我國南方門戶。外賓訪問我國多經香港到廣州。矗立於白雲山下寶塔巍峨，文采斑斕，史跡特多的廣州名刹——六榕寺，不但為海內外僑胞膜拜中心，亦為中外學者文教專家研究觀摩的對象。據說早在十二年前，已獲得祖國中央決議修復。（而文革時破壞之丈餘高大之三尊佛像及觀音，急需經費焊接及敷金，妙峰曾在美發動本會教友集得善款三萬多美元，後來為了重建寶殿，再募十餘萬元。雖是杯水車薪，但略盡點愛國之心而已。）

但此次歸來，僅見修復開放，三尊銅佛與觀音則仍然「身首異地」，散臥於破磚破瓦之中。雨打風吹，於心難安！拆除了的大雄寶殿，毫無動工興建跡象，到處破破爛爛，凌亂不堪！文革時拆除該寺功德堂後所建之樓房（現為文管處所占用），更把寺院美感破壞無遺。總之廣州寺內之歷史名刹仍然是一片凌亂。據說常有西方學者專家前來訪問觀摩，世界各佛教國家也常派貴賓代表前來訪問，而廣州市內卻無一所完整的，足以代表我國佛教文化的歷史性寺院招待貴賓及讓貴賓參觀，實在不成體統！

妙峰在美國曾聞歸僑時有不滿報導，以為傳聞不實，今次親見六榕寺情況，確實如此。吾公日理萬機，政務繁忙，本不該瑣瀆清神。但此乃有關國家體面，且可激發和加強海外僑胞的向心力。同時佛教教育，對於人心士氣的鼓舞，有百利而無一害。（佛教傳入我國數千年，從未發生過八國聯軍事件。）鑑真祖師的東瀛傳教，玄奘大師的西域求法都是很好的教育！總之六榕古寺能早日光復乃我國內外佛教、文教界及所有僑胞共同的願望！大家同有此願，故敢繕寫此函，懇求吾公垂察洞鑑，允予促成廣州市府早日恢復六榕舊觀，國家幸甚，佛教幸甚！專泐敬祝

道安

妙峰　敬啟

依據趙樸初居士轉述：鄧公讀到此函，十分高興，連聲稱讚妙峰法師是一位愛國的好華僑、好僧人，認為建議交還六榕古剎讓出家人管理經營是個好主意，當下即命令廣州市府交還六榕寺於佛教協會，並於翌日報紙就公布此消息。鄧公的高瞻遠矚與改革魄力，令紐約僑社與佛教界讚歎不已！對法師來說，更因此緣而倍加興奮！

國家政策有了，尚需經費來承擔這重建的工程，法師敢向鄧公要回六榕，就敢肩負起籌備經費的責任，令其功圓果滿。首先為修復四尊大銅佛，法師積極募得美金兩萬多元，再加上法師自已的捐獻一萬，共集美金三萬多元，一待雲峰師兄接管了寺院工程，立即匯寄給他，要他先將這四尊大銅佛焊接修補，恢復原貌。接著妙峰法師於次年（一九八二）再飛返廣州市六榕視察，見到大佛復原了，但佛像卻坐在大雄寶殿的殘破瓦礫中，經雨打、風吹、日曬，佛身的青銅已被氧化。

法師返紐約，立刻發動籌募重建寶殿的經費。從此隨募隨匯，到大雄寶殿、觀音寶殿建成為止，總共募得美金十餘萬元，合人民幣一百餘萬元。就這樣，六榕古剎的兩座寶殿從廢墟中重建起來。古佛也「再塑金身」。這歷史悠久的六榕古剎雖不能全部恢復舊觀，但幸能使佛光重現，善男信女禮佛學佛有正式處所，佛教繼續在中國發揚。

雖然妙峰法師將這一切歸功於鄧小平的智慧德政，但法師的努力及堅毅負責的佛心，共同創造了新的歷史，為中國佛教界重新開啟了大門。六榕寺重光之後，雲峰法師領導省、市佛教協會繼續努力奔走，沿用相同模式，光孝寺、華林寺、大佛寺、南華寺等也先後歸還了。全國其他各省也都有類似的佳音相繼傳來，這是多麼令人振奮的消息啊！

妙峰法師說，中國改革開放初期，政府「摸著石頭過河」，時收時放，特別是涉及到宗教事務，尚為十分敏感之事。所以雲峰法師處理此事，總是戰戰兢兢，如履薄冰，如臨深淵，絲毫不敢大意，唯恐乍暖還寒，遭受牽連迫害。也正因當時的這種情況，為避免使六榕重建工程受阻，給師兄帶來任何不便和困擾，妙峰法師除了六榕所需經費，募捐所得源源不斷按時由美國匯上之外，竟有長達十八年之久，未再回廣州，在整個處理過程中保持低調，六榕寺文宣檔案均不提妙峰法師在美籌措經費之事。妙峰法師不逐浮名，只要六榕寺這座聞名中外的古剎，公眾的無上福田，永遠屹立世間，這樣的結果是隨願所成，他身為華僑佛子，能為祖國佛教盡一點心力，感到滿心歡喜。

鄧小平先生百歲冥誕紀念展中，一九八二年妙峰法師上鄧公的請願書陳列在展出文稿中，可見此函對鄧公的啟發多麼重要。

十八年中，妙峰法師雖常住美國，但也經常被邀請到加拿大、台灣、香港、新加坡、馬來西亞等地，在大學、社會團體及寺院講經說法和做學術交流。他得知六榕重建成果不俗，何曾不想親歷其境一睹新貌？時機終於成熟了。有一天，妙峰法師應香港佛教協會之請，在一所中學禮堂演講之後，得到雲峰師兄的邀請，翌日即由數位在家弟子作陪，由香港坐直達巴士經深圳回廣州。抵達六榕寺時，竟受到全寺四眾弟子列隊歡迎，鐘鼓齊鳴，禮儀十分隆重。迎至新建雄偉莊嚴的寶殿，見到三尊高大的古佛已全部修復，金光閃閃，莊嚴而慈祥地坐在金蓮座上。禮佛時，法師悲欣交集，不禁喜極而泣！這一天是一九九九年元月二十五日。

那日雲峰法師體弱不適，但見面時精神振作，他說：「陽光普照，春天到了，老弟你回來了！」言下對國運反正、法運暖化感慨良多。翌日法師對信眾開示，講了兩個半小時，講堂爆滿，許多信眾站滿門外走廊，喜歡聽佛法的人那麼多、那麼踴躍！統戰部、宗教局的官員也隨喜聽講，並連連讚道：「法師講的是精神文明的建設，教育群眾的思想文明很需要，希望多多回來開講。」法師講自我淨化和自我提升；身心清淨無垢，心安理得，如無雲無霧的天空，晴空萬里陽光普照，建立幸福快樂人生。法師稱此為生活禪

有一年法師回國，正好他小時候的遊伴沈小山（定菴）在廣州《六榕寺》舉辦書法展，本傳第三

章談到沈小山的父親是書畫家，對妙峰的藝術天才有啟發。小山後來長大成人，皈依三寶，修行之外，發揮自己的長才，成了當地有名的書法家。故人重逢，他們相見甚歡，法師見他氣質不俗，字也寫得有功力有天分，給了他一番鼓勵。

妙峰法師以宣講佛法受到禮遇及讚許肯定，此後他幾乎每一兩年就返回六榕與師兄相聚幾天，並演講說法與廣大信眾結法緣。雲峰師兄往生時，他專程參加師兄荼毗大典，以後就因在美法務忙而沒有再回去了。

二〇〇三年三月十九日，雲峰法師圓寂，世壽八十三歲，法師聞訊奔赴廣州參與治喪。雲峰法師是妙峰法師在上林寺出家時的師兄，後來擔任六榕寺住持，歷任廣東省人大常委會委員，中國佛教協會諮議委員會副主席，廣東省、廣州市佛教協會會長，廣東省、廣州市佛教協會名譽會長。

二〇〇三年三月廿一日，農曆二月十九日觀世音菩薩聖誕，也是六榕寺雲峰大和尚讚頌大典公祭告別日，由妙峰法師等十位高僧共同主法，千名信徒參加。

三月廿七日，為雲峰大和尚舉行隆重的荼毗大典，九九高齡本煥老和尚居中主持說法，長老高僧分列兩旁，畫家連登居士任司儀。

六榕寺新住持法量法師為雲峰法師建舍利塔作紀念，並請妙峰法師作塔銘：

重興六榕寺祖師雲峰大和尚塔銘：

高標寶塔影如前，寺主西歸先已遷；

遺愛人間無憾事，長存典範教而禪。

偉哉雲公，生而崎嶷；

朱氏獨子，淡於世榮。

慕無為法，師禮傳平；
上林古寺，立志修真。
童真入道，教義精研；
學養卓越，通古達今。
自行化他，亦教亦禪；
愛國衛教，典範禪僧。
時逢國難，法化難宣；
六榕古剎，劫難頻仍。
聖像被毀，殿宇夷平；
有志振興，力薄未成。
師弟妙峰，鼎力支援；
出錢出力，鄧公求誠。
歸還佛會，聖像金身；
殿宇重建，慘澹經營。
任勞任怨，嘗盡苦辛；
積勞成疾，帶病延年。
六榕回春，古剎重興。
重修寶塔，奐然一新。
雲光塔影，再映人天。
宗風丕振，佛日增輝。

德高望重，朝野尊崇。
光孝大佛，華林古刹。
由公奔走，相繼重光；
衆生有福，同沐佛恩，
羊城佛日，大放光明！
公雖西歸，遺愛人間，
高僧模式，典範長存。

追思祝願
寒盡春風花再開，西歸寺主願重來；
菩提花果香無盡，寂寞空餘說法台。
高聳雲峰塔影奇，祖意表詮人少知；
雲公於此得消息，故似春風花滿枝。

師弟妙峰敬撰並書於紐約金佛山　千禧四年初夏

以上是塔銘原文，寺院小作修改刻在塔上。

經過這些年的變化，佛學界僧人不斷地努力，廣東許多寺院都逐漸增進。妙峰法師年少時即曾去過的楞嚴寺，亦是法師的「祖庭」，位於湛江地質公園內的湖光岩。風景優美，陡直的山徑與清澈湛藍的湖水，相互輝映，可謂綺麗佳境。楞嚴寺住持清海法師，是妙峰法師孫輩的徒弟，一向對妙峰法師十分敬仰。二〇〇八年楞嚴寺在園內興建一座雄偉的觀音寶殿，清海法師即向師祖妙峰法師請求為觀音寶殿賜對聯題字。妙峰法師隨即作聯一副：

「湖光岩楞嚴寺　觀音寶殿聯」

願力廣無邊　遍駕慈航度苦厄

悲心澈骨髓　弘施法雨令榮敷

清海法師及湛江市長看了這聯，都表示十分歡喜，待觀音寶殿落成之時，特別邀請妙峰法師前往楞嚴寺，主持開光大典。二〇〇八年十一月八日，妙峰法師偕同弟子明怡、明心及護法會長海慈居士一行四人，同往楞嚴寺參加盛典及主持開光剪綵。

這次再回湛江，法師和弟子們均住宿在赤坎青蓮庵。觀音寶殿落成，開光大典的時間到了，楞嚴寺院及公園內擠滿了信眾及前來參觀的民眾。許多當地政府官員也出席祝賀。妙峰法師主持了開光、開示。見到如此盛況，如此眾多的來賓，寺方法緣眾多規劃有方，令法師十分看重。

同時，楞嚴寺計畫興建「妙峰萬佛寶塔」，並請法師撰文賜聯。筆者行文至此，寶塔尚在計畫中，工程尚未開始。妙峰法師所寫的塔聯是：

妙法飲湖光　佛地空靈觀自在

峰巒懸皓月　人間喜樂慶嬋娟

兩星期的停留時間，除了觀音寶殿落成開光典禮之外，附近許多寺廟及團體均紛紛邀請法師去開示講經，每天排程緊湊，走訪了許多地方。但法師仍念念不忘他的家鄉——太平鎮仙鳳村，到陳家祠與全鄉的父老們聚集一堂，出外工作的年輕晚輩們也都趕回來一睹法師的丰采，接受訓誨及加持。這是法師最歡喜的事，可是也經歷了漫長的等待歲月！

他參訪了許多寺院，其中包括了清涼寺（法師受戒的寺院）、雷州市天寧寺（蘇軾曾在此題字）及上林寺等。

楞嚴寺開車一個多小時的路程就到了上林寺。法師是七歲時在上林寺出家，直到二十二歲時為求學深造而去廣州六榕寺，從此開啟了法師一生學佛、禮佛、弘法的國際觀。他對這個培育他的搖籃上林寺有特別深厚的感情與記憶。

這次回來境況不同，那些熟悉的身影都已不在，四處尋覓也不見任何當年舊跡，寺院經歷了文革時期的破壞，面目全非。後來雖已交由佛教協會管理，但仍未能還原其禮佛體制，更不能傳承佛法的精義。環繞寺院的廣大空間已縮至很小，許多建築、屋舍參差其中，當年遠眺海峽的景觀也不復存在。妙峰法師也曾籌捐了一筆經費重修大殿，可是世事能有幾件恢復舊觀？

妙峰法師有願重新置地改建寺院，使「上林寺」具有佛門的莊嚴氣象，發揮傳揚佛法的功能，但土地政策和宗教政策皆無助於此一構想之實刊見，努力多年，至今無法落實。這份心願也得交給佛緣來帶領了！

法師成立「海南妙峰事業發展有限公司」，從事慈善、文化、教育等社會公益事業推動「福田工程」。法師應鄉親之請，在本村籌建一所小學，命名「妙峰希望小學」，校址在湛江市麻章區太平鎮塘東，面臨大海，樹木掩映，環境幽靜，在此開拓百年大計，作育英才，應是最佳的園地。鄉親表示當地非常需要一條現代公路與城市接軌，法師也曾籌了一筆捐款。

二〇〇八年十一月十日，「妙峰希望小學」舉行落成典禮，法師趁回國之便前往主持，區委副書記、政法委書記、海南省青少年希望工程祕書長、海南妙峰事業發展有限公司經理，以及當地人大、政府、政協、教育、統戰及太平鎮各部門領導都出席。當年妙峰法師幼小的時候此地沒有小學，很多孩子耽誤了學習，現在妙峰法師為桑梓彌補了這個缺憾。那時法師捐款助建的公路未見動工，而今每到天下大雨的時候，法師不免暗中祝禱，願鄉親們已經脫離了道路泥濘之苦。

九九讀書會跋

九九讀書會是紐約華文文學人口的小眾結合，一九九九年開始定期聚會，大家在王鼎鈞教授家中品茗清談，交換讀書心得和寫作經驗。讀書會並沒有正式的組織，時間久了，為了敘述方便，慢慢有了這樣一個符號。

讀書會承妙峰長老委託，撰寫這一部傳記，王鼎鈞教授策劃成立編寫小組，指導分工合作。執筆者十人，其中七人是佛門居士，大家尊敬妙峰長老八十年來內修外弘的成就，願意用文字在中國人心目中樹立他的典型。當時約定，我們只負責文字編寫，其他皆在工作範圍之外。

編寫小組名單如下：

組稿：王鼎鈞

主稿：王芳枝、李玉鳳、李思宇、明建華、吳麗瓊、張欣雲、虞文輝、褚月梅、陳淑慎、蔣欣怡

審稿：顧美翎、陳美詩、趙榮基

書稿的構成經過大概是這樣：先製作「妙峰法師傳記大事年表」，依照年表定出二十個題目。執筆人分到題目，對法師進行錄音訪問，閱讀參考資料，寫成書面文本。大家從文本中找出不足之處，執筆人再度訪問補充，有時要經過三、四次加強，才寫出「小組初稿」，這是第一階段。

第二階段：初稿交到王教授手中，由他指導執筆人運用資料，解釋當時的歷史背景、時局發展，當時佛教人士的互動，以增加妙峰法師的能見度。他採「因緣」觀點經營全書，不忘傳主遭遇的前因後果，旁及許多相關事件。為今天年輕的讀者和將來的讀者設想，本書各章對當時的時空背景都略作說明，以消除世代隔閡。本書對佛門人物的宗派、成就、宗教儀式和專門名詞都略作解說，以縮短僧俗距離。可以說，正文中融入了導讀的成分。

這時再由王教授通盤作結構調整和文字潤色，以求「言之有文，行之能遠」。這樣寫出「小組成稿」。

二十篇正文寫完，我們把「邊角材料」作成六個統計表。

第三階段，「成稿」交給妙峰長老。他是傳主，有關「歷史事實」的部分以他的記憶為主，他是高僧，有關佛學知識和見解以他為正。長老年高而往事紛紜，「成稿」有時要經他三改四改，修改之處，牽髮動體，仍然由王教授吸納補苴，新舊泯合，這才有「法師定稿」。

這是聞名已久的「集體創作」，現在十位執筆人第一次有了實際經驗，寫出可能是當代佛門第一部集體編寫的傳記。全傳能依照傳主的意願，在一年之內完成，充分彰顯了「集體創作」的優點。用佛門的話來說，每人寫作時都放下了「我執」，執筆人接受互相補充，互相修改，所有的執筆人又接受王教授的事先布局和事後補強，王教授並未預設立場，他完全從技術觀點幫助寫作。而最後付印的文本仍然要由妙峰法師審定，在原稿每一章上簽字再拿出來，這畢竟是他的傳記。

如果天從人願，這會是一本文學性的傳記，有敬意而無諛詞，有主觀而無成見，用平視的角度，描述一個有志青年，在動亂艱難的時代中勇往直前，行者至而為者成，足以廉頑立懦。這是一本人間化的法師傳記，沒有強調妙峰長老「只應天上有」，希望矯正世俗的某種錯覺，發現自己與出家人原是同根生，也是同路人，靈山不遠，彼岸可渡。這本傳記應該也能邀史家一顧，有些事件因妙峰法師的經歷而照明，有些訛傳在妙峰法師這位當事人的自述中訂正。依照佛門信仰，編寫這本傳記也是一樁功德。

稿成，不敢居功，但願無大過，敬請大德方家賜正。

九九讀書會敬識

附錄

附錄一

妙峰法師傳記大事年表

一九二五年　一歲

• 農曆十一月十七日出生於廣東省湛江市遂溪縣太平鎮仙鳳村。是日為阿彌陀佛聖誕。

• 俗家姓陳，父陳家和，母周琪瑛，母親皈依上林寺宗和法師，法名法義。大哥安基，二哥安尚，還有一位姐姐，法師為老么，學名文哲。

一九三一年　七歲

• 九月十八日，日本軍隊侵占中國東北各省，史稱「九一八事變」或瀋陽事變。

• 農曆十一月十七日，法師隨母親參加上林寺彌陀聖誕法會，自動要求留寺出家，法名雲珠。

一九三五年　十一歲

• 受上林寺住持宗和法師剃度。

一九三六年　十二歲

• 西安事變發生。

一九三七年　十三歲
•盧溝橋事變發生，抗戰開始。
一九三八年　十四歲
•十二月七日，日本軍隊侵占廣州。戰線延長，日本陸軍推進，空軍轟炸遂溪。
一九四〇年　十六歲
•在湛江市清涼寺受具足戒。
•海仁法師離香港到湛江避難，妙峰法師有緣親近，得益甚多。
一九四一年　十七歲
•七月，日本與法國簽訂「廣州灣共同防衛協定」，派兵進入湛江。美國空軍轟炸遂溪。
•十二月七日，珍珠港事件爆發。
•十二月二十五日，香港英軍投降，日軍占領香港。
一九四二年　十八歲
•入真如精舍親近海仁法師、遂如長老。學《楞嚴經》。
一九四五年　二十一歲
•八月十五日，日本宣布無條件投降，抗戰勝利。
一九四六年　二十二歲
•九月赴廣州六榕寺，親近虛雲老和尚。
•十一月，美國馬歇爾元帥調停國共衝突失敗回美，內戰擴大。
•隨巨贊法師赴香港轉上海，入靜安佛學院受教，親近太虛法師。
一九四七年　二十三歲
•三月十七日，太虛法師圓寂。
•冬，妙峰法師患病，回廣東新會調養。

一九四八年　二十四歲

•春，入杭州武林佛學院受教。

•十月，慈航法師到達台灣圓光寺，十一月台灣佛學院開課。

•十二月，內戰戰事迫近，妙峰重返上海靜安佛學院。

一九四九年　二十五歲

•二月十三日，由上海到達台灣，進圓光寺台灣佛學院，親近慈航法師。

•四月，慈航法師函召妙峰法師轉學基隆靈泉佛學院

•妙峰患傷寒重症，移汐止靜修院休養。

•六月一日，圓光寺佛學院停辦，慈航法師到新竹靈隱寺創辦佛學院。

•六月十九日，慈航師生十三人被台灣治安機關逮捕，中壢圓光寺學僧多人亦被捕，妙峰在汐止養病倖免。

•十八天後慈航師生交保釋放，妙峰到汐止探望，與淨海法師一同被捕。釋放後，妙峰陪侍慈航法師入山躲避，流離光明寺、八堵寶明寺、基隆靈泉寺藏身。

•風波平息，慈航法師返汐止駐錫靜修院，妙峰返回圓光寺自修。

一九五〇年　二十六歲

•八月十六日，慈航法師在汐止創建之彌勒內院開課，妙峰入學進修。

一九五三年　二十九歲

•到新竹靈隱寺掛單，進修日文，入台灣佛教講習會聽經，為演培法師講「俱舍論」做紀錄。

一九五四年　三十歲
- 九月，印順導師創建福嚴精舍落成，妙峰參與落成典禮，當天負責照顧功德箱香油收入。

一九五七年　三十三歲
- 五月六日，慈航法師圓寂。妙峰回汐止參加治喪。
- 年底回新竹靈隱寺佛法講習會，進入福嚴精舍常住學習。
- 九月六日，女眾佛學院在一同寺開學，印順導師任院長，演培法師為副院長，妙峰為教務主任。

一九六〇年　三十六歲
- 慧日講堂成立，印順導師創辦，印海當家、常覺負責文化弘傳、妙峰任教務工作。

一九六二年　三十八歲
- 三月四日，受美洲佛教會邀請赴美弘法，經夏威夷抵舊金山。

一九六三年　三十九歲
- 一月二十三日，受美國佛教會邀請到紐約弘法。
- 四月八日，在紐約唐人街創辦中華佛教會，創建法王寺。
- 十月，中華佛教會遷唐人街堅尼路，正式對外開放。

一九七三年　四十九歲
- 一月，印順導師訪美，妙峰法師參與接待。
- 六月，中華佛教會和法王寺遷堅尼路二四五號新址，舉行開幕典禮。
- 成立慈航學校，分成人班和兒童班，課程豐富。

一九七五年　五十一歲
- 六月，為保護寺產，法師帶領一連串請願活動，最後成功。

一九七六年　五十二歲

•十二月十二日，法王寺供奉全美最大玉佛開光，對社區增加心理輔導、醫療顧問、促進家庭和諧、培養讀書風氣等服務項目。並設青年活動中心，引領青年向上。

一九七七年　五十三歲

•創建金佛山松林寺。

•美國總統卡特籌劃競選連任，二月二十一日，紐約亞裔領袖舉行盛大募款餐會，卡特夫人出席。法師應邀主持餐前祈禱。

一九八〇年　五十六歲

•五月二十一日，美京華盛頓希爾頓大酒店舉行第一屆美國民主黨全國亞裔領袖會議，法師受邀出席。二十二日晚餐會卡特總統致詞前，法師以佛教儀式祈禱。

•白宮邀法師參觀並款待早餐。

•十月二十日，卡特總統訪問紐約唐人街，僑界菁英設宴歡迎，州市官員齊集。法師主持祈禱儀式。

一九八一年　五十七歲

•十一月十七日，參加紐約中華公所舉辦之「中國大陸探親團」，至北京、南京、上海、杭州、蘇州、桂林、廣州各地訪問佛教界人士。在政府單位安排下得晤故鄉猶存之親人。

•上書鄧小平，要求發還軍方占用之廣州六榕寺。得到批准。（後來各地寺廟援例作同樣要求，一一實現。）

一九九三年	六十九歲	•法師捐款重建六榕寺大殿，佛像安座重光。 •捐款修復湛江上林寺大殿。 •創建紐約慈航精舍，五月啟用及安佛大典，八月八日落成典禮，仁俊長老為觀音聖像開光，妙峰法師致開幕詞，賀客千人。 •慈航月刊發刊，請印順導師擔任名譽發行人。 •慈航學校遷法拉盛，改稱慈航中文學校，專收兒童。
一九九四年	七十歲	•六月，率先捐款呼籲各界救助華南粵桂湘贛四省水災。
一九九六年	七十二歲	•返台灣新竹成立慈航佛學社，桃園成立慈航精舍。
一九九七年	七十三歲	•十一月二日金佛山松林寺觀音寶殿破土暨迎觀音大佛大典。
一九九九年	七十五歲	•九月，台灣發生大地震造成嚴重災害，法師為救災捐款募款。 •十二月，法師創辦之新竹慈航佛學社遷入桃縣蘆竹新址。
二〇〇一年	七十七歲	•九月十一日，國際恐怖分子襲擊紐約世界貿易中心大樓，造成重大傷亡，法師在第一時間譴責暴力，安撫人心，一連三天舉行盛大法會，超度亡魂，發揮力量安定社區。
二〇〇三年	七十九歲	•三月二十一日，廣州六榕寺住持雲峰法師圓寂，法師前往參加治喪。 •六月二十八日創設印順導師圖書館，舉行揭幕典禮，文化界重要人士皆出席致賀。

二〇〇四年　八十歲

•十二月，南亞大地震引發海嘯，十國受到嚴重災害，法師捐款募款，並舉行超度法會。

二〇〇五年　八十一歲

•六月四日印順導師示寂，六月七日法師飛抵台北參加治喪。

•六月八日印公導師荼毗大典。六月十二日導師舍利骨灰奉安入塔。

二〇〇七年　八十三歲

•佛教界大護法沈家楨居士往生，法師參與治喪，擔任副主任委員。

二〇〇八年　八十四歲

•五月，四川發生大地震，災情嚴重，法師捐款募款致力救災。

•十一月，祖庭湛江楞嚴寺重修觀音殿，法師應邀撰寫楹聯，並主持落成及開光典禮。

•法師捐款興建之「妙峰希望小學」落成，法師主持落成典禮。重訪上林寺，並與故鄉親友相聚。

附錄二

訪問李定博士

妙峰法師的弟子群中有許多科學家，李定博士是很受注意的一人。據中文媒體介紹，李博士的專門學問稱為「計算聲學」，它是「以超級電腦為工具，綜合應用數學和物理學計算海洋聲波的傳播」，屬於攸關軍事機密的尖端科學，而他是此一範疇內的頂尖人物，美國國防部海軍研究所聘為最高榮譽「學座」。他的十四種專門著作，有百所大學相關科系和研究所用為教材或指定參考書。

李定，江蘇如皋人，小學在家鄉上學，中學時轉到上海，其後進入上海交通大學，一九四九年到台灣，一九五三年到美國留學，主修數學，畢業後，進入美國原子能委員會工作，以其「計算聲學」的專才，被美國政府延攬進入國防部海軍聲學研究所工作。在海軍單位服務期間，美國政府堅持不准他離開美國本土，因為他研究的是極為精密的國防機密。直到一九九二年，他才得以回到台灣，但還是不准赴共產國家訪問。一九九六年，獲邀到台灣大學擔任短期的客座。他說：「能用母語講學，那感覺真好！」

李博士於一九九九年提出退休申請，仍然被服務單位指派工作，繼續研究「計算聲學」五年，這一年，李定博士年高七十七。不過，研究的熱忱與毅力，一如年輕時候的他。解禁之後，他到杭州、北京講學，所到之處，備受推崇。他的十四本學術著作，說明了其論點在學術界如磐石般的穩固。有一次，李博士應邀到杭州大學講學，他攜帶了自己出版的書籍，奇怪的是，台下聽眾人手一冊，他百思不解，「這書，並沒有在大陸出版過，為何人各一本？」他向大學生們尋求答案，原來個個手捧的是影印本。他的學術成就，使他獲得耶魯大學推薦而贏得亞洲名人獎的殊榮，這個獎項在希臘雅典頒發。

妙峰法師喜歡談李定，李博士結婚的時候，妙峰法師主持佛化婚禮，這是法師主持的第一次婚禮，凡「第一」都有特別的意義。何況當年李博士和新娘薛錦綿風華正茂，如金童玉女，羨煞多少男少女。李博士也愛提當年的婚嫁之緣，他們的美滿因緣由佛緣開始，透過妙峰法師的加持，人間天上，天上人間，夫妻相敬如賓，執子之手，走過半個世紀，如今白首偕老，伉儷康健又情深，在陽光明媚的佛羅里達，形影相隨，共賞日落美景。

李博士回憶當年的情景，先從佛緣說起。李定的祖父早就是虔誠的佛教徒，祖厝設有佛堂，祖母晨昏頂禮拜佛，祈求家裡平安，善根出於家傳。祖父祖母影響了兒子，也就是李定的父親李濟華。父親本來從事政治活動，追隨孫中山，熱衷革命，經歷過一番夢幻，在迷惘的年代，先是彳亍於十字路口，然後是果決的掉頭，放下一切，遠離塵煙，求得心境清澈澄明，顯示了佛家的智慧。父親的思想行為、宗教理念，帶進了家庭生活。當李定還在幼年時期，父親就灌輸以佛學精義，時時對家中的獨子李定隨緣啟發，尤其強調「為人要正，待人以誠，助人為樂，努力上進」。李老太爺教子向佛是從做人說起，契合「人成即佛成」的精神，後來皈依提倡「生活禪」的妙峰法師，這或者也是夙因。

李博士說，他原是想邀請陳立夫先生為證婚人，這位陳先生在民國史上赫赫有名，民間有「蔣家天下陳家黨」之說，即是指陳立夫弟兄倆。陳立夫是父親李濟華的好友，同為民國初年的革命志士。

李濟華青年時期，自江蘇南通的陸軍測量學校畢業後，正值國內有識之士風起雲湧，掀起推翻帝制浪潮，鼓吹實行民主憲政，李濟華投入國民黨，與黃興、陳立夫時相往來，有一段時間過從甚密。革命雖說是大割大捨，無私無我，革命黨人仍有不可告人的明爭暗鬥，使李濟華常常覺得失望。即在此時，國民黨內的巨星宋教仁突被暗殺，舉國震驚。這位李家老太爺感歎時局詭譎，想到佛家所言的「無常」、「放下」，於是在眾口爭辯黑白是非的時候毅然引退，回家鄉入廟讀經。

明白了佛教精義是度化眾生，佛門子弟應該善用資源，廣作布施。李濟華組織了菩提社，方便如皋鄉親近佛、學佛。接著，又創辦了縣立如皋醫院，如有貧窮病患，減免醫療費用。他常說助人，行好事，才是菩薩精神。行菩薩道，才會心安心定。「我就是在如皋醫院出生的。」李定說，「父親從為我接生的護士懷中看到我，知道是一個健康寶寶，十分欣慰。」李濟華著實心底歡喜，這一來，心定了，於是，就取單名為「定」。李定就這樣在佛陀的保佑下踏上了人生的初航，接著，一步步穩健地鋪展了人生旅途。

為了堅定佛教要在李家代代相傳，李定出生未滿一歲就皈依了，李博士笑著說：「我皈依得很早，從不懂事時就皈依佛教，不知道在哪座寺皈依，也不知是哪位法師為我行皈依儀式。」在佛教的世界裡，李定比他人提早「入學」，而且「求學」從未斷。七歲時，母親離世，進門的繼母和父親一樣，同為普陀山印光法師的弟子。父親早晚念經，幼小的李定默念佛號。「父母親常年茹素，我雖不是絕對的素食者，但素食已成習慣，素食機會多過葷食。」

李定在上海受教育階段，父親在上海玉佛寺負責行政工作多年。李濟華居士沒有忘記宣揚佛教，在上海虹口成立菩提社。「我的中學時期以及在交通大學讀書時，常常跟在父親左右，他燒香念經，我念佛號。」李定最懷念那一段父子相處相依的日子。他知道父親很忙，忙於講解《心經》，忙於處理佛堂事務。但是，沒有忽略對獨子的期待。父親經常提示的是：認真行善，不做壞事，努力上進。

父訓永記於心。在交大時，李定靠全額獎學金畢業。在美求學時，勤奮不懈，冀求名列前茅。在美國政府機關做事，專心致志，任勞任怨，終能出類拔萃。

李定靠自己的努力，打造個人光明的前程；然而，時局的演變，就非他所能掌控了。盧溝橋事變發生，移居上海避難；中日戰爭之後，再遇上國共纏鬥。一九四九年五月，李定隨政府到台灣，父親留在中國大陸，音訊完全斷絕。此時，親情的牽掛，始終心難平靜。感恩菩薩保佑，兩年後，李定在香港與輾轉而到的父親會合，決定今生今世要讓父親過好日子。為了嚮往更高的學術境界，追求更理想的人生。辭別父親隻身到美國求學。在美國認識秀外慧中、才學出眾的薛錦綿。李定認定薛錦綿就是夢寐以求的對象，她會是自己最需要的「牽手」。到他要結婚的時候，打算禮請父親的好友陳立夫為證婚人，也是為了讓父親高興。

那時，李濟華主持台北佛教蓮友念佛團，經常出入寺廟，認識了李定未婚妻薛錦綿的母親吳徽女士，她是某寺的護法。吳女士仁慈又熱心，人緣很好，頗得師兄師姐們的尊敬。李府吳府，結為親家，雙方討論兒女婚事，岳母大人提出，她有一位德高望重的法師，為人誠懇、謙遜又有學問，是十分難得的高僧。她相信由這位高僧證婚，舉行佛化婚禮，是兩家人的福氣，兒女一定很有福報。

這位德高望重的法師是誰？當女方說出正是妙峰法師時，男方拊掌同意，原來李濟華早就崇敬妙峰法師。他尊重吳女士的提議，非常同意她的看法。更深一層的意義是，李老太爺既是有道的居士，內心又何嘗要追逐浮世一時的浮華？兒娶女嫁，佛陀見證加持，當然更讓他心安理得。於是，順理成章，李定與薛錦綿成為妙峰法師第一對福證的新人。

時間定於一九六四年三月七日。地點就在今日紐約的四十二街凱悅大酒店 HyettRegincyHotel，當時名叫 CommondoleHotel，是全紐約最為高尚的頂級喜慶場所。這一對令人稱羨的郎才女貌，果然成為華人盛事，學術界的菁英，絡繹於途前來道賀。這場佛化婚禮莊嚴隆重，不但具有深厚的宗教意義，也深具傳統的文化特色，使中外嘉賓大開眼界，頻頻讚賞這一對人間佳偶，不斷投以「只羨鴛鴦不羨仙」的眼神。李濟華居士老懷彌慰，欣慰於獨子不負所望，有學術的成就，更迎娶學有專精的執照會計師入門，使得單薄的家庭，人口興旺可期；女方則以女兒慧眼覓得佳婿為榮；思想開通，文路清晰，飽讀佛學經書的妙峰法師，抓緊良機，不但祝福新人互敬互愛百年好合，而且即時述說佛教經典故事，講解淺顯的經文，趁機宣揚人間佛教。

自從依止妙峰法師，李定博士的週末休閒，幾乎都與佛教活動有關。婚前，常與未婚妻拜訪妙峰師父，新婚之初，住在紐澤西州，週末一定到中國城的法王寺一行。之後，工作的原因，儘管遷至賓州費城、巴爾的摩，依然與師父常有聯繫，遇有法會，更不缺席。師父總是殷殷垂詢工作狀況，每當李定報告研究成果獲得上級及有關方面賞識時，師父就流露出無限的快慰，然後，勉勵李定要再接再厲，為華人爭光。

李博士憶述，當時他在康州的美國海軍聲學研究所當高級音波工程師，一方面在耶魯大學進行研究工作，夫人薛錦綿是領有執照的會計師，夫婦決定在康乃狄克州定居，在華人移民中，他們是成功的典範。這時，慈航精舍已在法拉盛設立，他們平日各忙各的，週末假日就驅車往紐約的慈航精舍，當面請益佛法，親聽法師的開示，與師兄、師姐同沐如春風般的佛光普照世界。然後帶著無限滿足離去，在回程的路途，夫婦倆回想師父所言，總覺得餘味無窮，頗具深義。他們並未因「成功」沉溺於名利追逐之中，這樣注重心靈的滿足，他們的心靈也如此豐富，如此超脫，更令人讚歎。

李定博士對於佛教有他獨特的修行方式。學佛、近佛、禮佛，都要自自然然，以平常心對待。他沒有天天捧著經書念佛，沒有日日手提佛家念珠。在美國生活五十多年，李博士嫻熟美國式的幽默，自我調侃地說：「修行修行，我是有『修』而無『行』，實在不『行』；但，我有『修』養，有好品『行』、好德『行』，因此也算有『修行』。」他總覺得，佛教的精神，彷彿自幼就在他身體裡流動，沒有負擔，沒有壓力。因為佛就在心中。自小跟著母親到廟裡拜拜，知道父親在寺院講解《金剛經》，他就知道佛教是什麼。從來不曾刻意去經營如何將佛教的修行導進家庭生活，因為一切都應該被視為當然。

李定在佛州自家門前供奉一尊釋迦牟尼佛像；進入家門，屋裡有兩幅字畫，一是「八指頭陀句」，另一是《般若波羅蜜多心經》，都是妙峰法師親筆書寫的。每當外出工作，看到門口莊嚴的佛像，就會提醒自己是佛門子弟，該如何以嚴謹的態度從事科學研究；回到家中，仰讀壁上師父的字畫，如同佇立師父身旁，領受師父的厚愛、指導和鼓勵。

他是一個崇尚自然，絕不矯情，隨遇而安的佛教徒科學家。

科學家如何看待佛教？李定博士答得很乾脆明朗。他說：「那是毫不相干的兩個世界，科學講求數據，我研究的數學聲學是相當相當的精密，差之毫釐，失之千萬里。反觀佛教，是宗教，是玄學，它有不可破解的能量，無法解釋的力量，但無法以數據表達。」在他看來，科學和宗教兩者各有領域，互不相犯，同為人類所需要。但是，進入佛教世界，他個人的心得是，學佛使人專注。學會「專注」，有助於研究成果的產出，成果如無效，不能為世人採用，就當作「行善」。如果有效，那就是「益眾生」了。

佛教對於人生有何好處？

「有！當然有！」李博士肯定地說。他說出他的人生奇遇。

一九四九年，中國內戰末期，共軍攻上海，國軍不守，他登上一艘自上海開往台灣的船，這時共軍的砲兵封鎖了出海口，砲彈一再落在船側附近爆炸，他在輪船駕駛台邊，那是全船最危險的地方，他只能默誦佛號，無處躲閃，居然在硝煙彌漫破片亂飛之際，髮膚無傷，安抵目的地。他說，這除了菩薩保佑，實在難以解釋。

輪船抵達高雄碼頭，看來劫難過去，化險為夷，誰料轟然一聲巨響，一艘載運軍火的鄰船大爆炸，砲彈碎片無情亂射，這一回，李定被震得頭昏眼花，不知身在何處，也不知經過多久，悠悠轉醒，原來跌落在十層樓落差的貨艙裡，貨艙滿載糖包，他正端坐在滿坑滿谷的糖袋上，除了心有餘悸，依然手腳靈活。

佛陀的保佑尚未完了。有驚無險的他，一心一意想爬出貨倉，準備上岸。不料，腳程慢了一步，船身一陣搖晃，人掉落水中，竟是大輪船慢慢啟動了。心一急，如何是好？急中生智，看到船舷垂吊著一截粗索，緊緊抓住九死一生的機會，口中直念：「阿彌陀佛，菩薩救我！」李定相信，一定是歷代祖上及家人虔信佛教，認真拜佛，觀音大士才聽到呼喚，聞聲救他的命。他被一名水手發現，將他救了起來。

一九五二年二月二十四日，李濟華居士在台北蓮友團，一如往常講經，中途略作休息，然後打坐。在打坐中，李居士往生西方，沒有病痛的苦楚，沒有醫療的折磨，就佛家而言，無災無難到西方，這是福報，是佛陀保佑，是多年行善修得的正果。

李定知道多年以來，妙峰法師內修外弘俱有大成，法緣日多，法譽日隆，弘法的領域也日廣，深得眾人讚仰。佛教徒增多，去惡行善的人增多，社會的和諧也日益增加，他歸功於佛陀慈悲。

一個嚴肅的科學家也有「游於藝」的一面。資料顯示，李定在康州主辦「國際計算聲學學術研討會」的時候，曾在晚會上表演脫口笑話、魔術，還演出他編導的笑劇。他的夫人主持晚會，還模仿男高音帕華洛帝和貓王普里斯萊唱歌，滿座傾倒。由此可以推想他的家庭生活多采多姿。

李博士現在是佛羅里達州居民，年事已高。常言道「高官不如高壽，高壽不如高興」，李氏伉儷正是高興和高壽俱全。他有兩個兒子，他對於子孫的教誨，仍然是父親交代過的話：「為人要正，待人以誠，助人為樂，努力上進。最重要的，要身體力行。」

附錄三

訪問邱紀良教授

「生命隨時可以結束，現在，只做有意義的事。」這是他的信念：無常。

追隨妙峰法師多年，加上對佛經的了解，使得清華大學教授邱紀良居士，深深地體會生命的無常，生老病死的不可免。

五十五歲時，邱教授毅然辦理退休，退休的重要原因之一是為探究佛法。有人認為退休得太早，他接受訪問時說：「退休，不會後悔；後悔的是，學佛太晚。」他原預估自己尚有二十五年的生命，因為看見一位正接受化療的年輕癌症患者，為了維持生命，每天十分認真地練氣功，惻隱之心，驅使邱紀良佛前懇求，願折陽壽兩年，幫助這個病患，好讓她多陪陪三個年幼子女。現在只餘二十三年。他知道佛家並沒有鼓勵「移壽」他人，但他一廂情願的想法是，只要我佛法精進，少活兩年，換取三個娃兒，擁有母親陪伴成長，多麼有意義啊！何況救世救難的地藏王菩薩也曾發宏願，「地獄不空，誓不成佛」。我不入地獄，誰入地獄？

遺憾的是，她還是在一年後往生。印證於妙峰法師曾經說過，「因緣福報，各有春秋」，正是這個道理。「原來個人的力量是有限的。我應該用平常心看待。」

幸遇高僧名師　只恨學佛太遲

「四十五歲皈依佛門，太遲了；因此，我需要在有限的時日裡趕緊修習佛法。」有點兒懊惱年輕的歲月裡，多次錯過佛緣。求學、服役、出國留學、回國教書，忙忙碌碌。不是沒想過好好學佛，也十分嚮往禪定世界，但是，紅塵萬丈，人海茫茫，始終漂泊。直到一九九七年，遇見妙峰法師，一場開示，如沐春風。再次見面，皈依法師座下，成為佛門弟子。漂浮的心才有了錠錨。

邱居士記得那是在新竹如聞素心齋的聚會，談的是『生活禪』，「老實說，我並不太了解師父所說的全部內容，那時我還是佛門外的旁聽生。同屬社團的邱月鳳告訴我，一位美國來的法師將於星期六的中午，在新竹有一場開示。我想知道一些禪的道理，依址前往，一進會場，全是陌生面孔，孤獨的我，默默的選個角落坐下，邱月鳳並沒有來。從會場聽眾的互動，顯然與演講者都有或多或少的淵源，我獨例外。

演講完畢，接受聽眾問詢。妙峰法師居然發現了我，他說注意到一位新來的，並且要我講話，已經忘記了當天我說了些什麼。只記得回到家的第一件事，便打電話問邱姐，為什麼她自己不去？她說沒時間去，是佛門師姐林怡足傳給她的訊息。如今回想，因緣，實在是很奇妙的，師姐林怡足原是要度邱月鳳入佛門，結果被引進入佛門是我，我獲得福報！」

提起妙峰法師，邱紀良只有滿心歡喜，無限的感激。在一九九九年，有過再一次的特殊因緣。那一年，妙峰法師又從美國歸來，桃園蘆竹鄉的慈航會舘，有佛像開光大典，朋友相約，欣然前往，原來參加者也為妙峰法師七十祝壽，而且還舉行皈依法會。當下試探祈求皈依，竟然獲准，真是喜出望外。那一天，他還有一個沒敢公開的驚喜。那一天，農曆十一月十七日，是妙峰法師的生日，也正是邱紀良自己的生日。更是佛陀的聖誕日。彷彿冥冥之中，註定要追隨妙峰法師，向佛陀求取智慧。

邱居士說，他常想，一個平平凡凡的世俗人，能蒙師父納為佛門子弟，豈能不珍惜？因此，皈依之後，謹記師父的教誨，每日勤讀佛經，遇有迷惑，則隔海求教。妙峰法師不但耐心解釋，而且多加鼓勵。邱紀良一到美國，一定拜見妙峰法師，妙峰法師也會安排演講。第一次演講時，邱紀良有點為難，然而，這是師父賜予的磨練，還好，自修佛經已成習慣，才經得起不備而來的考驗。

師父相信邱紀良可以用文字度化更多的人。因此，師父的「要求」更多。不只是「講」而已，師父還要他「寫」。其實，這是師父在度化他，為他灌頂加持。他心裡明白。

譯白話經書　分送有緣人

關於「寫」，邱紀良將《金剛經》、《維摩詰經》從英文翻譯成淺顯易懂的中文，他之所以從事翻譯的工作，是感於一個中國文字，有多種不同的意思，導致相同的佛經經文，產生不同的解釋。例如：「法非法，非非法」、「眾生相、壽者相」，由於各家解讀不一，令人難以完全了解真義。因此邱紀良從哈佛大學出版的英文版本，再三研究、對照，以淺顯的白話寫出《金剛經白話版》、《維摩詰經白話版》，自費印刷，分送親友，慈航佛學社至今留存。慈航佛學社是由台積電董事長張忠謀的祕書魏錫燕與夫婿李唯尊共同發起創設的，由妙峰法師擔任主持人，至今定期舉辦傳揚佛教、修習佛法的活動，並且出版佛學刊物。聚會研修之際，彼此交換心得，邱紀良也樂意將他最常研究的《金剛經》和《維摩詰經》的看法與師兄、師姐分享。

《金剛經》是佛陀與長老須菩提等講述諸法，空無相、不住相、無我相、人相、眾生相、壽者相，乃至一切法不可說、不可得。菩薩修行，應遠離諸相，不應住色生心，應於無住而生其心。《金剛經》

最廣為傳送的精髓是：「一切有為法，如夢幻泡影，如露亦如電，應作如是觀。」偈文的意思是告訴人們世界上的一切事物全都虛幻不實，所以不必執著或留戀。

而《維摩詰經》共有十四品三卷，是大乘佛教聖典中的至寶。它包含基本佛法，卻又超越基本佛法。既入世於人間，又將人提升到佛的層次。經中所提到的佛、菩薩、天人、阿羅漢等，都以人性化的型態出現。不以說教、思辨型態的方式表達，而以文學的方式敘述故事。經中特別強調：眾生和佛並非存在於兩個截然不同的世界，是在同一環境中並存著佛和眾生。以佛心看，眾生界皆同佛界；以眾生心看，佛界亦不過是眾生世界；以執著心和煩惱心看，此世界乃眾生的五濁惡世；以智慧心和慈悲心看，此世界乃佛國淨土。濁世與淨土、眾生和佛、煩惱與智慧，並非絕對兩相對立，卻是一而二，二而一的不二法門。例如，鼓勵在家居士，修學清淨莊嚴的菩薩道，而未忽略出家比丘的清淨律儀；鼓勵菩薩宜入世，宜處於群眾中，但又主張離欲不貪著。

邱紀良居士說，歷經五年，個人對於《金剛經》與《維摩詰經》都已有新的認知和體會，正想要重新整理、印刷，與有緣人分享再深層探索的心得。邱紀良教授以學術研究的精神，優游於佛法精義的追求，自是得心應手，然而，學術中人，謙沖為懷。他回憶當年說：「那時，師父要我為《慈航月刊》寫些短文，我又為難。師父說，那是法施。法施對別人很重要。」

法施眾人　脫皮一層

「法施」是佛法中六度萬行之首的「布施」之一。「布施」有法施、財施、無畏施。『法施』是傳授者或施予者，以一句話、一首歌、一幅畫、一個景或一個故事，開啟聽者的智慧、德性，助其了解真相與真理。佛教裡的記載：世尊拈花微笑，傳授如來正法給摩訶迦葉尊者時曾說過：沒有任何局限的方式，不執著於表相修行，皆是如來正法的傳授者。而世尊四十九年的傳授度人，其一言一行，均為修行者，在作法施的表率。

如果要進一步地說，法施的傳授者，不能將自己自以為是的想法與觀念，強加入法施的範圍裡，否則即失去原意。從妙峰法師的教誨裡，深知法施在布施中，排名第一，但也要小心謹慎，不可誤導民眾。

關於師父要他寫文『法施』，邱紀良猶記得當時的感受。「這是苦差事，我又不是那個料，哪裡敢說我寫的東西是『法施』？但，寫，是妙峰法師的『命令』，只有硬著頭皮、絞盡腦汁去寫些東西。那是我對自己『法施』——開啟智慧，思索佛教真理。因為每次書寫的前後，必須審思再三，似乎都磨去自己一層皮。」

為什麼說是磨去自己一層皮？邱紀良述說原由：我投去《慈航月刊》的短文，原來都希望先經師父改正我的錯誤以後再登出，但是好像都沒啥改動即登出。我知道，這並不是代表我的文章內容正確無誤，或是師父偷懶，而是我的文章，只是我個人學習報告的另一種形式的呈現。既是報告，只顯示相對的程度，供人參考而已，故不要求絕對的正確，只要沒有很大的錯誤，即可通過刊出。然而，越是這樣，我必須愈是小心，愈是自我要求。所以說：「每次投稿，我都自己磨去一層皮。」

話雖如此，自二〇〇〇年十一月至二〇〇八年十一月，邱居士還是陸陸續續在《慈航月刊》發表了一些文章。包括：〈話禪——外行人看咒語〉、〈《金剛經》的朴睞思譯文與鳩摩羅什譯文的比較〉、〈維摩詰的教導〉（英譯中）、〈學佛十五年〉、〈無我〉、〈蝴蝶〉、〈死亡〉等。由於一層層的磨皮，邱紀良說：「在思想上故而得以進步。對這苦差事，我感恩得很。因為是苦盡甘來啊！」這甘泉是得自於妙峰師父的鑿引，豈能不飲水思源呢？

開通、自由、不拘泥的法師

從一九九七年初遇師父，至今整整十二年，邱紀良覺得每一次師父的開示，對他都有所啟迪。邱紀良說：「是因為師父談話中予人日暖風和的感覺。和他談話，覺得親切得很。他沒有把佛法及長老的名號當成高高在上、尊貴得使人覺得可望不可及，而是在喜悅、慈愛中令人自然感化，拜在座下，對佛法的真義及修行在無言語中自自然然而有所明瞭。」

妙峰法師講「生活禪」時，殷殷教誨的是：佛家子弟，要勤修持。讀《金剛經》要修禪定，重禮佛。不論什麼法門，行住坐臥，待人接物，分分秒秒，不離禪。修持，使人心情平靜；禪定，使人心生快樂；禮佛，使人遠離災難。除了要求弟子，認真學佛，身體力行之外，而他最佩服的是，妙峰師父的開通和自由的思想。

開通和自由的思想在佛教界似乎是很難得的。這給邱紀良有非常深的感觸。他讚歎道：「師父除了溫文儒雅，就是自由自在，不需拘泥。是真正的禪者風範。」

舉例說：十年前我將英文的《金剛經》與《維摩詰經》翻成白話。有意付梓。不為別的，只是做教授的習慣，覺得這是一條對我有益的路子，應該讓別人也有機會知道。說不定誰看了我翻譯的白話版就能獲益。誰若看了不喜歡，放下書無妨。有利無弊，於是決定做了。哪裡知道，即使只是這樣的心意，學佛的朋友立刻阻止，說：「不能這麼做。沒聽過『離經一字，即是魔說』？佛經一個字都不能動！」他堅決的態度令人訝異。對於「離經一字，即是魔說」那句話，邱居士所理解的意思是：「你對人說的法，不能偏離佛說的真理，否則與魔說無異。」「一個字都不能改動」？文字只是傳達意思的工具啊！讀佛經重在理解精義，而不是盯住表象的文字，看住文字的人，不論他誦讀了多少遍

《金剛經》，早已死在文字上，永遠不能理解《金剛經》。經裡不是說：『法尚應捨，何況非法？』那個說「一個字都不能改動」的人，連這句話都不能真實體會。這樣的人是不適合在禪宗裡學習的。邱居士說：「我有時會這樣想。」

「雖然我知道我那朋友是錯的，但是周遭那樣的人還真多。他們的觀念還都是一些法師教的。所以我決定不正式出版，只印了《金剛經白話版》和《金剛經故事》各一千本，隨緣送人。其間盡量避免送予出家人，以免混淆了他們過往的所學。後來我皈依了妙峰師父。師父知道我為了理解《金剛經》和《維摩詰經》做了這樣的翻譯，不但沒阻止，還鼓勵我送去《慈航月刊》發表。可見在他的境界裡，佛法是多麼自由，而這種自由又是佛法本該具有的，因為我們求的是精義而非文字。」

邱居士稱妙峰法師是明燈，「一盞引領我在佛海裡自由汲取智慧的明燈。有時我蒙受醍醐灌頂的澈悟；有時則是點醒迷津的喜悅。」

「師父的教導是靈活的、隨意的，彷彿處處是教材，時時有禪機。有一次，某位師姐突然問法師：佛教徒以慈悲為懷，不殺生。但蚊子、蟑螂、蒼蠅為害人類，傳染疾病，如何是好？弟子中有人答說，念咒語，『為今日無心被我所傷者念咒』。有人說，要懺悔，『為因我的自保自衛而受傷者懺悔』。聽來極有道理。然而妙峰法師的答覆是：以沒做好環境衛生而反省、懺悔！如果你將環境衛生弄好，何來蚊子與蒼蠅？如果你有足夠的慈悲與智慧，就知道怎樣處理好環境，哪有蚊蠅、蟑螂的問題？這些煩惱全因你而起，所以應該反省、懺悔。妙啊！真是當頭棒喝！為什麼我們只會看『果』，而忽略了追溯其『因』？正本清源之道不是如此嗎？為什麼信眾全都在魔障裡兜轉不出去，而師父卻能輕輕一點就讓我們耳聰目明，豁然開朗？」

「我是在懵懵懂懂中走近佛。小時候，母親天天點燃一炷香，膜拜觀世音菩薩，我常跟隨到寺廟。如有和尚托缽，母親要我供飯；佛誕日，一尊尊的金身佛像遊街，跟著大人持香追趕，合掌膜拜，浴佛節我舀水輕淋佛身。形式上，我乖順聽話，依樣葫蘆；內心裡，完全空白，一無所知。直到遇見妙峰法師，才知道要舀水浴佛的首要思維，是發心成佛，要洗盡自己的貪、瞋、癡，用清淨心以近佛。師父常說的和樂清淨。我在四十多歲方才明白箇中真義，雖歎其來何遲，但仍感恩何其有幸！當一個人在黑暗中，忽然有人點燃一點亮光，那種狂喜絕非他人所能體會。」

「很多不懂的佛門學問，比如說，讀了《凡四訓》，讀《金剛經》、《六祖壇經》，太多的不懂，太多的疑問，自學翻閱佛書，仍然不得其解，經過師父詳細的解釋名詞、以及背景的說明，方才突破根據文字形式上的了解，獲知佛理上的深義。我的求知、問疑有一定的程序，自己再三研讀、思考，搜尋相關資料，依然無法解惑，才請求師父釋疑。有一次，與師父藥石（用膳）後，山間散步，抓住機會，請師父解釋『生忍，法忍，無生忍，無生法忍』，因為這個疑惑存於腦袋已久，久思不得其解，這才向師父請教，師父解釋道：『這就是真理，真理到了頂點，也就不容你生疑心。不疑不懼，就是佛。』學佛，要重修行；讀經，要靠自修。總不能捧著一本經書，求問大師從頭講解吧！如此的自我琢磨，多年的孤舟迷行終於找到了安住的港灣。於是我的小舟，在佛海裡航行得更加自在、自得、更有信心。對於師父，我只有感激教誨，感恩福報。」

「經過多年蒙受的教化，我已十分樂意，將學佛經驗告知他人；學佛體悟和人分享。我懂得不著相，阿羅漢不再是阿羅漢。我，教授也不再是教授。了解了這個道理且身體力行，那麼在生活上，不再我執，可以快樂地工作，與家人相處，也常替對方設想，感覺心寬、和樂、平安、寧靜。」

聽說妙峰法師的傳記要出版，邱居士很高興。「能將師父一生的行誼傳諸後世，讓世人知道這位第一個到美國弘法的大和尚是如何的盡心盡力弘揚佛法，以利眾生。我是因緣殊勝，幸得妙峰法師收為座下弟子。妙峰法師正是我生命中，助我撥雲見日；生活中，解我迷惑的貴人。」

附錄四

訪問楊慶源、蔡惠琦伉儷

師父是磁鐵，吸力超強的磁鐵。雖然去國多年，每一次回國，慈航佛學社顯得興旺了起來，新竹地區佛教氣氛一時熱絡了起來，好像所有的佛學弟子都要緊緊地抓住妙峰師父在台的每一分每一秒。恨不得自己快快變成海綿，為的是及時吸收更多、更精準的佛法。新竹工業科學園區科學研究員楊慶源如此說。

台灣的新竹，是一個很特別的地方，印順法師創立的福嚴佛學院、一同寺，以及斌宗法師設立的法源寺等，均於此播種、發芽，如今，枝繁葉茂，花開遍地，果實纍纍，無以計數的佛學傳人、在家居士、佛門子弟散播在新竹以及新竹以外的大台北地區。除了佛教傳播的歷史淵源之外，由妙峰法師帶領的慈航佛學社的信眾，不少是工作於科學園區，這使得佛教與桃竹地區結緣更深、更密。工研院、交通大學、清華大學的專家學者。如台積電二廠廠長許順良、張忠謀的機要祕書、助理，以及徠德科技公司董事多人，都是護持慈航佛學社的力量。平日，信眾們除忙於各自的生涯工作，也沒有忽略佛法的修持。妙峰法師常駐海外時，弟子們則自行相互切磋佛經，一旦妙峰法師返台，大家凝聚在一起，欣喜聆聽法師的開示與釋疑。如果要說妙峰法師的座下弟子，文化水平高於一般，似乎也不為過。

妙峰法師回國，一刻也不得閒，華梵大學必然延請法師講經。交通大學、清華大學以及科學園區也會安排師父談「生活禪」。妙峰法師的生活禪，以身邊日常事為例，引用佛經要義，讓信眾於諦聽之餘，心領神會，達到很好的效果。當大學工學院院長與一群教授，凝神在座。傾聽、思考、問疑。精密的科學求知精神與神祕難解的宗教氛圍，交融於大講堂之內，彼此碰撞，相互激盪，盪出智慧的火花，使人頭腦更澄明，心靈更清澈，不知不覺，因疑惑獲解，全場充滿快樂與輕鬆，如此感應，臨場者都體驗共享。身心靈俱健康、提升人的品質，正是大師弘揚佛法，以利眾生的初衷，也是佛陀最終的悲願。

楊慶源幼時，住家附近有個海會圖書館，篤信佛教的表姐送他一本《心經》，還沒有完全了解，又接觸《金剛經》、《六祖壇經》，於是不知不覺向佛走近，獨學之外，更轉向寺廟探詢菩提道、廣論。但是，佛學萬般精深，沒人指點的話，猶如沒有指南針的風帆，有時前進順遂，有時原地打轉，渾然不覺，徒然浪費時間與精力。何時才能走出迷陣？何方才是正確的方向？他找不到答案。

談到與妙峰法師的相識，楊慶源，這位科學人說，那真是奇緣，不可思議的奇緣。

新竹科學園區的同事一次聚餐之後，楊慶源想要尋訪仰慕已久的法源寺。法源寺的開山祖師是斌宗法師。斌宗法師早在年輕時，即擁有佛教界相當的地位。出生於台灣的斌宗法師（一九一一—一九五八），是天台宗泰斗，深入法華三昧，幼時往日本，西遊內地遍參知識，學問淵博，強於記憶，戒德莊嚴。當年，斌宗法師的開示總是令人動容，斌宗法師所說的人生八苦：生、老、病、死、怨憎會、愛別離、求不得苦、五陰熾盛，給予學佛的人十分深刻的印象。

聽說法源寺坐落在新竹古奇峰，楊慶源開車尋找，就是遍尋不著。一個人獨自在山間小道尋尋覓覓，正在迷惘之際，一方橫書「宏修禪院」的松木佛額顯現眼前。禪院，禪！正是楊慶源想要解開的謎。如何修禪？怎樣保持禪心？何處找尋禪意？這些就是多年探尋未能明朗的問題。此刻，楊慶源不禁好奇地徘徊於寺外，在四周探看，正在思索，思索真正禪的思想是什麼？什麼是正道的禪的生活。這時，一位比丘尼發現了楊慶源，短短的對話中，比丘尼告訴楊慶源，一位美國回來的、精於禪學的法師，正在宏修禪院掛單。非常不尋常的感應，他要求入寺參訪，說也奇怪，與這位禪師，竟是一見如故，交談之間，心靈契合，萬分投緣。楊慶源博士說：「我覺得法師看透了我的心，說出了我想問的話，我知道眼前的法師正是我要的、我應該追隨的人。」

「換句話說，當我徬徨之際，偏偏妙峰法師像來自天際的佛陀，向我招手，引領我入門。從此增益了我的修為，提升了精神領域的層次。這佛緣，其實是福緣，是福報。究竟是前世種了什麼『因』，才有今世的『果』，這『果』竟是如此豐厚的福報。我感謝那位比丘尼，後來知道是『心德法師』。聽說，心德法師平常幾乎是不與人打招呼的。我與妙峰法師的學佛修禪因緣，是在心德法師的牽引之下因緣具足的。」

記得當時師父是這樣說的：所謂禪，來自於生活，不刻意、不矯飾、不強求。要自由、自在、自得。自然會有「和樂清淨」的感覺，那就是禪的境界。聽經者，如果心淨，易得法種，易種善根。此即佛教所說的，「聞法者喜，近禪者悅」。師父又說：「平常心是道，發菩提心是慈，慈悲心是春風，這就是禪！禪如春風，令人舒暢；禪如春風，無所不在；沒有分別心，眾生平等，這就是禪！」原來禪就在我身邊，禪就在我的日常生活裡。我何苦魯魯莽莽瞎忙瞎撞，追東逐西而一無所獲？師父一席話，似轟頂天雷，如大夢驟醒，驚喜獲至寶。楊慶源博士永遠記得那個黃昏，踏進家門第一句話，就是報喜。

「太太，我找到了師父！」太太蔡惠琦聞言，滿心歡喜，從此兩人共修佛，共修禪。

如今，太太是同修，法名「淨惠」。淨惠從開始至今，就一直負責慈航佛學社的學術組工作。慈航佛學社已出版了妙峰法師的《八大人覺經十四講》、《般若心經的思想及其哲學》。還有《禪地風光》已出版三集，第四、五、六冊正在編纂中。《禪地風光》是以妙峰法師所寫的「禪詩」為導引，引用日常故事，剖析佛教精義，用深入淺出的言語，在沐浴薰風中教化大眾，如何學習佛法，怎樣身體力行。另外，也出版了妙峰法師早年所寫的散文——《慈風文集》上、下冊。以及收印了妙峰法師的墨寶《慈風書法詩集》。妙峰法師用心將佛教、佛經引入生活裡，這就是他所強調的「生活禪」。他是禪師，一位集詩人、書法家與宗教家於一身的佛學瑰寶。

談及妙峰法師，楊博士夫人蔡惠琦也認為是深具意義的因緣。她是鋼琴教師，接觸太極拳之後，以她的慧心智命，在太極拳比賽中，屢屢獲獎。修習佛與禪的她，以佛陀的慈悲心，願將太極拳學習方法與心得與他人分享，於是請示法師。當時妙峰法師送給她一首禪詩，這是法師弘法的得意之作，囑筆者寫在本文之內，與有緣人分享：

菩提大道妙難酬
淨化人心使調柔
拳術欲鉤作引子
崇高佛智當勤求
清涼聖境空靈甚
禪地風光無惡秋
以假修真有亟願
法王座下永離憂

楊慶源蔡淨惠賢伉儷立志以健身拳術接引衆生令入佛智悲願可嘉
故作禪詩讚之賀之

法師告訴她：「太極拳如佛陀，佛陀行醫，自利利他，將太極拳的好處施與他人，也是方便布施。」淨惠居士領受開示之後，潛心研究、思索，用禪的理念修習太極，以難行能行，難忍能忍的菩薩道。以福德與人分享的佛善念，加上弟子規，運用於教學中。有時因任重道遠感到壓力，妙峰法師又送過來禪師一首：「立德立言立事功，勞心勞力福田中；不強心力宜珍惜，方慶春風花滿欉。」果然，潛移默化，頗具成效。她所教的新竹市北門國小的太極拳隊一次又一次的得獎，已成為太極拳比賽的常勝軍。從新竹市北門國小的太極拳隊網站清清楚楚看出自民國九十二年至九十八年間計參加過二十七次比賽，囊括的獎牌琳瑯滿目。

教學相長。同修同心。

新竹市北門國小的太極拳隊在蔡老師的教導下，參加的人愈來愈多，連夫婿楊慶源博士也參與指導，楊慶源博士也是世界太極拳聯盟國際級太極拳教練、中華民國體育總會國家（A）級太極拳教練。是中華民國太極拳總會國家（A）級太極拳裁判。蔡惠琦獲得世界盃、總統盃、全運會太極拳套路金牌。二〇〇九年，新竹市北門國小的太極拳隊榮獲青年盃第一屆全國武術菁英獎佳績。蔡惠琦個人榮獲全國武術菁英獎最佳武術教練金質獎。對於同修的樂於付出，楊慶源也感同身受。心甘情願地給予支援。在新竹市北門國小的太極拳隊網站，大家看到的是光輝閃耀的成績，事實上，楊慶源與淨惠居士心底衷心感激的是妙峰法師的提攜以及佛法的實踐所獲致。

楊慶源說，自從一九九九年依止妙峰法師迄今，自己深深感受到在人生的旅途上，受益無窮。妙峰法師常講解《金剛經》，經中說「過去心不可得，現在心不可得，未來心不可得」，微言妙義，法師以日常語言出之，而他個人在日常生活中實踐力行之。

楊慶源說，他將「三心不可得」的信念，用於工作的處理，用於與家人的相處，覺得無往不利。

他時時惕勵自己，過去的，不必追悔；未來的，尚不可知。而現在呢，瞬間就變成過去。

「妙峰法師的話，時時提醒我『活在當下』，有了時間管理，提高了我的工作效率，減低了工作壓力；在家裡，我懂得慈悲以待；對朋友，我知道要寬容。我相信，假設沒有遇見妙峰法師，我極可能一輩子也不會明瞭其道理，而且身體力行。」

得知妙峰法師的傳記即將出版，楊慶源肯定地說：「一定有助於眾生多修學佛法，有助煩惱眾生離苦得樂，此即為佛法的化世功德，我們都盼望妙峰法師的傳記早日問世。」

附錄五

妙峰法師受邀離美弘法舉要

- 一九九五年三月，妙峰法師應新竹福嚴佛學院真華院長之邀返台講學，歷時三個月。他在工業技術研究學院三天的演講，聽講者均為高學歷、高收入、高職位的大學教授和科學園區的專業知識分子們，座無虛席，反應熱烈。
- 一九九五年十一月中旬，妙峰法師應台灣佛教界邀請，回台宣揚佛法。
- 一九九六年一月至四月法師在台灣：

。帶領工研院、交大、清大教職員同學，到華雨精舍向印順導師拜年。

。主持彰化八卦寺三聖殿落成開光典禮。

。到台中參加聖印法師告別式，擔任公祭讚頌委員。

。在新竹一同寺，為信徒主持佛化婚禮。

。主持台灣慈航佛學院台中分社籌備大會。

。主持新竹一同寺八關齋戒。

- 一九九六年四月廿一日成立新竹慈航佛學社，工業技術研究院、交通大學、清華大學、台灣積體電路製造公司、華邦電子公司、旺宏電子公司及中山科學研究院等學佛同仁發起，法師主持開幕和佛像開光大典。致詞：「莊嚴淨土是天職，地獄未空莫罷休。」

- 一九九六年九月七日抵台弘法：赴台中視察慈航佛學分社裝修狀況，為原村藝術季龍思良畫展陳學明收藏展共同剪綵。
- 一九九六年九月十二日，在新竹慈航學社，主持地藏王菩薩聖誕法會。
- 一九九六年九月十四日至十九日，赴香港弘法。
- 一九九六年九月廿九日，帶領新竹女眾佛學院第一屆學生十八人赴新加坡，為演培法師慶祝八十大壽。
- 一九九六年十月十四日，在台灣新竹一同寺講「成佛之道——大乘不共法章」。然後接連有六次續講。
- 一九九六年十月廿三日，在新竹慈航學社講《八大人覺經》。分十四章講完後出版專書。（詳見本傳第十九章）。
- 一九九六年十月廿七日，在新竹一同寺講「誰是觀世音菩薩的化身」。
- 一九九六年十月，慈航月刊發表，在台灣靈巖山戒壇講「戒德莊嚴」之完結篇，「三寶門中好修行，心淨境淨戒德嚴」。
- 一九九六年十二月，慈航月刊發表，在台灣新竹一同寺八關齋戒法會講「道德的實踐與道德的勇氣」。
- 一九九七年一月十七日，在台北市佛教青年會慧日講堂，教導禪坐並主持生活禪系列開示，講題為「但問耕耘不問收穫」。
- 一九九七年二月十八日，在國立交通大學佛學社生活禪系列講座，第一場講「化寒流為春風」。

- 一九九七年二月廿三日，在新竹一同寺八關齋戒續講「道德的實踐與道德的勇氣」
- 一九九七年三月四日，在交通大學做禪詩系列演講「避風港的寧靜」。同日晚間至台北新北投玉佛寺佛日講堂開示。
- 一九九七年三月六日及七日，在苗栗大湖法雲寺，為佛學院學生開示。
- 一九九七年三月十二日及十九日，在新竹慈航佛學社講《心經》。
- 一九九七年三月十八日，在國立交通大學作「生活禪」系列演講。
- 一九九七年三月廿二日，在慈濟功德會新竹分會講生活禪「不滅的心燈」，並指導禪修。
- 一九九七年四月八日，在國立交通大學講生活禪系列，主題是「淨化身心的美感」。
- 一九九七年四月十二日，在台北佛教青年會講生活禪系列，指導禪修，並舉辦皈依儀式。
- 一九九七年四月廿四日，在南投縣接天寺，為圓覺佛學院學生開示。
- 一九九七年四月廿七日，在一同寺八關齋戒法會開示法要。
- 一九九七年五月十六日，應溫哥華東蓮覺苑苑長賢德法師之聘，擔任教授和尚，為該苑七天的傳戒法會揭幕。法會為全體戒子舉行三皈儀式，傳授五戒、八關齋戒、短期出家，及沙彌和沙彌尼戒。
- 一九九八年一月十七日有台灣之行，在台北地區和高雄地區與多位法師分別晤談，受眾多弟子輪流接待隨緣說法，到台中華雨精舍向印順導師拜年，為華航六七六班機罹難者舉行誦經法會。
- 一九九八年一月卅一日，到寶蓮寺開示，廣心法師率眾歡迎，鐘鼓齊鳴。
- 一九九八年一月卅一日，基隆靈泉寺文化舘落成及華嚴三聖開光，妙峰法師講「行深般若波羅蜜多時，照見五蘊皆空，度一切苦厄」。
- 一九九八年戊寅春節，在桃園覺海寺千佛法會開示，勉信眾追求功德財、福慧財。
- 一九九八年三月一日，法師由台北赴香港，一日至八日，在香港東蓮覺苑、菩提學會、佛教青年會等地弘法。

- 一九九八年三月十七日再回台北，為紐約金佛山松林寺籌募建築費用，到台中祝賀印順導師九秩晉三大壽，主持林椿桂、周德禎佛化婚禮。
- 一九九八年三月十七日，在國立交通大學佛學社講「寒冬雪霽春無盡」。
- 一九九八年三月廿四日，與輔仁大學學生座談「宗教行為與人生修養」。
- 一九九八年四月七日，到南投仙峰寺開示。
- 一九九八年四月廿日，上午到中壢圓光佛學院演講，晚間到覺海寺演講。
- 一九九八年四月廿五日，訪霧峰萬佛寺，在慈明佛學院演講。
- 一九九八年四月廿六日，慈航佛學社周年紀念，在聞心齋禮堂開示。
- 一九九八年四月廿九日，到汐止彌勒內院參加慈航大師上生四十八周年紀念法會，演說彌勒內院的歷史。
- 一九九八年六月廿六日至七月十三日，應聘到加拿大溫哥華東蓮覺苑傳戒大法會擔任傳戒師，傳授三皈五戒八關齋戒和沙彌戒，舉行出家剃度儀式，指導禪修開示法要。
- 一九九八年十二月七日回台灣弘法，到南投主持廣心法師新建的「佛世界和平舍利塔」落成大典。在台期間先後與中山研究院楊慶源博士、佛光佛學院教務長厚賢法師、華梵工學院教師陳仁眷居士、台中佛弟子吳惠群多人晤談。
- 一九九八年十二月廿日，汐止光明寺住持，兼慈航佛學院創辦人性靈法師到訪；敦請妙峰法師擔任慈航佛學院院長，並請厚賢法師兼任副院長，志定法師兼任慈航佛學院教師。
- 一九九八年十二月廿八日，在台中吳惠群居士的讀書會，講「禪修與人生」。
- 一九九八年十二月廿七日，主持南投鎮國寺落成，寶塔竣工及佛像開光大典。

- 一九九九年一月一日，阿彌陀佛聖誕，主持桃園覺海寺彌陀佛三法會，開示「信願行」念佛修行的步驟。
- 一九九九年一月二日，佛三第二天，傳授八關齋戒，主持傳戒並開示。
- 一九九九年一月三日，桃園覺海寺彌勒佛三法會圓滿，法師以房舍與風雨比喻持戒的重要。當晚有台灣北中南部弟子齊聚覺海寺，為妙峰法師舉辦慶生大會。
- 一九九九年一月四日，在圓光佛學院講「我為法來，非為床座」，要求學生視佛門為治爐，把自己的廢鐵爛銅，煉成精鋼純銅。
- 一九九九年一月十一日，在台北永和楞嚴念佛會講「如何建設心靈淨土」。
- 一九九九年一月十五日起，一連三天在香港菩提學會開示，十五日講「願將濁土隨心淨」，十六日講「他力不足倚」，十七日講「隨緣處處常安樂」。在港期間晤溫哥華東蓮覺苑楊秀立主任與梁彥邦居士，到願炯法師的圓行精舍普照。應覺光法師之邀，參加世界第一部華文電子藏經的開光大典。
- 一九九九年一月十九日，在志蓮淨苑開示「莫負己靈」。
- 一九九九年一月廿日，於志蓮淨苑再講「積厚流光」。
- 一九九九年一月廿二日起，應香港佛教聯合會佛學講座之邀，一連三天在黃鳳翎中學大禮堂開示，第一天講「一片冰心在玉壺」，第二天講「逆增上緣」，第三天講「心地耕來是福田」。
- 一九九九年一月廿四日，應慈雲之法師之邀，到觀音院開示，並為信徒舉行皈依儀式。
- 一九九九年一月廿五日，由願炯法師及十名弟子作陪，前往廣州六榕寺，拜會同門師兄雲峰大和尚；並由東蓮覺苑楊主任陪同，探望在中醫院養疴的老學友聖一長老。
- 一九九九年一月廿六日，在廣州六榕寺對信眾開示「人性的優越」。
- 一九九九年二月二日，返台灣桃園覺海寺。五日到板橋企業家黃金標夫婦新廈普照。再到菩提院，探望老住持，九十高齡文智法師。

- 一九九九年二月四日，寒流驟至攝氏七度，在桃園圓光學佛行苑為追求佛法的國中老師們開示「生活禪的精義」，聽眾滿席。
- 一九九九年二月十六日，農曆兔年元旦，主持元旦午供，並為信徒開示「恭喜發財」，以八正道的「正命」發有道之財，與真理的「功德法財」。當晚在桃園圓光學佛行苑開示「愴情化作菩提種」。
- 一九九九年二月十七日，農曆年初二，到汐止彌勒內院，向慈航肉身禮座拜年。
- 一九九九年二月十八日，農曆正月初三，《臺灣時報》董事長王玉發老居士，邀請法師赴高雄六龜鄉一遊，拜訪妙通寺廣欽長老。再到岡山余靖男居士老家普照。
- 一九九九年二月廿日，到台中給九四高齡印順導師拜年，並到游智慈府上普照。
- 一九九九年二月廿一日，到台北普賢講堂普照，向新春拜年信眾開示「寒冬與陽春」。到菩提講堂拜年，並為新年法會信眾開示。
- 一九九九年三月十三日，在台北佛教青年會指導禪修及講解禪理。
- 一九九九年三月十四日，台北觀音禪寺新住持晉山大典，應邀致詞；並為觀音學院剪綵，主持動土大典。
- 一九九九年三月廿日，再至台北佛教青年會教授禪修及開示禪法。
- 一九九九年三月廿二日，台中弟子吳惠群、藍有義、施湘雯，在秀羽素菜舘辦弘法大會，請妙峰法師開示「怎樣結合學佛生活與日常生活」。
- 一九九九年三月廿七日，到台北佛教青年會，指導禪修並開示禪理。
- 一九九九年四月三日，在台北佛教青年會，指導禪修並講解「生活禪的品味」。
- 一九九九年四月七日，中國佛教會聯合各佛教社團，擴大舉辦慶祝佛誕傳燈法會，在台北青年公園有五千多人參加，向政府爭取佛誕放假，法師應邀致詞。

- 一九九九年四月十一日，應邀到花蓮，參加淨耀法師東富寺晉山大典，主持監交及送位大典並致詞。之後為普賢學院剪綵，及共同主持動土大典。
- 一九九九年四月十七日，在台北佛教青年會學行信眾皈依儀式，並開示皈依意義。
- 一九九九年四月十八日，慈航學社成立三周年社慶，新竹弟子數十人，赴桃園參觀佛學社新廈。順路遊三峽鎮參觀范老居士農場。
- 一九九九年四月廿三日，南投明山寺住持依祥法師率弟子來訪，請妙峰法師賜題「明山寺」及「藥師寶殿」匾額及藏經樓對聯。
- 一九九九年六月十八日，到加拿大卑詩省，維多利亞島佛學社弘法開示，聽眾皈依三寶後，妙峰法師指導，在當地成立慈航佛學社，以便凝聚佛友定期共修。
- 一九九九年六月廿日，溫哥華東蓮覺苑齋戒大法會開壇，戒壇三師是：得戒和尚永惺法師、羯磨阿闍黎了知法師、教授阿闍黎妙峰法師；共同主持傳戒、八關齋戒和五戒。
- 一九九九年六月廿一日，登壇為短期出家者舉行剃度，傳授沙彌沙彌尼戒，為新戒子開示「戒香嚴淨」並指導禪修。
- 一九九九年六月廿二日，東蓮覺苑苑長賢德法師設上堂齋供，請妙峰法師領眾上供過堂，並作簡要開示。
- 一九九九年六月廿三日，為戒子開示「耕種福田」指導禪修，講解禪法要義。
- 一九九九年六月廿五日，登壇傳授在家菩薩戒儀式，午供上香，領眾過堂，並開示。
- 一九九九年六月廿六日，為短期出家的沙彌沙彌尼舉行捨戒儀式，及延生普佛拜願儀式，戒會圓滿。
- 一九九九年六月廿七日，在圓融禪寺講「禪地風光」。

- 一九九九年六月廿八日，在東蓮覺苑講「聖地風光」。
- 一九九九年六月廿九日，赴「亞洲城」（商業城）普照，晚間回東蓮覺苑開示「雄心壯志」。
- 一九九九年六月卅日，在東蓮覺苑佛學講座弘禪。
- 一九九九年七月一日，在圓融佛教中心講生活禪。
- 一九九九年十月廿七日，農曆九月十九，觀音菩薩聖誕，在桃園蘆竹鄉佛學社新址舉行第一次共修活動，普佛，聖誕午供。當晚為明空法師帶來的五十餘位信眾開示「修行法要」。
- 一九九九年十月廿九日，為賢美多位朋友舉行皈依儀式。
- 一九九九年十一月一日，法師到豐原、南投，探視震災區居民與寺院。
- 一九九九年十一月二日，到台北陳府普照，舉行皈依，並開示法要。
- 一九九九年十一月四日，台北佛陀教育基金會創辦人簡豐文、總幹事林國豐，及弟子淨蘭、淨和來訪。
- 一九九九年十一月九日，到花蓮慈濟醫院拜見印公導師。
- 一九九九年十一月十日，在台北佛陀教育基金會開講「生活禪系列」，第一場「淨念相繼」。
- 一九九九年十一月十六日，在台北佛陀教育基金會續講生活禪系列。
- 一九九九年十一月廿日，在台北為陳永坤教授夫人之重病姐夫陳爺根老先生開示淨土風光，解說皈依。
- 一九九九年十一月廿三日，在台北佛陀教育基金會講「守口攝意身莫犯」。
- 一九九九年十一月廿四日，為明空法師弟子多人開示修行捷徑：「三業清淨無染」。
- 一九九九年十一月廿六日，指導學社弟子閱讀經論及練習書法。
- 一九九九年十一月廿七日，台北弟子多人，利用假期來學舍靜修，聆聽開示。

- 一九九九年十一月廿九日，到台北佛陀教育基金會講「真俗圓融無罣礙」。
- 一九九九年十二月十三日，到台北圓光佛學院講「平常心是道」。
- 一九九九年十二月十五日，為台北弟子陳賢榜新廈落成，家庭佛堂開光，並舉行闔家皈依。
- 一九九九年十二月十九日，桃園「蘆竹慈航佛學社」舉行新址啟用暨佛像開光大典，由妙峰法師親自主持儀式。「蘆竹慈航佛學社」的前身為「新竹慈航佛學社」，弟子都是新竹科學園區的科學家，新址為五層樓的道場，道場裡有佛殿、禪房、宿舍，是法師在台灣成立的第一個道場。同日下午舉行皈依三寶儀式與金剛法會，有二百多人參加。
- 一九九九年十二月廿五日起，為學社弟子開始講「成佛之道」課程。
- 二〇〇〇年一月一日，在台灣桃園佛學社主持共修法會，開講「成佛之道」。
- 二〇〇〇年一月九日，主持中壢圓光佛學院新建佛學研究所落成剪綵及玉佛開光大典。並致詞開示；有三千人參加。
- 二〇〇〇年一月十日，淨智比丘率信眾由台中來請法。妙峰法師就淨土法門開示，主張：以清淨身作淨土新人，淨土不是垃圾場，不可以人人帶一桶垃圾去。
- 二〇〇〇年一月十一日下午，指導禪修並開示禪理。
- 二〇〇〇年一月十四日，農曆十二月初八，釋尊成道日法會，普佛，賀誕，上供，禮懺並開示「悟入佛之知見」。
- 二〇〇〇年一月十五日，台北台中信徒來學社，參加共修法會。法師開示「現法樂」。
- 二〇〇〇年一月十六日，台北佛青會喬遷到新店廣明寺，開會員大會，邀請法師致詞，並與心見法師、厚賢法師一同參觀經堂圖書館，欣賞印公著作手稿。
- 二〇〇〇年一月廿二日，在學社共修法會講「成佛之道」。

- 二〇〇〇年一月廿三日，應明空法師之邀，到歡喜堂素食餐廳，主持祈安接福大典並開示。
- 二〇〇〇年一月廿五日，台偉通信董事長錢武彥來訪，展示業餘自製盆景多幅照片，請法師題字。
- 二〇〇〇年一月廿八日，桃園古董商呂炫鋒居士，贈送古董大硯台給法師。
- 清華大學邱紀良博士與朋友楊瓊玲來訪，致贈新譯英文版《金剛經》請法師鑑證。
- 天母曹永坤教授公館，舉行千禧之愛義賣會，邀請法師當場揮毫寫春聯義賣。
- 二〇〇〇年一月卅日，台北三重佛教會周年慶，法師應邀致詞並頒獎。
- 二〇〇〇年二月五日，農曆庚辰龍年元旦，主持慈航佛學社舉辦之元旦三天拜三千佛法會，灑淨，午供，並開示法要。
- 二〇〇〇年二月七日，佛學社庚辰元旦法會圓滿，錢老菩薩及八公子也來參加。新年期間，同修及弟子紛紛來向法師拜年。
- 二〇〇〇年二月十二日，參觀明空法師「慈航念佛共修會」台北西園路新址。到菩提講堂探望九五高齡玄本法師。到汐止彌勒內院禮拜慈公關房，到慈航堂拜慈公金身。
- 二〇〇〇年二月十二日，台北普賢講堂新年團拜，法師應邀參加並作開示。
- 二〇〇〇年二月十六日，法師率多位僧徒，到花蓮靜思精舍給印公導師拜年。
- 二〇〇〇年二月廿九日，到香港說法弘禪，先到志蓮淨苑參觀仿唐建築，並與住持宏勳法師敘舊。
- 二〇〇〇年三月一至三日，在香港科學館，為觀音院慈雲法師主辦的講經法會開講《吉祥經》，並於第三日講經完成後，應信眾請求，即席舉行皈依儀式。
- 二〇〇〇年三月四日，由香港坐火車到廣州六榕寺，探望同門師兄雲峰法師，並參禮光孝寺祖庭。
- 二〇〇〇年三月五日，在廣州六榕寺以粵語開示生活禪。同日下午至廣州陶輪學社，對尼眾學生及信眾作扼要開示。

- 二〇〇〇年三月六日返香港，下午為信眾舉行皈依受戒儀式。應東蓮覺苑新苑長妙慧法師邀請，前去應供，有慈雲、圓慧、永常三位法師作陪。
- 二〇〇〇年三月七日，去香港大嶼山，朝禮天壇大佛；探訪寶蓮寺方丈初慧法師。回程順路參訪觀音山、荃灣芙蓉山，瞻禮太虛大師舍利塔、東林念佛堂、東普陀寺。三月十四日回台灣。
- 二〇〇〇年三月十六日，到新店廣明寺佛青會新址，開講生活禪系列。
- 二〇〇〇年三月廿一日，基隆靈泉寺住持，晴曦法師與弟子來訪，為該寺百年大慶活動，親來邀請法師參加擔任法務。
- 二〇〇〇年三月廿三日，到新店廣明寺佛青會續講生活禪之「善念與善根的培養」。
- 二〇〇〇年三月卅日，再到佛青會續講生活禪系列。
- 二〇〇〇年四月一日，到台中新興社區李寶生醫師夫婦府上普照，再到紫蓮精舍開示。
- 二〇〇〇年四月二日，到台中東勢九二一地震重災區賑災，二十五戶各三萬元。再到南投中寮，三十多戶及附近零星災戶，各致贈三萬元。晚上回到紫蓮精舍，為蓮友舉行皈依並開示。
- 二〇〇〇年四月六日，圓滿結束台北佛青會之禪修指導與生活禪開示。
- 二〇〇〇年四月十一日，應邀至台北「慈航念佛共修」會講開示。
- 二〇〇〇年四月十二日，為果尚法師帶來的林淑美等多位居士舉行皈依儀式
- 二〇〇〇年十月六日，基隆靈泉寺百歲慶典及寶剎重建落成，千佛三壇戒會，邀請妙峰法師擔任講戒阿闍黎及代理教授和尚，並主持藥師如來丈六銅佛開光大典。
- 二〇〇〇年十月七日，在靈泉寺戒壇開講「出家菩薩戒」。
- 二〇〇〇年十月八日，靈泉寺丈六金身三尊大佛開光典禮，請明波長老為釋迦大佛開光，海印長老為阿彌陀佛開光，妙峰法師為藥師如來開光。

• 二〇〇〇年十月九日，為靈泉寺廣大信眾上堂說法。
• 二〇〇〇年十月十日，中壢如來精舍新廈落成，邀請妙峰法師主持落成開光大典。
• 二〇〇〇年十月十二日，回基隆靈泉寺，為新戒子講菩薩戒。
• 二〇〇〇年十月十三至十五日，續講菩薩戒。
• 二〇〇〇年十月十六日，戒壇當局利用懺摩時間請法師開示。法師談個人修行心得，強調「戒定慧」必須三管齊下，不可偏廢。
• 二〇〇〇年十月十七日，再為戒子開示生活禪。
• 二〇〇〇年十月十八日，二壇正授，登具足戒壇，印海長老代替印公作得戒和尚，道海長老當羯摩和尚，妙峰法師當教授和尚。之後全體戒子乘六輛遊覽車到台中華雨精舍，向得戒和尚印公導師禮座。
• 二〇〇〇年十月十九日，十師到齊，下午二時二壇正授登具足戒，三師職位不變。
• 二〇〇〇 年十月廿日，尼部登具足戒壇，尼部戒子二百多人，需二天時間。
• 二〇〇〇年十月廿二日，法師出席靈泉古剎百年大慶，儀式莊嚴隆重，有樂隊，開素齋三百多桌。
• 二〇〇〇年十月廿九日，三壇菩薩戒請戒，晚上戒子燃香供佛。
• 二〇〇〇年十月卅日，三師一起登壇正授菩薩戒，傳授菩薩心地法門大戒。全體戒子跪著列隊，從大雄寶殿直至通道走廊，接受三師祝福，阿彌陀佛聲聲不絕，歡送三師回寮。
• 二〇〇〇年十月卅一日，佛前上供，全體戒子向三師告假，三師一一開示，戒期圓滿。
• 二〇〇〇年十一月七日，在石碇華梵大學為「蓮花學佛園」師生開示，講「大生大死」。
• 二〇〇〇年十一月八日上午，在華梵蓮花學佛園開示。下午為華大哲學研究所的學生開示並討論。
• 二〇〇〇年十一月九日，在華梵大學新建的國際文教會議廳開示。由文學院長周春塘博士主持，聽眾以文學系學生為主，馬校長及其他教授老師出席，文化大學的學生也來聽講。華大國文系以兩節「高僧傳記文學課」騰出時間給法師演講，法師也以高僧的風範為主題發揮其內涵。

- 二〇〇〇年十一月十八日，到台北大直全民念佛會開示。
- 二〇〇〇年十一月十九日，應果利法師之請，在台北士城一座豪華精舍為善信大眾開示，勸勉把修行與日常生活連結，如念珠貫串，才有力量抗衡外界惡習的引誘，才能引起淨化的連貫作用。
- 二〇〇〇年十一月廿六日到香港弘法，應香港佛學院之請，以實修實證的經驗開示。
- 二〇〇〇年十一月廿八日，到廣州應陶輪佛學院之邀，為該院一百多位優秀學佛女眾開示「如何修學智慧」。
- 二〇〇〇年十一月廿九日，在廣州六榕寺對信眾開示生活禪。
- 二〇〇〇年十一月卅日，回香港，在東蓮覺苑開講生活禪系列，把修持禪觀的功力灌注在日常生活上，淨化身心改變氣質。
- 二〇〇〇年十二月四日，在台北中和梁皇寶懺法會開示。
- 二〇〇〇年十二月十六日，為台北永和居士林念佛共修會主持佛像開光大典。
- 二〇〇三年三月廿五日，在廣州六榕寺大雄寶殿講生活禪。廿六及廿八日再度開示
- 二〇〇三年三月廿七日，在廣州六榕寺為住持雲峰法師舉行荼毗大典。
- 二〇〇三年三月卅日，在台北華梵大學佛學研究院演講。
- 二〇〇三年四月三日，在普賢講堂梁皇寶懺法會開示。
- 二〇〇三年四月八日，到華梵大學基金會講生活禪。晚間在慈航共修念佛會講「把修行功德擴大拉長」。
- 二〇〇四年四月七日法師由紐約飛台北，同行有明怡法師、陳國忠居士。華梵大學仁智法師、呂炫

鋒居士、明空法師等在機場接機。

- 二〇〇四年四月十一日，法師領弟子明怡等到汐止慈航堂，向慈航肉身菩薩禮座。
- 二〇〇四年月四月十二日，在台灣台北石碇華梵大學為全校師生開示，講近代高僧典範。
- 二〇〇四年四月廿一日，再上新竹福嚴佛學院探望印公導師，同行者有台北企業家侯清為夫婦、陳炳藏夫婦、伍景波夫婦、明空、明善等二十多人。
- 二〇〇四年四月廿五日，為圓光佛學院弟子賢美、宏覺、達志開示。為新竹弟子淨雲、淨春、淨祥、淨桃善說法要。
- 二〇〇四年四月卅日，法師到新竹福嚴佛學院向百歲印公拜壽，當日滿山拜壽人流，大雄寶殿也高朋滿座。法師在感言法會上致詞讚歎導師的功德。中國佛教協會會長淨良法師、仁俊、印海長老先後致詞。
- 二〇〇四年五月一日，在玄奘大學國際會議廳參加綜合座談會，由福嚴佛學院院長厚觀法師提問，仁俊、真華、印海、妙峰四位長老答問。
- 二〇〇四年五月二日，在佛學社為來訪的九龍菩提行願會男女居士二十餘人開示「無量光無量明無量壽」的要義，理解菩提道上「智慧」與「禪定」的重要性。
- 二〇〇四年五月七日，台北龍山寺住持慧印長老往生，王丹居士來接妙峰法師和明怡師前去念佛拜祭。
- 二〇〇四年五月十一日，台中弟子吳惠群與十多位友人前來拜訪，法師應請開示。
- 二〇〇四年五月十三日，到台北九龍菩提行願會開示，並為新會友舉行皈依。該會聘妙峰法師為永久導師，呈聘書一封、古董玉璽一座。法師隨即轉贈該會，作為鎮山之寶。到侯清為老闆及夫人的布行普照。王松桂醫生及夫人來訪，王夫人是畫家，構想明年在新竹文教中心，為法師籌辦師徒書法展。

- 二〇〇四年五月十五日，法師返美，九十人送機。
- 二〇〇五年六月四日印順導師辭世，世壽一百零一歲。六月七日法師飛抵台灣，直奔新竹福嚴佛學院靈堂，向印公導師法身頂禮。接受慈濟大愛電視台錄影訪問。
- 二〇〇五年六月八日為印公導師荼毗大典。
- 二〇〇五年六月十二日導師舍利骨灰奉安入塔，儀式在福嚴精舍舉行。福嚴佛學院院長厚觀法師，贈送印公導師墨寶一冊給妙峰法師留念。
- 二〇〇五年六月十三日楊慶源博士與夫人蔡淨惠來訪，商談八月六日「禪地風光書法展」有關事宜。
- 二〇〇五年六月十六日，晚間在竹北丸富養生素食餐廳舉行「書法展」第四次籌備會議，由慈航佛學社護法會長許順良主持，出席的有妙峰、果尚、寬謙、理群、宏輪各位法師。
- 二〇〇五年六月十七日，到汐止朝禮慈航法師金身。
- 二〇〇五年六月十九日，到台北馬偕醫院，探望因胃病住院的明空法師。到台北淨耀法師建寺義賣籌款會場，題禪詩兩幅參與義賣。
- 二〇〇五年六月廿四日，中壢圓光寺護法會總會長詹居士夫婦等四位來訪，邀請法師當他們齋僧大會的導師。
- 二〇〇五年六月廿八日，華梵大學學佛團團長修慈法師來訪，請法師為紀念曉雲法師之碑林題字，並邀請法師到華大為學生說法開示。
- 二〇〇五年七月五日，到華梵大學參拜新建的法華寶塔，追思曉雲法師，作詩感懷。
- 二〇〇五年七月十三日，印順導師侍者明聖法師，送來印順導師舍利作為紀念。
- 二〇〇五年八月一日，法師與弟子仁智、明善同訪昔日演培法師道場桃園龜山覺海寺。

- 二〇〇五年八月十日，法師「禪地風光書法文物展」開幕，參觀者眾多，紛紛蒐藏法師墨寶。
- 二〇〇五年八月十九日，新竹弟子許順良會長和樓成章居士，陪同寬謙法師及基金會林祕書來訪。下午明空法師帶徒孫十餘人來禮座。
- 二〇〇五年八月廿一日，為韓國來台留學的比丘大鏡題禪詩一幅。下午離台返美，有果尚與明善法師作陪。
- 二〇〇八年十一月八日，法師在故鄉廣東湛江市湖光岩楞嚴寺，與明生會長一同主持觀音聖像開光大典，法師的太平鎮鄉親與附近四眾弟子紛紛趕來探望。
- 二〇〇八年十一月九日，在太平鎮古明山，雲輝師弟興建的能濟寺新道場，為一百八十弟子舉行皈依儀式。並在院中種一株菩提樹，題詩刻碑留念。
- 二〇〇八年十一月十日上午，為故鄉麻章區太平塘鎮塘東仙鳳村「妙峰希望小學」舉行竣工啟用典禮。下午在湛江市，湛江佛學培訓中心主持佛學講座，講生活禪。
- 二〇〇八年十一月十三日，在湛江市赤坎靜覺林開示。下午參觀霞山慈峰精舍
- 二〇〇八年十一月十六日，在雷州古剎天寧寺開示，並為近百位佛弟子舉行皈依儀式。到普廣寺為住持雲玄法師賀壽，並開示。再到霞山慈峰精舍，主持落成啟用儀式，並為觀音聖像開光。
- 二〇〇八年十一月十九日，到湛江清涼寺開示。下午回到妙峰法師出家的上林古寺參拜，認祖歸宗。
- 二〇〇八年十一月廿三日，在台北圓光佛學院、華梵大學及九龍菩提行願會講演佛法。

附錄六

慈航精舍講經開示補略

- 一九九三年七月至八月，法師在紐約慈航精舍佛學講座講「談談結緣」，因與緣相互依存，創造產生交感聯繫的有利因素，廣結善緣。（講座固定每週日下午舉辦）。
- 一九九三年八月，在《慈航月刊》發表〈中國唯識思想的傳統〉，從時空角度分析唯識在中國的發展。（以後定期以文字弘法）。
- 一九九三年八月，在《慈航月刊》講〈關於帶業往生的問題〉，徹悟生死祕奧，消滅業的感果性。
- 一九九三年九月起，逢星期日上午十時，固定舉行觀音菩薩普門品共修法會。
- 一九九三年九月，在《慈航月刊》講〈禪宗的起源與轉承〉，並列記一至三十三世祖法號。
- 一九九三年九月，在《慈航月刊》講〈菩提樹下的釋迦〉，悉達多太子菩提樹下悟道的故事。
- 一九九三年十月，在《慈航月刊》講〈如何修慧〉，分上下兩次。
- 一九九三年十月，在慈航精舍開始講解印順導師名著《成佛之道》，（每週一次）兼授佛教禮儀。
- 一九九三年十二月，在《慈航月刊》講〈念佛與佛念〉，分上下兩次闡明念佛的含義。
- 一九九三年十二月，在《慈航月刊》講〈漫談解脫〉，向清水珠蓮花學習，不是否定或逃避現實。

• 一九九四年元月，在《慈航月刊》講〈學佛與現法樂〉，洪爐提煉法樂滋生，勿自滿勿倚賴。
• 一九九四年四月，在《慈航月刊》講〈漫談禪樵耕讀〉，生活禪。分四次。
• 一九九四年八月，在《慈航月刊》講〈名士與高僧〉，駁「烈士暮年宜學道，才人老去例逃禪」。
• 一九九四年九月，在《慈航月刊》講〈怎樣才能「即見如來」〉，分三次。
• 一九九四年十月，在《慈航月刊》講〈讓你的心燈亮著吧〉，共修正見、正語、正業、正命、正精進、正念、正定、正思維。
• 一九九四年十二月，在《慈航月刊》講〈關於求福壽的問題〉，分上下兩次。
• 一九九五年四月，在《慈航月刊》講〈從因果法則說到祈福超薦〉，說明佛教法會根據因果法則，不是迷信。
• 一九九五年五月及六月，在《慈航月刊》講〈人間亟需親和力慈悲心〉，分上下兩次。
• 一九九五年十月，在《慈航月刊》講〈人間的佛陀觀〉，以神通他心，觀察教戒度化眾生。
• 一九九五年十一月，在《慈航月刊》開始講〈成佛觀的探討〉，共分六次
• 一九九六年八月，在《慈航月刊》講〈指南針與舵手〉，人生的智慧與禪定。
• 一九九六年十一月九日，在慈航精舍講經開示「我們需要一盞智慧燈」，課後應信眾要求舉辦皈依儀式。
• 一九九六年十一月，在《慈航月刊》講〈地藏菩薩與小沙彌的故事〉，撈月、弄花下淚、菩薩與童子的佛緣。
• 一九九七年五月，開始講《八大人覺經》。
• 一九九七年五月十一日，在慈航精舍母親節法會講「母愛與慈悲」，鼓勵會眾結合母愛與慈悲，淨化人心，端正社會。

- 一九九七年六月一日，慈航精舍共修法會講「老實念佛」，開示老實修行的要義，分兩次講完。
- 一九九七年八月三日，慈航精舍四周年慶，法師致詞「回首向來蕭瑟處，松山晨曦欲相迎」。
- 一九九八年到二〇〇三年，法師在慈航精舍的佛學講座按期講解《心經》，全部講稿印成專書。（參看本傳第十九章）。
- 一九九八年五月十八日起，法師為增進寺眾道念及深入體驗教義，每週定期開講佛學課與禪修課。
- 一九九八年六月廿日，法師到法王寺傳授五戒並開示。
- 一九九八年九月五日，法師在莊嚴寺梁皇寶懺法會上為信眾開示。
- 一九九八年十月五日，在精舍舉辦之中秋法會上開示。
- 一九九八年十月廿五日，在共修法會上講「談心」。
- 一九九八年十一月一日，在精舍講「懺悔的行為及其心靈的動向」。
- 一九九八年十一月十五日，在精舍講「業力的消長及感受果報」。
- 一九九八年十二月一日，紐約市教育局師資訓練機構五十人訪慈航精舍，法師開示，佛教的宗旨在淨化人心，提升人性締造和樂善生的幸福生活。
- 一九九九年四月廿五日，開示「禪地風光」。
- 一九九九年五月二日，在法王寺母親節孝親感恩大會開示。
- 一九九九年五月九日，在精舍講「無量波羅蜜」。
- 一九九九年五月卅日，在精舍再講「禪地風光」。
- 一九九九年六月六日，講「風調雨順」，借喻修行的福慧善根，也要在風調雨順中才能健康成長。
- 一九九九年六月十三日，講「學習太陽」，用光明和熱能造福人間。
- 一九九九年八月十五日，講「如如禪境」。

- 一九九九年九月十九日，講「九品蓮花為父母」。
- 一九九九年九月廿四日，中秋節拜八十八佛法會改為地藏法會，超度台灣九二一震災兩千多亡魂。
- 一九九九年九月廿六日，華商會在法拉盛植物園辦中秋晚會，因台灣九二一震災改為悼亡祈安晚會，法師應邀致詞。
- 一九九九年十月二日，慈航精社舉行祈福大法會，法師領眾為台灣大地震虔誠誦經消災祈福。
- 二〇〇〇年四月廿九日，星期共修法會，講《藥師如來本願功德經》。主持上香午供及佛學講座。
- 二〇〇〇年六月十八日，佛學講座講「生活禪」。
- 二〇〇〇年八月廿日，精舍共修地藏法門，上香午供後，法師主持佛學講座，談燒金銀寶的歷史，勸大家改變這一陋習。
- 二〇〇〇年八月廿七日，地藏菩薩聖誕，精舍禮拜地藏寶懺，法師上香午供並主持佛學講座；以觀音菩薩甘露普施開示：人必須打開杯子，保持杯子清淨不破，才能圓滿接到甘露。
- 二〇〇一年二月廿四日至廿六日，千佛法會上法師開示。
- 二〇〇一年三月卅一日，精舍讀書會開課，法師指導。
- 二〇〇一年五月六日，法師講「浴佛要浴心佛」。
- 二〇〇一年九月十五日，為「九一一」不幸事件舉行法會，法師開示。（參見本傳第十六章。）
- 二〇〇二年二月二日，法師講「一切唯心造，善業現淨土，惡業現地獄」。
- 二〇〇二年二月三日，共修法會誦《金剛經》。下午佛學講座「和樂清淨」，從自我而家庭而社會，臻於和樂清淨的境界。
- 二〇〇二年二月九日，讀書會導讀並解答問題，「智慧當知是本錢，求真破妄待加鞭，漫天煙霧迷方向，去路茫茫馬不前」。

- 二〇〇二年二月十七日，佛學講座「彌勒慈母善育兒」，以圍繞在彌勒身邊的天真兒童，來比況菩薩的修行功德，說明高明的唯識觀，能把六根降服純淑。
- 二〇〇二年二月廿四日，共修法會誦《金剛經》，佛學講座「心安則道隆」，祈勉信眾強化修禪生活。
- 二〇〇二年三月三日，共修法會誦《金剛經》。佛學講座「修行種善根猶如春耕播種」，應爭取時間及時努力。
- 二〇〇二年三月十日，佛學講座以救火詩為題材，說明修行佛學的迫切性。
- 二〇〇二年三月十七日，法會誦《金剛經》。佛學講座「我羡白雲裊裊身，既離垢染絕纖塵，自由自在無牽罣，明月清風是至親」。
- 二〇〇二年三月廿四日，佛學講座以「閒雲野鶴」比況修行心安理得的心境。
- 二〇〇二年三月卅一日，法會誦《地藏菩薩本願經》。佛學講座「以智慧克服無明」。
- 二〇〇二年四月七日，法會誦《金剛經》。佛學講座以「修忍」開示修行方法。
- 二〇〇二年四月廿一日，佛學講座「鐵作秤砣實了心，狂風暴雪不能侵，菩提道念堅如石，花果敷榮功德林」。
- 二〇〇二年四月廿八日，共修會誦《金剛經》。佛學講座「不必無端向外求，心靈世界是瓊樓，無邊寶藏隨君取，美景玲瓏不勝收」。
- 二〇〇二年五月五日，精舍共修法會誦《金剛經》。佛學講座「不必無端向外求，心靈淨土意清幽，如來自始耕心地，且到蓮池盪寶舟」。
- 二〇〇二年六月二日，精舍共修會，誦《金剛經》。佛學講座「發揮生活禪的修行意義」。
- 二〇〇二年六月八日，下午讀書會，法師親自導讀並解答問題。
- 二〇〇二年六月九日，共修金剛法會，午供。佛學講座「同發菩提心」，使菩提心相應，生活在菩薩道上。

• 二〇〇二年六月十六日，共修金剛法會。講述「浴佛讚偈」，說明浴佛的歷史與要義。勸勉信眾由浴外佛到浴心佛，使身心清淨，到「是心是佛」的境界。

• 二〇〇二年六月卅日，地藏法會誦《本願經》。佛學講座「開示『智慧』對修行的重要性」。

• 二〇〇二年七月七日，共修金剛法會，午供。佛學講座「發揮生活禪的妙用」。

• 二〇〇二年八月廿五日，星期共修會，午供。佛學講座「法師鼓勵學員把心田改福田，把荒山改苗圃，培養廣大的功德林」。

• 二〇〇二年八月卅一日，下午讀書會，法師親自導讀，並解答疑問。

• 二〇〇二年九月一日，星期共修法會，恭誦《金剛經》，午供。佛學講座「以新詩揭示生活禪」。

• 二〇〇二年九月八日，福慧雙修法會，法師參加午供，並主持佛學講座「以『法喜洶洶』七言絕句作題材，發揮生活禪的真諦」。

• 二〇〇二年十月十三日，在華埠一三〇小學大禮堂，舉辦中華佛教會四十周年慶生大典，中華佛教會創辦人兼會長妙峰法師開示：「來美弘法好比移植一株菩提樹，種在新大陸。四十年來，經歷風霜雨雪，猶如寒天飲雪水，點滴在心頭。」

• 二〇〇二年十月十九日，讀書會導讀並講解課文：「末法僧家處世難，人情冷暖似波瀾，坡邊種有千竿竹，回去溫馨警歲寒。」

• 二〇〇二年十一月二日，在華埠信願行佛學文教中心，主持生活禪講座「以『禪悅為食』開示」。

• 二〇〇二年十一月廿三日，讀書會研讀「十二因緣」（十二緣起）。

• 二〇〇二年十二月七日，精舍為英國信徒拜三昧水懺。學員顯慈問：「《金剛經》與《地藏經》對眾生的教化有何不同？」法師回答：「《金剛經》防於未然，《地藏經》救於已然。」

- 二〇〇三年一月十九日，精舍共修會修地藏法門，法師講「慈悲」：同情心淨化擴展昇華，融化了「人我見」，可以稱為「無緣慈、同體悲」，是菩薩心腸的具體表現。
- 二〇〇三年二月一日，農曆羊年元旦，也是彌勒聖誕。二寺隆重舉辦千佛寶懺祈福大法會，法師開示羊年祝福禪詩的內涵。
- 二〇〇三年二月十六日，精舍舉行羊年元宵節團圓燈謎晚會，法師開示「諸惡莫作，眾善奉行」，並作禪詩二首，以毛筆書寫影印現場發送。
- 二〇〇三年四月十三日，法師主持精舍共修法會，午供，佛學講座報告雲峰師兄荼毗大典，以及在大陸台灣說法結緣的經過。
- 二〇〇三年五月八日，佛祖聖誕，法師主持浴佛大典。
- 二〇〇三年六月七日，到信願行文教中心，主持生活禪佛學講座。
- 二〇〇三年六月廿八日，中華佛教會印順導師圖書館開幕，法師以館長身分致開幕詞，夏立言大使、林華添會長等相繼致詞。五百人參加盛會。
- 二〇〇三年七月十八日，農曆六月十九，觀世音菩薩成道日。二寺隆重法會，法師參加午供，精舍有三百人，法王寺有九百人禮佛。
- 二〇〇三年八月卅日，朝山拜觀音法會。法師開示拜觀音的功德與意義。
- 二〇〇三年九月廿八日，共修般若法門，午供，佛學講座「以『知真、信堅、願切』掌握皈依三寶的功德」。
- 二〇〇三年十月十九日，中華佛教會成立四十一周年，在華埠柏士打街一〇三小學禮堂舉行慶典，法師為四百多位嘉賓開示。
- 二〇〇三年十二月七日，共修法會誦《金剛經》，午供，佛學講座以「皈依僧」為題，發揮皈依僧寶的要義。

• 二〇〇三年十二月十四日，早晨八時為十餘位佛弟子舉行三皈依及五戒儀式，並詳細開示。十時舉行共修法會，誦《金剛經》，午供，佛學講座「講經功德殊勝行」，讓信眾明白迴向偈的含義，禮誦才更有功德。

• 二〇〇三年十二月廿一日，共修法會誦《金剛經》，午供，佛學講座「無邊勝福皆迴向」，發揮普利人天的「迴向」功德。

• 二〇〇三年十二月廿八日，共修會誦《金剛經》，午供，佛學講座「普願沉溺諸眾生」，發揮救援眾生的悲願。

• 二〇〇四年一月四日，共修法會誦《金剛般若經》，午供，佛學講座「如何修慧」，指示修慧之法。

• 二〇〇四年一月十八日，共修《金剛經》，午供，佛學講座，續「如何修慧」。

• 二〇〇四年一月廿二日，猴年元旦，隆重新年法會，法師主持團拜大典，領眾同發六大祈願：一、願世界和平。二、願國家富強，人民安樂。三、願社區祥和，家庭美滿，健康長壽。四、願事業成就，生意興隆。五、願佛日增輝，法輪常轉。六、願和樂清淨，新年如意，法喜充滿！

• 二〇〇四年一月廿九日，一年一度供佛齋天法會，由午夜至卅日清晨四時圓滿，隆重莊嚴，善信踴躍參加。

• 二〇〇四年二月十五日共修法會，誦《金剛經》，午供，佛學講座開示「尊師重道」的要義。

• 二〇〇四年二月廿二日共修法會，誦《金剛經》，午供，佛學講座「修慧的主題」，以五祖與六祖師徒為例，發揮尊師重道的要義。

• 二〇〇四年三月七日，共修會誦《金剛經》，午供、佛學講座「如何修慧」，法師引東晉彌天釋道安分張徒眾的故事，發揮尊師重道的要義。

- 二〇〇四年三月十四日，共修《金剛經》法門，開始講如何修慧，分七次講完。
- 二〇〇四年五月廿二日，為弟子明修開創之蓮花學佛園主持開幕大典、玉佛開光大典，午供，開示「聖地風光」。
- 二〇〇四年五月廿三日，共修會誦《金剛經》，午供，佛學講座「浴佛偈」，開示浴佛的功德。
- 二〇〇四年五月起，法師按期講解《壇經》。（詳見本傳第十九章。）
- 二〇〇四年八月一日，講「梁皇寶懺的緣起」，警惕惡因惡緣的可怕，明白禮懺的功德。
- 二〇〇四年八月八日，慈航精舍十一周年慶，莊嚴的祝福，佛前上大供，法師以精舍的福慧事業增長，功德迴向大家福慧增長。
- 二〇〇四年十月三日，開示「求福與求壽」。下午講《六祖壇經》，五祖要神秀作偈再考。
- 二〇〇四年十月十七日，續談「求福與求壽」。
- 二〇〇四年十月廿四日，續談「求福與求壽」。
- 二〇〇四年十一月七日，法師開示「求福壽改往修來、懺障、修福，加上佛力扶持才有濟」。
- 二〇〇四年十一月十四日，法王寺梁皇寶懺法會開壇，法師主持佛學講座「求富饒得富饒」。
- 二〇〇四年十一月廿一日，佛學講座「指示修福修慧的方法」。
- 二〇〇五年十二月十五日，學佛行儀，講「敬僧」，佛弟子不只對大德長老僧要尊敬，對於所有僧眾都要平等尊敬，不輕末學。
- 二〇〇六年一月一日，佛學講座「慈航精舍的佛殿規約」，希望出家及在家弟子人人遵守，提升德性，成為高品德的佛弟子。
- 二〇〇六年一月二日，清晨住眾課，成佛之道，講「稱讚僧寶功德」。
- 二〇〇六年一月三日，清晨為精舍住眾講授「學佛行儀」，談到「因緣福報各春秋」，快樂苦惱、福報大小與「改往修來」的關係。

- 二〇〇六年一月五日，學佛行儀，講「自古靈禽覓穩枝，醉生夢死非男兒；寶山到了垂空手，欺聖欺賢莫自欺」。
- 二〇〇六年一月十二日，為住眾講「佛學行儀」，展示生活禪的心境。
- 二〇〇六年一月十三日，講「其心安定，不隨境轉」。
- 二〇〇六年三月五日，講「如何培植心靈淨土」。
- 二〇〇六年四月十五日，講「觀音菩薩慈悲救苦功德」。
- 二〇〇六年五月十四日母親節，在精舍隆重舉行印公導師圓寂周年大典，恭誦《金剛般若波羅蜜經》，法師為導師百歲嵩壽時所作的兩首禪詩為題材，讚揚導師對佛教的豐功偉德。
- 二〇〇六年五月廿一日，講座「因果分明慧立功」。
- 二〇〇六年八月八日父親節，隆重祈福法會，學佛講座「修行植福的真諦」。
- 二〇〇六年八月十三日慈航精舍十三周年舍慶，妙峰法師領導清尚法師等與信眾們舉行莊嚴的上供儀式，並致詞為信眾祈安祝福。
- 二〇〇六年八月廿七日，佛學講座「如何廣種福田」。
- 二〇〇六年九月廿三日，「福壽康寧世共求」。
- 二〇〇六年十一月十二日，共修會修金剛般若法門，法師主持佛學講座「般若到彼岸」，雖然大雨，信眾仍十分踴躍。
- 二〇〇六年十二月三日，共修般若法門，佛學講座「魔強法弱」鼓舞信眾。
- 二〇〇六年十二月十七日，共修會誦《金剛經》，共修般若法門。佛學講座「盈懷善念」。
- 二〇〇七年一月七日，共修金剛法門，誦《金剛般若波羅蜜經》。佛學講座「光明無量壽無邊」，以阿彌陀佛作榜樣來常隨學佛。

- 二〇〇七年三月十八日，佛學講座「善念隨緣到處栽」。
- 二〇〇七年四月八日，共修金剛般若法門，佛學講座「智慧行」。
- 二〇〇七年四月十五日，佛學講座「業力」，宜多造善業，少造惡業。
- 二〇〇七年四月廿二日，佛學講座「種福田」，警惕心靈的向背，確定福禍的成果。
- 二〇〇七年五月廿日，佛學講座以現代高僧趙文龍轉世的故事開示，用因果事實強化修行善念。
- 二〇〇七年五月廿九日，為來訪之台灣中壢圓光佛學研究所畢業生心行法師開示，以「生活禪」的修持方法，立大志，作真正的人上人。
- 二〇〇七年六月三日共修會，佛學講座以陽光比況智慧，以春風比況慈悲，鼓勵調和自我，關懷眾生普照家庭社會。
- 二〇〇七年六月十六日，金佛山一日遊，為百餘信眾開示，讚仰觀音的要義。
- 二〇〇七年六月十七日父親節，法會恭誦《藥師如來本願功德經》，佛學講座「禪修的意境與禪修心得」。
- 二〇〇七年十月七日，佛學講座「聖山高聳苦難登，般若行來最上乘，長夜茫茫不用慮，慧光朗照似明燈」。
- 二〇〇七年十月廿九日，農曆九月十九日，觀音菩薩出家紀念日，法師主持精舍的隆重慶祝活動，與信眾共進午齋。所有活動由李依凌導演及僑報李建偉主任、廣西電台李主任等拍成紀錄片。
- 二〇〇七年十一月十一日，佛學講座開示「培福的內涵」。
- 二〇〇七年十二月一日，上州莊嚴寺創辦人沈家楨居士告別式大法會，仁俊、妙峰、洗塵三位長老聯合主持說法封棺。

- 二〇〇八年一月廿日，法王寺舉行集體皈依三寶儀式，妙峰法師開示。
- 二〇〇八年二月八日及九日，法師參加精舍千佛寶懺並開示。
- 二〇〇八年三月廿六日，農曆二月十九觀音聖誕法會，法師開示，法王寺有上千人參加。
- 二〇〇八年六月一日，法師上午八時主持皈依三寶儀式並開示。十時主持印順導師圓寂三周年紀念法會。
- 二〇〇八年七月廿一日，觀世音菩薩成道日，兩寺同步舉行慶祝法會。法師在法王寺開示。
- 二〇〇八年八月廿六日，華埠小中國城有一商戶，三代同堂同日在法王寺皈依，由法師為他們主持儀式並開示。
- 二〇〇八年九月七日，法師為五位弟子授五戒，這是在家弟子終身受持的戒法。
- 二〇〇八年九月十四日，精舍中秋法會，法師主持並開示。
- 二〇〇八年十月十七日，觀世音菩薩寶誕，兩寺舉行隆重法會，法師開示，善信踴躍。
- 二〇〇八年十月廿六日，中華佛教會成立四十五周年，慶典在法王寺擴大舉行，來賓及信眾滿堂，法師發表重要演說。

附錄七

慈航精舍公益活動舉要

- 一九九三年五月十六日上午，借慈航精舍啟用及觀音佛像安座法會之便，為擴大社會影響，在二樓辦理名家書畫展，有一番盛況。同日下午為畢恆華、沈厚恩舉行佛化婚禮。
- 一九九三年六月，精舍義賣字畫，籌款興建上州松林寺觀音寶殿。售出大量妙峰法師墨寶。
- 一九九三年八月，法師創辦《慈航月刊》，請印順導師擔任名譽發行人。以文字弘法，以另一方式貼近大眾。
- 慈航中文學校成立，專收兒童。康美珍居士擔任首任校長，有林月嬌、梁因蓮等優秀師資。除華人子弟外，亦有其他族裔學生。
- 一九九三年九月一日農曆七月十五，擴大舉行盂蘭盆法會，供佛祭祖普度，辦蒙山施食功德，使緬懷先人、推己及人的僑胞能有機會盡一分心、積一分德。（此一法會每年舉行。）
- 一九九四年二月十日正月初一，為結合四眾，同沐法澤，法王寺及慈航精舍兩道場均擴大舉行彌勒佛聖誕新年團拜大法會，法師一一到場主持。
- 一九九四年四月三日清明節前二天，擴大舉行報恩超度法會，誦《地藏菩薩本願經》。為亡靈祈福。

與華人社會慎終追遠的傳統相呼應。

- 一九九四年六月廿三日，法師公開呼籲美東各界捐款，救濟中國華南粵桂湘贛四省水災，並率先捐款兩千美元。
- 一九九四年十一月廿四日，農曆十月廿二，感恩法會，誦《地藏經》為眾生祈福，並超度一切冤親債主無主先靈。
- 一九九五年一月一日，元旦新年法會，藥師寶懺，祈求人民安樂，世界和平。
- 一九九六年十月十九日，率護法義工探視紐約法拉盛凱辛娜大道水災受災戶。
- 一九九六年十一月三日，率慈善組義工赴長島照顧中心探視病患。
- 一九九六年十二月廿五日，探視法拉盛醫院住院病患。
- 一九九八年十二月二日，到紐約大學醫院探望病患。法師的俗家三哥陳安尚亦在該院就醫。
- 一九九九年二月十四日，紐約慈航精舍舉辦冬令發放活動，寒冬送溫暖。
- 一九九九年二月廿八日，農曆正月十五元宵節，紐約慈航精舍舉辦開年新春聚餐及燈謎晚會，提倡中華文化，提高社區生活素質。（此一活動每年舉行）。
- 一九九九年四月廿五日，紐約慈航精舍在台灣會館主辦「雷久南博士健康講座」，推廣飲食攝生常識，嘉惠社區大眾。
- 一九九九年五月二日，在華埠法王寺舉行母親節敬親感恩大會，以佛法詮釋中國的孝道，社區居民許多為人子者帶母親來參加，對促進親子關係，保持家庭和諧大有助力。法王寺備有紅包、念珠結緣，妙峰法師親自一一贈與。
- 一九九九年五月八日，慈航精舍舉行母親節茶會，法師親自贈送紅包與康乃馨鮮花給在場的各位母親。

- 一九九九年六月十九日，慈航學校中文班九八年度第二學期結業典禮，法師主持，勉華人家庭毋忘母國文化，學生及家長一百多人參加。
- 一九九九年八月十八日，盂蘭節將至，法王寺及慈航精舍明怡等法師帶領眾弟子至自置的懷恩公墓誦經掃墓。
- 一九九九年九月廿五日及廿六日，為台灣九月廿一日大地震舉行賑災義賣，並設置募款箱向行人勸募，至十月二日止，共募得善款五萬七千多美元。
- 一九九九年九月廿六日，法師在美東大酒樓為王招富先生之公子證婚。同時慈航義工隨師父到酒樓，為台灣地震募款救災。
- 一九九九年十月三日，社區菁英人士在台灣會舘舉辦「台灣人社團聯合追思賑災募款大會」，請法師演說。
- 一九九九年十月十一日，郭曼麗居士及慈航學校中文老師林月嬌來訪，商討增設星期日成人英文班事宜。
- 一九九九年十月十五日，妙峰法師返台弘法，將法王寺與慈航精舍募得善款，親自帶到災區發放。
- 二〇〇〇年六月十七日，慈航中文學校結業典禮，法師主持，訓勉八十多學童智德兼顧不可偏廢，並頒獎給優秀學生。
- 二〇〇〇年八月六日，慈航精舍七周年慶，園遊會分五處進行，義賣所得作為觀音寶殿基金。
- 二〇〇一年九月十一日早晨，美國發生「九一一事件」，國際恐怖分子劫持四架民航客機，以飛機作武器，撞擊紐約世界貿易中心大樓和華府軍事中心五角大廈，造成嚴重損失。（詳見第十六章）。法師於事件發生後立即譴責此種殘忍的暴行，揭示人類和平相處之道，同時籌辦三天的超度安魂法會，會後又對受到驚痛的人作心理輔導。

- 二〇〇二年二月十二日至十五日馬年春節，精舍連續三天拜三千佛寶懺，法師題馬年祈福禪詩，用紅紙影印數千幅，分送法王寺及精舍佛友結緣。
- 二〇〇二年十月十三日，法王寺為慶祝中華佛教會成立四十周年，在華埠柏士德街公立一〇三小學禮堂隆重舉辦慶生大典，招待社區各界人士廣結佛緣，節目精采，素齋豐美，獎品豐富，到會者讚歎佛門的親和力。
- 二〇〇三年一月五日星期日，下午法王寺與精舍同時發放冬令救濟物品，並準備了素齋為耆老們暖胃。
- 二〇〇三年一月十日，佛祖成道日，兩寺備有美齋及臘八粥供眾結緣。
- 二〇〇三年二月一日，羊年春節大法會，兩寺分送法師手書禪詩紅紙條千張。午齋由吳慶法居士伉儷供眾。
- 二〇〇三年六月廿八日，印順導師圖書館揭幕典禮，法師兼任館長，陳貝蒂為第一任圖書主任。館中庋藏佛教經典、佛學著作、工具用書供各界參考，並經常舉行演講座談。
- 二〇〇三年六月廿一日，慈航學校三十周年慶及二〇〇三學年結業與畢業典禮，在法拉盛華僑文教中心舉行，夏立言大使蒞臨致詞。
- 二〇〇三年十月十九日，中華佛教會四十一周年慶典，在華埠柏士德街一〇三小學禮堂舉行，以禪味歌曲演唱，國樂，舞蹈，諸多文藝節目增添社區文化氣氛，並有抽獎活動助興。
- 二〇〇三年十一月廿九日，精舍護法會舉行常會，透過增添「關懷小組」，專門負責對病患者的慰問幫助。
- 二〇〇三年十二月一日，精舍明怡法師接洽醫院派員到精舍，為社區民眾免費打流感預防針，有七十多人受益。

- 二〇〇三年十二月二日，印順導師圖書舘聘新主任林沈國珠推動舘務，新主任是沈策將軍女公子，銘傳大學高材生，善良和藹。
- 二〇〇四年二月一日猴年新年開年晚會擴大舉行，與社區人士同樂。
- 二〇〇四年五月廿五日，國立清華大學邱紀良教授與姪女來訪，法師鼓勵邱教授把他的英譯白話文《金剛經》出版流通。
- 二〇〇四年八月八日，慈航精舍十一周年舍慶，舉行盛大園遊會。
- 二〇〇四年十月十五日，精舍向市府健康部門申請派員來精舍，為社區民眾施打流感預防針，有二百多人排隊登記。
- 二〇〇四年十二月廿七日，南亞大地震引發海嘯，印尼等十個國家受害，死傷數十萬人。法王寺、慈航精舍發動募捐救災，並於元月二日舉行超度法會，超度受災亡魂。
- 二〇〇五年十月廿三日，法王寺舉行中華佛教會四十三周年慶祝大會，有佛教歌曲，詩詞演唱，舞蹈表演，午齋結緣，義賣抽獎等節目。
- 二〇〇六年一月廿九日丙戌犬年元旦，精舍為社區信眾從昨夜十時起打開中門，讓大家排隊趕燒凌晨頭枝吉利香，禮佛、求福、消災。法師親筆題詩，印刷成精美春聯贈與信眾，送寄台港弟子結緣。
- 二〇〇六年六月十七日護法會主辦金佛山一日遊，信眾一百三十多人參加，朝山拜觀音消災、祈福。法會結束後，法師下山到康乃爾醫院，探望火災嗆傷的弟子沈智林，沈呼吸已恢復正常，即將出院。
- 二〇〇六年六月廿五日，慈航中文學校，在華橋文教中心舉行本學年結業典禮，一百多人參加。
- 二〇〇六年八月十三日，慈航精舍十三周年舍慶，陽光普照，風和日麗，義賣遊園會約有四、五百人參加，十分圓滿。
- 二〇〇六年十月廿日，法師有意組織「法王妙音歌詠團」，出版佛教聖歌集，發揚佛教聲樂。已作成中華佛教會會歌，慈航中文學校校歌，並計畫編寫東海普陀山頌、彌勒菩薩頌、印順導師頌、荷塘畔、大丈夫、慈航精舍歌、慈航大師頌等。發揚樂教亦為法師度人法門之一。

- 二〇〇六年十月廿六日，紐約市政府派醫生到精舍，為社區民眾打預防針，約七十餘人受益。
- 二〇〇六年十二月三日下午長島石溪大學副教授、大學醫院副院長麥積昌醫師主持健康講座。
- 二〇〇六年十二月十七日健康講座，石溪大學副教授麥積昌醫生主講「謹慎應用成藥」。
- 二〇〇七年一月廿一日下午健康講座，由石溪大學麥積昌教授主持。
- 二〇〇七年一月廿六日農曆臘月初八，精舍有臘八粥供眾結緣。
- 二〇〇七年三月四日「元宵節晚會」，有獎燈謎，豐富美齋。
- 二〇〇七年五月十三日母親節，精舍備有豐富美齋供眾。下午健康講座，石溪大學醫學院副院長麥積昌醫生講「關於頭痛、血壓的保健」。
- 二〇〇七年六月二日宗教研究專家穆舍，帶領二十多位拉瓜地亞社區學院教師，訪問宗教自由發源地法拉盛，他們曾訪問北美印度教廟宇協會、錫克教徒中心、馬其頓教堂、老貴格聚會所、穆斯林中心。他們訪問慈航精舍，由明怡法師接待，用流利英語解說中華佛教會和精舍成立的歷史，以及為社區服務的工作，並解答詢問，協助他們完成研究工作。
- 二〇〇七年六月三日，下午石溪大學醫學院副院長麥積昌醫生主持健康講座。
- 二〇〇七年六月十日健康講座，麥積昌醫生講「癌症的保健與預訪」。
- 二〇〇七年六月十六日，金佛山朝山拜觀音一日遊。兩部大巴士及數輛私家車，一百多人正午開始三步一拜，從大門口拜到觀音菩薩寶殿，法會後，在樹蔭下享用午齋。下午參觀羅斯福總統故居，遊罷原車賦歸。
- 二〇〇七年六月廿四日，下午慈航中文學校畢業典禮在精舍二樓舉行，一百多人參加。

- 二〇〇七年九月廿二日健康講座，石溪大學醫院副院長麥積昌醫師主講「類風濕性關節炎及紅斑性狼瘡的預防和治療」，並當場為患者解惑。
- 法王寺今擴大慶祝中華佛教會四十四周年。午齋後有歌舞、抽獎及紐約州崗薩勒斯代表議會與布碌崙區長代表鄭祺蓉，表彰法師第一位來美四十五年傳播佛教福音的貢獻。
- 二〇〇七年十月廿八日健康講座，麥積昌醫師講兩個故事，說明就醫時間的重要性。
- 二〇〇七年十一月十五日，市府衛生局派員來精舍，為社區人士打流感預防針，數十人受益。
- 二〇〇七年十一月廿九日，明光法師由莊嚴寺來電：沈家禎老居士已於十一月十七日往生，治喪會請仁俊長老為主任委員，妙峰法師為副委員。十二月一日上午十時告別式，下午一時出殯，三時火化。
- 二〇〇七年十二月十八日，布碌崙區長馬蒂參選紐約市長，馬蒂對亞裔態度友善，社區人士熱心支持，邀請法師出面發揮影響，法師認為中華佛教會是紐約的一個社團，鼓勵大家關懷社區也是應盡的義務，今日出席馬蒂的競選大會。
- 二〇〇八年二月十七日，慈航精舍一年一度之元宵燈謎會今年擴大舉辦，節目及獎品豐富，青少年及兒童滿廳。法師鼓勵信眾：日日說吉利話。
- 二〇〇八年三月十三日，中佛會募款三萬六千元，賑濟中國南方雪災，今天在法王寺，正式交給中國副總領事郝曉飛。
- 二〇〇八年四月十二日，慈航精舍明怡法師代表出席「法拉盛族裔交流宗教界對談」，在市議員劉醇逸辦公室舉行。明怡法師說明慈航精舍永遠開放，歡迎社區各族裔前往。
- 二〇〇八年五月十三日，中國四川大地震，中佛會首日募得善款二萬五千元，立即由護法會沈會長送到中領館，請副總領事郝曉飛轉交中國紅十字會賑災。

- 二〇〇八年六月十四日，妙峰長老到華埠怡東酒樓，出席四川賑災籌款會，親自交給總領事彭克玉三萬五千元，另加賑濟緬甸災民的五千元。
- 二〇〇八年十月四日，法王寺精舍聯合舉辦金佛山一日遊，朝山拜觀音。給秋日遠足的社區人士一個選擇。參加者盛讚金佛山風景優美，值得進一步開發。

附錄八
妙峰法師傳記參考資料一覽

中國佛寺志：吳之鯨
中華佛教百科全書
佛光山佛教教科書
雲間志
剃度：王安憶
佛教制度與生活：釋聖嚴
由我受了沙彌戒說到戒律制問題：釋聖嚴
傳燈：符芝瑛
細說抗戰：黎東方
大佛頂首楞嚴經
楞嚴經講義：圓瑛
東初老人日誌

東初老人簡譜：釋果徹
六榕寺志
太虛法師年譜：印順法師
太虛法師歷年紀念文專輯：大乘經舍印經會
太虛法師自傳
太虛大師生平事跡：續明法師
太虛大師與中國佛教的現代發展：李書有
太虛大師人生佛教提出的時代背景：釋通行
植物學大辭典
中國佛教史：印順法師
中國佛教近代史：東初老人
佛教對抗戰護國之貢獻：東初老人
抗日戰爭時期中國佛教界抗敵思想研究：李少兵
歐美佛教之發展：張曼濤編
中國租界史：費成康
慈航菩薩紀念集：釋廣元編
台灣佛教教育先驅——慈航法師：本性法師
慈航法師在台灣創辦僧伽教育及其影響：王榮國、張金德
慈風文集：釋妙峰
關山奪路：王鼎鈞

中華民國史稿：張玉法
民國高僧傳：于凌波
佛教名人傳
名僧錄：中國文史出版社
枯木開花：施叔青
跨世紀的悲歡歲月：佛光山
福嚴寺志：闞正宗
印順導師百歲祝壽文集：福嚴佛學院
印順導師思想與學問：藍吉富編
印順導師傳：潘宣
平凡的一生：印順法師
虛雲和尚法彙——虛雲老和尚事略
虛雲老和尚年譜：呂寬賢
禪宗詩偈研究：蔡榮婷
弘傳東密的持松法師：釋星雲
百年和諧的抗法英雄村：中國評論學術出版社
湛江遂溪抗法鬥爭：阮應祺雷州半島佛教述略：吳建華
居士在近代佛教中地位：一阿居士
上海近代佛教概述：吳平
人生佛教網

維基百科網
華峰佛教網
中國宗教網
台灣佛教數位博物館——佛教人物
福嚴網站
互動百科
星雲大師與人間佛教：龔鵬程
從人生佛教到人間佛教：惟賢
海仁老法師《楞嚴經》講記：塵空法師
慈航月刊
美佛慧訊
獅子吼
佛光大辭典
中華佛教百科全書
佛學常見辭彙：陳義孝
實用佛學辭典：高觀廬編
慈航法師在台灣創辦僧伽教育及其影響：王榮國、張金德
巨贊法師對一九四八年台灣佛教的透視：王榮國
台灣通史：連雅堂
台灣歷史人物小傳——明清暨日據時期：國家圖書館

台灣列紳傳：台灣總督府編
戰後台灣佛教（正編）：闞正宗
基隆市志
台灣高僧：闞正宗
台灣佛教的歷史與文化：江燦騰、龔鵬程主編

特輯

褚月梅　組稿

特輯一　上妙下峰長老傳曹洞正宗壽昌法脈大典

明定法師

美國中華佛教會創辦人上妙下峰長老自知年事已高，所承慈航菩薩的曹洞正宗壽昌法脈當有所續，故定於二〇一二年十月七日上午九時假紐約法拉盛慈航精舍舉行「曹洞正宗傳法大典」。

妙峰長老為曹洞正宗第四十八代傳人。此次傳法儀式旨在將虛雲老和尚、海仁老法師、太虛大師、印順導師及慈航法師等高僧大德一生所秉承之法脈以期續佛慧命，正法昌隆！

計有紐約及來自中國大陸與台灣的十二位法師接法，成為曹洞正宗第四十九代法子。十二位法子均為妙峰法師慎重遴選出來傑出弟子。其中任中國杭州靈隱寺方丈光泉法師因九月初應邀來紐約時已經於九月三日接受妙峰法師傳法。另一位法眾法師；福建省佛教協會副會長、靈鷲禪寺住持，受教妙峰長老於中國杭州靈隱寺，而於二〇一四年到紐約拜訪妙峰長老，並得長老傳法及接法成為曹洞宗四十九代的法嗣法子。

是故當日出席接法儀式共有十位法子，分別為：

明空法師、明堂法師、明安法師、大雲法師、果尚法師
明修法師、明定法師、明怡法師、明熙法師、明毓法師

傳法大典儀式於二〇一二年十月七日上午九時正式開始，由專程自台灣來的心茂法師主持。在莊嚴肅穆的爐香讚中，由護法會馬福盛會長及竺之偉總幹事緩步攙扶法主和尚上妙下峰長老於觀音菩薩聖像前，拈香供養諸佛，祈請諸佛垂慈，監壇見證。受法者於大殿中央長跪合掌。首先由維那師自誠法師捺磬，僧俗二眾恭誦《般若波羅蜜多心經》。之後應十位法子禮請，長老登臨法座開示傳法大要。開示中長老告誡眾法子：「傳法」乃佛教法統，指傳授佛法，傳承法脈；或傳付正法，所以亦可稱為「付法」。每一位出家人都應該承接法脈，方始完成弘化之資格，此即傳法之本義。當知「法」即是「心」，若師資道合，以心契心，則付法已完成。今為使末法學佛人，知道出家所為何事？要何所作為，方堪稱為出家人，因而有此傳法一事。期勉受法者得法後，善加護持，將來亦選賢能者而傳付之。接下來長老從「昔日世尊，在靈山會上，拈花示眾。眾皆默然，唯迦葉破顏微笑。世尊云：吾有正法眼藏，涅槃妙心，實相無相，微妙法門，不立文字，教外別傳，付囑摩訶迦葉……」繼而恭述西天東土歷代祖師們是如何千辛萬苦傳揚教法，荷擔如來家業的。

而後由心茂法師秉宣法脈傳承：「達摩為中國禪宗初祖，迨至六祖慧能法系一花開五葉……為仰、臨濟、曹洞、法眼及雲門等五個流派，光大禪宗門戶。曹洞正宗第一代為洞山良价禪師、第二代是雲居道膺禪師……第四十七代是慈航古開禪師、第四十八代是妙峰復超禪師。一九五四年妙峰禪師於慈航古開禪師門下選為曹洞正宗第四十八代法子；一九六二年被中華民國台灣政府選派來美弘法，飄洋過海將菩提種子遠播於美洲大陸，是第一位由台灣踏上北美土地的佛教法師。如今長老當年撒下的菩提種子，早已枝繁葉茂，遍覆北美各地……」

接下來是長老及授法卷給十位法子的莊嚴時刻。心茂法師代宣讀法卷云：「正法眼藏，燈燈相

續，代代相承，以心印心，教外別傳，傳至壽昌四十七代慈航古開老人，將此正法眼藏傳付於妙峰長老，而今傳汝……上座，此法派應代代相傳不可斷絕，切盼諸仁者善自護念，效法普賢菩薩十大願，丕振宗風，務使此法身慧命永恆延續，勿令斷絕。」宣說既畢，長老依次為十位法子傳衣、傳缽、授四十九代法卷，並各付四句偈頌加以期勉。繼而，維那師捺引磬，舉聲齊唱普賢菩薩十願文：

一者禮敬諸佛；二者稱讚如來；三者廣修供養；四者懺悔業障；五者隨喜功德；六者請轉法輪；七者請佛住世；八者常隨佛學；九者恆順衆生；十者普皆迴向。

傳法儀式即將圓滿，長老開示叮嚀：「恭喜各位發大菩提心，承接法脈。我們的法門是師承虛雲老和尚、海仁老法師、太虛大師、印順導師及慈航法師這一系的佛教，可以說是最圓滿、最究竟的法門。以智慧做指導。智慧像太陽充滿光明。在智慧的指導下，所作所為沒有半點汙染；重智慧之外也重慈悲。慈悲是春風，這是最圓滿的德行，最究竟的法門。希望法子們不斷地發揚光大，傳之久遠。」

最後，心茂法師向大眾莊嚴宣告傳法大典禮成。並勉勵法子們，期望諸位法子謹遵老和尚的教誡，將曹洞正宗發揚光大！明空法師代表法子們致詞時表示，法脈傳承，法子們有福報，誓願在恩師上妙下峰長老的座下依教奉行，廣度眾生。傳法大典圓滿，應弟子之請長老欣然同意與法子們在慈航精舍大殿觀音聖像前合影紀念。而後長老帶領法子們到華埠法王寺禮祖，法子們依軌頂禮恩師的法乳之恩。

二〇一二年美國中華佛教會創辦人上妙下峰長老傳曹洞正宗壽昌法脈，傳法大典功德圓滿，與會大眾法喜充滿！

特輯二

曹洞正宗第四十九代法子

光泉法師　中國杭州靈隱寺方丈
杭州佛學院院長
中國佛教協會副祕書長
浙江省佛教協會會長
浙江省政協委員

明空法師　台灣新北市佛教會前理事長

明堂法師　中華國際廣願地藏佛教協會理事長

明安法師　台灣心源金剛道場住持

大雲法師　台灣新店市妙法寺住持

果尚法師　台灣嘉義彌陀山莊講堂負責人

明修法師　紐約大都會佛陀教育中心負責人

明定法師　美國華藏佛教會理事長
紐約慈恩寺住持

法眾法師　中國福建省佛教學會副會長
福建省漳州市政協委
漳州市佛教學會會長
中國福建漳州靈鷲禪寺住持

明怡法師　前美國紐約慈航精舍住持
中華佛教會前會長

明熙法師　紐約慈航精舍監院

明毓法師　世界佛教聯盟署理會長
中華品德教育推廣協會名譽理事長

特輯三
師恩永懷

光泉大和尚談接法因緣

光泉法師

能和老和尚接上法緣，實在是很殊勝的因緣。首先要感謝隆淨法師，當年是他介紹我們認識的。也許是前緣使然，和老和尚一見之下，就非常親敬。雖然見面前，對老和尚不同尋常的弘法經歷已有所了解，對他非常讚歎，但是會面時他的一個動作還是讓我很震驚。當時，他一聽說我是杭州佛學院的院長，馬上站起來說道：「我的院長來了，我要頂禮院長。」嚇得我趕快先拜了下去。這件事對我的教育意義非常大。

這次以後，我們就開始魚雁往來，我每次去美國都去拜望老和尚。那些年我經常向老和尚請益。老和尚淵博的學識，圓融的智慧，讓我每每升起高山仰止之感。我們之間的緣分也愈來愈深。二〇一二年時我去美國公幹，又去拜訪他，那一次蒙老和尚慈悲，在慈航精舍傳法與我，讓我忝列門牆，成為了他的法嗣，這實在是我一生的幸事。二〇一三年，正值我們的三壇大戒，老和尚到訪靈隱寺，他特地給我帶來了法衣、法卷，圓滿了傳法的儀軌。

出家因緣

明安法師

末學印樂明安，於二〇〇六年蒙恩師慈悲剃度為佛門一成員。

回憶出家前從事於身體整療保健，整體推拿脊椎矯正的行業，也因如是因緣，與恩師上人，結下殊勝之緣。師父聽信眾說：有位居士在台北有個整體保健工作室，手法還不錯，因緣具足，就來到我的工作室。那時我心生歡喜，能為遠從美國來台的老法師做保健也是我的福報啊！一見面老法師就握住我的手，說劉醫師我年紀大了膝蓋無力，退化了，這應該是正常的吧！我說也許是經絡方面的問題。就很仔細為老法師做調整經絡釋放，做好之後我請老法師起來走動一下，走沒多久就拉著我的手踢踢腳說你很棒，沒想到我的腳變得有力，走起路來很輕鬆很舒服。聽說老法師來台時間有限，又有很多信眾想見長老。所以請同修開車送長老回桃園精舍去，到了時候她打電話說老法師要跟我說話，老法師說劉醫師啊，其實我觀察你一段時間了，你家有兩個小孩，年紀輕輕的就發心出家了，你們兩位心地都很善良，又懂得精進，真是世間稀有的佛弟子啊，如果不嫌棄的話，就在我這裡出家吧！我說好啊！沒經過考慮隨口就答應了，我又說若我出家，我同修也一起出家，老人家聽了很高興，就說一句那我不就是一箭雙鵰嗎？當我掛下電話就走到佛堂，跪於佛前雙手合十，向佛大聲說弟子決定出家了，講完之後眼淚直流，無法控制啊，邊哭邊念南無本師釋迦牟尼佛，於佛前又說願出家無障礙，而且與同修一起出家。就這樣很快就把經營多年的保健工作結束了，很多患者聽到說我要出家的消息，都一一的打電話來也邊講邊哭，都說很不捨。

在出家前，全家人早已皈依三寶近二十年，身為在家居士也一直勤於精進，念佛持咒參禪聽經聞法親近善知識，期待盡形壽，有善因緣，能出家修行。

知道長老為大智者，又善於禪詩偈頌，度諸有緣。如今時節因緣具足，感恩長老慈悲為我圓頂剃度為僧。即發願上求佛道下化眾生。及發「眾生無邊誓願度，煩惱無盡誓願斷，法門無量誓願學，佛道無上誓願成」四弘誓願。心境又如《楞嚴經》所云：「將此身心奉塵剎，是則名為報佛恩。」

雖然出家多年，總覺得愚癡無智，佛法深奧，實難通透，真是才疏學淺，常提醒自己老實修行，廣學多聞，勇猛精進，願早日能頓開無明，成就辯才無礙，廣度有情，共向究竟，圓成佛道。

恩師上人於二〇一二年十月七日，於美國慈航精舍傳授曹洞宗法脈，末學明安有幸，受於法脈傳承，為第四十九代之法嗣。

上人開示云：「夫求法者，不可以身求，不可以心求，不從佛求，不從法求，是為正法，是為正得，恆沙妙德，本自具足，百千法門，從心而出，是以昔日，世尊靈山會上，拈花示眾，眾皆默然，唯摩訶迦葉尊者，破顏微笑，默契心宗，爾時世尊曰：吾有正法眼藏，涅槃妙心，實相無相，微妙法門，付囑摩訶迦葉尊者，由是西天四七，東土二三，燈燈相續，代代相承，傳至壽昌四十七代，慈航古開老人將此正法眼藏，傳付於恩師上人妙峰復超，今傳余明安騰法，為四十九代法子，令善自護持勿令斷絕。」

感念師父剃度之恩，明安自當善護持，以利他成就佛道。

平凡中見不思議——憶恩師妙峰長老

大雲法師

因緣所生法，不可思議，宛然有又是畢竟空，不可思者。所謂法無相想，思則亂生，暫舉其心，塵勞先起，因法無相想，思亦徒勞，是法非思量分別所能及也，故心欲緣而慮亡也。不可議者，所謂理圓言偏，言生理喪，凡有言說，皆成戲論是也。又理圓言偏，言不能盡，窮劫而說，終莫能盡，故欲談而詞喪也，經云：三心不可得也。然不假方便，無以言說，畢竟理圓藉由事顯，事顯以彰理圓，今但談說妙峰長老的所見所聞不思議事！

佛法東傳東土兩千餘年，於中國大彰其成，輾轉東傳日韓、台灣，漸至全球，乃因後世僧侶代代相傳，法法相付，才能開枝散葉，普及人群。昔有唐朝玄奘大師西天取經歸來，佛教大盛一時。時至今日，千餘年後妙峰長老傳法西方，為佛法傳入美國第一人，佛教於西方占有一席之地，並蒙美國總統召見白宮說法，實乃前無古人，空前盛舉也，實乃佛教之光。

就長老生平事蹟，今以管見略述，親近長老之見聞不思議事，略說以三，約立德、立功、立言。

師早年童貞出家，生日與阿彌陀佛聖誕同日，這是出生修道因緣的不可思議。童貞出家，乃過去深植佛法善根，與佛生日同時乃宿願所成，本是西方一衲子，乘願再來。出家受具足戒之後，又逢國土戰亂，於戰亂中仍學法不輟，就讀佛學院親近太虛、虛雲、海仁等善知識熏習佛法教育，奠定其修行的發心及思想。後因戰亂來台，又親近慈航、印順等佛教大德，隨師學法，更深固日後修學及弘法度眾的資糧，又得慈航菩薩親傳禪門曹洞宗法脈，為四十八代法子。才德兼備，此為立德也。

因此得龍天推出，於一九六二年受國民黨及內政部之請託，希望印順導師能於眾多優秀的學僧中推派才德兼備又能說廣東話的法師赴美弘法，於是因印順導師的推薦，妙峰長老依導師慈命，應美國華僑學佛弟子殷勤所盼，而赴美弘法，隻身孤影遠赴萬里之外的美國。其遵師教如是，迎接異鄉的孤獨及肩扛佛法的弘揚，一路艱辛、篳路藍縷地開創佛教事業。創立中華佛教會及建寺安僧，接引眾生續佛慧命。先後建立紐約法王寺、慈航精舍及松林寺等三大度眾道場。雖身在美國，也心繫台灣佛教，於台灣創立新竹慈航佛學社及桃園慈航精舍，並時常回台探視師長印順導師，重情重義如是實屬難得。也關心大陸佛教，重修祖庭，恢復文革之後被占用的佛寺，敦請鄧小平領導人協助恢復六榕寺。更致力於天災之濟苦事宜，印尼海嘯及大陸汶川地震，皆發起籌措善款，為災難受苦之眾生竭誠奉獻心力，足見老和尚願心、悲心之切，非常人所能及，此為立功也！

老和尚平時雖法務繁忙，亦不忘自身的行持，每日定課不忘行持印順導師的成佛之道，日誦偈頌一遍，以為定課。老和尚說是每天與導師心靈的交流，其憶師憶法如是，實屬難得。並於每日抒發內心的覺照，以禪詩而自娛，以禪詩廣結法緣，引領眾生入禪地風光，眾生有求墨寶者皆滿其願，隨緣隨機而賜予墨寶及相應之佛法，觀機施教接引眾生，令眾歡喜。其方便智慧善巧如是，難怪乎印順導師曾說妙峰老和尚的毛筆字是聰明字，雖不屬任何流派，但卻獨樹一格，可謂自性流露，不假造作，累世修因所得。老和尚於日課不懈，淨化自己身心，並著作等持筆耕不輟，著有《慈風文集》、《八大人覺經十四講》、《修福與修慧》、《般若心經的思想及其哲學》、《六祖壇經探祕集》、《禪地風光》等著作留傳，也應海內外佛子之邀，隨緣說法，其善巧接引眾生為利他之方便，其悲心也切，不愧為一佛子，此乃立言之不可思議也。

如上略說老和尚立德、立功、立言之三不思議。

而學人與老和尚結緣，是緣自於受戒，老和尚是學人的教授阿闍黎，於戒會中擔任教授，啟發戒子正思及講授菩薩戒戒法，故於戒會中得親近聽聞佛法開示，也因法的因緣而於戒會期中，因其依止弟子明仁法師也是戒期中同受戒，而引見親近老和尚。老和尚的慈悲、不嫌棄初學，也因此於戒會中能數數的親近聞法、請益，戒會圓滿之後，老和尚於桃園慈航精舍暫駐期間，也因明仁戒兄的邀請而能常常親近並隨師側，期間蒙老和尚的關愛及護念也深受感動，也因這個因緣，老和尚來台都會指定由學人擔任侍者，陪侍老和尚。學人當時就讀於新竹福嚴佛學院，也是印順導師所創辦的，更是老和尚曾親近印順導師講授佛學的地方，所以因這個因緣，老和尚也歡喜學人去陪侍照顧，也能讓學人有盡弟子之責，略報師恩。也才有後續成為老和尚法子的因緣，所以老和尚是大雲的戒師父、也是教授師父，更是傳法的法師父。

老和尚平時生活規律、簡樸，少欲知足，平易近人，調柔和善，是一位容易親近的長者。每日都會寫禪詩，並與學人分享，每天都固定陪老和尚去附近公園散步，老和尚邊走邊吟詩，興起之時也會唱唱禪詩，並以禪詩意境而說法。老和尚的智慧善巧令人如沐春風、似甘露灌頂法喜充滿，老和尚也不吝指點，教導學人如何作禪詩，但禪詩意境深遠，詩中有畫、畫中有詩，詩中有法、法中深意，豈是常人所能體會，但是每日例行散步，耳濡目染之下，也獲益良多。今生能隨師聞法、修道，這些佛法者，當知不於一佛、二佛三四五佛，而種善根，已於無量百千萬億佛所而種善根。出家人發生一種師徒關係，看來好似平凡，實則不然，皆由多劫前的因緣，種子成熟，夙世因緣由來已久，應非等閒之事。師徒的關係必定有其緣分、情分和本分。緣分是夙世善緣所感，一見如故，像似知己，言談舉措、動靜皆安詳得宜，深得我心。而情分是師父照顧、關愛徒弟，處處希望他上進、品學兼優於三學，精進不懈、成為龍象，而徒弟也應孝順師父、服從受教，以力以財奉報師恩，伸令安養，身心自在，住世無憂。而本分就是師徒各在本位，各盡其所應盡之道，與師長心契道合，方不負今生師徒因緣，難得親近關係。

大雲有幸承蒙長老的慈愛，得以接續禪宗法脈，成為法子，內心憂喜參半，擔心無法秉承師教有違使命，但畢竟佛法還是需要代代傳承下去，明知濫竽充數，還是學習承擔，祈恩師於寂光淨土，慈護弟子，願大悲不捨，倒駕慈航，再續法緣。

我與師父的因緣

明修法師

我與師父的因緣始於福嚴精舍。民國八十年十月二十日福嚴精舍舉行重建落成典禮暨傳授在家菩薩戒會，是日國內外參加的教界人士不計其數，我的師父上妙下峰大和尚即是海外專程回國的長老。是日在聽完師父的開示後，觸動我出家的決意，於是要求師父慈悲允我跟隨他老人家出家。師父長時間於美國弘法，因此擇日於翌年二月十九日觀音誕，請台北松山寺上靈下根老和尚為他代刀，並恩賜法名印慈，字號明修。

出家後，依循師父的指示，留在台灣松山寺學習，並就讀佛學院，此間與師父的互動並不多，只是逢年過節電話問候，未曾有機會真正親近他老人家。直到民國八十六年，第一次到紐約上州金佛山常住，當時正值金佛山建設之期，老人家期望在金佛山辦學，成立佛學院，於是便留在金佛山協助工程，希望能早日達成師父的宏願。順著因緣而自然發展，一切是不能盡如人意的，加上我的簽證到期，怎麼辦呢？放棄嗎？已經建設一半的工程又如何？繼續嗎？沒有簽證怎麼辦？考慮了許久，內心充滿著糾結與矛盾，最後還是決定向老人家請辭告假。師父同意我離去，這一方面令我很欣慰，也使我痛苦萬分！一切讓因緣去決定吧！

無限因緣的錯雜發展，終於還是在紐約留下來，形成師父與我若即若離的關係。明修每逢年節必定到慈航向師父頂禮問候，他老人家也未曾忘懷於我，必會教誡弟子，直至今年是他老人家最後的教導，滴水之恩明修謹記於心。

永念師恩

明定法師

人的一生要經歷很多人，很多事，方能鑄就人性的優雅與練達。一切都那麼真實，透澈入骨，或喜或悲或平淡，一切又是那麼地變幻莫測，這一切就是我要說的「緣」，師徒之緣。

我與師父相識，純屬偶然，源於杭州佛學院校慶十周年，受靈隱寺方丈光泉大和尚之託要我送請帖，我才有緣得見師父。其實在國內的時候，很早就得知師父的尊號，但那時，我真的不敢妄想得見師父學法，那肯定比登天還難。然而因緣就是如此地不可思議，二〇〇六年我受到赴美弘法的邀請函，便開始了自己立志在美國弘法的人生。年少的我懷著對未來歲月的無限憧憬和對過去生活的深深眷戀，離開了母校杭州佛學院，開啟了弘法生涯的新篇章。

初到紐約時，一切對我來說，都是那麼地新鮮而又陌生：於外，這裡飛機轟鳴、地鐵盤旋、高樓聳立；於內，每天時時感受著來自外界熟悉而又陌生的音符、文化與思想上的激烈碰撞。於是，我不斷地搜尋前人在美洲生存的資訊和美國佛教界的資訊，從一些刊物報紙雜誌如：《世界日報》、《僑報》、《美洲佛教》、《慧炬》、《海潮音》、《美佛慧訓》、《慈航月刊》、《佛教青年》，還有《沈家楨傳》等等，我深深感受到了師父的影響力與威德，頓時敬意油然而生。得知師父曾經也是杭州的學僧，著實讓人十分意外。因緣真的不可思議，我與師父年齡相隔數十年，竟然根出同源。

後來一次促膝長談時，師父就將往日在杭州的學僧生涯講給我聽，那時深深地被師父對杭州故土的赤子之心所打動，師父這些年從未忘記故土，對杭州佛學院依然充滿懷念，依然堅守當年在佛學院立志弘法的初心，始終未變。師父仍還記得當年太虛、會覺、巨贊等人所辦的「武林佛學院」是坐落於杭州探梅勝地靈峰寺內；乃至與自立、妙欽、演培等法師朝夕相處的友誼歲月。每次說到得意處，長老總是眉飛色舞，宛如回到了孩提時代，饒有童趣。從長老題寫校慶賀詞：「滿園桃李賽春風，馥郁芬芳映水紅；學府黌宮龍象眾，百年大計氣如虹。」就可得知師父對杭佛的無比讚美與深切期待。

之後，在莊嚴寺沈家楨老居士的追思讚頌會上，我再一次見到了師父。長老回憶與護法即故友沈老先生的這種亦道亦友、一僧一俗的情誼故事，著實讓人感動。宛如當年的蘇東坡與佛印禪師那樣互運禪機，談禪論道；不俗即仙骨，多情乃佛性。而此時此刻，長老歎息生死無常，人生苦短的同時也激勵後學跟進，渴望出現更多的像沈家楨居士這樣的大德護法來護持三寶，則佛法興盛矣！

前面我曾說師父是杭州的學僧，當然就是杭州佛學院的老校友。二〇〇九年年底我從杭州回來，受院長光泉法師所託，再一次拜見他老人家。向這位老校友贈送「杭州佛學院校慶」徽章時，師父看了非常激動。徽章精緻至極：中間是大智文殊師利菩薩——象徵著學院僧才的智德增上，周圍環繞蓮花瓣——蓮花象徵著學僧的戒德清淨無染；環繞的蓮花象徵著學院周圍的蓮花山，山脈綿延不絕、佛種生生不息、代代薪火相傳。小小的徽章傳遞著杭州與華佛會的友誼，也延續著師父對杭州佛教的記憶。此次因緣際會不可思議，也許是累世與師父的因緣結果，也許是延續著前世的師徒緣分，我實現了多年的夙願，成為師尊座下弟子，取名明定，字印戒。當多生的那份因緣成熟，師徒相遇，弟子的內心總是有莫名的觸動，或悲愴，或欣喜，或釋然，或感傷……。與師父一起的日子，內心總是充滿了甘露法喜，難以言表。

二〇一二年十月七日，師父自覺年事已高，所承慈航菩薩的壽昌法脈當有所續，我有幸成為師尊座下第四十九代法子之一，法號明定騰道。續佛慧命是作為一位合格比丘的職責所在，不但要度自己，還要引領芸芸眾生出離生死走向解脫到達光明彼岸。師尊之恩深似海，縱粉身碎骨也難以為報。師徒間相應法的修持，有著無量功德與深遠利益。得到了最親近的法脈傳承，即得到了活生生的所謂的「法」，這也必須具德具緣。世上有多少缺陷，就有多少種修行。師父告誡弟子：「生心無住倍生心、佛道高來魔道沉。無限風光繞道意，溪聲流水皆圓音。」弟子必會永世銘記師父教誨「勿令法脈斷絕，道業頹廢」，生生世世信受奉行，報答師恩。

二〇一三年十月，師父以八十九高齡之軀，返回故土中國杭州、台灣等地，弟子有幸隨侍在側。師父時常耳提面命，時常貼首附耳，潛移默化中錘鍊著弟子。猶如一面明鏡，從內在散發的那種清淨、覺性、智慧，讓弟子照出了自己還未斷除的煩惱。在師尊面前，弟子慚愧萬分，無地自容，滿腹話語，又難以啟齒。師父經常勉勵弟子「譽不喜，毀不怒」。從師父的笑語言談中，我深深地感到師父無盡的慈悲心，深深體會到師父為弘法利生一路走來的苦難與辛酸。慢慢地，我看懂了師父的缽中飯，杯中茶，笑中淚……。做弟子難，為師更難。也許這就是師徒之間才會有的某種心靈間的傳承。

二〇一九年，四月十六日一個不尋常的日子。凌晨一時四十五分接到明怡法師傳來師父示寂的消息，恍惚震驚之餘，便不斷地告訴自己這是事實。就這樣在念佛聲中我們送走了恩師上妙下峰長老。出殯那天天氣灰濛，綿綿細雨好像在傾訴著依戀與不捨。長老常告誡弟子們，無論王侯將相還是販夫走卒都免不了一抔黃土掩埋錦繡文章。

師父一生光輝燦爛，為轉法輪，從師命仗策孤征，篳路藍縷開創了佛教在美度生的先河，豐碩法緣，德澤後進。如師尊所說「春風處處花如景，香氣彌漫樹樹葩」，相信有朝一日佛法定會在美洲大地上處處開花結果。

法眾法師接法

法眾法師

法嗣弟子：法眾，字號：心福

一九七八年披剃出家。於二〇一三年十月在妙峰長老應邀到訪杭州靈隱寺時，經由台灣明空法師的引領拜見長老。而於二〇一四年再次到紐約拜訪長老時有幸得老人家應允我成為曹洞宗四十九代的法嗣法子之一，實是我出家為僧的一大殊榮。長老傳法賜我：騰圓．明願。賦予我心法詩云：

法性妙理繼先宗
衆振家聲自道通
騰重時節因緣至
圓傳沙界播真風

我當稟承師訓，不負長老的期望。勤於道場、利樂有情。

師徒之緣

明熙法師

二〇〇四年印順導師百歲壽誕，師父回台，師父長時間航行舟車勞頓，導致膝蓋無力礙於行走。是由淑美及王丹兩位菩薩載師父到我們的民俗整療工作室來覓求幫助，這是初見師父。

二〇〇五年六月印順導師一百零一歲圓寂，師父再次回台，兩位菩薩再次載師父來工作室。為了師父的膝蓋能早日康復，隔天由我到桃園載師父至台北北投我們的民俗整療工作室。七月時送師父回桃園時，師父關切地說：「你和劉醫師那麼恭敬出家人、護持三寶、吃素也二十幾年，兩位小孩也都出家了，我不知道有沒有福報收你們做徒弟。」當時立即頂禮師父應允感恩。師父即電予告知劉醫師。回程路上無明淚流不止心想出家願望將實現了。

一星期後師父偕同明空法師來工作室，表示要予我們剃度。我表示有些倉促，家人還未通知呢！師父說：「我回紐約主持佛化婚禮再來幫你們剃度。」劉醫師向師父表明，「師父老人家飛航時間太長太辛苦，我們去美國剃度出家吧！」八月隨即結束民俗整療工作室，一一致電兩個月後滿約的人員，且一一道歉。隨即與劉醫師辦理離婚等事宜。

九月初一行八人（陳炳藏，林淑美夫婦、王丹與母親、宗鐘法師，蔡鳳珠、劉醫師和我）來到陌生的美國紐約慈航精舍。十月二十一日（農曆九月十九觀音誕），剃度出家，就此每天七點聆聽師父講說《成佛之道》。

二〇〇六年二月回台灣受戒，且就讀於淨覺僧伽大學四年。

二〇一〇年為重建慈航回來常住，在日常中聽師父憶說當年：赤手空拳膽敢負起宗教國民外交的因緣，攝受旅美粵語系的菩薩們。在美體現為教為眾生，淨化社會人心的無限熱忱。又憶起民國三十八年初到台灣當時的艱辛，唯有慈航菩薩能給予愛護及溫暖，當時因時局全體師生曾被拘捕，後雖被保釋還是到處躲躲藏藏，更曾與慈航菩薩於樹林間、靈骨塔中過夜，當時心裡害怕焦慮，但看著老師怎可如此的自在隨緣，便慢慢安定了。

一九五四年慈航大師示寂即依印順導師受學。且執教於福嚴佛學院及在一同女眾學院授課。

一九六〇年國民政府請印順導師派遣一名弟子到美國弘法。要求這位人選：一要遍達佛理、能寫能講；二要年輕、人才出眾；三要能講廣東話。師父憶起當時是淚汪汪登機，隻身踏上征途。想想當年的玄奘大師是西行求法，如今我們師父是西行弘法哩！

以往師父回台灣定先去探望印順導師，又到慈航堂紀念慈航菩薩，手摸著慈航菩薩的蓮座口中悲情地念著：「老師，妙峰回來看您了。」淚流滿面稍會平復。這是師父感念恩師的甚深情懷。

師父的節儉：如寫的字好小，是為了節省紙張；又如用餐時的餐巾紙一張用好幾回。師父的精進：每天不忘寫詩，共修時也以詩向大眾開示；師父年輕時都是領眾共修後，才乘晚班車到金佛山松林寺，隔天一大早整理樹枝、種花、除草等。

明熙有福隨師幾年，學習著師父勤儉於日常中；精進於護道場利眾生；尊師於禮敬行止。謝謝師父，辛苦了，今日我們才得以有如此莊嚴的道場安僧利眾、弘揚佛法。感恩您，師父！師父……

感恩嚴師慈父度有情

明毓法師

記憶仍猶新，大約於二十八年前中佛青組團至桃園覺海寺參訪，大眾至大殿禮佛，我們感受寺院的清淨莊嚴，也聆聽該寺創建之始，披荊斬棘，備極艱辛。爾後，我看見師父自寮房走進大殿，師父那時身形俊挺硬朗，如似松柏長青，令末學肅然起敬，當下正念起「出家」的心願，未來因緣具足時於老和尚座下剃度。（師父自美國回台灣，覺海寺都禮請妙峰長老短期安住。）

一九九七年中華佛教青年會應邀特組團至美國紐約莊嚴寺大佛殿開光典禮。我們一行有二十位法師與居士至慈航精舍參訪。大眾景仰師父妙峰長老是第一位至美國弘法的中國法師。師父曾說：當年於一九六二受國民黨內政部安排與委派，約有二百人至機場，很多居士淚眼汪汪來送行，都依依不捨妙峰師父遠渡重洋至西方，以後何時才能再見面？然而，師父於美國謹記印順導師教誨：淨心第一，利他為上，為佛教，為眾生。堅忍耐力，意志堅定，砥礪奮鬥，歷經五十五年寒暑。如同一棵健碩的菩提樹，在北美昔日的佛教沙漠，篳路藍縷，播種耕耘，鞠躬盡瘁，弘法利生，廣度群倫。

二〇〇五年冬天，明毓已在慈航精舍常住，師父要我寫一篇〈出家願景〉。我以印順導師之著作《成佛之道》本頌云「歸依處處求，求之遍十方，究竟歸依處，三寶最吉祥！」為主題。末學摯誠感恩師父的教導，耳提面命的開示：大悲為上首，熔鐵鍛鍊成鋼。佛陀的教誨：若得親近善知識，那麼學佛清淨的德行就已經圓滿具足了。師父是嚴父慈師，不苟言笑，身教言教以身作則，德行高深學養淵博。令人望塵莫及，崇敬仰慕。末學與有榮焉，師出名門，愧為法嗣弟子。唯願發揚師父的禪詩遺作，流通弘化，利樂眾生。謹遵師父教導，依教奉行，住持佛法，報答四重恩。

祈願師父證菩提果，入如來地。慈悲倒駕慈航，乘願再來。末學歡喜師父的禪法，詩文禪趣盎然，如理思惟，如理作意，法隨法行：「說法度生是本分，戒香馥郁德馨薰，度無所度心常寂，來似春風去似雲。」師父世壽示寂，然而所精通的佛學著作、禪詩深邃造詣與書法清秀雋逸，都是最佳傑作。師父的德行風範常存世間，流芳千古。

我與妙峰長老的師徒因緣

宏輪法師

弟子我於民國五十八年（一九六九）入住桃園龜山「覺海寺」，觀淨長老尼（俗家姨婆）為當時覺海寺開山住持，代母一手把我撫養長大。

我於民國七十九（一九九〇）年落髮圓頂，儀式由演培長老主法，觀淨、道妙長老尼（俗家表姑）為我剃度師父；兩位長老尼（觀淨、道妙）同為演培長老的徒弟。

民國抗戰勝利後，演培長老（一九一七－一九九六）在杭州主持武林佛學院，當時妙峰長老即為該學院的學生。

民國四十一年（一九五二）演培長老受邀來台灣主持「台灣佛教講習會」，當時會所設立在新竹青草湖「靈隱寺」；之後與續明長老們協助印順導師在新竹建立「福嚴學舍」，並禮請印順導師常駐錫。

民國三十八年（一九四九）左右慈航菩薩來台灣，當時有一群僧青年也由大陸來台灣，妙峰長老是其中一員。後來投入慈航菩薩座下，在「靈隱寺」掛單修行。

當時因政局動盪，「靈隱寺」被人舉報有匪諜混跡其中，因此僧青年們就被當作嫌疑犯扣留在看守所中。當時還是齋姑的觀淨老師父（俗家姨婆）和她的同參道友，常送物資接濟僧青年，因而與他們結下善因緣。

而在當時物資如此匱乏的年代，老師父（俗家姨婆）平時就會把好的衣料和較好的物資收藏起來，等到這群僧青年來訪時，即衣食物資供養他們。而僧青年們對待觀淨老師父也如自己家中母親般的尊重敬佩。

我於民國五十八年（一九六九）入住桃園「覺海寺」後，經常看到許多法師來探訪觀淨老師父（俗家姨婆）。多年後才知道，在民國三十八年（一九四九）觀淨老師父曾住過「新竹淨業院」，並就近護持省佛教會辦的「台灣佛教講習會」；這也是與演培長老及諸位法師結下法緣的因素。

而當年疑似匪諜案，被關的僧青年離開看守所後；當中的寬裕長老在一場大病後，提到他們沒有安住的道場，需要四處掛單。因此觀淨老師父（俗家姨婆）決定為他們興建安住的道場。多方打聽得知桃園龜山有適當的土地，因此老師父和寬裕長老他們從新竹步行三天來到桃園龜山，再集眾人的力量，經過篳路藍縷的開墾，終於「覺海精舍」在民國四十二年（一九五三）落成，並於民國六十年更名為「覺海寺」。

妙峰長老曾說：當時「覺海寺」落成，僧青年都視為自己的道場，只要有法會都由這群僧青年來負責，法會辦得非常莊嚴隆重。因此「覺海寺」在桃園成為眾所周知的名剎之一。

而當慈航菩薩圓寂後，其座下的弟子如妙峰、幻生等諸多法師，紛紛前來印順導師的新竹「福嚴學舍」研習經藏。

當時演培長老也常駐學舍中講學，妙峰長老為其講授時的記錄者之一，後來也為演老所講學的文章結集於《演培法師全集》內。

他們師生兩人追隨導師學習，學風興盛為當時極負盛名的小學團，之後又一起合辦女子佛學院。日後，雖然妙峰長老至美國弘法；演培長老則常駐「新加坡福慧講堂」，為新加坡當時宗教領袖的佛教代表。但兩位長老不因距離的遠疏而緣淡，反而常常書信往返，成就兩人近半世紀的師生情誼。

民國八十五年（一九九六）演培長老在新加坡圓寂，靈骨將送回台灣「新竹福嚴塔院」安奉，預定在「高雄元亨寺」舉辦追思讚頌會，追思讚頌會需一對輓聯，所以請託妙峰長老為其寫輓聯。當時我受命前往「新竹宏修禪苑」領取輓聯，而與長老第一次正式見面，因這因緣促成日後成為妙峰長老半個徒弟和他回台灣隨師的法緣。

而說起覺海寺的第二代住持道妙師父（俗家表姑）民國四十二年到四十四年（一九五三—一九五五）和妙峰長老的相識因緣，是他們兩人同在汐止慈航菩薩所辦的「靜修佛學班」就讀，為慈航菩薩的學生也是同班同學。

慈航菩薩在汐止彌勒內院法華關房圓寂後，靜修院佛學課程不久即結束。當時俗家表姑（道妙師父）還是在家眾身分，即回桃園龜山「覺海寺」住寺幫忙。

當佛緣成熟時，正式剃度成為演培長老的首位女弟子。

民國八十六年（一九九七）妙峰長老回台灣即入住桃園「覺海寺」。當時長老表示他和我都與三代長老（演培長老、觀淨老師父、道妙師父）有很深厚的因緣。依此看來，我也算是他的半個弟子。當下聽到妙峰長老如此言說，我即速跪下磕頭拜師；妙峰長老並勉勵我，能以印順導師之侍者明聖長老尼為學習榜樣，往後可以成為一位稱職的隨師侍者。

此因緣，在日後妙峰長老逢人介紹弟子我時，就必稱是他的半個徒弟，這就是我倆的師徒情緣。我們真可以說是三代法緣情，半個師徒緣。

特輯四 妙峰長老傳法大典攝影集錦

美國中華佛教會創辦人上妙下峰長老自知年事已高，所承慈航菩薩的曹洞正宗壽昌法脈當有所續，故定於二〇一二年十月七日上午九時假紐約法拉盛慈航精舍舉行「曹洞正宗 傳法大典」。
前排自左向右依次：明定法師、明修法師、明堂法師、明空法師、果尚法師、大雲法師、明安法師。

前排自左向右依次：前排：明定法師、明修法師、明堂法師、明空法師、果尚法師、大雲法師、明安法師。後排：明怡法師、明熙法師、明毓法師。

圖片為當日出席接法儀式。妙峰長老（法主）、心茂法師（尊證）。
法子前排自左向右依次：
前排：明空法師；後排：明毓法師、明怡法師、明熙法師、明安法師、大雲法師、果尚法師、明堂法師、明修法師、明定法師。

前排自左向右依次：
法師列：明空法師與師父[上]妙[下]峰長老
居士列：竺之偉、馬福盛

圖為光泉法師禮謝法主和尚。

上｜法眾法師，福建省佛教協會副會長、靈鷲禪寺住持，受教妙峰長老於中國杭州靈隱寺，而於二〇一四年到紐約法拉盛慈航精舍拜訪妙峰長老並得長老傳法及接法成為曹洞宗四十九代的法嗣法子。
下｜妙峰長老與眾法子晚宴。

特輯五

上妙下峰長老圓寂追思法會

明定法師

二〇一九年四月十六日（農曆三月十二）凌晨一點三十五，美國佛教聯合會名譽會長，慈航菩薩座下曹洞法脈四十八代傳人，上妙下峰長老，於美國紐約法拉盛慈航精舍安詳示寂。世壽九十三歲，僧臘八十二年，戒臘七十九夏。

隨後美東佛教界長老大德，僧俗弟子等皆自發陸續前來助念（由於人數眾多，不一一列舉），二十四小時佛聲不斷，祥瑞呈現。翌日四月十六日長老法子——杭州靈隱寺方丈光泉大和尚命常法等並九位法師率先前來助力，協助接待各道場弔唁及助念工作。道場從四月十六至二十三日每天設放三時繫念，以此功德迴向長老蓮增上品。

「上妙下峰長老追思讚頌會」設在紐約法拉盛全福殯儀舘。禮堂布置得莊嚴肅穆，帶著濃濃的佛教氛圍。棺柩兩旁由美國佛教聯合會現任會長明予法師所題「妙法承襲洞山祖，峰邀滿月天人師」。兩邊排開，掛滿了海內外長老大德、社會各界人士及長老座下眾佛弟子法眷門人等撰寫的輓聯、祭幛。

「治喪委員會」謹遵長老生前遺囑「身後一切從簡，以念佛為主」的法旨，決定懇辭花圈、花籃以免鋪張浪費。

「追思讚頌會」定為四月二十四、二十五日兩天。二十四日（星期三）下午三點開始「淨壇、誦經」。恭請美國佛教聯合會會長明予法師主法、梵唄由杭州靈隱寺先後組團二十位法師協助。美國各道場及海內外長老大德法師，緇素弟子約三百餘眾參加！二十五日（星期四），上午九點舉行「傳供大典」，恭請超定長老，修覺長老及明予會長主法，海內外六十多所道場，約二百多名僧侶，以至誠之心親自奉上一〇八盤供品上傳佛前，以此深表哀悼及對上妙下峰長老的畢生弘法貢獻致以崇高的敬意！

接著是致祭文及嘉賓致辭，其中包括了由中國佛教協會副祕書長光泉法師所宣讀的中國佛教協會唁電，明予會長宣讀的美國佛教聯合會祭文及洛杉磯觀音寺開山超定長老憶述妙峰長老在印順、慈航、太虛門下修學歷程及從師命到訪美洲新大陸，在這塊佛教新生的土地上如何躬耕、拓荒、播種，以至而今碩果纍纍，奠定了佛教在北美弘化的基石！佛光山星雲大師弟子慧浩法師代表諸山道場致敬長老堅忍不拔的弘法精神，令人永遠敬仰，永遠感恩！另外紐約市議員顧雅明先生在致詞中，特別表彰妙峰長老當年致函鄧小平先生，成功地恢復了廣州六榕寺。長老好友著名散文家王鼎鈞教授追憶長老慈悲喜捨諸善行。長老法子——杭州靈隱寺方丈光泉大和尚代表法眷門人緬懷長老法乳之恩。最後由慈航精舍住持明怡法師致謝詞。感謝各方道場在長老近些年來示疾時所給予的關懷問候，本來很樂觀的以為長老健康會好轉，卻於十六日凌晨時分示寂，在無常驟然降臨震驚時分，得到了各方的鼎力支持和愛護才使得告別法會如法圓滿！

接下來，大眾恭持佛號瞻仰遺容，超定長老手持拄杖——封棺說法：

妙高山頂一高僧，內修外弘利有情。

三心六度菩薩道，壯老未了願再來。「封！」

而後，眾法眷弟子持佛名號恭送長老到青木火化場，舉行「荼毗大典」。超定長老手持拄杖，荼毗說法：

勝義諦中絕商量，世俗假名說生滅。

真俗無礙中道月，水月道場處處現。「燒！」

隨後，諸山長老及諸法眷門人弟子一起尾隨棺柩緩步走向「荼毗爐」。當熊熊大火燃起了棺木，縷縷輕煙從煙囪緩緩上升，此時，在連綿的佛號聲中，大家依依不捨地送走了我們敬愛的上妙下峰老師父。荼毗儀式圓滿，法眾眷禮謝主法和尚及諸位法師，主法和尚慈悲回答：免禮，請大眾念佛迴向！

回程途中，看到窗外的綿綿細雨，彷彿也在訴說著不捨與眷戀。恩師不會就這樣拋棄我們，捨下芸芸眾生的。或許在某天，某一因緣際會我們相信還會再相逢的……。「念無常苦，發菩提心。」長老常告誡弟子們，無論王侯將相，還是販夫走卒，都免不了一抔黃土，掩埋錦繡文章。長老的示寂，是在以身說法，是在告誡弟子們，人生如此的短暫不必過於執著。無論順緣、逆緣不過是自己八識田裡的幻影。長老們的離去是億兆佛子與時代的損失，同時也是警示年輕佛子們應當以荷負如來家業為職責與使命！

祈願長老們常寂光中不捨眾生、重返娑婆，苦海慈航，廣度眾生！

特輯六
妙峰長老追思法會攝影集錦

上妙下峰長老圓寂追思法會

二〇一九年四月十六日(農曆三月十二)凌晨一點三十五,美國佛教聯合會名譽會長,慈航菩薩座下曹洞法脈四十八代傳人,上妙下峰長老,於美國紐約法拉盛慈航精舍安詳示寂。世壽九十三歲,僧臘八十二年,戒臘七十九夏。慈航精舍新翼一樓設追思堂。

追思法會當日移靈殯儀館。

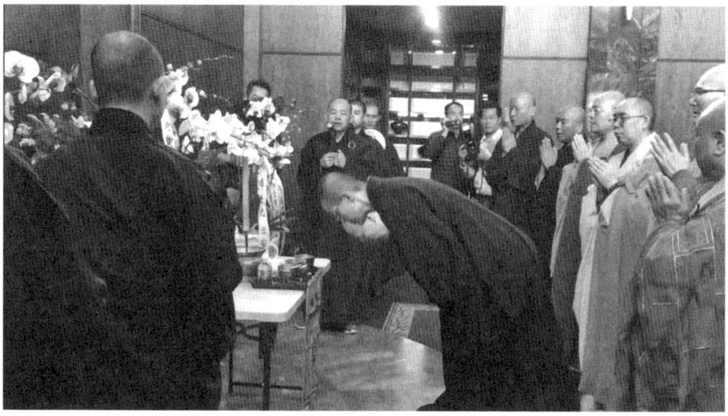

美國各道場及海內外長老大德法師，緇素弟子約三百餘眾參加。眾法眷弟子持佛名號恭送長老到青木火化場，舉行「荼毗大典」。荼毗儀式圓滿，法眾眷禮謝主法和尚及諸位法師。

銘謝

明怡法師

人生到處知何似，應似飛鴻踏雪泥。
泥上偶然留指爪，鴻飛那復計東西。

猶如這首詩所描繪的意境，人生如雪泥鴻爪，人們在這世間走過一遭，隨著時光的流逝，行走的腳步會逐漸淡褪，但有些人、有些事，是我們無法忘懷的，也是不應該忘懷的，這正如我的恩師上妙下峰長老，無論是我們這些一直追隨的弟子們，還是一直護持長老的大德居士們，抑或是一路受到長老加持的千萬信眾們，長老在每個人心中都留下了深深的印跡。所以為了展現恩師目標堅定、跌宕起伏、橫跨中外、貫通古今的傳奇一生；為了緬懷長老一路坎坷走來，出演本色人生的精采事蹟！才在眾多因緣聚合下促成了這本傳記的出版。

恩師出生於廣東湛江，從小慧根獨具，童貞出家。很早就在禪宗祖庭南華寺受戒。一度隨侍在虛雲老和尚身邊。抗戰結束，恩師又親近高僧太虛大師、巨贊法師，求學於杭州武林，奮勉於上海靜安。

如此學海無涯、精進修行的作風一直到台灣。侍奉慈航菩薩，受學印順導師。之後便開創了恩師波瀾壯闊的一生，那就是成為最早來美國弘法的中國法師之一。恩師克服困難、補習英文、肩負使命、為法忘軀。為了能在異鄉的土地上播撒下佛法的種子，來到美國後篳路藍縷、事必躬親，同時到各處講經弘法，以其獨有的智慧感召了許多當地華人。五十多年來，恩師創辦了美國中華佛教會、紐約法王寺、金佛山松林寺、慈航精舍，為美國佛教事業的振興和發展嘔心瀝血、鞠躬盡瘁。

在我們所有弟子們眼中，恩師弘法的功績和貢獻是不可估量的，真如當年玄奘大師西行取經般偉大！

但恩師對此卻是舉重若輕，毫不居功、不矜不誇，早已到了看破放下的境界，正猶如他的一首詩：

人生匆匆走一周，行程長短各春秋；
悲歡離合殊難定，福禍盈虧應可求。
走卒販夫由土掩，王侯將相亦同疇；
如山業力作牽引，正覺修來可甘休。

有時我在想，我們的恩師長老就像泰戈爾詩句中的那隻鳥：「天空沒有留下翅膀的痕跡，但我已經飛過。」是啊，恩師的一生如此的濃墨重彩，又是如此的飄逸灑脫。今天我回首恩師的一生，恩師長老留給我，以及所有人的無盡財富，縱有辯才天女的廣長妙舌也無法道盡，所以我只有一個重大的心願，就是唯有以出版這部傳記的形式來為恩師留作永恆的紀念。在此，要特別感謝王鼎鈞教授暨九九讀書會的諸位高士詞宗，椽筆潤文，成就此部有豐富內容及文學價值，既有滿心敬意又客觀平視的具有史家風範的鉅著！更要感念於海內外高僧大德暨長老座下芝蘭玉樹為此書出版，所作出的建言獻策的所有指導！同時還要大力感恩為傳記出版刊印而出資的眾多善信們！

謝謝！衷心感謝你們，正是你們所有人的傾力付出，集腋成裘，聚沙為塔，匯流成海。才成就了這部恩師長老歷經滄桑、恢弘壯麗的傳記。相信這部傳記「言之有文，行之能遠」！最後，以我最喜歡的恩師的一首詩偈作為我銘謝信的結語：

明月清風一擔挑，芒鞋破笠白雲朝；
松山初曉禪心寂，過了山河渡了橋。

願恩師的光輝精神照拂我們過山渡橋，願恩師的慈悲禪心引領我們菩提道上永遠前行！

中華佛教會前會長　明怡法師　敬書

妙峰法師傳記

2023年6月初版　　定價：新臺幣600元

彙編　美國紐約中華佛教會
校對　陳佩伶
內文排版　李偉涵
封面設計　李偉涵

總經銷　聯經出版事業股份有限公司
地址　新北市汐止區大同路一段369號1樓
台北聯經書房　台北市新生南路三段94號
電話　(02)23620308
印刷者　文聯彩色製版有限公司
發行所　聯合發行股份有限公司
地址　新北市新店區寶橋路235巷6弄6號2樓
電話　(02)29178022

行政院新聞局出版事業登記證局版臺業字第0130號

本書如有缺頁，破損，倒裝請寄回台北聯經書房更換。　ISBN 978-957-08-6983-5 (軟精裝)
聯經網址：www.linkingbooks.com.tw
電子信箱：linking@udngroup.com

國家圖書館出版品預行編目資料

妙峰法師傳記/美國紐約中華佛教會彙編．初版．新北市．
聯經總經銷．2023年6月．416面＋64面彩色．17×23公分
ISBN 978-957-08-6983-5（軟精裝）

1.CST：釋妙峰　2.CST：佛教傳記

229.387　112009479

太虛大師。

海仁法師。

慈航法師。

虛雲法師。

印順導師。

1965 年宗和上人（妙峰法師的家師）。

1946年8月15日妙峰法師在廣東湛江六榕寺與同學合影。

1946年與師兄雲峰法師（手持念珠者）攝於廣東六榕寺花塔前，左三為妙峰法師。

1948年春合影。
前排右聖嚴法師、左妙峰法師，後排右起定珠、了中、普光法師。

1950 年妙峰法師剛到台灣時的法相。

右｜ 1950 年妙峰法師於台灣。
左｜ 1950 年攝於彌勒內院，左起戒規法師、妙峰法師及了中法師。

1950 年妙峰法師（最左）與同學遊日月潭，星雲法師是最後排左二。

1951 年 7 月 22 日慈師、林希岳（志航法師）偕同學在彌勒內院歡迎新加坡菩提學院贈送的頻伽大藏經。

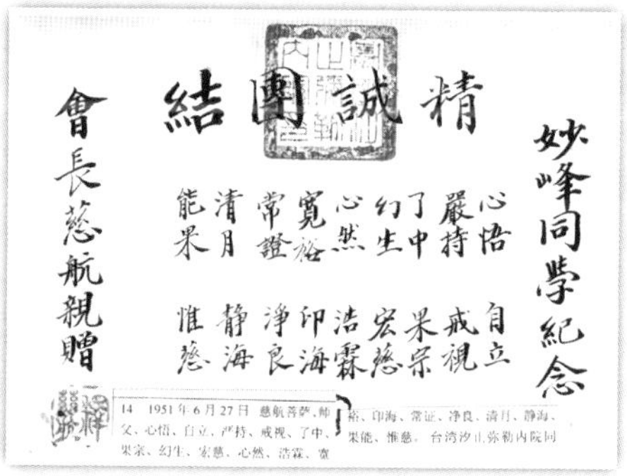

左｜ 1951 年妙峰法師與摯友常覺法師於台灣。
右｜ 1951 年慈老手書精誠團結。

1951 年慈老與學生於彌勒內院：能果法師、清月法師、常證法師、寬裕法師、心然法師、幻生法師、妙峰法師（慈老左二）、了中法師、嚴持法師、心悟法師、唯慈法師、靜海法師、淨良法師、印海法師、浩霖法師、宏慈法師、果宗法師、戒規法師、自立法師。

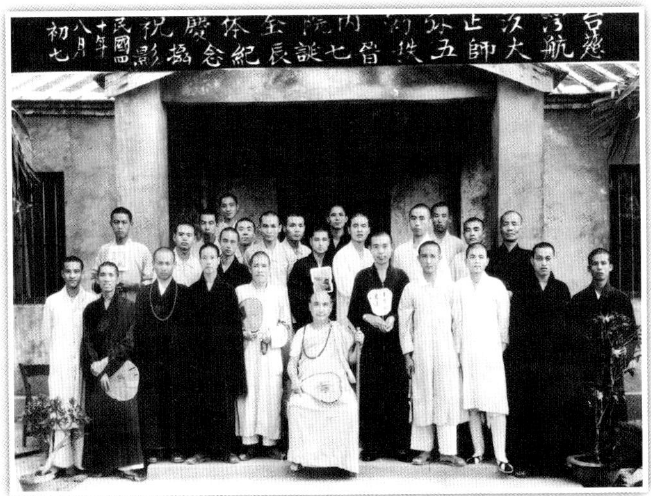

1951 年慈老生日合影。

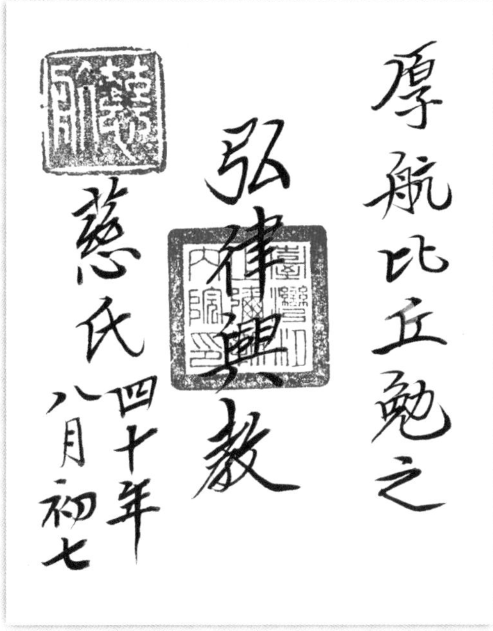

左｜1951 年慈航法師題字勉厚航即妙峰法師。

右｜1951 年慈航法師、妙峰法師、自立法師。

下｜1952 年 6 月 19 日於彌勒內院前，後為秀峰山，前左為妙峰法師，右為戒規法師。

1952 年 7 月於彌勒內院。

左｜ 1952 年在台灣海潮音編輯部門外留影。
右｜ 1952 年 8 月慈老領妙峰法師與自立法師到台中寶覺寺講法。

1952 年慈老領彌勒內院師生、信眾迎請南洋檳城寶譽堂慧光師贈送《大正藏經》。慈老右第一人為妙峰法師。

1952 年慈老於靜修院領師生、信眾迎請南洋檳城寶譽堂慧光師贈送《大正藏經》。慈老左起第五人為妙峰法師。

1953 年 9 月 14 日台灣佛學院聯誼會於汐止靜修院。

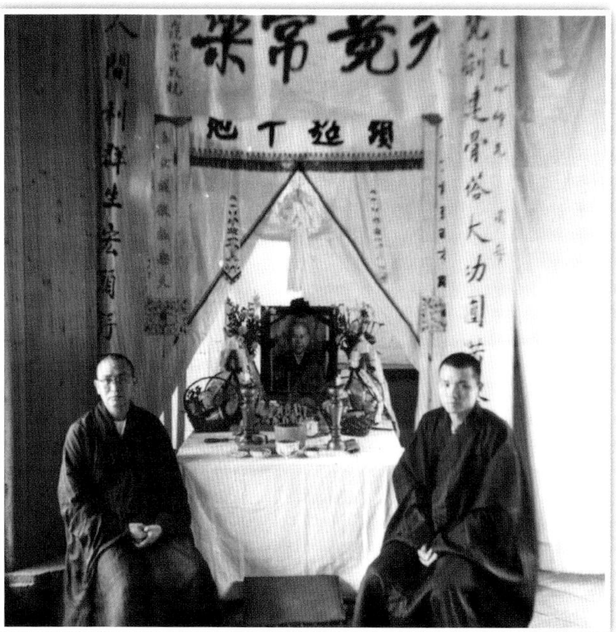

1954 年 7 月 10 日妙峰法師（左）與自立法師（右）在彌勒內院為慈老守靈。

1954 年的彌勒內院，學生留影於花園內。

1955 年 5 月 7 日妙峰法師（左一）與優曇法師（左三）攝於彌勒內院。

1955 年 4 月 4 日慈師逝世周年掃墓。

1955年妙峰法師（前排左二）與印海法師、宏慈法師、演培法師、悟一法師、果宗法師、唯慈法師、常覺法師、通妙法師及去當兵的出家人合影於福嚴精舍。

1955年與印順導師、演培法師等攝於新竹福嚴精舍（印順導師正後方為妙峰法師）。

1955 年與演培法師攝於台灣慧日講堂。

1956 年日本和尚將玄奘法師頂骨送回台灣，由中國佛教協會李子寬居士安排章嘉大師交接。

1958 年 12 月 31 日台灣新竹一同寺女眾佛學院傳授沙彌尼十戒，前排右起：妙峰法師、續明法師、印順導師、太滄法師、演培法師、隆根法師、印海法師、一同寺住持玄深法師。

1958 年的福嚴精舍（左）右塔屬一同寺，妙峰法師常和好友常覺法師在門前種樹種花。

1960 年 1 月 1 日攝於新竹靈隱寺，前排左三為妙峰法師。

1960 年 9 月台灣新竹女眾佛學院畢業典禮全體師生合影，前排右三為妙峰法師、右四演培法師、右五印順導師。

1960 年妙峰法師任教新竹一同寺女眾佛學院。

1960 年新竹一同寺女眾佛學院畢業典禮。

1960 年妙峰法師任教新竹一同寺女眾佛學院。

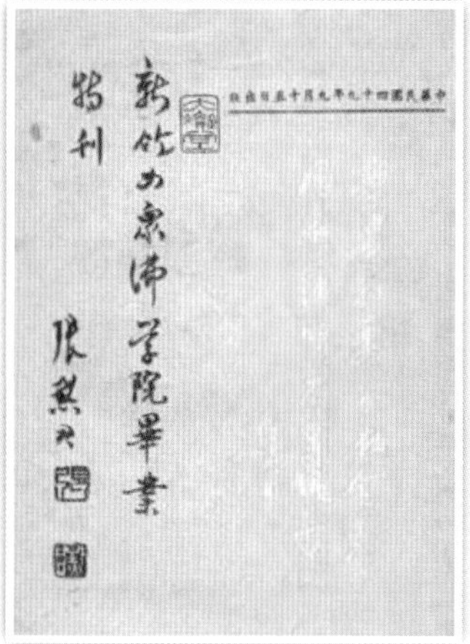

新竹女眾佛學院畢業特刊。

院長印公導師。

教務主任妙峰法師。

副院長演培法師。

左｜ 1962 年 3 月 4 日演培法師至台北松山機場送妙峰法師旅美。
右｜ 1962 年 2 月 24 日印順親書贈照片為妙峰師旅美送行留念。

1962 年 2 月 25 日靜修院全體同仁歡送妙峰法師赴美弘法紀念。

1962 年 3 月 5 日妙峰法師於東京。

1962 年 3 月 6 日夏威夷中華會舘舘長邀妙峰法師參觀會舘，泉慧、祖印法師陪同。

1962 年 3 月 9 日妙峰法師抵達舊金山第一個落腳寺院——舊金山美洲佛教會。

1962 年 3 月 9 日泉慧法師、孫慕伽教授在夏威夷機場送行，妙峰法師啟程往加州。

左｜ 1963 年 1 月 25 日妙峰法師與南傳佛教法師參加紐約美東佛教會佛堂開光典禮。
右｜ 1962 年 3 月 7 日泉慧、祖印法師陪同妙峰法師參觀夏威夷公園。

上｜1963 年 1 月 25 日紐約美東佛教會成立，妙峰法師主持佛堂開光典禮，會後與南傳法師及信眾合影。

中｜1963 年 10 月 26 日中華佛教會在 169 Canal St. 成立開幕，妙峰法師與信眾合影

下｜1963 年 10 月 26 日妙峰法師主持中華佛教會開幕、觀音聖像開光，左外國人是史東賽教授、右是創辦人劉成基夫人，另有梁惠芳、梁民鳳、陳慧蓮、陳冠。

上｜1963 年妙峰法師為李定博士夫婦證婚，為法師第一次在紐約主持的佛教證婚儀式。

中｜妙峰法師主持中西婚禮，為新人祝福。

下｜妙峰法師與弟子慧眼（右）、慧傑（左）於上州松林寺。

1963 年妙峰法師研讀於法王寺。

1965 年 12 月妙峰法師在紐約市的老教堂前留影。

1968 年妙峰法師於法王寺書房。

1971 年 9 月 21 日白聖長老（前排中坐者）來紐約法王寺拜訪留念。

1971 年妙峰法師返台探視後回美，眾老友法師居士松山機場相送（妙峰法師右側演培法師，左側仁俊法師）。

1971 年妙峰法師返台汐止修靜院，與演培、真華、玄本、修觀等法師及郭本善老居士合影。

1971 年妙峰法師訪汐止彌勒內院慈航堂，與玄光上人（左三）及郭本善居士（左一）及尼眾合影。

左｜1973 年妙峰法師於 245 Canal St. 法王寺舉行中華佛教會成立十周年慶典。

右｜1973 年 3 月 17 日印順導師在紐約菩提精舍，妙峰、仁俊、壽治、樂度、浩霖等法師與趙真覺教授、郭本善居士合影。

1973 年 3 月 17 日印順導師訪紐約菩提精舍，中排坐者從右起日常法師、印順導師、仁俊長老、妙峰法師。

1975 年 4 月妙峰法師（左一）與仁俊長老（中）、日常法師攝於法王寺。

1975 年妙峰法師與仁俊長老、日常法師合照於法王寺。

1975 年 5 月妙峰法師帶領眾弟子至養老院看望老人。

右｜1974 年妙峰法師在 245 Canal St. 法王寺書房讀書留影。

左｜1975 年 6 月 18 日妙峰法師帶領信眾慧蓮、慧富等抗議小義大利侵占成功，留影市政廳。

1975 年 6 月 18 日妙峰法師帶領信眾準備前往市政府遊行抗議有關 MottSt.102、104 兩塊地被義大利人侵占。

1975 年 7 月妙峰法師於法王寺接待美國弟子並開示。

1975 年 9 月 1 日妙峰法師應慧蓮弟子邀偕其孫兒女乘船參觀自由女神像，背景是世貿大樓。

1976 年 8 月 1 日妙峰法師（左）、星雲法師（中）、煮雲法師（右）於紐約曼哈頓華埠法王寺留影，台灣中華佛教會贈送錦旗予妙峰法師。

1978 年 8 月 27 日紐約上州海德公園金佛山松林寺開光法會，妙峰法師（右一）敬邀左起：敏智、演培、樂度、仁俊、浩霖、幻生、法雲等諸長老共同主持。

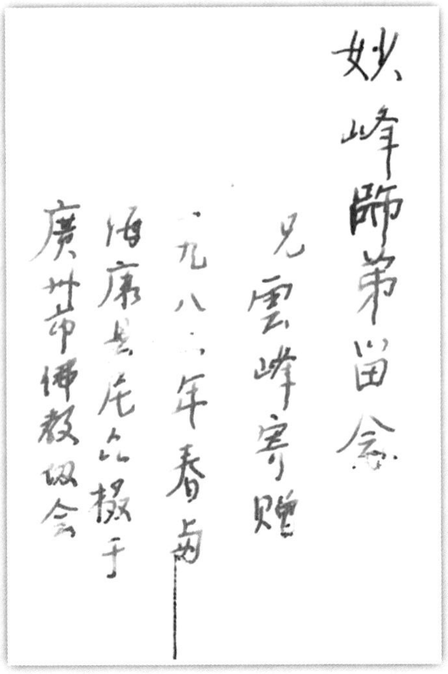

1982 年雲峰師兄筆跡。

1982 年春雲峰師兄（前排右二）於廣州佛教會。

1984 年 5 月妙峰法師為台灣台北石碇華梵大學學生開示。

1984 年 8 月 24 日妙峰法師與幻生法師（中）攝於上州松林寺親手栽種的牡丹花。

1990 年 2 月 26 日妙峰法師（右）與常覺法師（中）、超塵法師（左）合影。

1990 年 3 月 1 日妙峰法師訪廈門閩南佛學院與南普陀寺方丈兼閩南佛學院院長妙湛長老留影，背景「佛教養正院」牌匾是弘一大師題字，「閩南佛學院」牌匾是趙樸初老居士題字。

1990 年 3 月 1 日妙峰法師與妙湛長老在中國廈門南普陀寺大悲殿合影。

左｜1990 年 3 月 28 日妙峰法師在中國福建泉州同蓮寺揮毫題字。

右｜1990 年 4 月 2 日妙峰法師在中國福建泉州佛學苑開示。

1990 年 4 月 2 日妙峰法師攝於中國福建泉州銅佛古寺「晚晴亭」。

1990 年 4 月 23 日妙峰法師拜望印順導師於台中華雨精舍。

1990 年 10 月 15 日妙峰法師與顯明長老（前排中）、妙蓮長老（前排右一）參觀紐約上州海德公園羅斯福總統故居留影。

上｜1991 年 6 月 8 日妙峰法師與聖嚴法師（左一）攝於紐約中華公所佛誕慶典。

中｜1991 年 9 月 14 日妙峰法師與老同學普光法師（左一）攝於紐約上州海德公園松林寺。

下｜1991 年 11 月 7 日妙峰法師與演培法師（右一）在台灣留影。

1993 年 9 月 1 日妙峰法師拿著自己種植的冬瓜和苦瓜，滿臉喜悅之情。

1993 年 11 月 14 日妙峰法師在紐約上州松林寺剪草。

1993 年慈航精舍開光大典。

1993 年慈航精舍開光大典。

1993 年慈航精舍開光大典仁俊法師開示。

1993 年慈航精舍開光大典。

1994 年 8 月 6 日妙峰法師在台灣新竹文化局禪地風光文物展留影。

上｜ 1994 年 8 月 3 日禪地風光文物展招牌。
下｜ 1994 年 8 月 3 日禪地風光文物展，一參觀者穿妙峰法師所題詩偈的短衫與會。

1994 年 8 月 6 日妙峰法師在台灣新竹文化局禪地風光文物展與功臣義工們合影。

1994 年 8 月 6 日華梵大學校長馬遜與會禪地風光展，她已出家，法名隆迅。

1994 年 8 月 6 日禪地風光文物展妙峰法師接受電視台採訪。

1994 年 8 月 6 日新竹縣長鄭永金先生參觀禪地風光文物展。

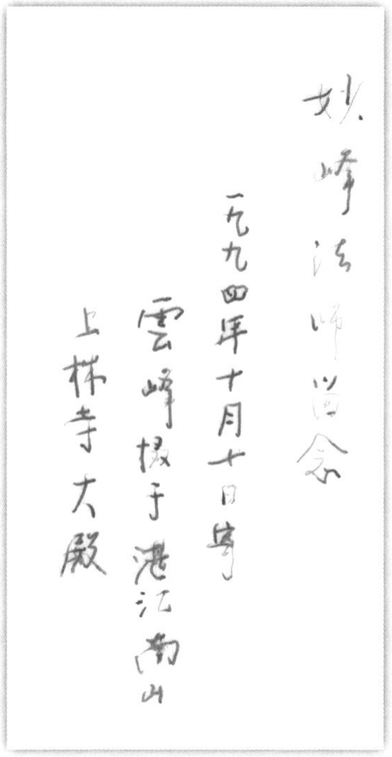

1994 年雲峰法師筆跡。

1995 年 4 月 11 日妙峰法師於台灣新竹福嚴精舍慶祝印順導師九秩華誕大壽，主持法會誦《金剛經》。

1995 年 9 月 7 日妙峰、幻生（右一）、印海（左一）等法師至加州西來寺探望星雲法師，老同學歡聚一堂留影。

左｜1995 年 9 月 7 日妙峰、印海二法師拜訪加州洛杉磯幻生法師的能仁精舍。

右｜1995 年 9 月 7 日妙峰法師至加州西來寺探望星雲法師（左一）。

1996 年 3 月 2 日妙峰法師帶弟子至台中華雨精舍為導師祝賀九十歲大壽。

1996 年 3 月 2 日印順導師九十歲生日，妙峰法師穿導師衣袍主持生日上供儀式，為導師祝壽。

1996 年 4 月 28 日妙峰法師在台灣南投靈巖山三壇大戒當說戒和尚。

1996 年 8 月 5 日妙峰法師在台灣大安公園心靈環保世界佛教靜坐日留影。

1997 年 11 月 2 日於紐約市上州松林寺迎請觀音聖像，妙峰法師左邊是台灣駐美國辦事處處長吳子丹先生，右邊是法拉盛慈航精舍護法會會長。

1997 年 11 月 2 日紐約上州金佛山松林寺迎請觀音聖像大典。

妙峰法師書「萬德莊嚴」高掛在大殿上。

1998 年 1 月 4 日美國加州印海長老（左二）來訪，與妙峰法師合攝於紐約法拉聖慈航精舍。

圓光佛學研究所佛像開光安座大典剪綵紀念 2000.01.09

2000 年 1 月 9 日於圓光佛學研究所佛像開光安座大典，妙峰法師應邀剪綵。

2000 年 11 月 27 日妙峰法師拜訪師兄雲峰長老於中國廣州市六榕寺。

2000 年 4 月 27 日妙峰法師攝於紐約上州海德公園金佛山松林寺。

2000 年 6 月 11 日妙峰法師（左六）參加台灣中壢圓光佛學研究所成立法會。

2002 年 8 月 11 日妙峰法師主持紐約法拉聖慈航精舍九周年慶典。

2002 年 8 月 11 日妙峰法師在紐約法拉聖慈航精舍九周年慶典時於印順導師圖書館留影。

2003 年 10 月妙峰法師率四眾弟子在 130 小學慶祝中華佛教會四十周年慶典。

2004 年 4 月 22 日妙峰法師偕弟子拜訪印順導師於台灣台中華雨精舍。

2004 年 4 月自左印海、妙峰、真華、仁俊、寬裕等法師共同參加印順導師百歲嵩壽。

左｜2004 年 4 月 30 日妙峰法師偕明空與明怡法師赴台參加印順導師百歲嵩壽。

右｜2004 年 5 月 1 日妙峰法師偕明空法師與眾居士於台灣新竹玄奘大學慶祝印順導師百年嵩壽。

2004 年 10 月 25 日妙峰法師於台中華雨精舍。

今彌勒內院。（張曄煜攝影）

新慈堂俯視內院與靜修院。（張曄煜攝影）